Au point

NOUVELLE EDITION

ELAINE ARMSTRONG . MICHELE DEANE
BOB POWELL . LAWRENCE BRIGGS

Nelson Thornes

a Wolters Kluwer business

First edition published by:
Thomas Nelson & Sons Ltd, 1994
This edition first published in 2000 by:
Nelson

Reprinted in 2001 by:
Nelson Thornes Ltd
Delta Place
27 Bath Road
Cheltenham
Glos GL53 7TH
United Kingdom

06 07 08 / 10 9 8

A catalogue record for this book is available from the British Library

ISBN 10: 0-17-449154-9

ISBN 13: 978-0-17-449154-5

Page make-up by Pentacor plc

Printed and bound in China by Midas Printing International Ltd.

The authors and publishers would like to thank the following for their help in producing
this book: Picture research: Zooid Pictures Ltd; edit: Alex Bridgland; Edexcel Consultant:
Linzy Dickinson; Examination Practice section written by: Michael Ransome; Grammar
summary written by: John Fletcher; Language check: Phillippe Bourgeois; Cover design:
Eleanor Fisher

The authors and publishers would also like to thank the following for
their invaluable help: Martine Dantan, Jacques Durand, Carole Fletcher, John Fletcher,
Lucien Le Moal, Elise Leolli, Chantal Mauduit-Leolli, Marcel Luquet, Henri Poignant
The staff and students of the French School in Freiburg

Special acknowledgement is made to Larousse publishers in Paris for their
permission to reproduce information from Francoscopie by Gérard Mermet.

Au point contents overview

Chapter	Page	Topic	Subtopic	Communication	Grammar	Exam skills	Reading
1 **Il faut vivre sa vie !**	1–10	Youth	• Youth • Young people and adults • The rights and responsibilities of young people • Young people and the law	• Giving one's opinion • Complaining • Talking about rights and duties • Discussing controversial issues	• Nouns: gender • Interrogatives • Expressions with the infinitive • Present tense • Modal verbs	• Listening for details • Answering questions in English and in French • Recognising synonyms • Making a summary	86–88
2 **Entre toi et moi**	11–20	Relationships	• Friendship • Peer pressure • Marriage, divorce and living with a partner	• Prioritising • Giving personal explanations • Convincing	• *Quelqu'un de* + adjective • Relative pronouns: *qui* and *que* • Disjunctive pronouns • Perfect tense • Prepositions with the infinitive • Possessive adjectives • Perfect infinitive	• Talking about statistics • Taking notes • True or false • Writing a short paragraph	89–91
3 **Une école pour la réussite ?**	21–30	Education	• Education • Career choices • The world of work • Equal rights	• Expressing possibility • Expressing necessity • Contrasting events • Expressing negativity	• Conjunctions • Negatives • Adjectives • Future tense • Imperative mood	• Reading and listening comprehension • Text summaries • Written and oral formulation • Essays	92–94
4 **En pleine forme**	31–40	Health	• Food • Fitness • Smoking, alcohol, drugs and AIDS	• Giving one's opinion and views • Talking about trends	• The partitive article *de* • Adverbs • Imperfect tense	• Analysing ideas • Essay writing • Writing a summary	95–97
5 **Evasion**	41–50	Tourism and travel	• Holidays • Leisure • Protection of the environment	• Expressing one's desires and wishes • Referring to statistics • Giving one's opinion tactfully • Expressing uncertainty	• Prepositions after *aller* • The use of *on* • Pluperfect tense • *Tout* (all, every, very) • Present participle	• Interpreting statistics • Interview skills • Summarising texts in English • Writing paragraphs	98–100
6 **Gagner sa vie**	51–60	Social issues	• Attitudes towards money • The world of work • Homelessness • The Third World	• Expressing one's opinion: agreeing with and contradicting • Stating one's view of work and unemployment • Protesting	• Conditional mood • Introduction to the subjunctive mood • Demonstrative pronouns and adjectives	• Paraphrasing idiomatic expressions • Answering questions in English and in French • Putting sentences in the correct order	101–104
7 **Il faut cultiver notre jardin**	61–72	Culture	• The Arts • Literature • Cinema • Impressionism • Architecture and the national heritage	• Defining and describing abstract ideas • Talking about one's cultural and artistic preferences • Making an oral presentation	• *Ce qui, Ce que* • Passive voice • *de* followed by an adjective or a noun • Impersonal verbs • Past historic tense	• Reading and writing a summary • Matching the beginnings and endings of sentences • Multiple-choice • Writing an article	105–107
8 **Au courant**	73–84	Media	• The press • The influence of the media • Advertising	• Making objective and subjective evaluations • Criticising • Presenting polite counter-arguments	• Relative pronouns • Direct and reported speech • Comparatives • Superlatives	• Answering questions in French • Analysing newspaper articles • Writing a letter • Textual analysis	108–110

Au point **contents overview**

CHRONOLOGIE DE LA FRANCE : le deuxième millénnaire en bref

Avant 1600

1044 Anonyme : Vie de Saint Alexis, poème en 125 strophes, considéré comme le premier exemple de la littérature française

1066 Bataille d'Hastings : défaite de l'armée du roi Harold contre l'armée normande de Guillaume le Conquérant

1163– Construction de la cathédrale
1220 Notre-Dame de Paris

1431 Jeanne d'Arc brûlée au poteau par les Anglais à Rouen

1503 Leonardo da Vinci : *Mona Lisa* (exposé au Louvre à Paris)

1546 Pierre Lescot commence à faire construire Le Louvre

1600–1700 : siècle néoclassique

1608 Samuel de Champlain établit la première colonie française en Amérique du Nord à Québec

1635 Académie Française, société de gens de lettres, savants, artistes, fondée à Paris par Richelieu

1643 Le café consommé pour la première fois à Paris

1664 Molière : *Le Tartuffe* (première présentation désastreuse)

1700–1800 : siècle des lumières

1754 Guerre anglo-française en Amérique du Nord

1759 Voltaire : *Candide*

1789– La Révolution Française
1804

1792 Proclamation de la première République Française

1796 Presse libre en France

1800–1900 : siècle industriel

1806– Construction par Claude Clodion de
1835 L'Arc de Triomphe de l'étoile à Paris

1830 Berlioz : *Symphonie fantastique*

1831 Hugo : *Notre-Dame de Paris*

1832 Louis Braille présente son alphabet en points saillants pour les aveugles

1835 Balzac : *Le Père Goriot*

1854 Le Figaro publié pour la première fois à Paris

1856 Flaubert : *Madame Bovary*

1863 Manet : *Déjeuner sur l'herbe* scandalise les critiques

1871– Zola : *Les Rougon-Macquart*
1893 (*Germinal, L'Assommoir*, etc.)

1874 Première exposition impressionniste à Paris (Cézanne, Degas, Pissarro et Sisley)

1885 Pasteur : premières vaccinations contre la rage

1886 Saint-Saëns : *Carnaval des Animaux*

1889 Construction de La Tour Eiffel pour l'Exposition Universelle

1900–2000 : siècle technologique

1900 Le Métropolitain : premier chemin de fer souterrain au monde

1903 Premier Tour de France

1914– Première Guerre
1918 Mondiale

1939– Deuxième Guerre
1945 Mondiale

1942 Camus : *L'Etranger*

1945 De Gaulle : Président du gouvernement provisoire de France

1948 Sartre : *Les Mains Sales*

1949 Première édition de Paris-Match

1957 Traité de Rome : Le Marché Commun (France, Italie, Espagne et les pays Bénélux)

1961 Truffaut : *Jules et Jim*

1968 Manifestations d'étudiants à Paris

1981 Le TGV (train à grande vitesse) Abolition de la peine de mort en France (la guillotine)

1986 Claude Berri : *Jean de Florette*

1994 Ouverture du Tunnel sous la Manche

1998 France, champions de la Coupe du Monde

Pour en savoir plus, pourquoi pas faire des recherches sur l'Internet et créer votre propre chronologie?

La France

IRLANDE

ROYAUME-UNI

PAYS-BAS

ALLEMAGNE

Londres

Douvres

Calais

Boulogne

Bruxelles

BELGIQUE

Lille

LUXEMBOURG

LA MANCHE

Amiens

Guernesey

Cherbourg

Le Havre

Rouen

Nancy

Strasbourg

Jersey

Caen

Vernon

Paris

Seine

St. Malo

Brest

Rennes

Le Mans

Orléans

VOSGES

Besançon

AUTRICHE

Angers

Loire

Dijon

JURA

SUISSE

Nantes

L'île de Noirmoutier

Poitiers

FRANCE

MASSIF

Genève

Mont Blanc

OCÉAN
ATLANTIQUE

Clermont-Ferrand

CENTRAL

Lyon

St.-Étienne

ALPES

ITALIE

Bordeaux

Rhône

Garonne

Nîmes

Avignon

Nice

Cannes

MONACO

Biarritz

Montpellier

Toulouse

Marseille

PYRÉNÉES

ANDORRE

Perpignan

CORSE

Ajaccio

ESPAGNE

LA MER MÉDITERRANÉE

SARDAIGNE

Carte du monde francophone - La Francophonie

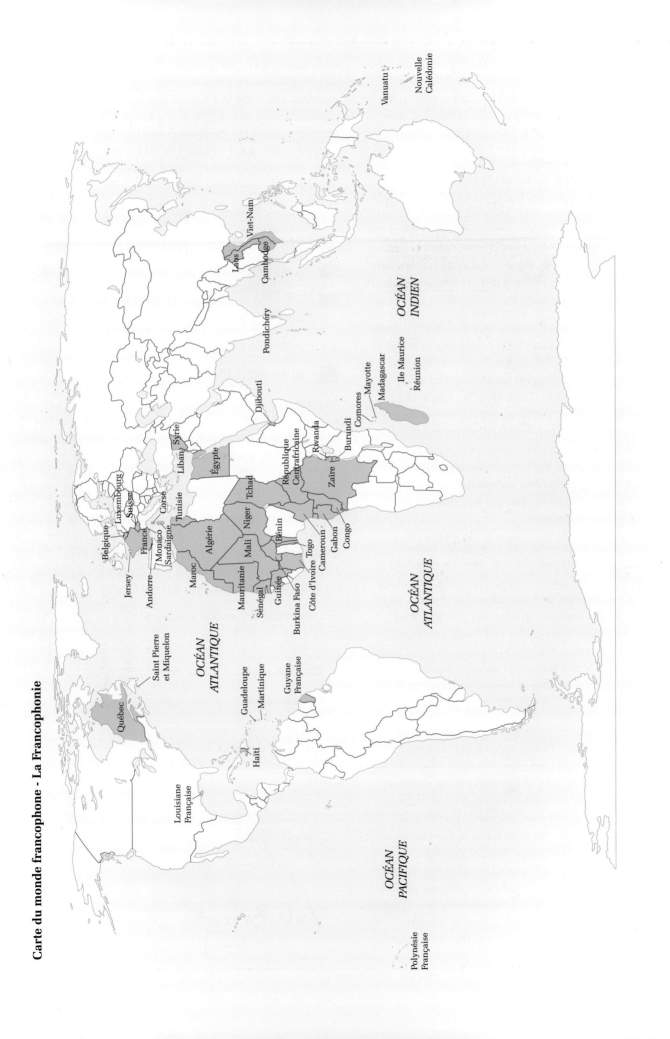

OCÉAN INDIEN

OCÉAN ATLANTIQUE

OCÉAN ATLANTIQUE

OCÉAN PACIFIQUE

Vanuatu
Nouvelle Calédonie

Viet-Nam
Laos
Cambodge

Pondichéry

Mayotte
Madagascar
Comores
Ile Maurice
Réunion

Djibouti

Syrie
Liban
Égypte

Rwanda
Burundi
République Centrafricaine
Zaïre

Luxembourg
Belgique
Suisse
France
Corse
Sardaigne
Monaco
Andorre
Jersey
Tunisie
Algérie
Maroc
Niger
Tchad
Mali
Bénin
Mauritanie
Sénégal
Guinée
Burkina Faso
Côte d'Ivoire
Togo
Cameroun
Gabon
Congo

Saint Pierre
et Miquelon

Guadeloupe
Martinique
Guyane Française

Québec

Haïti

Louisiane Française

Polynésie Française

Welcome to *Au point* **nouvelle édition**. We are confident that you will enjoy using this course, which has been designed with your needs in mind. The first edition of the course helped thousands of students develop their French to an advanced level. So, why a new edition?

Firstly, language and society are constantly changing and it is important that textbooks provide up-to-date information. Secondly, examinations change, so the tasks which you will be required to do throughout the course take account of these changes, matching very closely the types of questions you will meet in your examinations. The topics covered reflect those of current examinations, enabling you to understand and discuss relevant, factual knowledge about France and French-speaking countries.

The course is organised in such a way that the first eight chapters will help one-year students develop essential language skills – understanding authentic spoken and written language, building up vocabulary and using a wider range of structures. These skills are reinforced and developed further in the second half of the course (Chapters 9–15), with greater emphasis on investigation, analysis and the presentation of personal opinion on contemporary themes. We have deliberately looked for new ways of introducing and presenting the topics and relating them closely to the lifestyle and study or work aspirations of young people.

Language study at an advanced level makes certain demands on students and you will often be expected to take control of your own learning. There is a **Self-study booklet and cassette** for your independent study, with lots of additional exercises to help you practise. Your teacher can make copies of the **Self-study cassette** for you. If you need extra help at the beginning of your course, there is also a **Bridging resource book** offering straightforward guidance and reminders about some of the basics of French.

The *Au point* Students' book itself is designed for ease of use. The first page of every chapter sets out the key learning objectives and offers a range of items to stimulate initial discussion of the topics to be covered. The topics are then presented in various ways: through photographs, texts, cartoons, diagrams, graphs and statistics, together with different types of exercises calling upon all your language skills and introducing you to new structures and vocabulary. In every chapter, *Pour communiquer* boxes help you with phrases, and the frequent *Grammaire* boxes give explanations and practice of new grammatical items. Don't forget to use the detailed grammar reference section at the end of the book (pages 231–249). Almost all chapters provide lots of examination practice under the title *Destination épreuves*, and there is a further special examination practice section at the end of the book. Additional reading material on the themes can be found on the *Lectures* pages: 86–110 and 196–216. Throughout the book, clear instructions in French guide you through the activities.

The following symbols identify certain study activities:

a listening exercise, designed for the whole class

a worksheet which your teacher will copy for you

a reading or writing exercise in the **Self-study booklet** which is related to the chapter's topic

a listening activity in the **Self-study booklet**

an activity in the **Bridging resource book**

Au point also has its own website, Au point online, with a regular newsletter, discussion groups, further exercises and hot-links to other sites where you can get up-to-date information for your projects. So look out for the mouse symbol and website address: www.aupoint.nelson.co.uk

We have done our best to create a comprehensive, interesting and challenging new course. We have had great fun writing it. But, most of all, we hope that *Au point* **nouvelle édition** will prove to be an enjoyable, rewarding and successful experience for you.

Amusez-vous bien, et bon courage !

Elaine Armstrong

Michèle Deane

Bob Powell

Lol Briggs

Il faut vivre sa vie !

Thèmes	Communiquer	Grammaire	Epreuves
• Etre jeune : définitions • Les jeunes et les adultes • Les droits et les devoirs des jeunes • Le système judiciaire et les jeunes	• Exprimer son opinion • Se plaindre • Parler de ses droits et ses devoirs • Raisonner sur des questions à controverse	• Le genre des noms • Les interrogatifs • L'infinitif suivant certaines expressions • Le présent • Les verbes modaux	• Ecouter et noter des détails • Répondre à des questions en anglais et en français • Reconnaître des synonymes • Ecrire un sommaire

Sommaire

C'est comme ça chez vous ?

● Comment voyez-vous la jeunesse ?

● En êtes-vous content(e) ? Pourquoi (pas) ?

● Et vos relations avec les adultes ?

● Et vos copains ?

Etre jeune ou ne pas être jeune, voilà la question

Nous avons demandé à ces jeunes français : «Etre jeune, ça veut dire quoi ?»

Caroline

Saïd

Jean-Luc

1 Ils sont comment ?

Regardez les photos des jeunes.

a Ils ont quel âge, à votre avis ?
b Ils sont comment ? Caroline est sympa ? Intelligente ? Extravertie ? Et les autres ? Ils ont des passe-temps ? Quoi, par exemple ? Discutez à deux ou par groupes. Voir **Pour communiquer** ci-dessous.

Exemple :

A : A mon avis, Caroline est sympa.

B : Tu crois ? Je trouve qu'elle est…

2 Une question d'opinions

Regardez les photos encore une fois et lisez les opinions ci-dessous. Qui dit quoi, à votre avis ?

POSITIF	NEGATIF
a Etre jeune, ça signifie s'amuser, faire du sport, être libre.	**g** Ça veut dire… avoir des ennuis avec ses parents.
b Etre jeune, c'est avoir beaucoup de copains.	**h** A mon avis, ça veut dire ne pas penser comme ses parents.
c Ça veut dire sortir avec les copains et vivre un peu.	**i** … Ne pas penser tout le temps à l'avenir.
d Pour moi, ça veut dire s'amuser sans avoir trop de responsabilités.	**j** … Ne pas faire comme les adultes.
e Ça signifie… penser à son avenir.	**k** Malheureusement, ça veut dire avoir des problèmes avec ses profs.
f A mon avis, ça veut dire penser jeune.	**l** A 18 ans, on peut faire vieux, fatigué et préoccupé.

Pour communiquer

Exprimer la même opinion	**Exprimer une opinion contraire**
Je suis d'accord (avec toi)	Tu crois ?
Je pense comme toi	Je ne suis pas d'accord (avec toi)
Je pense la même chose (que toi)	Je ne pense pas !
Moi aussi je trouve que…	Absolument pas !
	Je dirais plutôt le contraire

s'amuser	to have a good time
ça veut dire	it means
le copain	friend, mate
vivre un peu	to live a little
avenir (m.)	future
des ennuis (m. pl.)	trouble, problems
faire vieux	to look/seem old
malheureusement	unfortunately

Il faut vivre sa vie !

Arem

Jérémy

Séverine

Point de grammaire

L'INFINITIF SUIVANT CERTAINES EXPRESSIONS

	POSITIF
ça veut dire ça signifie c'est-à-dire (être jeune), c'est	s'amuser
	vivre un peu
	sortir avec les copains
	NEGATIF
	ne pas penser à l'avenir/comme ses parents
	ne pas faire comme les adultes

Pour un peu de pratique

Voir **1.2** et 🌉 n° 22 *L'infinitif.*

---

3 📼 **Etre jeune...**

Ecoutez et vérifiez : qui est positif et qui est négatif ?

4 **Comment ?**

a Réécoutez les opinions des jeunes. Comment dit-on en français ?
  1 *In my opinion it means thinking young.*
  2 *Being young means having lots of mates.*
  3 *It means being free.*
  4 *In my opinion it means not thinking like your parents.*
  5 *Not thinking of the future all the time.*

b Trouvez dans les textes des expressions qui signifient la même chose que les phrases suivantes.
  1 ça signifie
  2 se donner du bon temps
  3 penser à sa vie quand on sera plus vieux
  4 ne pas avoir à répondre de ses actions
  5 avoir des problèmes avec son père et sa mère
  6 avoir une attitude jeune

5 **Vrai ou faux ?**

a Caroline pense comme Arem.
b Séverine a la même opinion que Saïd.
c Arem est tout à fait d'accord avec Séverine.
d Jean-Luc pense un peu comme Jérémy.
e Saïd n'est pas du tout du même avis qu'Arem.
f Tous les jeunes sont d'accord.

🎧 **Alice, Dimitri, Sémis et Enora**

Quatre jeunes s'expriment sur la jeunesse. Voir *Self-study booklet*, page 4.

6 📼 **Ah bon ?**

Lisez **Pour communiquer** et écoutez. Notez combien de fois on emploie ces expressions.

7 **A deux**

Faites un dialogue sur le thème : «Etre jeune...»

A : A mon avis, être jeune, ça veut dire...

B : Tu crois ? Absolument pas ! Pour moi...

8 **A vous**

Ecrivez vos opinions sur le thème : «Etre jeune...» sous forme de poème (concret ou illustré) ou de courrier fictif à un magazine de jeunes.

Pour un peu de pratique, voir 🌉 n° 3 *Parler et écrire.*

▤▤ **Sommaires**

Travail écrit sur les opinions. Voir *Self-study booklet*, page 4.

Ah ! Les adultes !

Pour commencer, voir  *nᵒ 5 Les mots-clés et les mots-famille, nᵒ 6 Contexte, phrases, idiomes et faux amis et nᵒ 7 Sommaire.*

Manu, jeune fille de 16 ans et demi, a de gros problèmes. Elle a donc écrit à un magazine pour jeunes pour demander des conseils. Lisez sa lettre et deux des réponses que le magazine a reçues.

Chers amis,

Ma vie est intenable : mes parents ne s'intéressent qu'à une seule chose : la réussite scolaire. Conclusion, je n'ai pas le droit d'avoir des copains, je ne dois pas sortir, je n'ai pas le droit de recevoir du courrier, en bref, je n'ai le droit à rien !

Conseillez-moi !

Manu

CHEZ NOUS AUSSI, ÇA CRAQUE !

J'ai le même problème que toi, Manu : mes parents sont très stricts et me laissent peu de liberté. Ils attendent de moi beaucoup de travail et de très bonnes notes. Mais, bien sûr, à seize ans, on pense plutôt aux sorties en boîte et au cinéma avec les copains.

L'ambiance familiale en souffre et de plus en plus souvent, on craque et on se dispute. Mon moral est assez bas. Si nos parents sont si stricts, c'est sans doute parce qu'ils veulent notre futur bonheur. Seulement, voilà, les plus belles années de notre vie sont gâchées.

Thibaud

JE L'AVOUE, JE TRICHE

Je vais avoir 18 ans dans deux mois, et j'ai le même problème que toi, Manu. Moi aussi, je suis obligée de rester à la maison, je n'ai pas le droit de fumer et je dois travailler très dur tout le temps. Mais, il est bien sûr possible de sortir et de travailler en même temps. Tu dois savoir gérer ta vie, voilà tout. J'ai renoncé à me révolter.

En fait, la liberté, ça se trouve dans sa tête. On est libre quand on te considère comme responsable, quand on reconnaît ta personnalité, ta volonté et tes désirs. C'est ça, en fait, le plus important, bien plus que l'autorisation d'aller en boîte.

Elodie

3 Conseillez-moi !

C'est comme ça chez vous ? Imaginez que vous écrivez, vous aussi, à un magazine pour jeunes. Plaignez-vous (pour des raisons réelles ou imaginaires). Voir aussi  nᵒ 8 *L'essentiel du dictionnaire.*

∩ **Pour nos enfants, nous sommes casse-pieds**

Comment les parents voient leurs enfants. Voir *Self-study booklet*, page 4.

∩ **Les parents, contribuent-ils au bonheur des jeunes ?**

Débat au téléphone avec une station de radio française. Voir *Self-study booklet*, page 4.

∩ **Fais pas ci, fais pas ça**

Chanson de Jacques Dutronc. Voir *Self-study booklet*, page 5.

1 Les réactions et les conseils

Qui a dit ça ? Lisez les réponses à la lettre de Manu et reliez les phrases à Thibaud ou à Elodie.

a Tu n'es pas la seule à avoir de tels ennuis.
b Organise ta vie.
c Calme-toi un peu !
d Tes parents croient que tu vas être heureuse plus tard.
e Libère-toi moralement !
f Je préférerais sortir avec mes camarades.

2 Jeu de rôle

Imaginez que vos parents ne vous laissent aucune liberté. Plaignez-vous auprès de votre partenaire. Servez-vous des textes pour trouver des phrases utiles.

> Plains-toi ! Moi, je suis obligé de travailler tout le temps.

> Ah, je n'ai pas le droit de sortir !

intenable	unbearable
la réussite (scolaire)	success (at school)
courrier (m.)	letter(s), correspondence
Conseillez-moi !	Give me some advice
ils attendent de moi	they expect of me
une sortie	trip, excursion, visit
une boîte	disco, nightclub
gâché(e)	spoilt, ruined
voilà tout	that's all
volonté (f.)	will, wish
autorisation (f.)	permission

Point de grammaire
LE PRÉSENT

Pour un peu de pratique, voir aussi  nᵒˢ 23–25
Le présent (A), (B), (C) et la **Table des verbes**, page 250.

Trouvez d'abord l'infinitif (par exemple, 'penser' = *to think*).

L'infinitif finit toujours par **-er**, **-re** ou **-ir** (plus de 99 % des verbes finissent en **-er**).

Exemples :
-er Caroline pense comme Arem.
-re Ça dépend des parents.
-ir L'infinitif finit en **-ir**.

Formation (verbes réguliers)

verbes en -er	verbes en -re	verbes en -ir
penser	**dépendre**	**finir**
je pense	je dépends	je finis
tu penses	tu dépends	tu finis
il/elle/on pense	il/elle/on dépend	il/elle/on finit
nous pensons	nous dépendons	nous finissons
vous pensez	vous dépendez	vous finissez
ils/elles pensent	ils/elles dépendent	ils/elles finissent

Nota :
-e, **-es**, **-ent**, **-s** et **-d** s'écrivent à la fin du verbe mais ne se prononcent pas !

Regardez les exemples ci-dessous et écoutez ▭ *Ça ne se dit pas.*

Exemples :
– Oui, je pense
– Les profs ne nous demandent plus ce qu'on pense.
– Qu'est-ce que tu penses de ça ?
– L'argent donne la liberté.

Formation (verbes irréguliers)

Voir la **Table des verbes irréguliers**, page 251.
Apprenez-les par cœur !

Usage

Le présent décrit des actions ou des états (de fait ou d'esprit)…

… qui prennent place maintenant

… qui prennent place régulièrement.

… qui continuent à se passer.

EXERCICES GRAMMATICAUX

🎧 **Prononciation : les sons -ant(s) et -ent(s)**

Exemples tirés du texte *Pour nos enfant, nous sommes casse-pieds*. Voir **Self-study booklet**, page 5.

1 **Copiez les phrases suivantes et écrivez les terminaisons correctes.**

a Je pens… comme toi.
b Tu trouv… ça difficile ?
c Ma fille travaill… tout le temps.
d Nous sort… ensemble.
e Vous trouv… ? Pas moi !
f Les études ne pos… pas de problèmes.

2 **Copiez et complétez le tableau suivant.**

Infinitifs	Verbes (irréguliers)	Sens
vivre	je vis	I live
pouvoir	elle peut	she can
……	ils ont	…… ……
……	je veux	…… ……
……	ils boivent	…… ……
……	vous connaissez	…… ……
……	ça fait	…… ……

3 **Le «ping-pong verbal»**
Jouez avec des verbes irréguliers.
Exemples :

A : Faire – tu   B : Tu fais   A : Oui, à toi   B : Etre – nous

4 **Pour un peu plus de pratique**
Voir **1.3** *Magasins Inter-Discount*, **1.4** *Le présent* et www.aupoint.nelson.co.uk

1 On a le droit ou pas ?

Pour commencer, voir 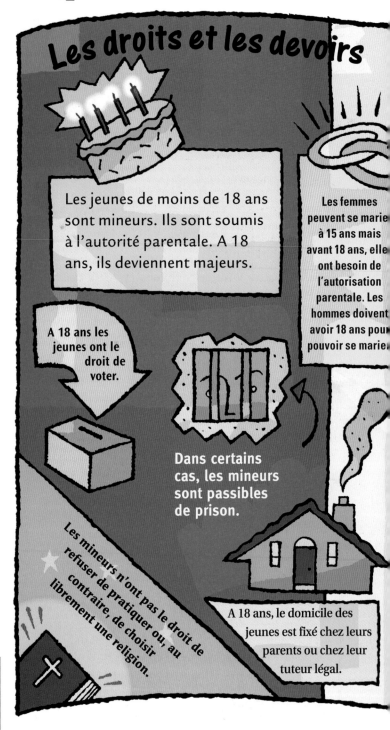 **n° 4** *Pas de dictionnaire ? Pas de panique !*

1 Droits et devoirs

Lisez ce que les jeunes en France sont obligés de faire et de ne pas faire avant et après l'âge de la majorité (18 ans).

(N'oubliez pas : 'majeur' = âgé de 18+ ans ; 'mineur' = âgé de moins de 18 ans)

2 Vrai ou faux ?

a J'ai seize ans et je peux me marier si mes parents disent oui. **Robert**

b J'ai 18 ans, alors j'ai le droit de conduire une voiture. **Céline**

c J'ai 13 ans donc je ne peux pas aller en prison. **Alice**

d J'ai 19 ans mais je ne suis pas obligée de faire mon service national. **Sophie**

e Je refuse de pratiquer une religion. J'en ai le droit. J'ai 19 ans. **Sémis**

f J'ai 17 ans. Mes parents n'ont pas le droit d'ouvrir mon courrier. **Adrienne**

3 Au contraire

Travaillez avec un(e) partenaire. Faites à tour de rôle des affirmations fausses. Votre partenaire doit vous corriger. Servez-vous de **Pour communiquer** ci-dessous.

Exemple :

A : J'ai 16 ans. J'ai le droit de conduire une grosse moto.

B : Au contraire – à 16 ans, on n'a pas le droit de conduire...

Pour communiquer

Parler de ses droits et ses devoirs	
J'ai Je n'ai pas Tu (n') as (pas) On/Mon ami(e) (n) a (pas) Vous (n') avez (pas) Les jeunes/Les parents (n') ont (pas)	le droit de/d' + inf.
Je (ne) peux/dois (pas) Tu (ne) peux/dois (pas) On/Mon ami(e) (ne) peut/doit (pas) Vous (ne) pouvez/devez (pas) Les jeunes/Les parents (ne) peuvent/ doivent (pas)	+ inf.

Les droits et les devoirs

Les jeunes de moins de 18 ans sont mineurs. Ils sont soumis à l'autorité parentale. A 18 ans, ils deviennent majeurs.

Les femmes peuvent se marier à 15 ans mais avant 18 ans, elles ont besoin de l'autorisation parentale. Les hommes doivent avoir 18 ans pour pouvoir se marier.

A 18 ans les jeunes ont le droit de voter.

Dans certains cas, les mineurs sont passibles de prison.

Les mineurs n'ont pas le droit de refuser de pratiquer ou, au contraire, de choisir librement une religion.

A 18 ans, le domicile des jeunes est fixé chez leurs parents ou chez leur tuteur légal.

4 Mots croisés

Relisez les textes et complétez les mots croisés. Voir la feuille **1.5**.

5 Travail de recherche

Faites un poster ou un article pour un magazine pour de jeunes français. Allez à la bibliothèque de votre école ou à la bibliothèque municipale pour rechercher

des jeunes en France

Une mineure peut obtenir une prescription contraceptive sans autorisation parentale.

Et le permis de conduire ?
- 14 ans pour les mobylettes de moins de 50cm³
- 16 ans pour les mobylettes de 50 à 80 cm³
- 18 ans pour les grosses motos et les voitures

Les parents ont le droit d'ouvrir le courrier des mineurs.

Les jeunes de moins de 18 ans peuvent voir le médecin de leur choix.

Jusqu'en 2001, tous les hommes doivent faire leur service militaire ; en général, ils le font dans l'année qui suit leur 19e anniversaire, mais il y a beaucoup d'exceptions.

Il y a aussi un service national féminin mais il n'est pas obligatoire. La France a décidé de se doter d'une armée de métier et le service militaire obligatoire disparaîtra en 2001.

des informations sur les droits et les devoirs des jeunes dans votre pays. Servez-vous aussi de l'Internet : www.aupoint.nelson.co.uk

A vos stylos ! Pourquoi pas envoyer votre texte en courrier électronique à des partenaires français(es) ?

Pour un peu de pratique, voir aussi 🖇 nos 9–11 *Français-anglais (A), (B), (C).*

Point de grammaire

LES VERBES MODAUX : DEVOIR, POUVOIR, SAVOIR, VOULOIR

Formation

C'est un groupe de verbes irréguliers qui suivent pourtant les mêmes règles entre eux. Regardez-les au présent :

devoir
(to have to, must)
je dois
tu dois
il/elle/on doit
nous devons
vous devez
ils/elles doivent

pouvoir
(to be able to, can)
je peux
tu peux
il/elle/on peut
nous pouvons
vous pouvez
ils/elles peuvent

savoir
(to know, to know how to)
je sais
tu sais
il/elle/on sait
nous savons
vous savez
ils/elles savent

vouloir
(to wish, want to)
je veux
tu veux
il/elle/on veut
nous voulons
vous voulez
ils/elles veulent

Usage

En tant que verbes modaux, ils sont tous suivis de l'infinitif.

Exemples :
Je dois travailler très dur.
Une mineure peut obtenir une prescription contraceptive.
Tous les hommes doivent faire leur service militaire.

EXERCICES GRAMMATICAUX

1 **Expliquez (en anglais) comment les verbes modaux suivent la même règle au présent.**

2 **Formulez des phrases au présent.**
   a Il (vouloir) faire des sorties en boîte.
   b Tu ne (devoir) pas tricher.
   c (Savoir) - vous nager ?
   d Je (pouvoir) aider, si tu veux.

3 **Traduisez en français.**
   a *I can go out when I want.*
   b *Who wants to go to the cinema ?*
   c *We have to leave at midnight.*
   d *Do you know how to do that ?*

1 JUSTICE... DELINQUANCE... ADOLESCENTS

Pour commencer, voir  n°s **12–13** *Anglais–français (A) et (B).*

Le système judiciaire de la France est peut-être complexe, grâce aux tribunaux nombreux avec leurs procédures plutôt compliquées.
Quant à la justice des mineurs, on peut simplifier la chose en comparant le fonctionnement des deux tribunaux qui s'intéressent aux jeunes : le tribunal pour enfants et la cour d'assises des mineurs.

sanctionne	punishes
recherche	seeks, looks for
la peine	penalty, sentence
dès 13 ans	from the age of 13
siège	sits, is in session
il s'agit de	it's about, it concerns
le délit	offence, misdemeanour
acquitter	acquit, release
une amende	penalty, fine

La balance de la justice

Le Tribunal pour enfants

- consiste en un juge d'enfants et deux assesseurs non professionnels
- concerne l'enfant et l'adolescent
- sanctionne et réinsère les mineurs délinquants
- recherche des mesures éducatives
- prononce des peines de mineurs dès 13 ans

La Cour d'assises des mineurs

- consiste en trois juges (la cour) et neuf citoyens (le jury)
- juge les crimes de tous dès 16 ans (jusqu'à 18 ans)
- siège (en département) deux ou trois fois par an

Le déroulement d'une affaire

s'il s'agit d'un délit → **LE TRIBUNAL pour ENFANTS**

s'il s'agit d'un crime → **LA COUR D'ASSISES DES MINEURS**

mineurs de moins de 16 ans

peut...

- acquitter
- prononcer des mesures éducatives
- prononcer une peine d'emprisonnement ou une amende

1 Procès verbal

Lisez le diagramme et les textes ci-dessus. Comment dit-on les expressions suivantes en français ?

- **a** *thanks to*
- **b** *reintegrates*
- **c** *passes sentences*
- **d** *juvenile assize court*
- **e** *as for*
- **f** *rather complex*

2 Droits et devoirs des tribunaux

Combien de phrases pouvez-vous écrire en utilisant les formules ci-dessous ?

Formules :
Le Tribunal pour enfants (ne) peut (pas)...
(ne) doit (pas)...

La Cour des assises des mineurs (ne) peut (pas)...
(ne) doit (pas)...

3 En somme

Résumez en anglais les aspects les plus importants dans le texte *La balance de la justice.*

C'est juste ?

Testez-vous ! Voir *Self-study booklet*, page 5.

AU FAIT

- Les prisons comptent 500 prisonniers à perpétuité, contre 233 en 1972
- Récemment, elles comptaient 575 mineurs, dont 92 % de garçons (durée moyenne d'incarcération = 3,1 mois)
- 20 000 jeunes délinquants sont placés chaque année dans des foyers

4 **Travail de recherche**

Regardez les graphiques ci-contre. Recherchez sur Internet les chiffres les plus récents pour la France et pour votre pays.

Comparez les taux de criminalité/délinquance (sous forme de graphiques).

- Quel pays a le plus de mineurs incarcérés ?
- Quelle est leur durée moyenne d'incarcération ?
- A partir de quel âge les mineurs sont-ils considérés 'responsables'/passibles de prison chez vous ?

Qu'en pensez-vous ? (Voir aussi **Pour communiquer**).

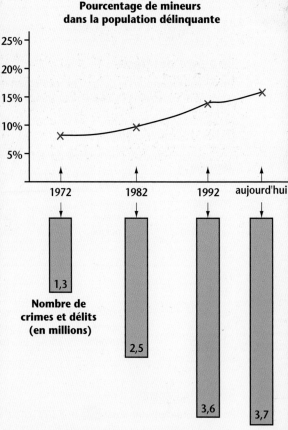

Pourcentage de mineurs dans la population délinquante

Nombre de crimes et délits (en millions)

1,3 — 2,5 — 3,6 — 3,7

Faut-il mettre les ados délinquants en prison ?

Annick : La prison n'est pas une solution parce que les jeunes sont enfermés et ne comprennent pas forcément pourquoi ils sont là... A quel âge est-on vraiment responsable ? Je pense que ce n'est pas une question d'âge, mais plutôt une question de personnalité.

Bernard : Je pense que tout le monde a volé un bonbon ou truandé dans le métro ou le bus... La prison n'apporte pas grand-chose pour la petite délinquance, elle peut même être négative et ça coûte cher... Mais quand il y a mort d'homme, c'est très grave, on n'a pas le droit d'enlever la vie à quelqu'un.

Joseph : Je pense qu'il faut éviter de mettre des jeunes délinquants en rapport avec la police... Dans le cas d'un viol ou d'un meurtre, je ne vois que la prison, mais en tâchant de soigner les jeunes à l'intérieur.

5 **A votre avis - les adolescents et la prison**

Faut-il mettre les ados délinquants en prison ? Lisez les opinions de ces trois jeunes. A vous de répondre à cette question. Servez-vous des textes ci-dessus et de **Pour communiquer** ci-contre. Répondez tout(e) seul(e) ou sous forme de dialogue avec votre partenaire.

6 **Courrier**

Imaginez que vous contribuez à un débat dans un magazine pour jeunes. Ecrivez un courrier (un à deux paragraphes) sur la question des adolescents, le crime et l'emprisonnement.

Pour communiquer

Raisonner sur des questions à controverse

Oui, dans certains cas... s'il s'agit de...
Absolument pas... !
Je trouve/pense qu'il (ne) faut (pas) + inf.
(Cela) (n') est (pas) une bonne solution parce que...
(Cela) n'apporte pas grand-chose pour...
(Cela) peut être négatif... coûte cher...
Je pense que ce n'est pas une question de...
C'est plutôt une question de...
On n'a pas le droit de + inf.
On (ne) peut/doit (pas) + inf.

Point de grammaire

Pour commencer, voir aussi [icon] nᵒˢ 14–16 *Vocabulaire 1, 2 et 3* et nᵒ 26 *Le genre des noms*.

Le genre des noms

Savez-vous identifier le genre des noms ? En français, tous les noms sont masculins (**n.m.**) ou féminins (**n.f.**).

Les terminaisons des noms sont souvent les meilleurs indices. En voici quelques exemples :

Masculin		
-eur	**-ème**	**-ge**
bonheur	problème	âge
tuteur	thème	village
vélomoteur	poème	dommage

Féminin		
-ion	**-é**	**-ce**
opinion	responsabilité	préférence
éducation	liberté	ambiance
attention	volonté	tolérance

Rappel : l'essentiel d'un dictionnaire

Pour vous aider, voir aussi [icon] nᵒ 8 *L'essentiel du dictionnaire*, nᵒˢ 9–11 *Français–Anglais (A), (B) et (C)*, nᵒˢ 12–13 *Anglais-Français (A) et (B)*.

Reconnaissez-vous ces abréviations de dictionnaire ?

adj adv conj f m n pl pp prép pron qch
qn vi vt

Apprenez-les par cœur !

Pouvez-vous identifier les termes (i) à (vi) ci-dessous ?

Une (i) mineure (ii) peut (iii) obtenir une prescription (iv) contraceptive (v) sans autorisation (vi) parentale (page 7).

Soyez toujours logique, surtout pour les verbes :
– on trouve les verbes à l'infinitif (**-er, -re, -ir**) dans le dictionnaire
– si le verbe que vous cherchez n'est pas à l'infinitif, n'oubliez pas que la plupart des verbes sont réguliers...
Je pense – penser
Ça dépend – dépendre
Les verbes finissent – finir

Pour les verbes irréguliers, voir la table des verbes, page 244.

EXERCICES GRAMMATICAUX

1 **Et ces terminaisons : -esse, -ie, -in, -on, -ude ?**
A vous de trouver des règles. Servez-vous d'un dictionnaire.

[icon] **Voici une page**
Ecoutez ce poème. Voir *Self-study booklet*, page 5.

2 [icon] **Masculin ou féminin ?**
Ecoutez la cassette et décidez si les mots sont masculins ou féminins. Ecrivez les numéros et 'nm' ou 'nf'.

3 **Si vous cherchez un mot dans la section Anglais–Français...**
Par exemple, *It means being free*, n'oubliez pas de vérifier dans la section français-anglais aussi.
'*Free*' ici, c'est 'libre' ? Ou 'gratuit' ? Ou 'généreux' ? Ou 'libérer' ?
Bon courage !

4 **Pour plus de pratique, voir** **1.6** **.**

Pour Finir

L'interview de Guillaume

Pour vous aider, voir aussi [icon] nᵒ 17 *A l'écoute*, nᵒ 18 *Par étapes*, nᵒ 19 *La prononciation, la liaison, l'intonation*, nᵒ 20 *Ecouter – exercez-vous* !

1 **Ecoutez l'interview et répondez aux questions.**

a Selon Guillaume, être jeune, ça veut dire quoi ? (3 points)

b Et l'essentiel, en ce qui concerne le bonheur et les parents, c'est quoi ? (4 points)

c Etre heureux, en gros, veut dire avoir de vrais amis, de bons parents et ...... ? (1 point)

d Guillaume trouve qu'on est traité comment au lycée ? (2 points)

e Et devenir adulte, ça signifie quoi ? (2 points)

f Guillaume est heureux ou malheureux pour l'instant ? (1 point)

2 **Par écrit**

Révisez vos opinions (page 3 *A vous*, page 4 *Conseillez-moi*), vos courriers et votre travail de recherche – ajoutez un paragraphe en sommaire sur la jeunesse, le bonheur, les droits et les devoirs des jeunes.

[icon] **Comment je me vois**

Travail écrit sur le Test à la page 66. Voir *Self-study booklet*, page 5.

Thèmes	Communiquer	Grammaire	Epreuves
• L'amitié • L'influence des ami(e)s • Le mariage, le divorce et l'union libre	• Classer par ordre d'importance • Donner une explication très personnelle • Essayer de convaincre	• Quelqu'un de + *adjectif* • Qui ou que • Les pronoms disjonctifs • Le passé composé • Prépositions + *infinitif* • Les adjectifs possessifs • L'infinitif passé	• Parler des statistiques • Noter des détails • Vrai ou faux • Ecrire un court paragraphe

Mariage

Vous, personnellement, souhaitez-vous, un jour, vous marier ?

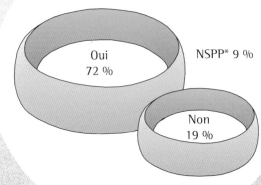

Oui
72 %

NSPP* 9 %

Non
19 %

*NSPP = ne se prononcent pas

Sommaire

UN(E) AMI(E)...

est honnête

garde des secrets

me fait rire

est toujours là

aime les mêmes trucs que moi

Choisissez les trois qualités d'un(e) ami(e) qui sont les plus importantes pour vous. Comparez votre choix avec celui de vos camarades de classe.

L'influence des ami(e)s

A votre avis, les jeunes, dans quelle mesure sont-ils influencés par leurs ami(e)s en ce qui concerne... ?

les matières scolaires	le tabac
l'alcool	la drogue
la musique	le crime

• tout à fait influencés	• un peu influencés
• plutôt influencés	• pas du tout influencés

2 Entre amis

Voici quatre extraits de lettres parues dans la page «Courrier» d'un magazine pour jeunes.

Florence

J'ai seize ans et demi et j'ai une amie de dix-huit ans. Et c'est d'elle que vient le problème : elle est vraiment trop jalouse, trop exclusive. Par exemple, elle refuse de s'intégrer, de discuter avec d'autres filles du lycée et, surtout, elle m'en empêche ! Oui, je n'ai pas le droit de discuter avec quelqu'un d'autre qu'elle. Je suis bien embêtée parce que beaucoup de filles de ma classe recherchent ma compagnie. Il suffit que je parle à l'une d'entre elles pour que mon amie boude toute la journée.

Antoine

Je me sens terriblement seul. J'ai un copain qui est très têtu et refuse souvent de sortir. Quand il ne veut pas sortir, je ne sais vraiment pas vers qui me tourner. A seize ans, on a envie d'avoir plein de copains et de copines, mais moi, j'ai l'impression de gâcher ma jeunesse.

Marie-Ange

Sophie est ma meilleure amie. Elle est brune est assez ronde. Moi, je suis châtain clair et plutôt fluette. Quand on est ensemble, tout le monde nous remarque. Par exemple, nous avons acheté cet été les mêmes maillots et les mêmes fringues de couleurs différentes. Ce qui nous plaît, c'est de nous habiller pareil. Ça fait de l'effet, croyez-moi.

1 Jeu : Boule de neige

Seul, remue-méninges ou dictionnaire : trouvez deux adjectifs qui décrivent un copain ou une copine.
Voir **Point de grammaire**.

Exemple :

Un ami, c'est quelqu'un de serviable et de rigolo.

2 Travail de vocabulaire

Avant de lire les textes ci-dessus, trouvez l'équivalent en anglais de ces expressions :

a	je me sens (se sentir)	1	*the same, similar*
b	têtu	2	*slim*
c	plein de*	3	*to waste*
d	gâcher	4	*a lot of*
e	s'intégrer	5	*I only have to*
f	elle m'en empêche (empêcher quelqu'un de faire quelque chose)	6	*annoyed*
		7	*I feel*
		8	*sulks*
g	embêté(e)	9	*stubborn*
h	il suffit que je…	10	*brown, chestnut (hair)*
i	boude	11	*into the same things*
j	châtain	12	*clothes*
k	fluet(te)	13	*she stops me, prevents me from doing it*
l	les fringues*		
m	pareil	14	*to join in*
n	accros des mêmes trucs*	15	*a lot of*
o	pas mal de*		

* = familier (*colloquial, familiar language*)

3 Trouvez l'équivalent

Trouvez une expression non familière, pour **c, l, n** et **o** (exercice 2).

4 Qui a écrit ça ?

Lisez les extraits de lettres. Notez le nom de la personne qui a écrit l'équivalent des phrases suivantes.

a J'ai une copine qui ne me laisse pas de liberté.
b Je n'ai pas assez de copains et de copines.
c Je parle avec mes amis par l'intermédiaire d'un ordinateur.
d Je ne peux pas parler avec qui je veux.
e Nous adorons porter les mêmes vêtements.
f Je suis assez mince.
g Je corresponds avec une fille qui me plaît beaucoup.
h Je suis populaire avec les jeunes de mon âge.
i Ma copine n'aime pas que je parle à d'autres personnes.
j On aime les mêmes choses.

Point de grammaire
QUELQU'UN DE + ADJECTIF

Quelqu'un de + *adjectif* qui commence par une consonne
Exemple : Quelqu'un de serviable.

Quelqu'un d' + *adjectif* qui commence par une voyelle (**a, e, i, o, u**), **h** ou **y**.
Exemple : Quelqu'un d'amusant et d'heureux.

Pour faire une liste, répétez **de** ou **d'**
Exemple : Un ami, c'est quelqu'un de serviable, d'amusant et d'heureux.

Fabien

Moi, j'ai un tas de copains et de copines dans tous les pays du monde. Et en plus, je leur parle fréquemment. Je les ai rencontrés dans des forums de discussion sur l'Internet ; on est donc accros des mêmes trucs. Nous prenons toujours part aux discussions dans le forum, mais nous nous envoyons des messages dans nos boîtes à lettres personnelles. Il y a d'ailleurs une fille à qui je parle tous les jours. Elle est hyper-chouette. Nous pensons pareil à propos de pas mal de trucs. J'attends ses messages avec impatience.

5 ▣ Mon meilleur ami

Lisez et comprenez les expressions ci-dessous (servez-vous du dictionnaire, si nécessaire). Puis écoutez Sébastien, Annie et Nicolas parler de leur meilleur(e) copain/copine. Pour chaque personne, trouvez l'idée que vous n'entendez pas.

Sébastien

Matthieu est un excellent copain.
Sébastien et Matthieu s'entendent bien.
Matthieu ne répète rien.
Il est sportif.
Il adore le cinéma.
Il donne des conseils.

Annie

Sa copine Véronique est géniale.
Elle écoute avec attention.
Elle est généreuse.
Elle donne son avis franchement.
Annie et Véronique partagent tout.
Elles rigolent bien ensemble.

Nicolas

Sa meilleure amie, Annabelle, est super-sympa.
Ils ne sont pas amoureux.
Ils éprouvent de l'amitié l'un pour l'autre.
Ils ont grandi ensemble.
Annabelle le fait rire.
Elle donne son opinion sincèrement.

6 ▣ Amitié fille-garçon

L'amitié entre fille et garçon, est-elle possible ? On a posé la question à six jeunes. Voir la feuille **2.1**.

7 Les qualités d'un ami

Travaillez à deux. Regardez la liste de qualités d'un(e) ami(e). Assurez-vous que vous comprenez tout. Classez ces qualités par ordre d'importance, en utilisant les expressions de **Pour communiquer**.

Un(e) ami(e), c'est quelqu'un qui...
... est toujours prêt(e) à vous aider
... n'hésite pas à vous dire la vérité
... vous fait rire
... garde des secrets
... aide à résoudre les problèmes
... porte les mêmes fringues que vous
... aime sortir avec vous

C'est quelqu'un...
... à qui on peut tout confier
... avec qui on a beaucoup de choses en commun

Pour communiquer

Classer par ordre d'importance

D'abord	je mettrais
Puis Ensuite	je choisirais il y a
Finalement Pour finir	vient viendrait

8 Poème : Mon ami

Lisez le poème. Ecrivez un poème semblable. Utilisez les idées sur ces deux pages pour vous inspirer, si vous voulez.

> *Mon ami, c'est quelqu'un qui sait écouter,*
> *Mon ami, c'est quelqu'un que j'écoute.*
> *Mon ami, c'est quelqu'un qui me conseille,*
> *Mon ami, c'est quelqu'un que je conseille.*
> *Mon ami, c'est quelqu'un qui partage,*
> *Mon ami, c'est quelqu'un que j'admire,*
> *Mon ami, c'est quelqu'un que j'aime.*
>
> Michel, 18 ans

🎧 **Ami cherche ami**

Chanson de Francis Cabrel. Voir *Self-study booklet*, page 6.

Point de grammaire
QUI OU QUE

Qui
Mon ami sait écouter.
Mon ami, c'est quelqu'un **qui** sait écouter.
(**qui** = sujet du verbe 'sait')

Que
J'admire mon ami.
Mon ami, c'est quelqu'un **que** j'admire.
(**que** = complément d'objet direct du verbe 'admire')

Pour un peu de pratique

Voir 📖 n° 27 *Qui et que*, **2.2** et 📓 www.aupoint.nelson.co.uk

Bonne influence ? Mauvaise influence ?

Nos lecteurs du forum ont répondu à la question : «Vos amis exercent-ils une influence sur vous ?»

A Je fais partie d'un groupe de copains – des mecs seulement. Notre règle est de savoir s'enivrer sans jamais être saoul. Pour faire partie de la bande, il y a un test, un peu comme une cérémonie d'intronisation : sans le savoir, les nouveaux de la bande doivent boire plusieurs verres de vin coupé d'eau de vie. Mais récemment, un nouveau membre du groupe a refusé d'y participer, parce qu'il est champion de basket au collège et si bien respecté par les autres mecs qu'ils l'ont accepté dans la bande quand même.

Daniel, 16 ans

B Il y a maintenant six mois, j'ai rencontré un mec avec qui je m'entends très bien. On est juste bons copains, mais grâce à lui, j'ai découvert le jazz. Mes parents, eux, ils détestent ça, alors pas question d'écouter ça à la maison. Mais quand je vais chez mon copain, nous écoutons tous les classiques du jazz. La semaine dernière, nous sommes allés à un concert ; l'ambiance était absolument géniale.

Soraya, 18 ans

C La semaine dernière, je suis allé à une fête pour l'anniversaire d'un copain. On était toute une bande et on s'est bien amusés. On a dansé, on a mangé et on a bu beaucoup de jus de fruits avec quelques trucs alcoolisés. Vers minuit, un type qui s'appelait Serge a sorti des petits comprimés. «Essayez, a-t-il dit, ça va intensifier toutes vos sensations.» Je n'ai pas osé dire non : j'ai fait comme tout le monde, j'ai avalé un comprimé. Je crois que c'était de l'ecstasy. Maintenant, je suis dégoûté de moi-même ; ai-je si peu de courage que je prends n'importe quoi pour être accepté par les autres ?

Sébastien, 17 ans

D Le groupe est très important. Fumer pour moi, c'est me retrouver avec les copains et être assurée que je fais partie de la bande : on rigole bien ensemble.

Bénédicte, 17 ans

un mec (arg.)	guy, bloke
s'enivrer	to get drunk
saoul/ivre	drunk
une bande	gang
coupé de	spiked/laced with
je m'entends bien avec	I get on well with
génial	great, brilliant
oser	to dare
avaler	to swallow
n'importe quoi	anything
rigoler	to have a laugh
avoir envie de	to feel like, want
être mal à l'aise	to be ill at ease
le javelot	javelin
le lancé du disque	discus throwing
sortir en boîte	go to discos, clubs
se livrer à	to get involved in
des vols à l'étalage	shop lifting
avouer	to admit
un moyen	a means, way

Lucky Luke, héros de bande dessinée, a arrêté de fumer au début des années 1980.

1 Mes amis ont une influence sur moi

Lisez les messages reçus par un forum pour les jeunes sur l'Internet. Il s'agit de quel domaine d'influence ? Notez aussi s'il s'agit d'une bonne ou d'une mauvaise influence.

- Alcool
- Culture
- Sport
- Crime
- Drogues
- Tabac

2 Mots imbriqués sur le vocabulaire

Voir la feuille **2.3**.

Il y a quelques années, quand mes copains ont commencé à fumer du tabac, ils m'ont traité de «bébé», de «petit», parce que je refusais de les imiter. Maintenant, on m'admire parce que je ne fume pas. Ça a un côté sain qui, bizarrement, ne joue pas tellement quand il s'agit de H ou de marijuana. Je n'ai pas envie d'en fumer et pourtant, je suis sûr que je serai mal à l'aise quand, dans une soirée, on m'offrira un joint.

François, 16 ans

Je fais partie de toute une bande de copains et de copines. Nous nous rencontrons tous les dimanches matins et tous les jeudis soirs pour nous entraîner. Ma spécialité, c'est le javelot. Un membre de notre bande est champion de France du lancé de disque et j'aimerais pouvoir faire aussi bien que lui. Mais ça veut dire qu'un tas de trucs que les jeunes de mon âge font, comme sortir en boîte, fumer ou boire me sont interdits. Ça ne fait rien, c'est mon choix.

Maël, 16 ans

Ce n'est pas moi, mais une de mes copines qui est très influençable. Ça fait presque un an, elle s'est trouvée prise dans une bande de jeunes, filles et garçons, qui se livre à des vols plus ou moins importants, particulièrement des vols à l'étalage dans les grands magasins. Bien que cela soit répréhensible, cela m'inquiétait nettement moins que ce qui se passe maintenant. Ma copine m'a avoué que depuis une quinzaine de jours, la bande a commencé à voler des voitures. Ma copine voudrait quitter la bande mais elle n'en a pas la force et moi, je n'ose pas la dénoncer à la police. Elle est ma copine après tout et j'aimerais trouver un autre moyen de l'aider.

Aurélie, 15 ans

---

3 **Vrai ou faux ?**

Relisez les messages et décidez si les affirmations suivantes sont vraies ou fausses. Corrigez les affirmations fausses.

a Quand Daniel boit trop d'alcool, les effets ne sont pas visibles.
b Soraya aimait le jazz avant de connaître son copain.
c Sébastien n'a pas eu le courage de dire non aux petits comprimés.
d Pour Bénédicte, fumer est un acte d'appartenance à son groupe.
e Les copains de François l'ont admiré pour avoir résisté à leurs pressions.
f François n'est pas certain de résister facilement si on lui offre de la drogue.
g On a forcé Maël à ne pas sortir le soir ou à ne pas vivre comme les jeunes de son âge.
h La copine d'Aurélie prend des choses dans les magasins sans les payer.
i La copine d'Aurélie refuse de voler des autos.
j Aurélie ne sait pas comment aider sa copine à quitter la bande.

---

4 📼 **L'avis des psychologues**

On a demandé à un psychologue d'expliquer pourquoi les jeunes se laissent influencer par les autres. Complétez les phrases en utilisant les mots encaissés ci-dessous.

Attribuez les descriptions à la personne ou aux personnes dans les messages sur les pages 14 et 15 à qui elles se rapportent le mieux.

a Quand on fait ...... d'un groupe, il est ...... de faire des actions qui vous ...... du groupe.
b Faire des choses avec les autres encourage à ...... ses limites ....
c Faire des choses ensemble donne une ...... et une ...... au groupe.
d Dans certaines ......, utiliser une substance crée un lien entre les membres de la ....
e L'amitié permet de faire des ...... impossibles autrement.

bande	difficile
circonstances	expériences
cohérence	partie
cohésion	personnelles
différencient	surpasser

📖 **Etes-vous influençable ?**

Test-personnalité. Voir *Self-study booklet*, page 6.

---

5 **Ecrire à un magazine ou à un forum : la formule**

Les lettres écrites à un magazine ou les messages à un forum sur l'Internet semblent presque tous suivre la même formule. Ils ont quatre éléments :

1 Exposé de la situation
2 Présentation du problème
3 Appel au secours
4 Nom et âge

Avec un(e) partenaire, choisissez deux des messages sur les pages 14 et 15 et identifiez les quatres parties. Pensez à d'autres situations qui illustrent les influences fastes ou néfastes que l'amitié peut exercer.

Individuellement, composez une lettre à un magazine, ou un message à un forum sur l'internet.

En classe, lisez vos lettres et votez pour la meilleure. Donnez vos raisons.

---

6 **Travail écrit**

Ecrivez un court paragraphe sur «L'amitié, ça influence». Utilisez les phrases du psychologue, si vous voulez, et essayez de donner des exemples, soit de vos propres expériences, soit des choses que vous avez vues ou lues dans les médias.

---

7 **Grammaire : pronoms disjonctifs**

Voir la feuille **2.4** .

Point de grammaire

LE PASSÉ COMPOSÉ

Exemples tirés des textes :

J'ai rencontré un mec.
J'ai découvert le jazz.
Nous sommes allés au concert.
On s'est bien amusés.

Usage

Temps de l'histoire au passé : chaque événement finit avant
le commencement de l'autre :

D'abord, on est arrivés.
Puis on a dansé un peu.
Ensuite, on a mangé.
Finalement, on est partis.

Formation

Deux parties :

Auxiliaire	+ participe passé
avoir ou **être**	+ verbe finissant en :	é i u/û it is aint/eint/oint ert

Au négatif

L'expression négative se met autour de l'auxiliaire :

Je n'ai pas vu le film.
Il n'est pas resté à la maison

Quel auxiliaire ? Etre

Les verbes qui utilisent **être** sont :

- Les verbes de mouvement

  aller   venir
  partir   arriver
  rester   tomber
  sortir   entrer   retourner
  monter descendre
  naître   mourir

- Les verbes formés à partir de ces 13 verbes :

  venir ➜ devenir, parvenir, survenir
  entrer ➜ rentrer

- Les verbes pronominaux :

  s'amuser, s'entraîner, s'inquiéter, etc.

  Notez la position du pronom réfléchi au passé composé :
  Je me suis amusé(e)
  Tu t'es entraîné(e)
  Il/elle/on s'est inquiété(e)
  Nous nous sommes…
  Vous vous êtes…
  Ils/elles se sont…

  Et au négatif :
  Je ne me suis pas amusé(e)
  Il ne s'est pas inquiété

Quel auxiliaire ? Avoir

Les verbes qui utilisent **avoir** sont :
Tous les autres verbes.

Les accords du participe passé

Après **avoir**, pas d'accord avec le sujet du verbe :
J'ai rencontré des amis.

Mais, accord après **avoir** avec le complément d'objet direct
s'il est placé devant **avoir** :
Je les ai rencontrés.

Après **être**, accord avec le sujet du verbe :
Elle est arrivée.
Nous sommes allés au concert.

EXERCICES GRAMMATICAUX

1 **Trouvez d'autres exemples de verbes au passé composé dans
les textes pages 12, 13, 14 et 15.**

2 **Les anagrammes**

Pour aider les étudiants à retenir les 13 verbes qui prennent être
au passé composé, les profs inventent souvent des anagrammes
avec les initiales de ces 13 verbes :

DR. M.M. PARAVENTS   MR. VAN DE TRAMPS

MR. VANS TRAMPED   MR DAMP'S TAVERN

Ajoutez l'anagramme que vous avez apprise, si elle est
différente. Ecrivez les lettres des anagrammes les unes sous les
autres. A côté de chaque lettre, écrivez le verbe qui correspond
(sans regarder la liste !).

3 **Jouez à deux personnes : le ping-pong verbal.**

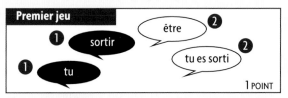

Changez le service

4 **Copiez ce paragraphe en mettant les verbes conjugués au
passé composé. Pour des corrections plus faciles, utilisez
l'ordinateur (traitement de texte).**

Dimanche, je quitte la maison à neuf heures. Mon
copain vient me chercher en voiture. On va à une
boum. On parle, on mange et on danse. On s'amuse
bien. Mon copain retrouve cinq de ses copains et
tous les six commencent à boire. Ils boivent
beaucoup. Je m'inquiète : «Boire ou conduire, il faut
choisir,» comme dit la télé. Au retour, c'est moi qui
conduis. Heureusement que je ne bois que du jus de
fruit.

5 **Pour plus de pratique.**
Voir la feuille **2.5**,
n°s 28–32 *Le passé composé* et
🖱 www.aupoint.nelson.co.uk

BONNE IDEE

Au passé composé, vérifiez :
- 'avoir' ou 'être'
- la forme de l'auxiliaire
- la forme du participe passé
- l'accord du participe passé

On passe devant monsieur le maire ou pas ?

1 Vocabulaire

Avant de lire les textes, trouvez le sens de ces mots clés dans un dictionnaire.

tardif   un(e) concubin(e)
célibataire   le concubinage
l'union libre   hors mariage

2 A la trace des mots

Copiez le tableau suivant et trouvez dans les textes les mots pour le compléter. Donnez une traduction anglaise de tous les mots.

Adjectif	Verbe	Nom	
–		acceptation	(f)
–		adoption	(f)
	allonger	allongement	(m)
–		augmentation	(f)
–	croître		(f)
	–	difficulté	(f)
–		diminution	(f)
–		tolérance	(f)

3 🖭 Cela s'explique

Assurez-vous que vous comprenez les différents événements et les différentes explications ci-dessous. Ecoutez la cassette. Mariez chaque événement à son explication selon les personnes qui parlent. Ecrivez le chiffre et la lettre.

Exemple : A1

Evénements

a   Les Français se marient de plus en plus tard.
b   Il y a de moins en moins de couples qui se fiancent.
c   Il y a une croissance certaine du nombre des naissances en dehors du mariage.
d   La France est le deuxième pays d'Europe pour la diminution du nombre des mariages.
e   On remarque une augmentation du nombre des vrais célibataires.

Explications

1   L'allongement de la durée des études.
2   Les difficultés à trouver un premier emploi.
3   L'acceptation de l'union libre par la société.
4   L'adoption de lois favorables aux couples vivant maritalement.
5   L'augmentation du nombre de femmes qui suivent des études.

🎧 Débat : mariage ou union libre ?

Les avantages et les inconvénients. Voir *Self-study booklet*, page 6.

4 Travail écrit

«La mort du mariage en France ?» Ecrivez un court paragraphe à ce sujet. Servez-vous des expressions ci-dessus et de **Pour communiquer**, si vous voulez.

🎧 Exercice de prononciation

Voir *Self-study booklet*, page 7.

A Les Français sont les Européens qui se marient le plus tard, avec un âge moyen au premier mariage de 27 ans pour les femmes et 29 ans pour les hommes.

B L'âge tardif du mariage et la croissance de l'union libre s'expliquent par des études plus longues et un premier emploi plus difficile à trouver.

C Le nombre des vrais célibataires, c'est-à-dire de personnes vivant absolument seules, augmente.

âge	femmes	hommes	âge	femmes	hommes
15 et +	28 %	35 %	25-29	32 %	48 %
18 et +	26 %	31 %	30-34	16 %	22 %
20-24	72 %	89 %	35-39	9 %	13 %

Ce sont les femmes avec le plus de diplômes qui se marient le moins. Chez les hommes, il y a le plus de célibataires dans les catégories sociales modestes.

D La France est, après la Suède et à égalité avec l'Irlande, le pays d'Europe où le nombre des mariages diminue le plus.

E Maintenant, le concubinage est mieux accepté par la société. Des lois ont été adoptées dans bien des domaines, pour donner aux couples vivant en union libre les mêmes droits que ceux des couples mariés : par exemple,

– un concubin ou une concubine sont reconnus par la Sécurité sociale,

– depuis 1993, l'autorité parentale peut être exercée par les deux parents s'ils reconnaissent l'enfant avant l'âge de 12 mois et s'ils habitent ensemble à cette date.

F Au début, la cohabitation était un «mariage à l'essai» ; elle remplaçait les traditionelles fiançailles. On se mariait un peu avant l'arrivée des enfants. Maintenant, la société tolère plus facilement les enfants nés hors mariage.

AU FAIT

Concubins, concubines

Evolution du nombre de couples non mariés en France (en milliers) et part dans le nombre total de couples :

310	314	446	829	975	1 707
2,9%	2,8%	3,6%	6,3%	7,4%	12,4%
1962	1968	1975	1982	1985	Présent

INSEE

Pour communiquer

Donner une explication très personnelle

A mon avis, …   cela s'explique par…
Selon moi, …   ceci est dû à la/au/aux…
Cela n'engage que moi, …   c'est lié à la/au/aux…
Je pense que…
Il me semble que…

JE RETOURNE CHEZ MON PÈRE

Les enfants parlent

> J'ai quitté ma mère pour mon père qui est remarié et a trois autres enfants. Lui, au moins, il me laisse tranquille. J'ai le droit de sortir le soir et de m'habiller comme je veux.
>
> Victoire, 14 ans

> Depuis le divorce de mes parents, il y a sept ans, j'habitais avec ma sœur et ma mère. Tout se passait bien, mais j'ai eu envie de changer. J'en avais marre des dimanches soirs où mon père me ramenait chez moi. C'était trop triste. Tant pis pour maman et Stéphanie. Je les verrai un week-end sur deux et ça me suffit. J'ai envie de mieux connaître mon père.
>
> Damien, 13 ans

---

1 A la trace des mots

Retrouvez dans les lettres les mots qui manquent dans ces phrases. Pour les abréviations, voir la page 10 ou n° 8 *L'essentiel du dictionnaire*.

a **marier** (v)
...... (pp) = marié encore une fois
(Victoire)

b **mener** (v) = conduire par la main
...... (v) = reconduire une personne
(Damien)

c **suffisant** (adj) = qui est assez
ça me ...... (v) = c'est assez pour moi
(Damien)

d **moins** (adv) = comparatif de peu
la ...... (adj superlatif) = la plus petite
(Anne)

e **venir** (v)
...... (v) = retourner, venir de nouveau
(Jean-Paul)

f **grand** (adj)
...... (v) = devenir grand
(Jean-Paul)

2 Défi grammatical

Regardez tous les verbes dans les textes ci-dessus qui transmettent l'idée d'encore une fois ou à nouveau. Ils commencent tous par le même préfixe. Lequel ? Donnez les verbes qui veulent dire :

manger à nouveau
trouver encore une fois
dire encore une fois

3 🔲 De qui parle-t-on ?

Lisez les quatres lettres. Puis écoutez la cassette et écrivez les noms des personnes dont on parle.

4 Envie de... ?

Complétez les phrases en utilisant des verbes du texte ou des mots à vous.

a Victoire a envie de ...... le soir
b Elle a envie de s'...... comme elle veut
c Damien a eu envie de ...... de domicile
d Il a eu envie de mieux ...... son père
e Anne avait envie de ...... son fils devenu autonome
f Jean-Paul avait envie de ...... un vrai père

Attention ! Tous les verbes placés après 'de' sont à l'infinitif, c'est-à-dire qu'ils finissent par **-er**, **-ir** ou **-re**.

Les parents parlent

J'ai cru à un caprice de Martin lorsqu'il m'a parlé de son projet de vivre chez son père. Je m'en souviens parfaitement, c'était un soir, tard, j'étais en train de râler qu'il n'avait pas encore fait ses devoirs. J'étais exaspérée, je lui ai dit sans réfléchir : «C'est ça, va chez ton père, ce sera le vrai bonheur, plus de devoirs, plus de corvées, plus rien. Génial !» Le problème, c'est que Martin, quinze ans en mai prochain, n'a jamais changé d'avis. On en a parlé longtemps, calmement. Impossible de refuser. Impossible de lui dire ce que j'avais sur le cœur : l'impression d'avoir fait tout le sale boulot, le mauvais côté de Martin enfant, prévoir les baby-sitters pour la moindre sortie, lui faire à manger tous les jours, préparer son cartable, ses fringues...et le sentiment d'être dépossédée, juste au moment où il commence à devenir autonome.

Anne, 42 ans

j'en avais marre (arg.)	j'en avais assez
ramener	transporter
tant pis	ça ne fait rien, ce n'est pas important
un caprice	une idée soudaine
râler (fam.)	façon de parler quand on n'est pas content, se plaindre
réfléchir	penser
une corvée	un travail qu'on n'aime pas faire
un boulot (fam.)	un travail
autonome	indépendant
faire le deuil de quelque chose (fam.)	abandonner l'idée d'avoir cette chose
sournoisement	peu-à-peu, sans être remarqué
pourrir	détruire
je me défonçais (fam.)	je faisais le maximum
être aux petits soins (fam.)	faire très attention

Mon fils allait enfin revenir chez moi. A sa demande, en plus ! C'était un rêve dont j'avais fini par faire le deuil. Après des années de frustration, de dizaines de retour de vacances sordides, où l'idée de me séparer de lui venait sournoisement me pourrir les derniers jours, après l'avoir regardé grandir loin de moi, enfin, j'allais le voir vivre. Enfin nous allions sortir de ce rituel un peu exceptionnel du week-end sur deux, de ces deux petits jours où je me défonçais pour ne pas perdre une minute, pour être aux petits soins, pour remplacer le temps perdu. Ce coup de fil marqua l'un des plus beaux jours de ma vie, comme si je devenais père une seconde fois.

Jean-Paul, 52 ans

5 Grammaire : Prépositions + infinitif

Voir la feuille **2.6** .

6 ▭ Les enfants du divorce

Comment les enfants de parents divorcés vivent-ils la séparation ? Ecoutez et faites l'exercice sur la feuille **2.7** .

7 Chez le père ou chez la mère ?

> Le rôle du juge est surtout d'aider l'enfant, qui se culpabilise souvent pour son désir d'autonomie, notamment vis-à-vis de sa mère. On lui fait tout de suite comprendre qu'il a le droit d'émettre un souhait, mais que ce n'est pas lui qui a le pouvoir de décision, que c'est le juge et lui seul qui décide. C'est une manière de les déculpabiliser, de les laisser à leur place d'enfant.

Divisez la classe en deux groupes. Imaginez que vous êtes avocats pour des parents qui divorcent. Chaque parent veut que son fils reste avec lui/elle. Un groupe trouve des arguments pour que l'enfant reste chez la mère, l'autre pour qu'il reste chez le père.

Trouvez des arguments dans les textes et sur la cassette de l'exercice 3. Ajoutez vos propres arguments, si vous voulez.

Quand vous serez prêts, utilisez **Pour communiquer** et les phrases utiles ci-contre pour présenter vos arguments à votre prof, qui jouera le rôle du juge.

8 Grammaire : Adjectifs possessifs

Voir la feuille **2.8** .

▤ Métiers à risque

Voir *Self-study booklet*, page 7.

Pour communiquer

Essayer de convaincre

Il faut bien savoir que...

Il faut bien se rendre compte que...

N'oubliez pas que...

Ce n'est pas que je/l'enfant/le père/la mère..., mais...

PHRASES UTILES

Un père/une mère ne peut pas jouer son rôle seulement le week-end/un week-end sur deux.

Les relations semblent toujours plus faciles avec le parent avec qui on n'habite pas.

Les garçons ont un grand besoin de s'identifier à la figure paternelle.

En allant chez l'autre parent, l'enfant vient chercher une preuve d'amour.

Jeunes, alcool, tabac, amitié et amour en chiffres

La jeunesse est une période d'expérimentation, de quête de sa propre identité. Cette recherche de soi passe par la découverte des autres. Jusqu'à environ 15 ans, les jeunes placent l'amitié au-dessus de tout.

50 % des jeunes disent avoir échangé leur premier baiser à 14 ans.

3,3 % des filles françaises âgées de 15 à 18 ans ont déjà été enceintes, dont 12 % ont gardé l'enfant.

LES JEUNES ET L'ALCOOL

- La moitié des Français de 12–18 ans déclarent boire de l'alcool.
- 30 % des 18–24 déclarent ne jamais avoir bu d'alcool.
- A 18 ans, 75 % des jeunes Français boivent de façon occasionnelle (moins de trois verres par semaine).
- Parmi les 14–18 ans, plus d'un sur trois admet avoir été ivre.
- Les Français de 12–18 ans boivent 3 litres d'alcool par an.
- Les deux tiers consomment moins de deux verres de boisson alcoolisée par semaine.

Proportion de fumeurs français parmi les 12–18 ans		La première cigarette en France	
Année		Année	Age moyen
1977	46 %	1980	12 ans
1984	39 %	Présent	14 ans
Présent	35 %		

45 % des jeunes Français dont les deux parents fument sont eux-mêmes fumeurs.

Destination épreuves

1 **Quel pourcentage ?**

Ecrivez les fractions en pourcentage :

a   un quart
b   la moitié
c   les trois-quarts
d   un tiers
e   les deux-tiers

2 **En d'autres mots**

Trouvez dans les textes d'autres manières d'exprimer les statistiques suivantes :

a   Presque un tiers des 18-24 ans disent ne jamais avoir bu.
b   Les trois-quarts des jeunes boivent occasionnellement.
c   La moitié des jeunes déclarent avoir embrassé quelqu'un pour la première fois à 14 ans.

d   Presque la moitié des jeunes fumeurs sont les enfants de parents qui fument.

3 **Vrai ou faux ?**

Ecoutez le reportage sur la cassette, regardez les statistiques ci-dessus et faites une liste des erreurs sur la cassette. Essayez d'expliquer l'erreur.

Exemple :

Nombre de fumeurs entre 12–18 ans. Cassette = 50 %. Statistiques = un tiers.

4 **Travail de recherche**

✎ Utilisez l'internet pour rechercher les statistiques sur les jeunes et l'alcool, le tabac et l'amour dans votre pays. Comparez les résultats avec les statistiques données ici pour la France.

5 **Grammaire : L'infinitif passé**

Voir la feuille **2.9** .

6 **Et pour finir**

Créez un poster en français sur «Les valeurs des jeunes Français». Pensez aux éléments suivants :

L'amitié
L'influence
Le mariage, le divorce et l'union libre

 Grammaire : Le passé composé et les pronoms disjonctifs

Voir *Self-study booklet*, page 7.

∩ **Couplets de la rue Saint-Martin**

Voir **Lectures**, page 89 et *Self-study booklet*, page 7.

Thèmes	Communiquer	Grammaire	Epreuves
• L'éducation	• Exprimer la possibilité	• Les conjonctions	• Compréhension
• L'orientation	• Exprimer la nécessité	• La négation	• Les résumés
• Le monde du travail	• Exprimer les différences	• Les adjectifs	• Pratique orale
• L'égalité des sexes	• Exprimer la négation	• Le futur	continue
		• Le futur antérieur	• Les rédactions
		• L'impératif	

3 Une école pour la réussite

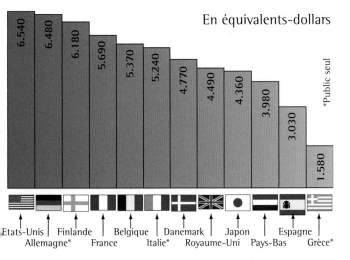

Dépense moyenne annuelle pour un élève du secondaire public et privé

En équivalents-dollars

6.540 – 6.480 – 6.180 – 5.690 – 5.370 – 5.240 – 4.770 – 4.490 – 4.360 – 3.980 – 3.030 – 1.580

*Public seul

Etats-Unis – Finlande – Belgique – Danemark – Japon – Espagne
Allemagne* – France – Italie* – Royaume-Uni – Pays-Bas – Grèce*

Sommaire

■ Quels pays dépensent le plus (et le moins) sur leurs élèves du secondaire ?

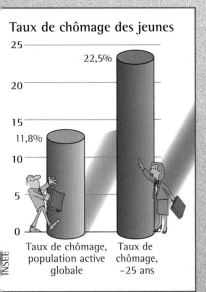

Taux de chômage des jeunes

22,5%

11,8%

25 – 20 – 15 – 10 – 5 – 0

Taux de chômage, population active globale

Taux de chômage, –25 ans

INSEE

MATIERES	MOYENNE DE L'ELEVE	CLASSE MOYENNE/ MINI/MAXI	NOMS ET APPRECIATIONS DES PROFESSEURS
FRANÇAIS EXPRESSION ECRITE	12.37 13	10.8 – 8.4 – 14.5 10.5 – 6.9 – 15	Ensemble satisfaisant. Quelques difficultés avec l'orthographe.
GRAMMAIRE LECTURE ORTHOGRAPHIE	14.5 12 10	12 – 8 – 16 10 – 5 – 16.5 11 – 7 – 14	Elève studieuse. Continue !
ANGLAIS LV1 ECRIT ORAL	11 10.5 11.5	12 – 6 – 15.5 13 – 7 – 16 11 – 5.5 – 14	Résultats moyens. Doit faire plus d'efforts à l'écrit.
BIOLOGIE GEOLOGIE	12.5	11.1 – 8.7 – 13.8	Elève sérieuse et intéressée. Ensemble encourageant.
ARTS PLASTIQUES	16	13 – 9 – 18.5	Excellents résultats. Bravo !
EDUCATION MUSICALE	8.4	10.8 – 6.5 – 15	Ensemble décevant. Elève trop bavarde !

■ Quel est le pourcentage de jeunes qui sont actuellement au chômage ?

■ En quelles matières cette élève est-elle forte ou faible ? Et vous ?

21

3 Du collège au lycée

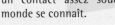 A la fin de la classe de troisième, à l'âge de 15–17 ans, les jeunes Français finissent le premier cycle d'enseignement secondaire : ils quittent le collège pour aller au lycée où ils suivent le deuxième cycle d'enseignement secondaire.

On a demandé à quelques jeunes Français s'ils préfèrent le collège ou le lycée. La grande majorité des jeunes préfère le lycée. Voici leurs raisons. Ecoutez et lisez.

Je préfère le lycée. On a plus de liberté, les profs sont moins derrière nous, on travaille pour nous maintenant, on ne travaille pas pour le professeur. Si on ne travaille pas, c'est tant pis pour nous. Et si on est paresseux, et qu'on n'étudie pas, on n'arrivera pas à suivre et donc à continuer.

Blandine 16 ans

Je préfère le lycée parce qu'on est beaucoup plus indépendant, même s'il y a des fois où c'est difficile à gérer. Je trouve que les cours sont beaucoup plus pointus qu'au collège et donc beaucoup plus intéressants.

Isabelle 18 ans

Je crois que je préfère le collège : c'est plus sécurisant. Au collège, les profs nous aident un peu, tandis qu'au lycée, ils vous lâchent complètement. Vous êtes perdus au milieu de la foule. Au collège, il y a un contact assez soudé, tout le monde se connaît.

Omar 17 ans

1 Travail de vocabulaire

Trouvez l'équivalent en anglais dans la colonne de droite des mots et expressions en français à gauche.

a	l'enseignement	1	*crowd*
b	gérer	2	*you get used to it quickly*
c	les cours sont pointus	3	*whereas*
d	autonome	4	*to organise yourself, manage*
e	une rédaction	5	*education, teaching*
f	on s'habitue vite	6	*lessons are specialised*
g	sécurisant	7	*independent*
h	tandis que	8	*an essay*
i	la foule	9	*lazy*
j	un contact assez soudé	10	*to understand, follow*
k	tout le monde se connaît	11	*secure*
l	c'est tant pis pour nous	12	*a good working relationship*
m	paresseux (-se)	13	*it's a pity for us*
n	suivre	14	*everyone knows each other*

2 Qui pense quoi ?

Les phrases ci-dessous résument ce que pensent les jeunes. Pour chaque phrase, trouvez le nom d'une personne qui pense comme ça.

a Le lycée donne la possibilité d'avoir les activités qui plaisent plus.
b Le lycée offre la possibilité de développer des habitudes de travail personnelles.
c Le lycée ne permet pas forcément de se sentir en sécurité.
d Le lycée offre une approche plus spécialisée.
e Le collège offre une ambiance plus familiale.

3 Les mots-famille

Complétez le tableau de vocabulaire sur la feuille **3.1**.

4 Les différences entre deux systèmes

Ecoutez la conversation entre deux étudiants sur les différences entre la vie scolaire au collège et la vie scolaire au lycée. Complétez les phrases sur la feuille **3.2**.

Je crois que je préfère le lycée mais ce n'est pas toujours facile : au collège, on n'était que 300 élèves...

Quand on arrive en seconde dans un lycée, on y est un peu perdu, mais on s'habitue vite.

Salif 16 ans

À mon avis, le lycée est mieux que le collège parce qu'on y est plus autonome. On nous laisse gérer notre temps libre : les profs nous donnent tant de temps pour faire une rédaction, et ne disent pas quel soir la faire, combien de temps y passer, etc.

Caroline 17 ans

5 **A vous !**

Répondez aux questions ci-dessous pour partager vos idées et vos opinions sur votre scolarité. Essayez d'utiliser **Pour communiquer** et, si vous en avez besoin, vous trouverez quelques phrases utiles dans la case ci-dessous.

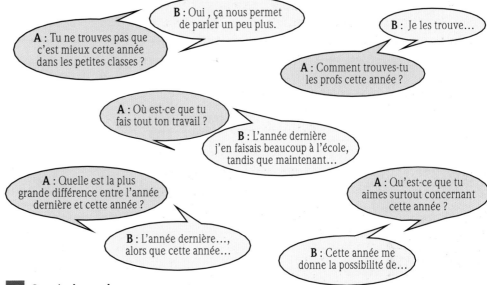

A : Tu ne trouves pas que c'est mieux cette année dans les petites classes ?

B : Oui, ça nous permet de parler un peu plus.

B : Je les trouve...

A : Comment trouves-tu les profs cette année ?

A : Où est-ce que tu fais tout ton travail ?

B : L'année dernière j'en faisais beaucoup à l'école, tandis que maintenant...

A : Quelle est la plus grande différence entre l'année dernière et cette année ?

A : Qu'est-ce que tu aimes surtout concernant cette année ?

B : L'année dernière..., alors que cette année...

B : Cette année me donne la possibilité de...

6 **On s'adapte !**

Ecrivez un article (150 mots) qui décrit les différences entre la vie scolaire de l'année dernière et la vie scolaire de cette année.

PHRASES UTILES

Les profs sont très gentils

Les profs sont moins derrière notre dos

Les profs nous abandonnent

L'année dernière, le travail était très dirigé

Les cours sont beaucoup plus pointus

Je fais la plupart de mon travail à la maison

BONNE IDEE

Pour écrire un paragraphe bien construit, il faut :

– une introduction de l'idée
– une explication avec un exemple
– une conclusion.

Pour un exemple, voir **3.3** .

Pour communiquer

Exprimer la possibilité

Le lycée offre (une approche plus specialisée)

Le lycée permet de (gérer notre temps libre)

Le lycée donne la possibilité de (gérer nos affaires)

Le lycée offre la possibilité de (travailler pour nous)

On peut organiser le travail soi-même

Je peux gérer le travail à mon rythme

Exprimer la nécessité

On doit s'habituer au lycée

Cette année, il faut savoir s'organiser

Exprimer les différences

Au collège, les profs nous aident, tandis qu'au lycée, ils vous lâchent complètement

L'année dernière, nous étions très suivis, alors que cette année, on nous laisse gérer notre temps

Le Bac ES nous donnera pas mal de possibilités mais en revanche, le Bac S me laissera plus d'ouvertures

Point de grammaire

LES CONJONCTIONS

Conjonctions de coordination

Pour **joindre** deux phrases ou idées :
mais   ou   et   donc   or   ni   car
Exemples : Les cours sont plus pointus qu'au collège, **donc** ils sont plus intéressants.

Conjonctions de subordination

Pour parler d'une chose qui dépend d'une autre, ou donner une raison :
si   quand   lorsque   parce que   puisque   comme
Exemple : Lorsqu'on arrive au lycée, on y est un peu perdu.

L'organisation de l'enseignement en France

3

En France, les études sont organisées de la manière suivante :

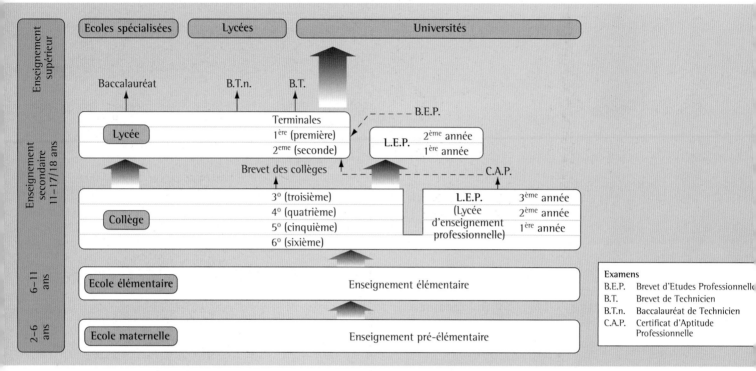

---

1 Les structures de l'enseignement en France

En utilisant le diagramme ci-dessus, trouvez la définition qui convient le mieux à chaque étape de l'enseignement.

Exemple :

C'est l'école où on va à l'âge de 5, 6 ans quand la scolarité devient obligatoire = L'école élémentaire.

a C'est l'endroit où on commence à l'âge de onze ans en sixième et à la fin de la troisième, on a un examen qui s'appelle le brevet.

b C'est une école pour les tout petits mais ce n'est pas obligatoire.

c C'est une école pour étudier quelque chose de plus pratique et passer un certificat d'aptitude professionnelle.

d C'est un établissement où, si on veut, on prépare un bac pour pouvoir entrer dans une université. Il y a différentes filières à suivre, par exemple scientifique ou littéraire.

e Il faut passer un examen (le bac) qui sanctionne les études secondaires et permet l'entrée à l'université pour pouvoir suivre des études supérieures.

f C'est l'endroit où on prépare un DEUG en deux ans et puis, la troisième année, on fait une licence et après quatre ans, on passe une maîtrise.

g Pour passer un concours, on peut se préparer dans cet établissement.

La scolarité d'Armelle

Ecoutez la cassette et prenez des notes. Avec vos notes, décrivez la scolarité d'Armelle. Voir *Self-study booklet*, page 8. Le vocabulaire ci-contre vous aidera.

2 Voie générale ou voie technologique

a Cherchez dans le dictionnaire le sens des mots suivants.
- les professions juridiques
- un(e) comptable
- une filière
- un débouché

b Ecoutez la cassette et notez le choix de bac et les débouchés possibles pour chaque étudiant.

Exemple :

Etudiant	Choix de bac	Débouchés possibles
1	Bac L	L'enseignement, la communication, …

3 Travail oral

Complétez les phrases ci-dessous pour décrire ce que vous avez fait comme études et ce que vous allez faire prochainement.

a A l'âge de (5) ans, je suis entré(e) dans…

b Ici, a l'âge d'(onze, douze) ans, on va…

c Moi, je suis allé(e) à…

d Après l'équivalent du brevet, j'ai choisi… parce que…

e A l'équivalent du bac, j'ai donc choisi une filière… parce que…

f Plus tard, cela me permettra de…

4 🎞 Système dual, université, grande école

Philippe Marsaud parle du système dual, université et grande école. Ecoutez la cassette et faites les exercices sur la feuille **3.4**.

5 Grammaire : la négation

Voir la feuille **3.5** et **Pour communiquer** ci-dessous.

6 Travail oral et écrit

Ecrivez ce que vous savez maintenant du système scolaire français. Puis présentez le système scolaire, à l'aide de quelques mots clés, à votre partenaire, ou à la classe. Essayez de parler pendant deux minutes et donnez votre opinion à la fin. Si vous avez des choses négatives à dire, utilisez **Pour communiquer** ci-dessous.

Pour communiquer

Exprimer la négation

Le système n'est pas juste parce que...

Il n'y a rien de juste dans le système parce que...

Il n'y a plus de temps pour autre chose dans ce système

Personne n'ose changer le système

Il ne fait aucun doute que ce système est un système élitiste

On ne pourrait jamais être admis à une grande école sans avoir réussi au concours

Il n'y a que les études qui comptent dans la vie

On ne pourrait point dire que quelqu'un dans une grande école est incompétent

On n'accepte ni changement ni modification dans ce système

AU FAIT

Les différents bacs

Bacs généraux

L (littéraire) pour les élèves passionnés de lecture, de langues, d'art

S (scientifique) pour les élèves appréciant les maths et les sciences, ou qui s'intéressent aux évolutions technologiques

ES (économique et social) pour les accros de l'actualité, des mutations de la société, de l'économie

Bacs techniques

STI (sciences et technologies industrielles) pour les mordus de nouvelles technologies et leurs évolutions dans les domaines de la mécanique, de l'électronique, des matériaux, des arts appliqués...

STL (sciences et technologies de laboratoires) pour les amoureux de physique, chimie, et biologie...

STT (sciences et technologies tertiaires) pour maîtriser les techniques des activités tertiaires* (informatique, bureautique, comptabilité, commerce)...

SMS (sciences médico-sociales) pour les élèves épris de relations humaines, et pour qui le travail sanitaire et social est la motivation principale

STAE (sciences et technologies de l'agronomie et de l'environnement) pour les élèves attirés par l'agriculture, la transformation et la commercialisation des produits agricoles

STPA (sciences et technologies du produit agro-alimentaire)

Bac Hôtellerie pour former des professionnels de la restauration, de l'accueil et de l'hébergement

Bac Techniques de la musique et de la danse pour les élèves se destinant à une carrière d'instrumentiste ou de danseur

Tertiaire = secteur comprenant toutes les activités non directement productrices de biens de consommation ; par exemple, commerce, administration, professions libérales

Les grandes écoles

Parmi les établissements d'enseignement supérieur, les grandes écoles ont une place privilégiée. Elles ont la réputation d'assurer un enseignement de très haute qualité. Elles forment les cadres supérieurs dans beaucoup de professions. Pour entrer dans une grande école, il faut réussir à un concours.

Les Ecoles Normales Supérieures comme La Rue d'Ulm ou Sèvres préparent à l'enseignement.

L'ENA (l'Ecole Normale d'Administration) prépare aux postes importants de l'administration.

Polytechnique n'est pas une sorte d'université, mais une grande école militaire.

les accros	hooked, smitten by
les mordus	hooked, smitten by
épris de	really taken with
maîtriser	to master
attirés	attracted
former	to train
se destinant à	aiming for

Orientation

Quel est votre profil psychologique ?

A vous d'identifier votre profil et d'évaluer ce qui vous donnera de la satisfaction dans votre vie professionnelle. Lisez les détails de chaque catégorie ci-dessous – Personnalité, Capacités et Intérêts – et décidez si votre type profil dominant est A, B, C, D, E ou F. Comptez combien de fois vous tombez dans chaque catégorie et, après avoir fait le décompte de vos réponses, reportez-vous à notre tableau de solutions pour connaître votre profil.

1 Personnalité

A	B	C	D	E	F
Pratique	Chercheur(euse)	Expressif(ve)	Attentif(ve) aux autres	Entreprenant(e)	Conservateur(trice)
Sensé(e)	Objective	Original(e)	Disposé(e) à la collaboration	Indépendant(e)	Consciencieux(euse)
Naturel(le)	Intellectuel(le)	Émotif(ve)	Dévoué(e)	Responsable	Efficace
Responsable	Rigoureux(euse)	Spontané(e)	Communicatif(ve)	Ambitieux(se)	Modéré(e)
Réaliste	Méthodique	Intuitif(ve)	Coopératif(ve)	Sûr(e) de vous-même	Digne de confiance
Simple	Soucieux(euse) d'être bien informé(e)	Désireux(euse) de changer les choses		Audacieux(se)	Persévérant(e)
Direct(e)	Logique			Optimiste	Pratique
	Rationnel(le)			Autonome	Appliqué(e)

2 Capacités

A	B	C	D	E	F
Manuel(le)	De travailler seul ou dans une équipe	A imaginer	A comprendre des autres	De persuasion	Pour l'exécution et la précision
De coordination visuelle et motrice	Penser logiquement	Dans l'interprétation et la communication d'une émotion	A s'exprimer verbalement	D'organisation	Pour la rapidité d'exécution
De perception spatiale pour la mécanique	Résoudre des problèmes	De sensibilité personnelle	A inspirer confiance	A prendre des décisions	Pour le souci du détail
	Envisager les solutions	A créer	A accepter autrui avec ses différences		

3 Intérêts

A	B	C	D	E	F
La mécanique	Les sciences	Les arts	Aider les gens	Le commerce	La méthode
Travail avec des outils et des machines	Curiosité pour les phénomènes naturels	La création	Écouter les gens	Vendre	Classer
Le plein air	Observation et mesure de précision	La littérature	Les activités verbales	Persuader	Mettre en ordre
Travail se rapportant aux animaux et aux plantes	Recherche	Maîtrise des langues		Les affaires publiques	Le travail concret et répétitif
	Mathématiques			Communiquer	Exécuter des tâches précises à partir des données

sensée	sensitive	**le plein air**	the open air
soucieux (-se)	anxious, concerned	**se rapportant à**	to do with, relating to
dévoué	devoted	**l'occasion**	the opportunity
audacieux (-se)	bold, daring	**diriger**	to direct, manage
efficace	efficient	**un besoin**	a need
digne de	worthy of	**rendre service (à)**	to help
la sensibilité	sensitivity	**fournir**	to give, provide, supply
créer	to create		
les outils	tools	**soi-même**	oneself

SOLUTION

Vous êtes tu type :	**Majorité de :**
A	Réaliste = manipulation d'appareils, exercice physique
B	Investigateur = stimulation intellectuelle, travail solitaire
C	Artistique = esthétique, création
D	Social = expression verbale, contact avec les autres
E	Entreprenant = prestige, organisation
F	Conventionnel = directives claires, exécution de tâches

1 On vous propose une profession

Selon votre profil, on vous propose certaines professions et certains secteurs professionnels. Qu'en pensez-vous ? Discutez-en avec vos camarades de classe.

Type	Professions proposées
A Réaliste	Militaire/professeur de sport/sportif(ve) professionnel(le)/travail dans la construction ou la mécanique/vétérinaire
B Investigateur	Avocat/chercheur(se)/travail scientifique ou dans l'informatique/documentaliste
C Artistique	Artiste/travail dans les médias ou dans la mode
D Social	Professeur/infirmier(ère)/la police/le commerce/travail dans le tourisme/psychologue
E Entreprenant	Fonctionnaire/travail dans la politique/chef d'entreprise
F Conventionnel	La gestion/le droit/comptable

Prononcez : je ne suis ni... ni...

Voir *Self-study booklet*, page 8.

2 Dossier oral et écrit

A l'aide de l'exemple ci-dessous faites un dossier oral sur votre éducation et ce que vous voudriez faire dans la vie.

Essayez de vous servir de plusieurs conjonctions !

Exemple :

Je m'appelle Lucille. Je suis en première. Je suis assez expressive, un peu émotive peut-être. Je me considère comme quelqu'un de très spontané qui préfère créer. Je suis forte en langues et la littérature me plaît énormément, donc j'ai choisi de faire l'équivalent d'un bac L. Après, je voudrais aller à l'université pour étudier l'anglais. Je ne sais pas trop ce que je vais faire comme travail pour le moment. Je pense peut-être devenir prof, puisque c'est un travail qui est très varié et il est possible de faire beaucoup de choses différentes.

Point de grammaire

LES ADJECTIFS

Définition

Un adjectif est un mot qui qualifie un nom.

Exemples tirés du texte :
Un travail concret (masculin singulier)
Coordination visuelle et motrice (féminin singulier)
Les phénomènes naturels (masculin pluriel)
Des tâches précises (féminin pluriel)

Position dans la phrase

Ils se placent généralement après le nom qu'ils décrivent.
Pour les exceptions, voir la page 238.

Terminaisons

En général, si les adjectifs décrivent un nom féminin ou un nom pluriel, on ajoute une ou deux lettres à la fin de l'adjectif.

	Masculin	Féminin
singulier	-	-e
pluriel	-s	-es

Adjectifs irréguliers

Certains adjectifs changent beaucoup entre masculin et féminin :

Terminaison		Exemple	
Masculin	**Féminin**	**Masculin**	**Féminin**
-anc	-anche	franc	franche
-er	-ère	léger	légère
-eur	-euse	tricheur	tricheuse
-f	-ve	neuf	neuve
		sportif	sportive
		bref	brève
-teur	-teuse	menteur	menteuse
-teur	-trice	amateur	amatrice
-x	-se	roux	rousse
		heureux	heureuse
-l	-lle	nul	nulle
-en	-enne	lycéen	lycéenne
-et	-ette	net	nette
-eil	-eille	pareil	pareille
-on	-onne	bon	bonne

EXERCICES GRAMMATICAUX

1 Choisissez l'adjectif

Choisissez l'adjectif dans la case qui convient le mieux pour chaque nom ci-dessous. Attention ! Il y a deux versions de chaque adjectif dont une seule est correcte ! Choisissez la meilleure position pour les adjectifs.

Exemple : Des tests nationaux

Des tests	Les cours	Les profs
Les matières	Les habitudes	Les besoins
La majorité	Une approche	Les possibilités

nationaux	nationales	intéressants	grand
intéressantes	grande	pointues	bons
bonnes	pointus	spécialisée	gentil
gentils	spécialisé	immense	immenses
matériel	matériels		

2 Pour plus d'exercices

Voir nᵒˢ 36–37, *Self-study booklet*, Grammaire : les adjectifs page 8 et www.aupoint.nelson.co.uk

Points de grammaire

LE FUTUR

Usage
Pour parler de l'avenir, des événements qui vont se passer.

Formation
Il existe deux manières d'exprimer le futur et on les utilise indifféremment (= quand et comme on veut) : le futur proche et le futur simple.

Le futur proche
aller + infinitif

Exemples :
Je veux réussir : je vais donc travailler dur.
Dans quelques mois, je vais passer le bac.

Le futur simple
Pour les verbes réguliers, ajoutez les terminaisons d'**avoir** à la lettre **r** de l'infinitif :

je	-ai	nous	-ons
tu	-as	vous	-ez
il		ils	
elle	} -a		} -ont
on		elles	

Exemples :

travailler	je travaillerai
finir	tu finiras
prendre ➔ prendr-	il prendra

Pour les verbes irréguliers :

aller	➔	ir-	nous irons
avoir	➔	aur-	elles auront
être	➔	ser-	ils seront
faire	➔	fer-	vous ferez
pouvoir	➔	pourr-	on pourra
vouloir	➔	voudr-	il voudra

EXERCICES GRAMMATICAUX

1 **Futur simple**
   Voir la feuille **3.6**, n°s 34–35 et
   www.aupoint.nelson.co.uk

2 **Pour un peu de pratique orale**
   Voir la feuille **3.7**.

3 **Mettez les infinitifs entre parenthèses dans le texte ci-dessous au futur.**

   Un rêve à portée de main ?
   A l'avenir, il y (avoir) plus d'ordinateurs dans les établissements scolaires. Tous (être) connectés à l'Internet. La classe du futur (avoir) à sa disposition un outil multimédia avec écran projetable pour toute la classe. Elle (compter) un ordinateur pour chaque élève qui ne (devoir) plus transporter de lourds manuels. Ils (pouvoir) ainsi transmettre leur travail directement au professeur grâce à la mise en réseau. L'enseignant (bénéficier) lui-même des possibilités immenses des logiciels et de l'Internet et (gagner) ainsi beaucoup de temps. Les machines lui (permettre) plus d'efficacité et d'individualisation.

LE FUTUR ANTERIEUR
(A reconnaître seulement)

Usage
Pour parler du futur passé, des événements passés au futur.

Exemple :
D'ici deux ans, j'aurai quitté le lycée et je serai allé à l'université. *(In two years' time, I will have left school and I will have gone to university.)*

Formation
Le futur simple **d'avoir** ou **être** + le participe passé.

Pour plus d'informations
Voir page 244 et chapitre 15, page 192.

Pour un peu de pratique
Voir ⬛ n°s 34–35 *Le futur proche* et *Le futur simple* et **Grammaire**, page 244.

Demain se prépare aujourd'hui

▭ Quatre jeunes savent évaluer leurs goûts, leurs aptitudes réelles, leurs traits de personnalité et leurs capacités de travail. Mathieu, Fadila, Jean-Michel et Viviane ont déjà fait leurs choix. Écoutez ce qu'ils ont à dire.

1 **Vrai ou faux ?**

Lisez les phrases qui suivent et décidez si elles sont vraies ou fausses. Justifiez vos opinions !

Exemple :

Viviane ne sera pas sûre d'elle.

Faux, parce qu'elle constate que son choix de bac lui a donné l'occasion de tester sa motivation.

a Mathieu ne pourra jamais être rationnel.
b Fadila ne pourra pas déterminer des objectifs ou trouver des stratégies.
c Jean-Michel est quelqu'un qui sera très émotif.
d Viviane va très bien comprendre les autres. Elle sera dévouée et sympathique.

∩ **En direct du studio**

Des jeunes qui parlent de leurs études et de leur utilité pour leur futur emploi. Voir *Self-study booklet*, page 8.

2 **Et moi ?**

Complétez les phrases pour décrire ce que vous ferez plus tard.

Je considérerai un travail comme ......,
parce que, je suis ...... en tant que personne,
et j'ai des capacités pour ....
J'ai toujours préféré ....
Donc ce travail me permettra de ......

Une école pour la réussite ?

La femme au travail

Selon une enquête récente, 56 % des Français et 49 % des Françaises considèrent que leurs relations se sont améliorées pendant les vingt dernières années. Depuis les années 60, la volonté des femmes d'instaurer un autre équilibre social a bouleversé les fondements d'une société traditionnellement plutôt machiste. Alors que l'on comptait 60 % de femmes au foyer en 1968, il n'en reste que 20 % en 1998. Les trente dernières années ont donc vu une augmentation quasi constante des femmes qui veulent travailler. Les femmes pourraient même devenir majoritaires dans la population active de 2007. Cela effraie-t-il leurs collègues masculins ? Pas du tout, puisque 81 % des hommes pensent qu'il est indispensable que les femmes aient un emploi. D'ailleurs, chez 65 % des couples, les deux personnes travaillent. Aujourd'hui donc, le modèle qui s'impose est le couple biactif.

POPULATION ACTIVE	France	Royaume-Uni	Union Européenne
Population active (en milliers)	25 033	28 404	166 172
dont Femmes	45,5 %	43,8 %	42,3 %
Taux d'activité *	55,4 %	61,5 %	55,2 %
Hommes	63,4 %	71,2 %	66,2 %
Femmes	48,2 %	52,4 %	45,0 %

* Le taux d'activité = La proportion qui travaille

Les femmes payent le prix

Il y a quatorze ans déjà, Yvette Roudy, alors ministre chargé des Droits de la femme, faisait promulguer une loi visant à promouvoir l'égalité des chances entre les hommes et les femmes dans le travail. Aujourd'hui, pourtant, toutes les statistiques en font le constat, le fossé qui sépare le salaire des femmes et celui des hommes est toujours béant. Et les hommes sont, bien sûr, les gagnants. Ils percoivent, en moyenne, un salaire de 22 % supérieur à leurs homologues féminines, à compétences égales.

1 Travail de vocabulaire

Trouvez dans le texte ci-dessus les mots qui ont le même sens que les mots suivants :

a un sondage **b** sont devenues mieux **c** le désir **d** créer, établir **e** a détruit **f** femmes qui restent à la maison **g** fait peur à **h** couple dont les deux personnes travaillent **i** publiait, rendait public **j** présentent la preuve **k** le trou **l** ils reçoivent **m** collègues égaux

2 Répondez aux questions suivantes, en français :

a Les relations entre les deux sexes ont-elles changé pour le mieux ou le pire depuis les années 60 ?

b Le nombre de femmes au foyer, a-t-il augmenté ou diminué ? Dans quelles proportions ?

c Quel changement dans l'équilibre hommes-femmes au travail risque de se produire à l'avenir ?

d Quelle est l'attitude des hommes envers les femmes qui travaillent ?

e Quel pays a le plus grand nombre de femmes au travail, la France ou le Royaume-Uni?

f Quelle est la différence entre le salaire des hommes et des femmes ?

3 Une annonce

L'annonce ci-contre est parue dans un journal français. Lisez-la attentivement. Répondez aux questions oralement et discutez.

● Quelles sont vos réactions à l'annonce ?

● Est-ce que vous trouvez des préjugés dans l'annonce ?

● Voudriez-vous travailler pour cette entreprise ? Pourquoi (pas) ?

4 Grammaire : L'impératif

Voir la feuille **3.8** .

📖 Grammaire : L'impératif

Voir *Self-study booklet*, page 9.

Vos études passent avant tout, même avant ... l'amour. Vous êtes durs à la tâche et vous le savez bien : on ne badine pas avec le bac.

De quoi rêvent les lycéens ? Trouver le grand amour, gagner du fric, devenir célèbre ? Pas du tout ! Pour vous, le plus important dans la vie, c'est la réussite professionnelle (64%).

Rien ne compte plus que réussir vos études pour obtenir un bon métier. *«Si on n'a pas le bac, on ne sera jamais rien dans la vie»*, explique Ingrid, 1ère.

Réalistes, vous venez donc au lycée pour apprendre... Mais surtout pour en ressortir un diplôme en poche, passeport indispensable pour affronter chômage et débouchés restreints.

Face à des perspectives aussi angoissantes, on comprend dès lors que votre réussite scolaire passe devant tout le reste... Y compris l'amour. *«A partir de la 1ère, la vie scolaire prend peu à peu le pas sur la vie extérieure, sport, musique, petit ami... Je pourrais citer plusieurs exemples de lycéennes qui ont volontairement quitté leur petit ami pour cause d'entrée en terminale. L'amour, ce sera pour plus tard, après avoir acquis une situation professionnelle stable»*, raconte Perrine, terminale.

Pour l'instant, rien ne pourra vous distraire de vos chères études ! Durs à la tâche, vous êtes prêts à sacrifier non seulement votre petit(e) ami(e) (43%), mais aussi vos loisirs (45%) et momentanément vos copains (59%). Passer quelques nuits blanches ne vous effraie pas (45%). En revanche, vous ne plaisantez pas avec votre santé : non aux médicaments (78%) et à l'alimentation déséquilibrée (69%). Normal : pour réussir, il faut être en forme !

La deuxième clé de la réussite : décrocher à tout prix la 1ère S qui mène à ce fameux bac S, considéré par la majorité comme le meilleur passeport pour l'avenir (61%). C'est un comble, même les littéraires reconnaissent à 52% que c'est le meilleur bac ! Fabienne, en 1ère A, raconte : *«Un garçon de terminale S m'a dit, plein de mépris : "Tu seras l'employée, je serai l'employeur !" Je suis bien consciente que le bac S ouvre plus de portes. Je sais aussi qu'en sortant de L, j'aurai deux fois plus de mal à trouver un emploi. Mais j'étais nulle en maths et je n'ai pas eu le choix...»*

dur à la tache	not frightened of work
on ne badine pas	no joking/you don't joke
du fric (argot)	money
rien ne compte plus que (+ inf.)	nothing is more important than
affronter	to face
le chômage	unemployment
restreint	limited
angoissant	worrying
dès lors	from then on/from that moment
prendre le pas sur	to take precedence over
une nuit blanche	a sleepless night
décrocher à tout prix	to get/have at all cost
c'est un comble	that's the last straw
en sortant de A	after studying literature

Destination épreuves

1 **Quel résumé convient le mieux ?**

La vie d'étudiant est une affaire trop sérieuse pour être traitée à la légère. Lisez l'article ci-dessus et puis, pour les paragraphes du texte, choisissez la phrase qui résume le mieux le sens.

Paragraphes 1–3
a Les jeunes savent que de bonnes études permettront d'accéder à une bonne profession.
b Les jeunes ont déjà tout sacrifié pour assurer la réussite scolaire.
c Le futur est si précaire qu'il faut absolument travailler au maximum pour pouvoir avoir un bon métier plus tard.

Paragraphes 4–5
a Les jeunes profitent des médicaments pour être en forme.
b Les jeunes sont conscients du fait que beaucoup de sport et la bonne nourriture sont essentiels pour leur santé.
c En ce moment, les jeunes se concentrent sur leurs études et il faut avant tout éviter les médicaments, et surtout manger comme il faut.

Paragraphe 6
a Les filières scientifiques assurent un meilleur avenir.
b Il faudrait mieux reconnaître les Littéraires.
c Avec un bac L, on ne va pas trouver de travail.

2 **Jeu d'écoles**

Voir la feuille **3.9**.

Contrôle de vocabulaire

Testez-vous sur le vocabulaire essentiel du chapitre 3. Voir *Self-study booklet*, page 9.

La leçon buissonnière

Chanson de Jean Ferrat. Voir *Self-study booklet*, page 9.

La civilisation, ma mère

Exercices de vocabulaire et de compréhension sur le texte *La civilisation, ma mère*, **Lectures**, page 94. Voir *Self-study booklet*, page 9.

En pleine forme

4

Thèmes	Communiquer	Grammaire	Epreuves
• L'alimentation	• Exprimer une attitude, une opinion, des tendances	• L'article partitif	• Analyse des idées
• La forme		• L'imparfait	• Faire une rédaction
• Les dangers pour la santé		• L'adverbe	• Contrôle de vocabulaire

Qu'est-ce que c'est la santé ?

- Manger raisonnablement
- Pouvoir évaluer sa propre consommation d'alcool
- Etre attentif aux problèmes de santé
- Faire du sport

Plus d'un quart des 12–19 ans déclarent fumer

La consommation moyenne est de 6,8 cigarettes par jour

Plus d'un quart des 15–19 ans avouent avoir essayé une drogue

Pour plus de 70 % des adolescents, le sport est un plaisir

Près de la moitié des 15–19 ans ont un petit ami ou une petite amie

13,4 % des jeunes sont obèses

Manger bien ou bien manger –
les préoccupations nutritionnelles des Français

Xavier

Bien manger, pour moi, ça veut dire manger une quantité raisonnable, pas copieusement. C'est manger de bonnes choses comme de la viande, des œufs, du riz, du pain, des légumes comme des choux et des épinards. Manger bien, c'est aussi aller dans un bon restaurant. C'est pas le genre Macdo, c'est plutôt sortir entre amis, c'est commander de bonnes choses, enfin, des trucs de qualité.

Eric

C'est manger des choses qui font peu grossir. J'aime beaucoup, par exemple, les fruits de mer, les coquillages et le homard. Je ne mange pas beaucoup de viande. C'est aussi manger équilibré. Le matin, je mange beaucoup. Il faut avoir de l'énergie pendant toute la journée. Le midi, manger sainement et le soir manger un peu plus léger. Il ne faut pas manger trop de sucre. Heureusement, que je n'aime pas les choses sucrées.

Delphine

J'ai des kilos en trop, c'est évident. Quand je regarde les tableaux d'estimations sur le rapport taille/poids, je suis épouvantée de la différence entre mon poids soi-disant idéal et celui que je vois sur ma balance. Le problème, c'est que je n'arrive pas à tenir à un régime. C'est bien simple, je n'ai tout simplement pas envie de commencer. Quand on me vante les mérites du fromage blanc à 0 % de matières grasses et sans sucre, ça me décourage d'avance et ça m'énerve. Quand j'ai réussi à tenir quelques jours et faire quelque chose qui ressemble à un régime, je me récompense avec du chocolat : 500 calories d'un coup !

Le diététicien

Les préoccupations nutritionnelles des Français sont croissantes. L'engouement des Français pour les produits allégés avait été très fort et rapide au cours des années 80 (les achats de beurres allégés se sont multipliés par trois entre 1984 et 1988). Mais les Français sont beaucoup plus circonspects à l'égard de ces produits depuis le début des années 90. Cette désaffection est due pour une part à l'incertitude portant sur l'efficacité des produits allégés pour perdre du poids ainsi que sur l'utilité de certains ingrédients de substitution, et d'autre part au prix souvent plus élevé des produits allégés. La tendance actuelle est au «plus» : plus de saveur pour répondre à l'attente de plaisir dans l'alimentation ; plus de vitamines ou d'oligo-éléments pour satisfaire les préoccupations nutritionnelles et diététiques des gens.

AU FAIT

Les Français mangent moins à chaque repas mais plus souvent dans la journée.

Le grignotage se développe – 12 % des adultes disent prendre un en-cas dans la matinée, 20 % un goûter dans l'après-midi.

Le nombre de repas pris à l'extérieur diminue. Les Français sont plus attentifs à leurs dépenses ; 40 % vont au restaurant une fois par mois en dehors de leur activité professionnelle.

Les Français consomment moins de produits de base : pain, pommes de terre, sucre, corps gras.

---

le grignotage	nibbling/snacking
un en-cas	a snack
un goûter	a snack
l'engouement	the craze/fancy for
allégé	low fat
circonspects	careful
un oligo-élément	trace element

1 🔲 **Les préoccupations nutritionnelles des Français**

Lisez et écoutez ce que disent trois jeunes sur leurs préoccupations nutritionnelles et un diététicien sur les préoccupations nutritionnelles en général.

2 Mariez-les !

Trouvez dans la colonne de droite les équivalents des mots dans la colonne de gauche.

a	l'engouement	1	beaucoup
b	l'efficacité	2	la performance
c	actuelle	3	soi-disant
d	les oligo-éléments	4	mieux manger
e	copieusement	5	de nos jours
f	sainement	6	la préférence
g	épouvantée	7	instrument pour
h	prétendument		mesurer le poids
i	la balance	8	effrayée
j	circonspects	9	prudent
		10	les sels minéraux

3 Vous avez compris ? Vrai ou faux ?

Lisez les phrases ci-dessous et décidez si la phrase est vraie ou fausse. Si la phrase est fausse, corrigez-la.

a Le régime de Xavier est varié mais il ne devrait pas manger autant.
b Eric est quelqu'un qui pourrait devenir végétarien.
c Delphine est totalement désespérée.
d Ce que l'on mange devient de plus en plus important pour les Français.
e Les Français font attention à ce qu'ils mangent depuis le début des années 70.
f De nos jours, les Français ont énormément confiance en ce qui concerne la nourriture.
g Le goût de la nourriture est un élément très important.

4 Et vous ?

Parlez à votre partenaire pendant deux minutes sur :

- Ce que vous mangez
- Ce que vous aimeriez manger plus
- Vos habitudes concernant la nourriture

Voir aussi la feuille **4.1** *L'article partitif.*

Pour communiquer

Exprimer une attitude, une opinion, des tendances
Je suis conscient(e) que...
J'ai tendance à...
Prendre du sucre est à la hausse/à la baisse
Etre végétarien est très courant en Angleterre

Déjà vu : Exprimer la même opinion/une opinion contraire voir page 2

5 ▭ Etre végétarien en France

Ecoutez ces jeunes qui parlent d'être végétarien en France. Voir la feuille **4.2** .

6 A votre avis – être végétarien

Répondez aux questions suivantes soit oralement ou à l'écrit. Etes-vous végétarien/végétarienne ? Que mangez-vous ? Pourquoi êtes-vous végétarien ? Pourquoi n'êtes-vous pas végétarien ?

Victime de la boulimie

La boulimie, c'est une maladie que l'on prend trop souvent à la légère. On entend par crise de boulimie le besoin irrépressible d'ingérer de grandes quantités de nourriture. La nourriture, ou plutôt la bouffe, devient une drogue au même titre que l'alcool ou le tabac. Comment est-ce que ça arrive ? Lisez le témoignage de Christine.

«Tout a commencé par un besoin de remplir un vide intérieur»

CHRISTINE : Tout a commencé par une énorme envie de me remplir, de combler un vide intérieur. Au début, j'ai commencé par manger un peu plus de chocolat que d'habitude, puis un peu plus de tout. Actuellement, je ne mange plus par gourmandise, mais pour faire autre chose que regarder mes soucis en face et les combattre. A force de me faire vomir pour conserver un poids honnête, j'ai de terribles maux de ventre. Et surtout honte. Honte devant mes parents qui ne semblent pas se soucier de ce problème. Honte devant les copains du bahut*, parce que j'ai l'impression de paraître grosse. Et surtout honte de moi-même. Chaque nouvelle crise de boulimie est un cri de douleur morale et physique que je lance. Mais personne ne l'entend. Pour m'en sortir, il faut que j'arrête de jouer un rôle en permanence, que j'ose me montrer telle que je suis, c'est- à-dire triste et déprimée. Je n'y arrive pas encore mais quand j'y arriverai, je serai sauvée …

le bahut = school (slang term)

🎧 **Volet fermé : une chanson de Dick Annegarn**

Voir *Self-study booklet*, page 10.

7 Histoire d'une maladie

Lisez l'article *Victime de la boulimie.* Cherchez dans un dictionnaire tous les mots que vous ne connaissez pas et répondez en français aux questions ci-dessous.

a Comment est-ce que la maladie s'est manifestée au début ?
b Quelles sont les conséquences des vomissements ?
c Devant qui a-t-elle honte ?
d Pourquoi est-elle si désespérée ?

8 A vous d'écrire !

Pouvez-vous imaginer une situation qui ait pu provoqué cet état d'esprit ? Ecrivez une histoire à la première personne du passé.

POUR SE MAINTENIR EN FORME

Les Français sont de plus en plus nombreux à pratiquer une activité sportive, même occasionnellement. 68 % des 14–65 ans déclarent avoir des activités sportives régulières ou occasionnelles, une proportion en croissance régulière depuis quelques années.

Mini-Test : Le point sur votre forme

Faites le point sur votre santé physique avec notre mini-test. Voir *Self-study booklet*, page 10.

1 Les jeunes et leurs intérêts : ce qu'ils font, ce qu'ils faisaient

Ecoutez la cassette et dressez une liste de toutes les activités que font Jean-Luc, Robert, Sonia et Laurent. Voici des activités mentionnées, mais mélangées !

le hockey	l'entraînement	la détente
la danse	un verre dans un café	le jogging
les boîtes	chez des copains	des pompes
le repos	les promenades	des claquettes
le cinéma	la planche à voile	les jeux d'équipe

2 On cherche les verbes !

Voir la feuille **4.3** *L'imparfait 1*. Ecoutez encore une fois *Les jeunes et leurs intérêts* et soulignez tous les verbes sur votre transcription des interviews.

3 Nous observons les temps !

Après avoir lu **Point de grammaire** ci-contre, mettez les verbes que vous avez soulignés sur la feuille **4.3** dans deux colonnes : une colonne pour les verbes au présent et une deuxième pour tous les verbes à l'imparfait.

Inspirez ! Expirez !

Bande dessinée de Wolinski. Voir *Self-study booklet*, page 11, et la feuille **4.3**.

4 Un peu de pratique

Mettez l'infinitif à l'imparfait. Puis traduisez toutes les phrases en anglais.

a Il (faire) un peu de planche à voile.
b Nous (avoir) trois entraînements par semaine.
c Ils (s'amuser) sur la plage.
d Est-ce que tu (aller) souvent en ville ?
e Je (voir) mes copains tous les week-ends.
f Nous (sortir) pour prendre un verre ensemble.
g Est-ce que vous (lire) beaucoup ?

5 C'est simple, l'imparfait

Voir la feuille **4.4** *L'imparfait 2*.

6 Calmez-vous !

a Trouvez dans *Josée face à la cible* les mots qui veulent dire le contraire de ces expressions : ça m'énerve, décontractés, rester immobile, théoriques, grossir, j'ai cherché exprès.

b Racontez la situation de Josée comme si vous étiez journaliste. Rédigez le texte à partir de «... je suis tombée» jusqu'à «... aidé à maigrir». Commencez par la phrase : «Un jour à la bibliothèque, Josée...».

c Qu'est-ce qui vous énerve ? Que faites-vous pour vous décontracter ? Ecrivez 40 mots sous le titre «Ça m'énerve !»

7 Grammaire : Les adverbes

Voir la feuille **4.5**.

8 On cherche les adverbes !

Voir la feuille **4.3**. Prenez votre transcription (voir exercice 2) et faites une liste de tous les adverbes. Voir aussi **Point de grammaire** ci-contre.

Josée face à la cible

Il nous arrive à tous d'avoir les nerfs «à fleur de peau», c'est-à-dire d'être très énervé. A chacun et à chacune sa façon de se calmer, de trouver la paix intérieure, le calme dans l'âme et dans le corps. Dans cet article Josée, canadienne de 18 ans, paralysée des deux jambes depuis un accident de voiture il y a sept ans, nous explique les bénéfices apportés par la pratique du tir à l'arc.

«Je fais du tir à l'arc depuis environ quatre ans. Un jour, j'étais à la bibliothèque de

Saint-Laurent et j'ai trouvé un livre dans lequel l'auteur offrait des idées pratiques aux jeunes handicapés comme moi. C'était une véritable trouvaille ! A cette époque je faisais très peu de sport et je grossissais. En feuilletant ce bouquin, je suis tombée sur un article qui proposait une grande variété de sports. Selon l'article, le tir à l'arc favorisait la coordination et aidait beaucoup la respiration. Donc, j'ai décidé d'essayer. C'est bien vrai que ça me calme les nerfs. Quand je m'énerve, et j'admets que c'est assez souvent, je fais du tir à l'arc. J'en fais depuis ce jour-là. Ça m'aide beaucoup. J'aime bouger, être dehors. Je trouve du calme dans la concentration et la patience. Ça m'a même aidé à maigrir. C'est sûr qu'il faut développer la force physique nécessaire dans les deux bras et les épaules pour tirer l'arc mais en même temps, au moment où je vise et où je tire, j'ai le torse bien droit, les muscles abdominaux tendus. Il faut de la discipline, une certaine maîtrise de soi.»

Points de grammaire

L'IMPARFAIT

Définition
Un temps du passé.

Formation
Prenez un verbe, par exemple : 'faire'. Rappelez-vous la forme de **nous** au présent : (nous) **faisons**.

Enlevez la terminaison **-ons** à la fin du verbe pour trouver le radical : **fais-**. Mettez la terminaison correcte pour la personne désignée.

Personne	Terminaison	Personne	Terminaison
je	-ais	nous	-ions
tu	-ais	vous	-iez
il/elle/on	-ait	ils/elles	-aient

Exemples :

«nous» au présent	Radical	Imparfait
nous regardons	regard-	je regardais
nous mangeons	mange-	tu mangeais
		(nous mangions)
nous finissons	finiss-	il finissait
nous prenons	pren-	ils prenaient

Le verbe 'être' est la seule exception :
j'étais, tu étais, il/elle/on était, nous étions, vous étiez, ils/elles étaient.

A noter, pour des raisons de prononciation :
l'usage de **ç** dans les verbes qui se terminent en **-cer**.
Exemples : Je lançais, tu lançais, etc., nous lancions.

Et l'usage de **ge** et **gi** dans les verbes qui se terminent en **-ger**.
Exemples : Je mangeais, nous mangions.

Usage
Etat ou situation qui se continue dans le passé.
Exemple : Quand j'étais à l'école, je ne sortais pas beaucoup.

- Pour décrire une action qui se continue dans le passé.
  Exemple : Je faisais la cuisine quand le téléphone a sonné.
  (*I was doing the washing up ...*)

- Pour renforcer l'idée de continuité, on peut utiliser l'expression 'en train de' avec 'être' à l'imparfait + l'infinitif.
  Exemple : J'étais en train de faire la cuisine quand le téléphone a sonné.

- Pour décrire une action répétée dans le passé.
  Exemple : Tous les matins, je me levais de bonne heure.
  (*I got up/used to get up ...*)

- Après 'si'.
  Pour exprimer un désir :
  Si seulement je pouvais le faire !

- Pour faire une suggestion : Si on allait prendre un café ?

- Passé composé ou imparfait ?
  Le passé composé sert à faire le compte rendu des événements. L'imparfait sert à décrire l'état des choses.
  Voir aussi **Grammaire**, page 243.
  Exemple : L'année dernière, j'ai arrêté de jouer au foot. Ça me faisait vraiment de la peine.

Pour plus de pratique
Voir 🔲 nᵒˢ 42–43, *L'imparfait*.

L'ADVERBE

Définition
Mot invariable (qui ne change pas) servant à modifier le sens du verbe. Les adverbes décrivent, par exemple, **comment** ou **quand** une chose ou une action est faite.
Exemple : Il a compris **immédiatement**.

Formation
Adverbes réguliers – prenez la forme féminine de l'adjectif au singulier et ajoutez **-ment**.

Adjectif	Forme féminine	Adverbe
seul	seule	seulement
actuel	actuelle	actuellement
normal	normale	normalement
régulier	régulière	régulièrement
heureux	heureuse	heureusement

Quelques adverbes irréguliers
apparent – apparemment
énorme – énormément
violent – violemment.

Pour plus de pratique
Voir **Grammaire**, page 239, et la feuille **4.5**.

EXERCICES GRAMMATICAUX

1 **Donnez la forme correcte de l'imparfait.**
finir (je), voir (on), dormir (ils), manger (tu), falloir (il), plonger (tu), essayer (je), avancer (elles), saisir (on), écrire (elle), pleuvoir (il), boire (nous).

2 **Démêlez ces phrases :**
  a quelque on de faisait différent si chose
  b pouvait le dans si français une seulement on journée apprendre
  c j' j' souvent tante jeune quand plus étais allais ma très chez
  d ai avais copine d' n' rien à décidé chez comme ma je faire aller j'
  e sonner tranquillement l' mangeais s' je mise lorsque est alarme à
  f télé au Tom chasser était panne où Jerry en la moment train tombée en est de

VIVRE OU NE PAS VIVRE AVEC LES

Comment arrêter de fumer ?

Le tabac tue. Les Français fument, chaque année, 94 milliards de cigarettes. 50 000 décèdent d'un cancer des voies respiratoires. On doit évidemment au tabac la plupart des cancers du poumon, mais aussi un bon nombre des pathologies cardio-vasculaires. Coût pour la sécurité sociale : 40 milliards de francs. Au total selon l'OMS* : trois millions de morts par an dans le monde. Les fumeurs sont-ils pour autant condamnés à mort? Pas si vous savez vous arrêter à temps. Les risques d'infarctus redeviennent normaux environ deux ans après le sevrage, les risques de cancer quinze ans après.

* L'OMS = Organisation Mondiale de la Santé

1 🔲 **Témoignages de Fabrice et de Annie**

Ecoutez et lisez ce qu'ils disent.

2 Résumé !

Ecrivez en anglais un résumé sur ce que vous venez d'entendre sur la cassette (90–100 mots).

🎧 **Les mots médicaux**

Voir *Self-study booklet*, page 11.

3 Comment dit-on cela en français ?

En vous référant aux témoignages de Fabrice et de Annie, trouvez le français pour les phrases suivantes.

a *I knew that tobacco was poisoning my body.*
b *Tobacco was clogging up my lungs.*
c *Tobacco was hardening my arteries.*
d *Tobacco was increasing my nervousness.*
e *I tried nicotine gum.*

Décidez si les phrases que vous venez de traduire sont au passé composé ou à l'imparfait. Expliquez pourquoi.
Exemples :
Le passé composé parce que… c'est une action passée. L'imparfait parce que… c'est une action continue dans le passé, une idée de continuité, une suggestion ou après 'si'.

les voies respiratoires (f. pl.)	respiratory tracts
les pathologies (f. pl.) **cardio-vasculaires**	heart-related illness
le risque d'infarctus	the risk of heart attack
l'organisme (m.)	body
encrasser	to clog up
nocif/nocive	harmful
l'oxyde de carbone (m.)	carbon monoxide
le goudron	tar
une bonne étape	a good stage

4 Passé composé ou imparfait ?

Mettez les verbes entre parenthèses soit au passé composé soit à l'imparfait.

a Auparavant je (fumer) au moins quinze par jour.
b Mon voisin (décéder) et on (dire) que ce (être) à cause des cigarettes.
c Je (arrêter) de fumer à l'âge de vingt ans.
d Je (sentir) combien le tabac me (faire) du mal.
e Il (devenir) dépendant de la nicotine.
f Si je (pouvoir) arrêter je serais ravi.

5 Une petite traduction

50,000 have died each year from cancer of the respiratory tract, lung cancers and from heart diseases. I knew that but I still smoked. In my case tobacco did lead to physical and psychological dependency. I tried to stop but it was impossible. My friend advised me to try nicotine gum. That was the best way to stopping. I have lowered the risks of cancer now even after having smoked 20 cigarettes a day.

Pour plus d' informations sur le tabagisme voir
www.aupoint.nelson.co.uk

DROGUES LÉGALES ET ILLÉGALES

Au point parle à deux jeunes. Voici leurs témoignages :

Au point : Fabrice, comment avez-vous arrêté de fumer?

Fabrice : A mon avis, ceux qui fument regrettent d'avoir commencé. Lorsque je fumais, je savais que le tabac empoisonnait l'organisme. Je sentais combien le tabac irritait la gorge. Et on n'arrêtait pas de me dire que le tabac encrassait les poumons, épuisait le muscle cardiaque, durcissait les artères, diminuait la vision, accroîssait la nervosité... Mais comme tout le monde le sait, le tabac conduit à une dépendance physique et psychologique dont la puissance dépend des individus. J'ai essayé les gommes nicotiniques qui ont réduit la souffrance induite par le manque de nicotine.

Une gomme nicotinique est en revanche toujours moins nocive qu'une cigarette puisqu'elle ne contient ni oxyde de carbone, ni goudron. C'était une bonne étape vers le sevrage.

Au point : Annie, vous avez pu arrêter facilement ?

Annie : Lorsque moi, je fumais, on essayait toujours de m'encourager à arrêter. On m'avait une fois conseillé la respiration profonde quand j'étais en manque. C'est une technique issue des bases du yoga qui réoxygène l'organisme et qui réduit la tension nerveuse. J'ai arrêté de fumer, mais je ne sais pas si c'était vraiment à cause de la respiration profonde.

---

6 ▣ **Il est difficile d'arrêter de fumer**

a Avant d'écouter le passage, trouvez la signification de ces mots :
l'accoutumance, le timbre, un apport, l'aiguille, rompre, mâcher, avoir recours à, un peu d'aplomb.

b En écoutant la cassette, notez en anglais ce que vous comprenez sur :
– la raison pour laquelle il est difficile d'arrêter de fumer
– les problèmes que l'on subit en essayant d'arrêter de fumer
– les moyens pour aider le sevrage
– les difficultés qu'il faut affronter
– les raisons pour lesquelles on fume
– les conséquences pour ceux qui ne fument pas.

7 **Les équivalents**

Ecoutez encore une fois *Il est difficile d'arrêter de fumer* et trouvez les équivalents des expressions suivantes.
Exemple : une substance dont on conteste l'utilité = la cigarette
– on sent toujours le besoin
– penser à quelque chose tout le temps
– casser

AU FAIT

13,5 millions : le nombre de fumeurs en France.
70 % des fumeurs ont essayé d'arrêter de fumer du jour au lendemain, 25 % progressivement.
74 % des anciens fumeurs ont réussi du jour au lendemain, 19 % progressivement, 6 % seulement après plusieurs tentatives.

---

8 **La fin de la phrase**

Maintentant, trouvez la fin de chaque phrase.

a Il est difficile d'arrêter de fumer parce…
b Il y a le problème…
c L'utilisation du timbre doit…
d L'acuponcture…
e S'arrêter de fumer…
f L'environnement peut être…
g Il n'est pas agréable…

1 du manque.
2 de respirer la fumée de quelqu'un d'autre.
3 qu'il y a l'effet d'accoutumance.
4 c'est peut-être proportionnel aux années que l'on a passées à fumer.
5 être très bien maîtrisée.
6 marche assez bien.
7 perturbé par le fumeur.

🎧 **Fumer ou ne pas fumer ?**

Voir *Self-study booklet*, page 11.

9 **A vous de parler**

Prenez vos notes pour l'exercice 6b et parlez en français pendant deux minutes sur le tabagisme. Exprimez votre point de vue et essayez de le justifier.

10 **A vous d'écrire !**

Ecrivez 150 –200 mots sur :

● Les vrais dangers du tabac
● Une petite histoire sur vos expériences en essayant d'arrêter de fumer
● Vos opinions, en tant que non-fumeur, sur le tabagisme.

La fête en danger

4

La fête, quand on est jeune, est pavée de danger si l'on ne sait pas respecter quelques règles essentielles de prévention. L'alcool va-t-il ravager les jeunes populations ?

Les raves et l'ecstasy vont-elles lobotomiser nos enfants ? Les virus qui rôdent et les infections qu'ils transmettent sont-ils une fatalité ?

L'alcool

On compte, en France, près de deux millions de personnes incapables de se passer d'alcool, un tiers de femmes pour deux tiers d'hommes. Ajoutez deux millions de buveurs dits «excessifs», à savoir qui ne consomment pas quotidiennement de l'alcool mais qui en abusent régulièrement, et vous obtenez environ quatre millions d'alcooliques. Cette intoxication est en grande partie liée au vin. Si la «dive bouteille» reste encore l'apanage des hommes, en complément des repas, les femmes et les jeunes qui semblaient jusqu'alors préservés de la tentation s'adonnent de plus en plus nombreux à la bière et aux alcools forts, avec en prime une fâcheuse tendance à recourir de temps à autre aux drogues légales, telles que tranquillisants ou somnifères. En terme de mortalité, l'alcool est directement responsable de plus de vingt décès pour cent mille chez les hommes, contre neuf pour les femmes, des suites d'une cirrhose. Qu'on ne se le cache pas :

l'alcool est un grave problème de santé publique que n'arrange pas une tradition viticole séculaire.

Derrière l'invention innocente de cocktails tout prêts se cachent en fait de sombres manipulations commerciales destinées à s'attacher la clientèle d'un groupe de population. L'alcool version prémix semble en effet avoir été conçu, non seulement pour satisfaire les envies des adolescents (l'alcool fort opère une sérieuse rentrée dans les mœurs !), mais aussi pour répondre à leurs peu de moyens. C'est ainsi que pour la modique somme d'une dizaine de francs, les adolescents se paient leurs trente-trois centilitres de rhum, de gin, ou de whisky noyés dans du soda. Pour parvenir à leurs fins, les industriels de l'alcool ont effectivement investi des sommes colossales en enquêtes privées pour coller précisément à leur cible marketing. Le succès financier de cette opération est incontestable.

AU FAIT

L'alcool
Le nombre de décès annuels attribuables de manière directe ou indirecte à l'alcool est de 52 000. Plus de 4 000 morts sur la route par an sont directement liés à l'alcoolisation des conducteurs.

Les effets de l'XTC
Sur le cerveau : dilatation des vaisseaux, rétention d'eau. L'XTC peut conduire à des risques de lésions cérébrales, voire de paralysie.
Sur la peau : excès de transpiration, risque de déshydratation.

Le Sida
Un jeune de 15–25 ans sur quatre connait, parmi ses proches, une personne séropositive (contaminée par le virus du Sida, mais n'ayant pas développé la maladie, ou malade du Sida. Plus des trois quarts des 15–18 ans affirment avoir utilisé un préservatif lors de leur premier rapport sexuel.

1 **Avant de lire !**

Avant de lire chaque passage de *La fête en danger*, cherchez dans le dictionnaire la signification de ces phrases.

Introduction
être pavée de ; ravager ; rôder

L'alcool
se passer de quelque chose ; ajouter ; quotidiennement ; lier à ; la «dive bouteille» ; l'apanage ; s'adonner à ; avec en prime ; recourir ; une cirrhose ; une tradition viticole séculaire ; concevoir ; les mœurs ; modique ; noyer ; parvenir à ; cible.

L'ecstasy
la défonce ; gober ; nocive ; endiablé ; une atteinte ; néanmoins.

Le Sida
ignorer ; une crainte ; guérir.

L'ecstasy

Pas besoin de faire «les Mines»* pour savoir que l'X, abréviation d'XTC, (ecstasy en anglais) est la dernière défonce à la mode. L'X ne se consomme pas seul, mais en groupe, pour faire la fête. C'est ce qui explique son succès auprès des jeunes générations. Beaucoup de jeunes «gobent» pendant les rave parties. Si la drogue est toujours nocive pour la santé, elle peut être franchement dangereuse et source d'accidents si l'on introduit n'importe quoi dans sa composition.

En ce qui concerne l'ecstasy, il est parfois difficile de résister à la tentation d'en prendre puisque très souvent, c'est ce que l'on trouve dans les rave parties. L'ambiance est assez particulière dans les rave parties avec cette musique techno où il faut danser sur un rythme tellement endiablé qu'on se laisse parfois tenter par ces petites pillules qui ont l'air très sympas. Elles ressemblent un peu à des smarties de toutes les couleurs, donc ça ne change pas trop de nos habitudes d'enfant mais évidemment les conséquences sont parfois dramatiques. On peut très facilement tomber carrément dans le coma puisque l'X provoque un effet excitant incroyable. C'est chouette au début parce qu'on ne ressent plus du tout la fatigue et puis on peut danser pendant des heures et des heures, mais puisqu'on ne sent plus la fatigue, non seulement le cœur fatigue énormément mais en plus, on ne pense jamais à boire parce que ça coupe certains réflexes comme, par exemple, le réflexe de la soif, et les gens finissent par tomber dans le coma, soit parce ce qu'ils ont une crise cardiaque, soit parce qu'ils sont déshydratés. Parfois, ça mène soit à la mort, soit à des conditions terribles, voire au fauteuil roulant à vie, ou à une atteinte cérébrale. Donc il y a un côté très tentant, il faut néanmoins faire très attention.

* Les Mines, c'est le nom d'une très grande école pour ceux qui sont très intelligents.

Le Sida

L'épidémie a touché toutes les régions du monde et elle a déjà tué plus de 10 millions de personnes.

La mortalité et le nombre de nouveaux cas de sida sont en baisse mais l'infection au HIV (le virus du Sida) continue à progresser.

Nous sommes maintenant très bien informés sur le sida. Il est vrai que ça commence en quatrième au collège où l'infirmière de l'établissement fait des conférences sur ce thème. Donc on n'ignore plus maintenant comment on peut l'attraper et on est si bien informé qu'on a un peu moins de craintes vis-à-vis de cette maladie qui est tout de même terrible dans la mesure où elle ne se soigne pas ou, du moins, où elle ne se guérit pas. Nous sommes de cette génération qui doit maintenant gérer ce problème. Il est vrai que, par exemple, au cours du premier rapport sexuel, on peut très bien attraper cette maladie. Mais les jeunes ont brisé beaucoup de tabous et se parlent plus facilement. Il y a beaucoup plus de communication. Maintenant, lorsqu'on envisage certains rapports intimes avec des personnes de notre âge, c'est très facile de se parler et de se protéger. La situation actuelle amène bizarrement à s'ouvrir vers les autres et peut-être à dialoguer plus spontanément.

2 Vocabulaire

Retrouvez dans le texte les mots qui correspondent à des définitions suivantes.

Introduction
a parsemé de situations dangereuses
b s'étendre d'une manière rapide
c les maladies qui font le tour
L'alcool
d tous les jours
e le domaine
f s'appliquer à
g ce qui est donné en plus
h les habitudes
i arriver à
L'ecstasy
j de mauvais effets
k attirant
Le Sida
l on sait très bien de nos jours
m les peurs

L'alcool

Lisez et écoutez une interview concernant l'alcool. Voir **Self-study booklet**, page 11.

La prévention du sida

Ecoutez le passage et décidez si les phrases sont vraies ou fausses. Voir **Self-study booklet**, page 11.

3 A moi d'écrire !

Ecrivez un article (100 – 150 mots), ou un témoignage sur un problème évoqué dans *La fête en danger*. Imaginez que vous êtes invité(e) à une soirée. La soirée commence bien mais finit par être désastreuse. Racontez ce qui s'est passé. Avant d'écrire, considérez les questions ou points suivants.

- Comment vous sentez-vous au début de la soirée ?
- Comment trouvez-vous l'ambiance ?
- Qu'est-ce que vous voyez ?
- Qu'est-ce que vous entendez ?
- Qu'est-ce que vous faites ?
- Vous vous rendez compte que…
- Qu'est-ce qui s'est passé ?
- Que fallait-il faire ?
- Comment la soirée a-t-elle fini pour vous ?
- Comment vous sentez-vous à la fin de la soirée ?

Débat sur la dépénalisation de la drogue

Le cannabis, moins dangereux que le tabac ? Un rapport compare les effets des drogues.

	Héroïne	Cocaïne	Ecstasy	Psycho-stimulants	Alcool	Benzo-diazépines	Canabi-noïdes	Tabac
Dépendance physique	Très forte	Faible	Très faible	Faible	Très forte	Moyenne	Faible	Forte
Neuro-toxicité	Faible	Forte	Très forte ?	Forte	Forte	0	0	0
Toxicité générale	Forte*	Forte	Eventuelle-ment très forte	Forte	Forte	Très faible	Très faible	Très forte (cancer)
Traitements substitutifs ou autres existant	Oui	Oui	Non	Non	Oui	Non recherché	Non recherché	Oui

Le groupe de drogues le plus dangereux comprend l'héroïne, la cocaïne et l'alcool. Puis arrive le deuxième groupe : les psychostimulants, les hallucinogènes et le tabac. Enfin le cannabis. De quoi donner des arguments à ceux qui veulent en dépénaliser l'usage. Pourquoi gaspiller des actions policières et judiciaires dans une croisade à l'enjeu aussi mince ?

Cela ne signifie pas que les abolitionnistes aient raison sur toute la ligne. Leur argument ne repose pas sur le caractère inoffensif de telle ou telle substance. Il se fonde sur le droit supposé inaliénable de mettre sa santé en danger et sur les effets pervers engendrés par la prohibition, la délinquance associée et la création d'une économie parallèle. C'est un tout autre débat que les études des médecins ne tranchent pas. Au contraire, ces études mettent fin à une fiction colportée par certains milieux bien-pensants : l'innocuité supposée de l'ecstasy, dont il est clair, désormais, qu'il met des milliers de personnes en danger.

Destination épreuves

1 📺 **Le Testing, l'analyse de la qualité de l'ecstasy**

Ecoutez ce que dit le médecin, chargé de recherche à Médecins du Monde, pour l'analyse de la qualité de l'ecstasy 'le testing'. Mettez les idées ci-dessous dans le bon ordre du reportage.

a L'exta n'est plus le problème le plus important.
b Le but du testing, c'est informer sur la nature du produit.
c Très souvent, une pillule contient plus d'amphétamines que de MDMA.
d La consommation d'amphétamines est particulièrement prononcée dans les banlieues.

2 **A vous d'écrire !**

Etes-vous pour ou contre la dépénalisation du cannabis? Ecrivez votre réponse en donnant vos raisons.

Mettez les idées suivantes soit dans la catégorie POUR, soit dans la catégorie CONTRE.

● Ce serait un moyen d'éviter ou de contrôler le trafic.

● Il est souhaitable de fixer une limite qui nous dit de ne pas en abuser.

● Pourquoi devrait-on faire fortune d'une manière illégale ?

● Il est difficile de savoir si la drogue est de bonne qualité.

● La consommation augmenterait dans un premier temps mais à long terme, on aboutirait à une diminution.

● Le haschisch est un produit qui a des effets sur le cerveau si on en consomme trop.

● Beaucoup en consomment parce que c'est interdit.

● Il est hypocrite d'interdire le hasch et pas le tabac ou l'alcool.

● L'interdiction contribue à une démarche de prévention efficace.

● La plupart des pays européens le dépénalisent.

● La consommation et l'abus peuvent avoir des conséquences néfastes.

● Il faut l'autoriser mais fixer une limite d'âge minimum.

● C'est une question de choix individuel.

● Toutes les substances sont susceptibles d'entraîner des effets plus ou moins accentués de dépendance physique.

Choisissez les phrases qui décrivent votre point de vue et ajoutez vos opinions personnelles.

3 **Une rédaction à faire !**

L'ecstasy ou l'alcool : lequel devrait nous inquiéter le plus ? Faites référence au tableau ci-dessus.

📖 **Les remèdes de bonne femme**

Voir **Lectures** page 95 et *Self-study booklet*, page 11.

📖 **Contrôle de vocabulaire**

Voir *Self-study booklet* page 11.

<table>
<tr><td>

Thèmes

- Les vacances en France et dans le Tiers-Monde
- Le tourisme
- La protection de l'environnement

</td><td>

Communiquer

- Exprimer ses désirs et ses souhaits
- Phrases utiles pour l'interprétation des statistiques
- Exprimer une opinion contraire avec tact
- Exprimer l'indécision

</td><td>

Grammaire

- Aller à/en/dans
- Le pronom indéfini 'on'
- Le plus-que-parfait
- Tout
- Le participe présent

</td><td>

Epreuves

- Compréhension
- Interpréter les statistiques
- L'interview
- Résumé en anglais
- Composition : écrire des paragraphes

</td></tr>
</table>

Les Français en vacances

Lieux de vacances préférés

- Lac 5,4 %
- Montagne 13,3 %
- Campagne 30,5 %
- Mer 31,6 %
- Ville 19,3 %

Mode de transport préféré

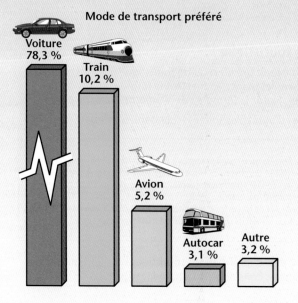

- Voiture 78,3 %
- Train 10,2 %
- Avion 5,2 %
- Autocar 3,1 %
- Autre 3,2 %

Sommaire

Cherchez les définitions des mots suivants dans un dictionnaire monolingue :

l'évasion (f.) ; la détente ; un séjour ; l'animation (f.) ; accueillir

tourisme : *n. m.* (angl. tourism) Action de voyager, de visiter un site pour son plaisir. Ensemble des activités, des techniques mises en œuvre pour les voyages et les séjours d'agrément.
touriste : *n. m./f.* Personne qui pratique le tourisme.
touristique : *adj.* **1** du tourisme, **2** qui attire les touristes en parlant d'un lieu.

Si vous partez en vacances, quelle est votre destination préférée ?

Quel mode de transport préférez-vous ?

5 CHOIX DE VACANCES

📻 *Les vacances : ça sert à quoi ?*
Au point a interviewé Fabienne, Michel et Monique sur leurs préférences au point de vue vacances. Voici leurs réponses à ces questions :
– Qu'est-ce que vous aimez faire ?
– Qu'est-ce que vous aimeriez faire ?
– Avec qui ?

Fabienne

Pour moi, les vacances, c'est surtout le soleil et avoir de belles images en tête. J'aimerais aller dans un pays assez chaud, aux Antilles par exemple, à la Jamaïque, ou aux îles françaises, la Martinique et la Guadeloupe. Là, je pourrais me bronzer et prendre tous mes repas en plein air sur la terrasse d'un restaurant de luxe. Avec qui ? Ah, ça dépend !

Michel

J'aime les vacances au bord de la mer. La plage, c'est la détente. Mais maintenant, j'ai envie de faire quelque chose de différent. J'aimerais voyager à l'étranger, en Europe ou encore plus loin, aux Etats-Unis, au Canada, même en Afrique francophone. Je crois qu'on a toujours quelque chose à apprendre et le meilleur moyen de s'informer de ce qui se passe à travers le monde, c'est de voyager.

Monique

Les vacances à mon avis, ça sert à changer de la vie habituelle, à changer tout, à arrêter tout ce qu'on fait pendant l'année. Moi, j'aime retrouver mes amis mais j'aime aussi faire de nouvelles connaissances, apprendre à connaître plein de gens. Ça peut se faire n'importe où. Les sports d'hiver, c'est sympa. Il y a toujours beaucoup d'animation après le ski. L'important pour moi, c'est de ne pas être seule. J'ai horreur de ça.

1 📻 **Qui désire quoi ?**

Qui, parmi Fabienne, Michel et Monique, voudrait faire les choses suivantes ?

a s'instruire
b rencontrer des gens
c prendre des bains de soleil
d voyager loin
e passer des soirées animées
f bien manger

2 **On échange des idées**

Et vous, qu'est-ce que vous aimez faire quand vous êtes en vacances ? Qu'est-ce que vous aimeriez faire, si vous aviez assez d'argent ? Pourquoi ? Utilisez **Pour communiquer**.

Echangez vos idées avec les autres membres de la classe. Demandez-leur les raisons pour leurs préférences.

Exemple : Et toi, si tu avais assez d'argent, où aimerais-tu aller ? Pourquoi ? Avec qui ? Et que ferais-tu là-bas ?

Pour communiquer

Exprimer ses désirs et ses souhaits

J'ai envie de... + *inf*
Moi, j'aimerais... + *inf*
Je voudrais... + *inf*
Je souhaiterais... + *inf*
J'adorerais... + *inf*
Je désirerais... + *inf*

Nota : dans la plupart de ces expressions, les verbes sont au conditionnel. Voir 📖 n° 46, page 53 et **Grammaire**, page 244.

3 **A votre avis !**

Ecrivez un court paragraphe (50 mots minimum) qui contient les phrases :

Les vacances, ça sert à...

L'important pendant les vacances, c'est de...

4 📻 **Radio banlieue**

Ecoutez l'émission de Radio Banlieue. On vous propose un grand choix de vacances. Voir la feuille **5.1** .

5 📻 **Dans les Hautes-Pyrénées**

Ecoutez cette publicité de France-Inter. Lequel des adjectifs dans la liste ne se trouve pas dans la publicité ?

skiables	beaux	entières	agréables
intarissables	gratuit	superbe	

Guide touristique

Voici un extrait tiré d'un guide touristique des Pyrénées. Remplissez les blancs en mettant la forme correcte de l'adjectif. Notez la formule : **de** + *adjectif* + *nom au pluriel*.

Exemple : d'agréables soirées – pleasant evenings

Venez faire de (*new*) connaissances à Cauterets. Nous vous proposons de (*big*) espaces de glisse, de (*long*) pistes pour les skieurs avertis et de (*great*) randonnées pour ceux qui préfèrent les promenades. Il y a partout de (*beautiful*) panoramas. Et le soir, un choix énorme d' (*excellent*) restaurants et de (*numerous*) activités vous attendent. Cauterets – station dynamique offrant de (*new*) sensations à tout le monde.

📞 Pour plus d'informations touristiques sur les Hautes-Pyrénées, consultez www.aupoint.nelson.co.uk

Chanson de Maxime Le Forestier. Voir *Self-study booklet*, page 12.

6 🔲 **Vacances avec ou sans parents ?**

Ecoutez ce que disent trois jeunes de leurs vacances en famille.

a Qui va presque toujours au même endroit ?
b Qui continue à passer ses vacances d'été chez ses parents ?
c Selon Nathalie, Salah et Gérard, quels sont les avantages et les inconvénients des vacances en famille ?
d Quels sont leurs projets pour des vacances à l'avenir ?
e Et vous ? Préféreriez-vous partir avec ou sans parents ? Justifiez votre opinion. Ecrivez 50 mots à ce sujet.

Point de grammaire
ALLER À/EN/DANS

Des prépositions et les destinations :

● Devant un nom de ville ou d'une île : Je vais à Paris, à La Rochelle, au Havre, à Noirmoutier, à la Martinique

● Devant un nom de département français ou de comté britannique : Je vais dans le Jura, en Vendée (f.), dans le Suffolk, en Cornouailles (f.)

● Devant un nom de province ou de région : Je suis allé(e) en Bretagne (f.), dans les Alpes, dans le Midi (*the south*)

● Devant le nom d'un pays ou d'un continent : Je voudrais aller en France (f.), en Espagne (f.), au Sénégal (m.), aux Etats-Unis (m. pl.), aux Antilles (f. pl.), en Afrique

EXERCICES GRAMMATICAUX

1 Regardez la carte du monde francophone (pages vi - vii) dans ce livre. Vous pouvez aussi consulter www.aupoint.nelson.co.uk pour des renseignements sur les pays francophones.

Choisissez au moins cinq destinations et exprimez une opinion sur chacune en suivant le modèle de l'exemple.

Exemple : Je ne suis jamais allé(e) en Suisse. J'aimerais aller au Canada et aussi en Afrique, de préférence en Egypte ou au Sénégal. Je n'ai pas envie d'aller au Viet-Nam.

2 A l'aide d'un dictionnaire monolingue, complétez cette liste en utilisant les prépositions **à**, **au**, **à la**, **aux**, **en**, **dans**.

...... Asie ...... Cameroun ...... Marseille
...... Guadeloupe ...... Bruxelles ...... Touquet
...... le Devon ...... Ecosse ...... les Pyrénées

3 Complétez les phrases suivantes.

a Un Parisien habite ...... Paris.
b On parle japonais ...... Japon.
c J'ai une correspondante qui habite ...... l'île Maurice.
d Rennes se trouve ...... Bretagne.
e Le Mont Blanc est situé ...... les Alpes.

Le tourisme en chiffres

En 1997, 63% des Français sont partis en vacances contre 64% en 1996. La proportion de personnes qui partent de leur domicile atteint 77% si l'on inclut les déplacements pour d'autres raisons que les vacances (professionnelles, médicales, scolaires…). Depuis 1980, le taux de départ en vacances a augmenté d'environ un tiers. Malgré cet accroissement général, plus d'un tiers des Français ne partent toujours pas en vacances d'été. Ceux qui partent à l'étranger représentent une minorité importante d'estivants. En moyenne, un séjour sur cinq s'effectue en dehors du territoire français. La proportion de Français prenant des vacances à l'étranger a augmenté de près de 2% entre 1980 et 1990 et on constate pourtant que, selon les statistiques les plus récentes, la popularité des séjours à l'étranger a baissé : on a enregistré 14,6 millions de séjours à l'étranger en 1997, soit 5% de moins qu'en 1996.

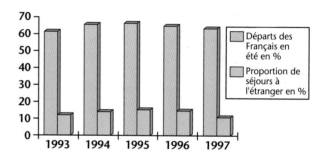

7 **Les chiffres et les statistiques**

Regardez l'histogramme et l'article *Le tourisme en chiffres*. Ecrivez un résumé en anglais du texte (environ 75 mots).

Pour plus d'informations et de pratique sur l'interprétation des chiffres et des statistiques, voir la feuille **5.2** *Les chiffres et les statistiques*.

8 **A l'épreuve !**

Ecrivez un paragraphe (100 mots) pour présenter quelques-unes des statistiques dans le tableau ci-dessous :

Séjours de vacances d'été à l'étranger des Français (en %)			
	1977	**1991**	**1995**
Andorre, Espagne, Portugal	38,7	32,6	29,4
Europe de l'Ouest	13,4	13,3	18,2
Algérie, Maroc, Tunisie	9,1	13,1	15,0
Pays lointains	5,9	12,0	10,1
Italie	15,3	9,2	8,3
Iles Britanniques	7,2	6,6	5,6
Grèce, Monaco, Turquie	3,8	6,4	7,4
Europe de l'Est	2,6	2,4	2,8
Autre pays	4,0	4,4	3,2

✏ Voir www.aupoint.nelson.co.uk pour faire le point sur Le Tourisme.

On va à l'île de Noirmoutier

Située dans l'Océan Atlantique, à environ 85 kms de Nantes, l'Ile de Noirmoutier est d'une longueur de 18 km et d'une largeur maximale de 4,5 kms. A l'origine, le seul chemin d'accès à l'île était le passage du Gois. Cette chaussée sous-marine de 4,5 kilomètres se découvre deux fois par jour toutes les douze heures quinze minutes à marée basse, pendant une durée moyenne d'une heure et demie à trois heures, suivant le coefficient d'amplitude de la marée et du temps.

Le Gois est jalonné de balises permettant aux imprudents de se réfugier s'ils venaient à se faire prendre par la montée de l'eau.

Depuis plus de vingt ans, l'île est aussi reliée au continent par un pont offrant un moyen de communication plus facile aux habitants et aux visiteurs. L'île se compose de quatre communes : Noirmoutier-en-l'île, l'Epine, la Guérinère, et Barbâtre ; et de dix hameaux, construits de maisons blanches aux tuiles roses. Le port de plaisance de l'Herbaudière, au nord de l'île, peut accueillir plus de 150 bateaux. D'une population d'environ 8 500 personnes sur toute l'île en plein hiver, celle-ci passe à environ 120 000 pendant la pleine période touristique. De nombreuses activités sportives peuvent y être pratiquées : voile, tennis, équitation, plongée.

Outre le tourisme, l'île offre des paysages variés : marais salants, dunes, forêts de pin et 40 kilomètres de plages qui sont parfois de petites criques de sable ou des pointes rocheuses, mais plus généralement de grandes étendues de sable. Elle se caractérise par un micro-climat qui lui permet de bénéficier d'une végétation proche de celle que l'on trouve près de la Méditerranée : lavandes, figuiers, romarins, mimosas. La pêche et la culture des pommes de terre constituent les activités principales des habitants. La pomme de terre précoce de Noirmoutier - la récolte de celle-ci commence déjà à Pâques - est renommée sur tout le territoire français ainsi qu'à l'étranger.

Le pont de Noirmoutier

Un marais salant

une chaussée	roadway
à marée basse	at low tide
le coefficient d'amplitude	strength
jalonné	lined
relié	joined
un hameau	small village
une tuile	tile
accueillir	to welcome
outre	besides
une étendue	stretch
la culture	cultivation
précoce	early

1 Avez-vous compris ?

Répondez aux questions suivantes.

a Comment peut-on arriver sur l'île ?

b Que savez-vous de l'architecture typique de l'île ?

c Considérez-vous que l'île de Noirmoutier est une destination de vacances populaire ?

d Qu'est-ce qu'un micro-climat ?

e Quelles sont les trois industries principales de l'île ?

2 Travail de recherche : La Vendée

L'île de Noirmoutier est située dans le département de la Vendée.

Voici plusieurs affirmations au sujet de la Vendée. A l'aide d'un atlas ou d'un dictionnaire illustré, décidez lesquelles d'entre elles sont vraies.

Vous pouvez également consulter www.aupoint.nelson.co.uk

a La Vendée est en Bretagne.

b La Vendée se trouve au sud du Rhône.

c Le chef-lieu de la Vendée est Nantes.

d La Vendée s'étend jusqu'à la mer Méditerranée.

e La Vendée est située entre les départements de Loire-Atlantique au sud, et Charente-Maritime au nord.

3 A votre avis !

Préparez une courte présentation orale sur la Vendée.
Quelles sont les sites touristiques les plus renommés ?

4 📼 Destination Noirmoutier

Au point a interviewé deux jeunes personnes en
vacances sur l'île de Noirmoutier. Ecoutez la cassette et
complétez les phrases suivantes.

Alexandra
a Il y a toujours…
b Il y a une petite
   brise…
c Il y a tout ce que…

Florent
d Il y a beaucoup
   moins de…
e Il y a pas mal
   de…
f Il y a vraiment
   trop de…

Ecoutez encore une fois la cassette. Quelles sont leurs
opinions de l'île comme lieu de vacances ? Prenez des
notes sous deux titres :

Points favorables et **Points négatifs.**

5 Maintenant à vous !

Préparez une réponse orale aux questions :
– Qu'est-ce qui vous attirerait à l'île de Noirmoutier ?
– Qu'est-ce qui vous dissuaderait d'y passer les
   vacances ?

🎧 Exercices de prononciation : l'énumération

Voir *Self-study booklet*, page 12.

6 Un poème sur Noirmoutier

Voir **Lectures** page 98, *Mon île.*

Point de grammaire
LE PRONOM INDÉFINI 'ON'

Sens

Selon le contexte, 'on' a plusieurs sens : 'tout le monde',
'les gens en général', 'nous'. 'On' a toujours fonction de
sujet du verbe qui s'accorde à la troisième personne au
singulier (comme 'il' ou 'elle').

Exemples : S'il fait beau, on fait du ski nautique.
On n'a vraiment pas l'impression d'être sur une île.

Usage

Une construction avec 'on' peut remplacer le verbe au
passif (voir page 65 et **Grammaire** page 249).

Exemple : De nombreuses activités sont proposées.
On propose de nombreuses activités.

L'on

Après 'où' et 'que', 'on' est quelquefois précédé par **l'**.

Exemple : C'est un endroit où l'on peut se détendre.
Ce n'est pas ce que l'on croit. (*That's not what is
believed.*)

Nota :

Quand 'on' signifie 'nous', l'adjectif ou le participe passé
doit s'accorder en genre et en nombre avec les personnes
ou les objets représentés.

Exemple : Jean et moi, on est allés voir ce film hier.

Quand 'on' signifie 'tout le monde/les gens en général',
le verbe reste invariable (troisième personne au singulier)
et l'adjectif ou le participe ne s'accorde pas.

Exemple : On est toujours content d'aller en vacances.

EXERCICES GRAMMATICAUX

1 **Transformez les phrases suivantes en utilisant 'on'.**
   Exemple : nous voyons – on voit

   a nous voulons trouver
   b nous serons heureux
   c nous devons partir
   d nous mangeons bien
   e nous serions ravies
   f nous insistons
   g nous nous sommes bien amusés
   h nous passions le temps à lire

2 **Evitez le passif en utilisant 'on'.**
   Exemple : La maison a été vendue. On a vendu la maison.

   a Le pont a été construit.
   b Les photos ont été prises.
   c L'architecture a été critiquée.
   d La facture sera payée dans dix ans.

3 **Pour plus de pratique voir la feuille 5.3 .**

Dossier Touristique

Barbâtre : porte de l'île de Noirmoutier

Au point a interviewé Monsieur Henri Poignant, maire de Barbâtre. Il est né sur l'île de Noirmoutier. Après ses études secondaires et supérieures, il est parti travailler pendant trente ans à Paris, dans une société informatique française, et après, il est revenu pour sa retraite à Barbâtre. Il habite maintenant toute l'année à Barbâtre.

▲ La plage
de Barbâtre

◄ Henri Poignant,
maire de Barbâtre

une interdiction	a ban, banning
défense de	it is forbidden to
abimer	to damage, ruin
nuire à	to harm
l'assainissement (m.)	drainage

AU FAIT

Barbâtre : Commune de l'île de Noirmoutier, Vendée ; pop. 1 300 ; Eglise St Nicholas fondée au 11e siècle ; deux campings ; école de voile ; plage sablée de 7 km de long ; pavillon bleu d'Europe pour la qualité de l'eau de mer.

1 🖅 **Le tourisme et la protection de l'environnement**

L'interview se compose de trois parties. Ecoutez deux fois chaque partie avant de répondre aux questions spécifiques. Finalement, écoutez l'interview entière en vérifiant vos réponses.

Première partie : Accès et accueil

a Relevez les chiffres exacts:
Arrivées par le pont en été : ......
Arrivées par le passage du Gois : ......
Population d'hiver de Barbâtre : ......
Population d'été de Barbâtre : ......

b Capacité d'accueil des différentes catégories d'hébergement :
Maisons secondaires : ......
Hôtels : ......
Campings : ......
Meublés : ......
Chez parents ou amis : ......
Camping sauvage : ......

c C'est quoi, exactement, la taxe de séjour, et quelle est sa valeur selon le maire ?

d Expliquez ce que c'est le camping sauvage. Pourquoi le maire, en parlant du camping sauvage, utilise-t-il le mot «malheureusement» ?

Deuxième partie : La protection de l'environnement

e Expliquez les moyens utilisés par la commune de Barbâtre pour essayer de protéger et de maintenir les dunes.

f Le maire parle encore du camping sauvage. Considérez encore votre réponse à la question d. Voulez-vous ajouter quelque chose à votre réponse?

Troisième partie : les stratégies de l'industrie touristique

g Accueillir, séduire et retenir, ce sont les trois thèmes de cette dernière partie de l'interview. Que comprenez-vous par ces verbes dans le contexte du tourisme ?

accueillir, c'est ......
séduire, c'est ......
retenir, c'est ......

Discutez en classe les méthodes utilisées dans votre pays pour attirer, séduire et retenir les touristes.

◀ *Le Gois*

▲ *Les dunes de Barbâtre*

Respectez la plage !

① Ici baignade non-surveillée hors saison

② Les chiens doivent être tenus en laisse

③ Défense absolue de promener des chevaux

④ Laissez les vélos sur le parking réservé à cet usage

⑤ Pas de feu d'artifice sans l'autorisation du maire

⑥ Absolument pas de 'feux de camps'

⑦ Evitez les activités ou les jeux bruyants

⑧ Ne laissez pas les enfants jouer sur les dunes

⑨ Ne restez pas trop longtemps exposés au soleil

🎧 **Exercice de prononciation : 'i' pour interdire.**

Voir *Self-study booklet*, page 12.

2 **Discussion : La question de la circulation**

On discute le problème de la circulation d'été dans un petit village en Vendée. Voir la feuille **5.4**.

3 **Bonne conduite sur la plage**

Lisez l'affiche «Respectez la plage !»

a Décidez lesquelles des phrases sur l'affiche représentent :
– des conseils ;
– des règles ou des interdictions.

b Réinterprétez la liste en utilisant des expressions, telles que :
Il est défendu de...
Il est interdit de...
Il est préférable de...
Il vaut mieux...

Exemple : Il est préférable de ne pas se baigner hors saison.

c En classe, dressez une liste de conseils et de règles pour ceux qui vont en vacances, soit en montagne, soit dans un pays tropical.
Pour vous aider, consultez www.aupoint.nelson.co.uk

4 **A votre avis !**

Quelles sont les règles que vous acceptez facilement pendant les vacances ? Est-ce qu'il y en a que vous acceptez difficilement ? Est-ce qu'une totale liberté est possible dans la société ?

Préparez-vous à parler pendant une minute à ce sujet.

5 **La voiture en vacances**

En France, le mode de transport le plus populaire pendant les vacances est, de loin, la voiture (78,3 %). Individuellement, faites une liste des avantages et des inconvénients de la voiture comme outil de tourisme.

Exemples :

avantages	désavantages
aller n'importe où	risques de pollution

Comparez votre liste avec celles d'autres membres de la classe.

6 **A l'épreuve**

Ecrivez au moins 200 mots sur le sujet suivant :
«La voiture en vacances : vers le paradis ou vers l'enfer ?»

5

Points de grammaire

LE PLUS-QUE-PARFAIT

Formation

L'imparfait du verbe **avoir** ou **être** + *participe passé*.

Exemples : j'avais voulu , nous étions partis.
Suivez les mêmes règles que pour le passé composé pour le choix du verbe auxiliaire (**être** ou **avoir**) et la concordance du participe passé.

Usage

● Pour désigner un événement qui s'est passé (ou ne s'est pas passé) avant un autre événement dans le passé.

Exemples :

J'avais promis que je ferais quelque chose puis j'ai oublié. (*I had promised that I would do something then I forgot*)

Avant ces vacances, elle n'était jamais allée en camping. (*She had never been camping before this holiday.*)

● Pour faire le compte rendu (au discours indirect) ou quand on rapporte les paroles d'autres personnes.

Exemples :

Elle a dit qu'elle avait déjà mangé.

On a annoncé que le maire avait démissionné pendant la réunion du conseil municipal.

● Dans des phrases conditionnelles, après 'si' :

– pour exprimer le regret ou la déception.

Exemple : Ah, si seulement j'avais su...

– quand le verbe dans la proposition principale est au passé du conditionnel (voir aussi **Grammaire** page 244).

Exemple : Si j'avais su qu'elle était à l'hôpital, je lui aurais rendu visite.

Voir aussi ⬛ page 22, **Grammaire** page 243 et www.aupoint.nelson.co.uk

TOUT

Petit mot essentiel avec beaucoup d'usages. Notez-les tous !

Formule adjectif

masc. tout, tous; **fem.** toute, toutes.

Exemples : tout le territoire (*everybody*), toute la journée (*the whole day long*).

Formule adverbe

● Expressions : tout à fait, tout de suite, tout de même, tout à l'heure, etc.

● Devant un adjectif, **tout** signifie 'très' ou 'assez' et reste invariable, sauf devant un adjectif au féminin qui commence par une consonne.

Exemples : L'appartement est **tout** neuf. Gisèle était **tout** émue. La chambré était toute petite.

● Devant le participe présent (voir aussi ci-dessous).

Exemples : tout en donnant un coup de main (*at the same time lending a hand*)

Formule nom

(le) tout = la totalité de quelque chose.

Exemple : Risquez le **tout** pour le tout. Il y a **tout** ce que je veux.

Comment traduire *both* ?

Nous sommes restés, **tous les deux**, surpris. (*Both of us were really surprised.*) Attention : toutes les deux semaines = *every other week*.

Voir aussi **Grammaire** page 240.

LE PARTICIPE PRÉSENT

Formation

A partir du verbe **nous** au présent. Retirez la terminaison -**ons** et ajoutez -**ant**.

Exceptions : avoir – ayant, être – étant, savoir – sachant

nous arrivons	arrivant
nous plaçons	plaçant
nous remplissons	remplissant
nous faisons	faisant
nous mangeons	mangeant

Usage

Ça correspond à la forme du verbe qui se termine en anglais en -*ing*. Invariable avec ou sans 'en'. Pour renforcer l'idée d'actions simultanées, l'adverbe 'tout' est placé devant le participe présent.

Exemples : la proportion prenant des vacances ; en passant par le Gois ; tout en accueillant les touristes.

Peut être utilisé aussi comme un adjectif.

Exemple : Les routes existantes sont insuffisantes.

Voir aussi **Grammaire** page 245, ⬛ n° 44 et www.aupoint.nelson.co.uk

EXERCICES GRAMMATICAUX

1 **Composez des phrases complètes.**

a Je n'avais pas promis de sortir avec lui/elle

b Je n'avais jamais mangé des escargots.

c Je m'étais tellement amusé(e) à Paris

d Je leur avais expliqué ce qu'il fallait faire

i avant d'aller à ce restaurant.

ii que j'ai décidé de prolonger mes vacances.

iii mais ils ont décidé d'ignorer mes conseils.

iv mais tout le monde pensait que nous étions faits l'un pour l'autre.

2 **Voir la feuille** 5.5 **et** ▦ **page 12** *Le plus-que-parfait.*

3 **Remplissez les blancs en choisissant parmi : tout, toute, tous et toutes.**

a ...... les hommes sont nés égaux.

b Il y a ...... ce que vous voulez ici.

c Ma sœur est allée à Paris ...... seule.

d Elles se sont amusées ...... les deux.

4 **Traduisez en utilisant un participe présent.**

a *going out for a meal*

b *all the while excusing himself*

c *thinking about the future*

d *The normal methods are adequate.*

5 **Pour plus de pratique, voir la feuille** 5.6 **et** ▦ *Grammaire : le participe présent*, **page 13.**

Vacances utiles

L'Association «Action directe aux villageois» (ADV) offre aux jeunes l'occasion de participer à des projets d'été. Faire un chantier, c'est agir de manière concrète sur l'environnement à la ville comme à la campagne. Un extrait du prospectus de l'association donne un exemple typique d'un chantier international. Regardez www.aupoint.nelson.co.uk pour d'autres informations sur le Togo.

ADV
Aide Directe
aux Villageois
TOGO
BP 1204 - 53012 LAVAL

Rachid et Vanessa font l'Afrique ! Trois groupes de jeunes ont mis, en août de l'année dernière, des milliers de kilomètres, et la brousse, entre eux et leurs banlieues. La latérite et les termitières en guise de béton et de HLM ?

Expérience douloureuse et extraordinaire garantie : s'adapter au climat, à l'environnement, manger à l'africaine (ne pas boire de l'eau), travailler sans outils, rencontrer et partager la chaleur (et la susceptibilité) des Africains…

Une autre planète (quoi qu'on dise, les frontières et les distances n'ont pas disparu). Travailler «gratuitement» pour construire une école (quand on n'y va plus) ou pour retracer un chemin, ou encore planter des arbres pour lutter contre le désert.

Travail pour une association africaine avec des jeunes locaux : un réel échange !

Nota

Le Togo : république de l'Afrique occidentale sur le golfe de Guinée. La langue officielle des Togolais est le français.

HLM : sigle d'Habitation à Loyer Modéré (immeuble construit par une collectivité pour des familles qui ont de petits revenus).

---

1 Pour bien comprendre

Retrouvez dans le prospectus les mots qui correspondent aux définitions suivantes.

a avoir une expérience commune avec d'autres personnes
b matériau de construction très résistant
c type de végétation à arbustes des pays tropicaux
d roche rouge
e butte de terre, percée de galeries où habitent les termites

2 En d'autres mots

Ecrivez des phrases mais en remplaçant l'infinitif par un nom. N'oubliez pas les accords des adjectifs !
Exemple :
Travailler sans outils était dur.
Le travail sans outils était dur.

a S'adapter au climat a été long.
b Construire une école sera laborieux.
c Lutter contre le désert est essentiel.
d Planter des arbres sera important.
e Echanger des idées était intéressant.

3 🔊 L'expérience de Rachid

Ecoutez Rachid qui a participé au chantier de Togo. Il donne quelques détails sur le travail qu'on pourrait vous demander de faire pendant ces vacances utiles et d'autres informations nécessaires. Prenez des notes sous les deux titres :

La nature du travail
La vie collective

🎧 **Des chantiers au Sénégal**
Voir *Self-study booklet*, page 13.

🎧 **Vacances de rêve au Sénégal**
Voir *Self-study booklet*, page 13.

4 Plan professionnel

Vous avez fait une demande de participation à un chantier en Afrique organisé par l'ADV.

Préparez, à l'écrit, vos réponses à ces deux questions d'interview :

- Pourquoi voulez-vous participer à ce projet ?
  (aider le Tiers-Monde ? faire de nouvelles connaissances ? protéger l'environnement ?)

aménager	to equip, fit out
un sentier	path
une source	spring
un barrage	dam
les bestiaux	cattle
se débrouiller	to get by, manage
gérer	to manage, organise
crevé	worn out

- Qu'offrez-vous en particulier ? (travailler dur ? expérience préalable ? parler des langues étrangères ?)

Ecrivez entre 170 et 200 mots en tout. Avec un(e) partenaire, prenez le rôle de la personne qui pose les questions et de la personne interviewée. Changez de rôles.

✏ Pour plus d'informations sur les chantiers au Togo, consulter www.aupoint.nelson.co.uk

📖 **Vacances ratées**

Voir **Lectures** page 98 et *Self-study booklet* page 13.

LES LOISIRS DES FRANÇAIS
traditions et tendances

Le loisir occupe une place prépondérante dans les modes de vie des Français. La France arrive en première position en Europe pour la durée des vacances, avec une moyenne annuelle de 5,5 semaines selon les conventions collectives. Mais la durée moyenne des séjours a diminué, surtout pour les séjours à l'étranger (8,7 nuitées en 1993 contre 7,5 nuitées en 1998).

Fréquentation des principaux parcs de loisirs (1996, en milliers d'entrées)	1996
Disneyland Paris, Marne-la-Vallée	11 700
Parc Futuroscope, Poitiers	2 800
Parc Aquaboulevard, Paris	2 200
Parc Astérix, Plailly	1 700
Parc Marineland, Antibes	1 200

Ministère du Tourisme

Le week-end des Français

Les fins de semaines ont un caractère moins rituel et plus actif. Le samedi est le plus souvent occupé par les courses, les travaux ménagers, le bricolage ou le jardinage. Le dimanche est davantage un jour de détente. La plupart des Français le passent chez eux ou en famille. La moitié des Français partent de chez eux pour le week-end au moins deux fois dans l'année mais 54 % ne partent jamais au cours d'une année.

Les parcs à thème

La fréquentation des parcs à thème tend à prendre le pas sur celle des monuments historiques et des sites culturels (châteaux, musées). Disneyland Paris a accueilli à lui seul plus de visiteurs (12,6 millions en 1997) que la tour Eiffel (5,5 millions) et le Louvre (4,7 millions) réunis.

Vacances d'hiver

Les vacances d'hiver restent un phénomène minoritaire. Au cours de l'hiver 1997-98, seuls 40 % des Français de 15 ans et plus sont partis en vacances pour une durée d'au moins quatre nuitées. Bien que le ski alpin reste majoritaire, on constate un intérêt croissant pour le surf des neiges.

Pour plus d'informations sur les loisirs des Français et le tourisme en France, voir www.aupoint.nelson.co.uk

Vacances et santé

La France compte 44 instituts de thalassothérapie et plus de 100 stations thermales qui accueillent, chaque année, plus de 800 000 curistes. «Prendre les eaux» reste une tradition chère aux Français, surtout aux gens d'un certain âge.

Le tourisme industriel

Le tourisme industriel et technique connaît depuis quelques années un développement spectaculaire : en dix ans, le nombre de visiteurs est passé de 5 à 10 millions. Les sites hydrauliques ou nucléaires sont très fréquentés, de même que les caves.

VISITE DE LA CAVE

Le tourisme industriel ?

Destination épreuves

D'après ce que vous avez lu dans ce chapitre d'*Au point*, y compris les paragraphes sur cette page, écrivez au moins 350 mots en réponse à une de ces questions :

a Quelles sont les tendances actuelles dans l'évolution de la nature des vacances des Français ? A quoi attribuez-vous ces tendances ?

b «En ce qui concerne le tourisme, la France offre tout ce que l'on pourrait désirer.» Dans quelle mesure êtes-vous d'accord avec cette affirmation ?

Thèmes
- Attitudes envers l'argent
- Le monde du travail
- Les SDF
- Le Tiers-Monde

Communiquer
- Exprimer son opinion : dire le contraire et être du même avis
- Parler de son attitude envers le travail et le chômage
- Protester

Grammaire
- Le conditionnel
- Le subjonctif
- Les adjectifs et les pronoms démonstratifs

Epreuves
- Trouver l'équivalent de certaines expressions
- Répondre aux questions en français et en anglais
- Ecrire un sommaire
- Mettre des phrases dans le bon ordre

Lisez les résultats de ce sondage européen – qu'en pensez-vous ? Et vos camarades de classe ?

S'ils étaient milliardaires...
Si vous gagniez 10 millions de francs lourds, que feriez-vous?

(en %)	Les Français	Les Allemands	Les Britan-niques	Les Italiens
Vous en feriez profiter vos proches	51	18	56	34
Vous placeriez votre argent	30	46	27	29
Vous créeriez votre entreprise	9	9	6	16
Vous dépenseriez sans compter	7	8	6	5
Ne se prononcent pas	3	19	5	16

Argent, temps libre, intérêt du travail : les choix des Européens
Personnellement, seriez-vous prêt ou pas prêt à...

	Les actifs Français	Les actifs Allemands	Les actifs Britan-niques	Les actifs Italiens
Travailler plus pour gagner plus d'argent				
Prêt	46	65	55	63
Pas prêt	51	33	43	33
Ne se prononcent pas	3	2	2	4
Gagner moins d'argent mais travailler moins				
Prêt	42	39	29	30
Pas prêt	56	56	68	60
Ne se prononcent pas	2	5	3	10
Gagner moins d'argent mais faire un métier plus intéressant				
Prêt	55	42	45	58
Pas prêt	40	49	52	33
Ne se prononcent pas	5	9	3	9

Sommaire

Quelle importance attachez-vous à l'argent ?

Enormément ?

Relativement beaucoup ?

Peu ?

Très peu ?

Attitudes envers l'argent

Au point a interviewé quatre jeunes gens pour découvrir leurs attitudes envers l'argent. La question qu'on leur a posée... ? «Si vous étiez riche... ?»

Amandine

Lucien

Farida

Seydi

«Si vous étiez riche... ?»

1 📼 **Si vous étiez riche ?**

Ecoutez ces quatre jeunes qui parlent de l'argent. Qui...

a quitterait la maison de ses parents ?
b ne cesserait pas d'aller au lycée ?
c investirait de l'argent dans un compte en banque ?
d serait généreux/généreuse ?
e ne voudrait pas continuer ses études ?
f ne ferait que dépenser son argent ?
g partirait en vacances ?
h aimerait visiter d'autres pays que la France selon la saison ?
i voudrait s'assurer un avenir sans problèmes économiques ?

2 **Trouvez l'équivalent**

Ecoutez encore une fois la cassette pour trouver l'équivalent des phrases suivantes.

a je n'irais plus au lycée
b cela ne sert à rien de...
c je ne voudrais plus dépendre de mes parents
d en tout cas
e je ne garderais pas mon argent
f tout le temps
g cela me serait égal
h sans me faire de souci
i si l'on a beaucoup d'argent ou très peu d'argent

3 **A votre avis – que feriez-vous ?**

A deux, échangez vos opinions.
Exemple :

A : Que ferais-tu, si tu avais beaucoup d'argent ou si tu en gagnais ?
B : Moi ? Euh, d'abord, je n'irais plus au lycée...
A : Comment ? Pourquoi ?
B : Parce que je ne serais plus obligé de travailler ou de faire des études.
A : Mais ça serait ennuyeux, non ? Que ferais-tu ?
B : Je ferais peut-être le tour du monde... et j'investirais de l'argent dans un compte en banque suisse. Et toi ? Que ferais-tu ?
A : D'abord, je ne m'arrêterais pas d'aller en cours, ça serait trop idiot, je...

Pour communiquer

Exprimer son opinion : dire le contraire	**Exprimer son opinion : être du même avis**
Comment ? Quoi ? Tu trouves ?	Moi aussi, je ferais de même/comme toi.
Sans blague !	Oui, tout à fait.
Pas moi ! Là je ne suis pas d'accord.	Ah oui, ça serait super/excellent/l'idéal !
Ah non, pas du tout !	Je suis tout à fait d'accord.
Ça serait trop bête/idiot !	
Moi, je dirais le contraire.	

4 A la portée de tout le monde

Lisez l'article et répondez en français aux questions.

a A quoi s'oppose l'auteur de cet article ?

b Qu'est-ce qui arrive si on découvre trois sommes identiques sur un ticket de grattage ?

c Qui reçoit de l'argent des organismes de jeux publics ?

d Qu'est-ce qu'elles en font ?

e Pourquoi les joueurs de loto font-ils de moins en moins de dons ?

f L'auteur, qu'est-ce qu'il aimerait, vis-à-vis des loteries ?

5 🖮 **Pour ou contre la loterie ?**

Complétez la tâche sur la feuille **6.1**.

6 **A votre avis – la loterie nationale**

Que pensez-vous de la loterie nationale ? Etes-vous pour ou contre ? Expliquez pourquoi. Voir la feuille **6.2**.

Le billet gagnant de la loterie était dans la poche du défunt

Répondez aux questions. Voir *Self-study booklet*, page 14.

🎧 **Tatie**

Les économies d'une vieille tante sont l'objet de convoitise de son neveu et sa nièce. Voir *Self-study booklet*, page 14.

A la portée de tout le monde

Il n'y a pas que l'argent qui compte ?
Qu'en pensez-vous ? Lisez les opinions de notre auteur.

Comment répondre aux dévoués du pari, à ceux qui prétendent que la Loterie Nationale permette aux dépourvus de la société d'aspirer à des richesses fabuleuses, rien qu'en grattant trois grosses sommes identiques sur leur petit ticket de loto ? Il ne faut pas croire tout naïvement que le loto soit la preuve incontestable d'une vraie démocratie. Qui y croit, croit aussi au Père Noël. A qui les gains ? Aux associations caritatives ? Sûrement pas, malgré les dons qu'elles touchent des prélèvements des bénéfices des jeux de grattage. Aux joueurs eux-mêmes ? Non plus, puisque le club des millionnaires reste exclusivement minoritaire.

Peut-être que les joueurs du loto prétendraient que c'est grâce à eux que les associations caritatives touchent de grosses sommes pour soutenir l'aide qu'elles portent aux défavorisés. N'oublions pourtant pas que la plupart des gens ne disposent pas d'assez d'argent à la fois pour se payer des tickets de loto et pour faire leurs dons habituels aux associations caritatives. Par conséquent, les dons sont en baisse et les déshérités de la société en souffrent. A mon avis, jouer au loto, c'est mépriser les défavorisés. Mon grand rêve à moi serait de voir disparaître toutes les loteries du monde qui profitent des rêves morts de l'individu au désespoir de la société.

Point de grammaire
LE CONDITIONNEL

Usage

Pour être poli et pour demander un service.

Exemple : Je **voudrais** le menu à 50 francs et **pourriez-vous** m'apporter de l'eau ?

Pour indiquer des actions ou des états possibles selon les conditions.

Exemples : **Si** je gagnais le gros lot, je ne **travaillerais** plus.

Peut-être que les joueurs du loto **prétendraient** que...

Formation

Au radical du futur, ajouter les terminaisons de l'imparfait (voir la page 35 et **Grammaire**, page 243).

Concordance des temps

If I/it was..., I/you, etc. ... would...
Si + *imparfait*, ... *conditionnel*.

Exemple : Si j'avais le temps, je partirais en vacances.
Si tu le savais, tu me le dirais, n'est-ce pas ?

EXERCICES GRAMMATICAUX

1 **Complétez les phrases suivantes au conditionnel.**

a Si j'étais riche, j' (acheter)...

b Si tu gagnais le gros lot, où (habiter)...

c Il (investir) son argent...

d Nous (prendre) nos vacances...

e Que (faire)-vous... ?

f Elles (être) contentes...

2 **Si...**
Choisissez encore trois contextes pour employer 'si + *imparfait*, ... *conditionnel*'. Ecrivez au moins trois phrases au conditionnel.

3 **Pour plus de pratique**
Voir 🗺 n° 46 *Le conditionnel*, feuille **6.3** et ✏️ www.aupoint.nelson.co.uk

6 Le monde du travail

Une belle affaire

La France compte 2,4 millions d'entreprises employant plus de six millions de personnes dans l'industrie et plus de 14,4 millions de personnes dans le commerce et les services. Six entreprises françaises se placent parmi les cinquante premières entreprises mondiales classées selon le chiffre d'affaires. Voir aussi www.aupoint.nelson.co.uk.

LE PALMARES DES GRANDES ENTREPRISES FRANÇAISES

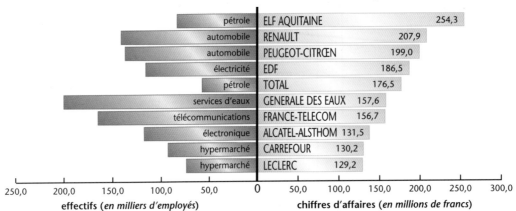

secteur	entreprise	chiffre
pétrole	ELF AQUITAINE	254,3
automobile	RENAULT	207,9
automobile	PEUGEOT-CITRŒN	199,0
électricité	EDF	186,5
pétrole	TOTAL	176,5
services d'eaux	GENERALE DES EAUX	157,6
télécommunications	FRANCE-TELECOM	156,7
électronique	ALCATEL-ALSTHOM	131,5
hypermarché	CARREFOUR	130,2
hypermarché	LECLERC	129,2

effectifs (*en milliers d'employés*) — chiffres d'affaires (*en millions de francs*)

1 Secteur public ou privé

a C'est quoi comme entreprise ? Classez les dix premières entreprises sous les catégories suivantes : entreprise commerciale, groupe industriel ou entreprise publique.

b Reclassez toutes ces entreprises du point de vue efficacité/coûts de personnel : quelle est l'entreprise la plus/moins efficace ?

2 Travail de recherche

Quel est l'état actuel de ces entreprises ? Vérifiez les chiffres-clés sur Internet. Faites la comparaison entre les 10 premières entreprises françaises et celles du Royaume-Uni.

3 Ça me dirait

Imaginez que vous cherchez un poste chez une de ces entreprises – laquelle choisiriez-vous ? Pourquoi ? Seriez-vous intéressé(e) par le commerce, l'industrie ou les services ?

4 ▣ Le travail : but en soi ou moyen ?

Ecoutez Vanessa et Marc qui parlent du travail – de ce qu'ils aimeraient faire et des valeurs qu'ils y attachent. Notez à chaque fois les métiers mentionnés, l'attitude de la personne concernée et les raisons données.

5 A votre avis – qu'aimeriez-vous faire ?

Faites un dialogue/débat sur vos aspirations et vos valeurs en ce qui concerne le travail. Voir **Pour communiquer**.

Exemple :

A : Quel métier choisiriez-vous ?

B : Au fait, en ce qui concerne un métier précis, je n'en sais rien, mais avant tout, j'aimerais être utile.

C : Bon d'accord, mais le salaire ? Je n'aimerais pas travailler pour rien.

B : Ça m'écœure, l'idée de ne travailler que pour s'enrichir.

D : Oui, et en plus il ne faut pas oublier que le taux de chômage est assez élevé...

C : Je n'accepte pas qu'il soit nécessaire d'être au SMIC à cause du taux de chômage...

Pour communiquer

Parler de son attitude envers le travail et le chômage

J'aimerais me sentir utile en travaillant.

Je serais prêt[e] à gagner moins pour faire un travail intéressant.

Ça m'écœure, l'idée de ne travailler que pour s'enrichir.

Je pourrais gagner beaucoup d'argent dans la finance, mais à quoi ça sert ?

Si j'acceptais de travailler moins, ça ne serait que pour créer des emplois.

Je n'aimerais pas être au SMIC/chômage.

Le taux de chômage m'inquiète.

FRANCE TELECOM: POLITIQUE DE RECRUTEMENT

◼ Tourné vers l'avenir

Aujourd'hui quatrième opérateur mondial de télécommunications, France Télécom propose une offre globale, flexible et innovante : téléphone fixe, mobiles, internet et multimédia. Le Groupe, à travers ses nombreuses filiales, développe une gamme complète de produits et de services. Tout en restant attachés à un esprit de service public, nos prochains défis sont ceux de l'innovation et du développement international.

◼ De nouvelles perspectives

Pour relever les défis de demain, France Télécom s'appuie non seulement sur la palette de métiers qui la compose, mais aussi sur une politique active de recrutement des jeunes. Les nouveaux besoins de l'entreprise tendent aujourd'hui à développer des compétences commerciales. Ainsi, renforcer le pôle marketing est un des objectifs majeurs pour répondre à un souci de prospective et

d'innovation. Enfin, devant les nouvelles perspectives qu'offrent les télécommunications, France Télécom développe les métiers de l'informatique et des réseaux ainsi que ceux de la recherche et du développement.

◼ Formation et mobilité

La politique de ressources humaines de France Télécom est fondée sur la décentralisation et la formation de nouvelles compétences. Dans un secteur en constante évolution, se maintenir à la pointe de l'innovation demande une adaptation permanente des compétences des collaborateurs du Groupe. Environ 9 jours par an et par personne sont consacrés à la formation individuelle.

De plus, la mobilité fonctionnelle, entre les métiers des différents secteurs, comme la mobilité géographique, fait partie intégrante de l'évolution professionnelle au sein de France Télécom. Cette mobilité a concerné plus de 31 000 salariés en trois ans.

◼ Projet professionnel et apprentissage

Le processus de recrutement est décentralisé et s'organise au niveau des établissements de France Télécom. Il s'effectue sur la base d'entretiens avec des responsables en ressources humaines, et des experts de la filière métier recherchée. Chaque entretien s'appuie sur le projet professionnel du postulant pour étudier comment ses aspirations et sa motivation peuvent s'inscrire dans les besoins du groupe. Par ailleurs, France Télécom accueille en permanence plus de 2 500 jeunes en formation en alternance et 2 000 stagiaires-école par an.

AU FAIT

Le SMIC et le RMI : questions et réponses

- C'est quoi, le SMIC ?
  C'est le Salaire Minimum Interprofessionnel de Croissance, qui correspond en gros à la moitié du salaire moyen.
- Combien de salariés sont payés au SMIC ?
  11 % – environ 3 millions de personnes
- Et le RMI ?
  Le Revenu Minimum d'Insertion, qui concerne 3 % de la population française, et qui a comme vocation l'insertion des chômeurs dans la vie professionnelle.

6 Statistiques

A quoi correspondent le SMIC et le RMI au Royaume-Uni ? Quels sont les chiffres-clés actuels de ces deux mesures financières ?

7 France Télécom : publicité

Lisez le texte sur le recrutement de France Télécom. Faites une campagne publicitaire pour recruter des jeunes lycéens pour France Télécom. Servez-vous du conditionnel et, au choix, illustrez vos propositions.

Exemple :

> Aimeriez-vous travailler pour le quatrième opérateur mondial de télécommunications ?
>
> Contactez....Pensez....Choisissez....France Télécom !

Le mal de la fin du siècle

Evolution du nombre de chômeurs (en milliers) et taux de chômage (en %) de la population active

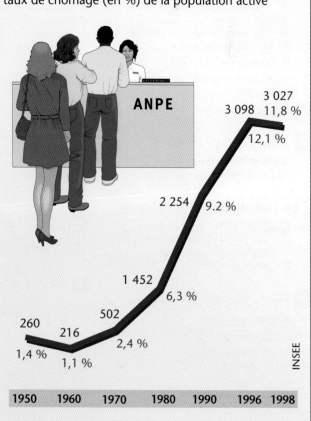

ANPE

260	216	502	1 452	2 254	3 098	3 027
1,4 %	1,1 %	2,4 %	6,3 %	9,2 %	12,1 %	11,8 %
1950	1960	1970	1980	1990	1996	1998

INSEE

Les SDF – sans domicile fixe

A Par sa politique de subventions aux associations, on peut dire que l'Etat finance 90 % de tout ce qui se fait en faveur des SDF.

B Crédits

Crédits d'action sociale	FF 1 milliard
Crédits d'aide sociale	FF 2,3 milliards
(CHRS centres d'hébergement et de réinsertion sociale)	
Aide médicale gratuite	FF 700 millions
Emploi et logement des SDF	FF 4 milliards
Chiffre global	FF 8 milliards [soit 0,1 % du PIB*]

* PIB = Produit Intérieur Brut

C Le Centre National d'Information et de Statistiques donnait le chiffre de 100 000 à 200 000. Ils sont très difficiles à recenser. Une chose est sûre : leur seuil de visibilité sociale a beaucoup plus augmenté que leur nombre réel.

D Le chômage peut, bien sûr, en être une des causes sur des gens fragiles, mais pas plus que le divorce, le deuil accidentel ou la rupture familiale pour les adolescents.

E C'est bien évidemment totalement faux. Cet argument se rencontre essentiellement dans les couches les plus défavorisées de la population, celles qui sont juste au-dessus des SDF et donc les plus menacées.

F Nous avons fait une étude en Gare du Nord sur 341 personnes. La moyenne était exactement de 41,47 ans. Ce serait logique qu'ils le soient de plus en plus, quand on voit l'importance des situations de rupture familiale dans les raisons qui les poussent à la rue.

"TOI, TU MANGES OÙ?"

«Ce n'est pas juste que des jeunes ou des couples vivent dans la rue,» nous dit Ahmed. Nous sommes à «l'Etage», un restaurant où nous rencontrons des jeunes qui sont au chômage, ou qui vivent dans des conditions difficiles. Certains squattent dans des trains en gare de triage la nuit pour s'abriter.

A ce restaurant, on paie son repas 8 francs. Les responsables de l'Etage essaient d'aider les jeunes pour qu'ils puissent faire face à toutes leurs précarités. Nous sommes venus déjeuner. Nous discutons aussi avec les personnes qui travaillent ici ou qui viennent ici.

Les jeunes que nous rencontrons ici nous disent qu'ailleurs, on leur donne à manger, mais qu'ils préfèrent venir ici pour payer leur repas. Cela leur laisse leur dignité. Quand quelqu'un vient manger mais n'a pas les 8 francs, ça arrive que d'autres contribuent pour qu'il puisse payer son repas.

Ahmed et ses deux amis maghrébins ont connu «l'Etage» par des jeunes sans domicile fixe qui leur ont donné cette adresse. «Si on n'a pas de logement, on ne peut pas trouver du travail non plus,» dit Abdul. «Nous, on attend des orientations pour trouver des solutions au logement ou au travail. Mais on veut aussi se prendre en compte par nous-mêmes, et ne pas dépendre des autres.»

1 Six clichés sur les SDF : une enquête sur les idées reçues

Etes-vous de ceux qui prétendent tout savoir sur les gens qui vivent dans la rue – les sans domicile fixe ? Lisez les six affirmations suivantes (1–6) – vous les trouvez justes ?

1 «Il y en a de plus en plus, des SDF.»
2 «Ils sont de plus en plus jeunes.»
3 «C'est le chômage qui mène à la rue.»
4 «Ce sont tous des feignants.»
5 «L'Etat ne fait rien.»
6 «Ça coûte trop cher.»

Maintenant, vérifiez en lisant les résultats de l'enquête (paragraphes A–F ci-dessus). Vous aviez raison ?

2 Trouvez l'équivalent

Trouvez dans les textes A–F l'équivalent des termes suivants.

a secours financier
b réintégration dans la société
c dénombrer
d représentation dans la société
e les classes désavantagées
f le grand nombre

3 Toi, tu manges où ?

Maintenant, trouvez dans le texte *Toi, tu manges où ?* l'équivalent des termes suivants.

a sans emploi
b confronter
c qui n'a pas de logement
d de bons conseils
e résoudre tout seuls nos problèmes

Pour communiquer

Protester		
Il n'est pas juste Je trouve ça injuste	que qu'	(+ subjonctif présent voir ci-contre) les jeunes vivent dans la rue.
Il faudrait Je voudrais J'aimerais		les jeunes puissent avoir du travail. ils soient heureux.
Ce serait mieux Ce serait moins injuste	si	(+ indicatif imparfait) tous les jeunes mangeaient à leur faim.

4 A votre avis – protestations

Relisez les textes sur cette page et préparez-vous à protester qu'il n'y a pas de justice dans la vie. Travaillez oralement à deux ou trois. Dites ce que vous ne trouvez pas juste et proposez des solutions de remplacement. Puis présentez vos conclusions à la classe.

Voir **Pour communiquer** ci-dessus.

La chanson des restos du cœur

Une chanson du comique Coluche. Voir *Self-study booklet* page 14.

5 Les SDF

Ecrivez un article (un ou deux paragraphes) sur les SDF en France – exprimez et justifiez vos opinions.

Point de grammaire

LE SUBJONCTIF

L'indicatif indique l'état réel des choses, le subjonctif implique des actions ou des états pas encore réalisés mais nécessaires ou possibles, doutes, désirs, craintes et surprises.

Exemples :

Indicatif	Subjonctif
Je peux payer	Il faut que je puisse payer = nécessité
Tu as tort	Il est possible que tu aies tort = possibilité
Il est riche	Je ne crois pas qu'il soit riche = doute
Nous partons ensemble	Tu veux que nous partions ensemble ? = désir
Vous n'êtes pas d'accord	Je crains que vous ne soyez pas d'accord = crainte
Elles sont au courant	Ça m'étonnerait qu'elles soient au courant = surprise

Les temps

Il y a plusieurs temps du subjonctif, mais dans la langue parlée on n'a normalement besoin que du présent du subjonctif, formé ainsi.

Formation du subjonctif au présent

Au radical de la troisième personne du pluriel à l'indicatif, ajouter les terminaisons suivantes : **-e, -es, -e, -ions, -iez, -ent.**

Infinitif	Radical de la troisième personne du pluriel à l'indicatif	Terminaisons	Subjonctif
finir	finiss(ent)	je -e nous -ions	je finisse nous finissions
ouvrir	ouvr(ent)	je -e nous -ions	j'ouvre nous ouvrions

(Voir aussi **Grammaire**, page 248 et **la table des verbes**, page 250).

Verbes réguliers en -er

Pour tous les verbes réguliers en **-er**, les terminaisons pour le subjonctif restent les mêmes que pour l'indicatif, à l'exception de **nous** et **vous.**

Verbes irréguliers

La plupart des verbes irréguliers suivent la même règle, sauf les verbes :
en **-yer** : j'envo**ie**, nous envo**yions**
en **-cevoir** : je reço**ive**, nous rece**vions**

Verbes irréguliers courants (au présent) :

aller : j'aille, nous allions
avoir : j'aie, nous ayons
croire : je croie, nous croyions
être : je sois, nous soyons
faire : je fasse, nous fassions
pouvoir : je puisse, nous puissions
prendre : je prenne, nous prenions
savoir : je sache, nous sachions
venir : je vienne, nous venions
voir : je voie, nous voyions

Apprenez-les par cœur !

Usage

- Après des expressions d'émotion (vive).
  Exemple : Je suis horriblement déçu(e) que la loterie ait plus de succès que les associations caritatives.

- Après les conjonctions : avant que, sans que, à moins que, de façon que, bien que, quoique, afin que, pour que.
  Exemple : Quoiqu'on dise, les SDF sont moins nombreux qu'on ne croit.

- Après les adjectifs au superlatif (y compris **premier**, **dernier** et **seul**).
  Exemple : C'est vraiment la dernière des choses qu'on puisse comprendre.

Formation du subjonctif au passé composé

Il faut suivre la même règle qu'au passé composé de l'indicatif, tout en changeant l'auxiliaire **avoir/être** en subjonctif au présent ainsi :

Avoir + participe passé		
Auxiliaire au présent	Auxiliaire au subjonctif au présent	Participe passé
j' ai	aie	mangé
tu as	aies	vendu
il/elle/on a	aie	
nous avons	ayons	
vous avez	ayez	
ils/elles ont	aient	

Etre + participe passé		
Auxiliaire au présent	Auxiliaire au subjonctif au présent	Participe passé
je suis	sois	sorti(es)
tu es	sois	
il/elle/on est	soit	
nous sommes	soyons	
vous êtes	soyez	
ils/elles sont	soient	

EXERCICES GRAMMATICAUX

1 **Recopiez les phrases et transformez les infinitifs en présent du subjonctif.**

   a Il est possible que tu (avoir) raison.
   b Ne croyez pas que je (être) idiot.
   c J'ai peur qu'il ne me (choisir) pas.
   d Il faut que nous (rentrer) tout de suite.
   e Je préfère que vous (rester) ici.
   f Tu veux qu'ils (savoir) la vérité ?

2 **Transformez les verbes dans l'exercice 1 au présent du subjonctif en passé composé du subjonctif.**
   Exemple : a Il est possible que tu aies eu raison.

3 **Pour plus de pratique**

   Voir la feuille **6.4** *Le subjonctif* et **Self-study Booklet** *Testez-vous*, page 14.

6 Le Tiers-Monde : nouveau millénaire, nouvelles solutions ?

Ressources naturelles et financières

Grâce à la mobilisation de l'opinion publique internationale en faveur de l'annulation de la dette des pays pauvres très endettés (PPTE), on a obtenu en début du nouveau millénaire un geste important de la part des pays du G7, qui se sont déclarés prêts à alléger la dette de 34 pays pour un montant de 65 milliards de dollars. Ne peut-on donc croire que ces pays en voie de développement soient enfin sur la bonne route, d'autant plus qu'ils sont les plus gros producteurs de matières premières ?

Admettons que toute initiative d'annulation de dettes des pays pauvres soit louable, mais ne croyons pourtant pas que tout soit au mieux dans le meilleur des mondes possibles. Au fait, ce sont les pays créanciers comme les Etats Unis et le Canada qui retiennent les plus grandes réserves de ressources naturelles. Ce qui est à regretter profondément, c'est que bon nombre des pays du Tiers-Monde qui sont en effet producteurs de matières premières agricoles et minérales en dépendent entièrement, sans recours possible à d'autres ressources et soutiens financiers pour protéger leurs économies. Par conséquent, dès qu'ils ne parviennent plus à écouler leur matière première, comme le café pour la Colombie, leur économie fait faillite.

Protection de l'environnement

Quant à la pollution de ces pays défavorisés, les pays occidentaux ne font qu'aggraver une situation déjà désastreuse. Assurément, certains pays endettés trouvent dur à résister à la tentation d'accepter les déchets toxiques des pays riches, afin de s'acquitter de quelques dettes. Par malheur, ces mêmes pays souffrent déjà d'un niveau de pollution inadmissible, n'ayant ni les moyens ni la volonté politique pour faire imposer sur leurs habitants les mesures internationales requises pour la protection de l'environnement.

Les aides destinées à qui ?

Dans la mesure où les pays créanciers ont toujours recours à des 'solutions' qui ne permettent pas aux pays pauvres de s'aider entre eux, on peut dire que les aides n'arrivent pas à vrai dire à destination. De sorte que, c'est le riz de l'union européenne qui vient à l'aide d'un pays affamé au lieu de celui de la Thaïlande – encore une occasion de manquée pour aider ces pays à améliorer leur situation. C'est ainsi d'ailleurs que l'Occident se débarrasse de son surplus, dans des marchés susceptibles d'accepter toute solution occidentale, que ce soit

1 Mettez-les en ordre

Mettez les idées suivantes dans l'ordre du texte.
- **a** Les gouvernements de certains pays du tiers-monde achètent des produits dangereux aux pays occidentaux pour les recycler.
- **b** Il faut prévoir le jour où la richesse naturelle exploitée sera épuisée.
- **c** Les pays riches aident les pays pauvres dans le seul but de pouvoir écouler les produits qu'ils ont en trop.
- **d** Les pays riches ont la plus grande partie des matières premières.
- **e** Pour lutter contre la pollution, il faut être fort et organisé.
- **f** Il faut s'assurer que l'aide destinée aux populations défavorisées arrive à destination.
- **g** L'économie de certains pays en voie de développement repose entièrement sur une seule richesse naturelle.
- **h** En aidant les pays pauvres, les pays riches créent de nouveaux marchés pour leurs produits.

2 Objectif objectivité ?

En groupes de trois ou quatre et oralement, utilisez l'article et vos connaissances personnelles pour trouver des exemples et des idées qui vous permettront de répondre aux questions suivantes ;

- – Selon vous, cet article décrit-il la situation d'une manière équitable, ou pas?
- – Selon vous, est-il injuste que les pays riches s'attendent à recevoir quelque chose en contrepartie de l'aide qu'ils octroient aux pays du tiers-monde?

Après environ dix minutes de discussion, chaque groupe résume la position à laquelle il est arrivé sur chaque question et nomme un porte-parole qui rendra compte des conclusions du groupe au reste de la classe. Le reste de la classe peut poser des questions pour élucider les points qui ne paraissent pas clairs.

3 Travail de recherche

La classe entière va préparer un dossier sur les pays francophones pour les petites classes de votre école. Voir la carte pages vi-vii.

Avec votre professeur, décidez si vous allez travailler individuellement ou par deux. Chaque personne ou paire choisit un pays francophone différent.

Dans une bibliothèque, trouvez tous les renseignements possibles sur «votre» pays : situation géographique (carte), climat, population, ethnies, ressources naturelles, besoins (aide matérielle, technique, etc.)

Voir aussi ✏ www.aupoint.nelson.co.uk

Dans une agence de voyage, demandez des documents sur ce pays. Les photos seront utiles pour illustrer votre travail.

Sur une page de format A4, présentez «votre» pays de manière aussi simple et aussi attrayante que possible.

à la fois moins efficace et plus cher pour le Tiers-Monde mais plus rentable pour le Premier Monde. En même temps, il est tout à fait 'normal' que certains pays reçoivent plus d'aide qu'ils n'en ont besoin, l'essentiel c'est que les pays occidentaux puissent décharger leur surcroît par moyen de n'importe quels débouchés commerciaux.

Pour ce qui est de l'aide technique, c'est la même formule: si un pays riche accorde certains services à un pays défavorisé, il en profite en obligeant le pays endetté de faire travailler et les entreprises occidentales et leur matériel. Méthode idéale pour assurer que les pays endettés finissent par payer leurs maîtres.

Trop peu, trop mal, trop tard ?

Il reste à voir si les gouvernements de l'Occident veulent vraiment s'engager dans l'annulation de la dette du Tiers-Monde. Le chanteur Bono du groupe U2 a bien relancé la campagne Jubilee 2000 lors du NRJ Music Awards à Cannes en janvier 2000, tout en réclamant l'annulation de la dette des pays pauvres très endettés.

A l'époque, les mesures annoncées par le gouvernement français ne suffisaient pas aux associations de solidarité internationale (ASI) impliquées dans la campagne qui avaient comme but principal : permettre un nouveau départ à ces pays.

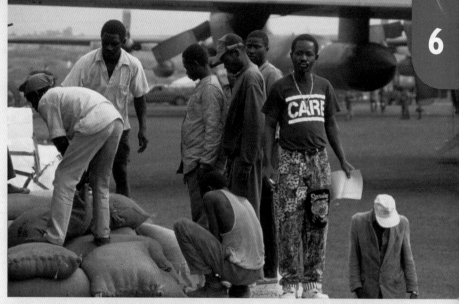

▲ *Une association humanitaire en train de recevoir de l'aide alimentaire*

▼ *Le chanteur Bono au NRJ Music Awards à Cannes*

Point de grammaire

ADJECTIFS ET PRONOMS DEMONSTRATIFS

Adjectifs démonstratifs

Comme tous les adjectifs, ils s'accordent avec les noms qu'ils décrivent :

Ce probléme
Cette solution
Ces pays

Nota: **Cet** devant un nom au masculin singulier qui commence par une voyelle : cet homme.

Pour plus de pratique

Voir la feuille **6.5** et 'cet', **Grammaire** page 238.

Pronoms démonstratifs

Comme tous les pronoms, ils remplacent un nom :

Quel problème ? ... celui de la famine.
Quelle solution ? ... celle proposée par l'ONU.
Quels pays ? ... ceux du Tiers-Monde.
Quelles entreprises ? ... celles de la France.

Pour plus de pratique

Voir **Grammaire**, page 235, la feuille **6.6** et 📀
www.aupoint.nelson.co.uk

FRANCE D'OUTRE-MER

Lettre du paradis

Depuis quatre ans, j'habite à Tahiti. En arrivant, je m'attendais à trouver un pays paradisiaque, une population accueillante... Mais le mythe de la Nouvelle Cythère depuis Bougainville a pris du plomb dans l'aile. Actuellement, Tahiti et sa kyrielle d'îles et

d'atolls pourraient plus justement être rangés dans la catégorie «Pays en voie de développement». Derrière «le paradis» des récifs s'étalent des kilomètres de bidonvilles et de plages ravagées par la pollution. Certains autochtones nous considèrent encore comme des colonisateurs.

La population connaît un réel problème d'identité : la nouvelle génération vit à l'heure des États-Unis pendant que les précédentes essaient de se réinventer une culture disparue. L'agriculture ne va guère mieux : il est quasiment impossible de cultiver et élever du bétail sur une terre de 1 000 km2 culminant à 2 200 mètres pour nourrir 200 000 personnes. L'industrie subit le même sort : produit exporté voit son prix doublé en raison de l'éloignement de Tahiti et du coût des transports.

Quel sera donc le futur des quelques 90 000 jeunes de moins de 20 ans ? Question encore sans réponse, mais qui laisse prévoir de graves problèmes comme en Nouvelle-Calédonie ou à la Réunion il y a quelque temps.

Gilles, 16 ans, Tahiti.

---

1 **Paradis ou enfer ?**

Trouvez les trois affirmations vraies parmi les suivantes.

a Antoine a passé douze ans à Tahiti.
b Avant son arrivée, il ne s'attendait pas à ce que Tahiti soit un pays accueillant.
c De son point de vue actuel, Tahiti ressemble plutôt à un pays du Tiers-Monde.
d L'image fausse de Tahiti que se font les étrangers est due à ses belles plages et ses villes modernes.
e Il n'y a que les jeunes qui ne regrettent pas la disparition de la culture tahitienne.
f Les produits agricoles sont pourtant suffisants pour la population.
g En tant que pays exportateur, Tahiti souffre de frais de transports trop élevés.
h Les gens de La Nouvelle-Calédonie et de La Réunion s'attendent à avoir les mêmes problèmes que ceux rencontrés par Tahiti.

Les Choses : le conditionnel
Exercice de grammaire sur *Les Choses* (**Lectures**, page 101). Voir *Self-study booklet*, page 15.

Prononciation : les sons 'u' et 'ou'
La bonne prononciation de deux sons souvent anglicisés. Voir *Self-study booklet*, page 15.

Les Choses : Grammaire
Exercice de grammaire : transformation du conditionnel au futur. Voir *Self-study booklet*, page 15.

Vocabulaire : remue-méninges
Vous vous y connaissez en vocabulaire ? Choisissez deux sujets… ! Voir *Self-study booklet*, page 15.

Destination épreuves

1 **A l'oral**

Préparez une présentation orale (durée une à deux minutes) sur un des sujets suivants :

- L'emploi et le chômage en France
- Les SDF en France
- Les attitudes des Français envers l'argent

Attention ! Votre professeur risque de vous poser quelques questions lors de votre présentation et d'entamer une discusssion avec vous là-dessus.

2 **Par écrit**
SOIT

a Imaginez que vous voulez travailler chez une association caritative (comme par exemple Oxfam ou l'Unicef). Ecrivez une lettre de 200 mots environ à l'association.

- Expliquez pourquoi vous cherchez ce poste
- Dressez une liste des problèmes qu'il faut essayer de résoudre
- Expliquez comment vous résoudriez ces problèmes.

OU

b Ecrivez environ 200 mots sur «Les problèmes sociaux de la France». Considérez, par exemple, l'économie, le taux de chômage et les SDF.

Thèmes	Communiquer	Grammaire	Epreuves
• La culture	• Définir des concepts	• Ce qui, ce que	• Lire et écrire des sommaires
• La littérature	• Parler de ses goûts culturels et artistiques	• Le passif	• Marier des débuts et fins de phrases
• Le cinéma		• 'de' + adjectif + nom	• Faire le bon choix
• L'impressionnisme	• Faire une présentation orale	• Les verbes impersonnels	• Ecrire un article
• L'architecture/le patrimoine culturel		• Le passé simple	

PROVERBES CHINOIS

Les hommes diffèrent moins par leurs complexions naturelles que par la culture qu'ils se donnent.

L'esprit cultivé est son propre paradis, l'esprit ignorant son propre enfer.

On a demandé aux Français ce qu'ils estimaient être la chose la plus importante pour le prestige de la France dans le monde :

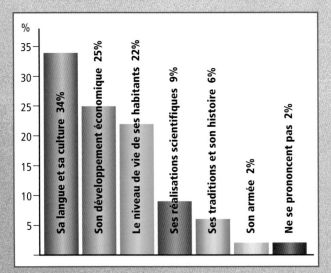

Et vous ? Et vos camarades de classe ? Qu'en pensez-vous ? Faites un sondage pareil.

Sommaire

Qu'est-ce que la culture ?

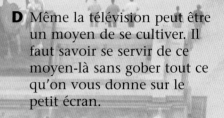

A Pour moi, être cultivé veut dire se renseigner sur tout ce qui se passe actuellement au niveau de la politique. Etant donné la mondialisation, il faut lire beaucoup de journaux et de magazines, ce qui n'est pas facile d'ailleurs.

B A quoi bon l'architecture, la musique, le cinéma, la littérature, la peinture, la technologie et la communication, si ce ne sont que des connaissances acquises ? La vraie culture, c'est la connaissance de soi.

C Pour l'instant, la culture correspond tout à fait à la communication. Grâce à l'ordinateur, par exemple, par l'Internet, tout est à la portée de chacun.

D Même la télévision peut être un moyen de se cultiver. Il faut savoir se servir de ce moyen-là sans gober tout ce qu'on vous donne sur le petit écran.

E C'est peut-être une culture littéraire qui m'intéresse le plus. A force de lire des romans, de la poésie, des pièces de théâtre, je cherche à approfondir mes connaissances et mon appréciation culturelle... C'est le développement par l'esprit.

Zahra

Jonathon

Elsa

Sophie

Sébastien

1 ⬛ Qui dit quoi ?

Ecoutez la cassette et lisez les extraits ci-dessus. Qui dit quoi ? Mariez les jeunes sur les photos avec les extraits.

2 Comment dit-on ?

a *in political terms*
b *to increase my knowledge*
c *within everyone's reach*
d *without being totally gullible*
e *simply by reading*
f *faced with globalisation*
g *self-knowledge*
h *what's the use of literature?*

3 Place de l'Etoile

Relisez les extraits ci-dessus et regroupez les noms sous forme de «mots-famille».
Exemple :
culture nf   cultiver vt   culturel adj   culturellement adv   cultivé(e) adj/pp

culture   connaissances   appréciation développement   jugement

Pour un peu de pratique, voir aussi ◺ n° 5 *Les mots-clés et les 'mots-famille'* et n°14 *Identifier les mots.*

La culture classique contre la culture contemporaine : un faux débat ?

Les jeunes n'ont pas les mêmes connaissances ni les mêmes centres d'intérêt que leurs parents ou grands-parents. La plupart connaissent mieux les noms des chanteurs ou des champions sportifs que les dates des grandes batailles des siècles passés. Peu sont capables de réciter des vers de l'*Ecole des femmes*, mais beaucoup savent converser avec un ordinateur.

On peut s'interroger sur les mérites comparés de la culture classique et de la culture contemporaine. Les deux sont probablement nécessaires à la vie, tant personnelle que professionnelle. Certaines activités artistiques populaires considérées comme mineures (le rap, le tag ou la bande dessinée) constituent un moyen d'expression et renvoient des informations utiles sur l'état de la société. Mais l'honnête homme du XXIe siècle ne pourra se contenter d'être bien informé ; il devra disposer des points de repère qui lui permettront d'analyser les situations afin de mieux les comprendre et de pouvoir y faire face. Le débat entre les tenants du tout-culturel démocratique et ceux de la culture classique élitiste, qui a repris récemment de la vigueur, est donc un faux débat.

Si les Français restent très attachés à la culture, c'est qu'ils sentent confusément qu'elle est une clé pour comprendre le présent et inventer l'avenir.

4 **A l'oral ou par écrit**

Lisez le texte ci-contre et répondez en français aux questions suivantes.

a Expliquez le sens de l'expression : 'Les jeunes n'ont pas... les mêmes centres d'intérêt que leurs parents ou grands-parents'.
b Dans quelle mesure les jeunes savent-ils mieux communiquer que leurs parents ?
c Comment font-ils pour communiquer leurs pensées et leurs attitudes ?
d Selon l'auteur, comment sera l'homme cultivé du nouveau millénaire ? (2 aspects)
e En quoi consiste l'attrait de la culture pour les Français ?

5 📼 **Le point sur la culture**

Au Point a interviewé Laure pour lui demander sa définition de la culture. Voir d'abord **7.1**. Pour vous aider, voir **Point de grammaire** ci-dessous.

6 📼 **La culture, ça change avec l'âge**

Ecoutez maintenant Laetitia qui dit pourquoi, à son avis, la culture change avec l'âge. Expliquez en français et en vos propres termes les phrases ci-dessous tirées de l'interview.

des passades dans la vie
un fil conducteur
se mettre au courant
la culture, ça devrait servir à côtoyer les gens

AU FAIT

Les femmes sont plus nombreuses (52 %) que les hommes (42 %) à s'investir dans les activités artistiques amateur. L'écart en faveur des femmes se retrouve dans les cinq types d'activité – musique, théâtre, danse, écriture, arts plastiques – avec des amplitudes variables.

15 % seulement des Français ont déjà visité une galerie d'art.

Point de grammaire

Ce qui, ce que : pronoms relatifs

N'oubliez pas : 'qui' et 'que' relient deux phrases (1) et (2) en représentant un nom/un prénom en particulier.

Exemples :
C'est une culture littéraire qui (=sujet) m'intéresse.

     (1)   (2)

C'est une culture littéraire que (= objet direct) je préfère.

     (1)   (2)

Ce qui et ce que font de même, mais en représentant une idée/une situation, etc. en général.

Exemples :
Il faut lire beaucoup de journaux, ce qui (= sujet) m'intéresse.

     (1)   (2)

Il faut lire beaucoup de journaux, ce que (= objet direct) je trouve difficile.

     (1)   (2)

Pour plus de pratique

Voir la page 13, **Grammaire** page 236, 📐 n° 27 *Qui et que* et 📖 *Grammaire : Ce qui, ce que* page 16.

7 **Débat : la culture**

Travail de groupe. Voir **7.2**.

🎧 **La culture vis-à-vis des générations**

Les opinions de Marc. Voir *Self-study booklet*, page 16.

8 **La culture pour moi, c'est...**

Ecrivez en français votre propre définition de la culture (150 mots). N'oubliez pas de parler de vos goûts culturels et de vos activités culturelles.

Emile Zola – le qui, le quoi et le quand

CHRONOLOGIE

VIE

Nom : Émile Zola

Né : 1842 à Aix-en-Provence

Enfance : pauvre (suite à la mort de son père en 1848)

Métier : journaliste, écrivain, poète, dramatiste

Influences : progrès scientifiques du 19ème siècle, Gustave Flaubert, très grand écrivain français du 19ème siècle, auteur de Madame Bovary

Mouvement littéraire : Les Naturalistes, qui refusaient toute idéalisation du réel dans la littérature et insistaient sur les aspects, dans l'homme, naturels, montrant son côté souvent brutal et grossier

Affaire politique : L'Affaire Dreyfus (1897-98) – Scandale dans les cadres supérieurs du gouvernement, qui eut pour résultat le faux emprisonnement d'un capitaine juif dans l'armée française, Alfred Dreyfus

Mort : 1902 (asphyxié... assassiné ?)

ŒUVRES

1867 : *Thérèse Raquin* – histoire de grande passion, de meurtre et d'inévitable rétribution naturelle (voir extrait : **Lectures**, page 000)

1871–93 : *Les Rougon-Macquart* – histoire naturelle et sociale d'une famille héréditairement dépravée sous le Second Empire (20 volumes, dont les plus célèbres sont:)

1877 : *L'Assommoir* – grandeur et décadence d'une jeune femme de quartier à Paris, Gervaise Coupeau

1880 : *Nana* – carrière artistique dans un théâtre et décadence d'une jeune prostituée, Anna dite 'Nana', fille de Gervaise Coupeau

1885 : *Germinal* (voir texte ci-dessous)

1887 : *La Terre* – histoire de l'avarice meurtrière

1890 : *La Bête humaine* – Histoire de meurtre, d'adultère et d'obsession aux chemins de fer près du Havre

1892 : *La Débâcle* – histoire tragique de soldats camarades, lors des guerres franco-allemandes de 1870

1897–98 : *J'accuse* (voir **Affaire politique**)

Zola – naturaliste, communiste ou poète ?

Le Naturalisme et le roman d'expérimentation

Comment caractériser la fiction romanesque de Zola ? Ce qui est indéniable, c'est que les énormes progrès scientifiques du 19ème siècle exerçaient une très grande influence, non seulement sur lui-même mais aussi sur son œuvre littéraire, en particulier sur Les Rougon-Macquart (voir Chronologie ci-dessus). Certes, Zola affirmait que, pour lui, la fiction romanesque constituait un terrain d'expérimentation où il pouvait vérifier son hypothèse naturaliste de départ : si chaque individu est le produit de son hérédité et de son milieu, il n'arrivera jamais à éviter son destin. Ainsi, il avait été prédéterminé, grâce aux conditions sociales contemporaines et à l'hérédité des mineurs dans *Germinal*, que la grève allait échouer d'une manière désastreuse.

L'écrivain 'scientifique' expose à ses lecteurs ses 'produits' – les mineurs écrasés sous le poids de conditions de travail et de vie injustes et inhumaines – dans son 'laboratoire', c'est-à-dire la commune de Montsou avec sa mine à charbon, Le Voreux. Puis il les observe, étudie et analyse et en rapporte les résultats en bon scientifique : défaite absolue des grévistes, effondrement catastrophique de la mine et écrasement total de la classe ouvrière... C.Q.F.D. (ce qui fut à démontrer).

Le clairon au communisme ? Ou poésie, mythes et réalité ?

Comment néanmoins peut-on comparer les procédés d'une théorie scientifique avec le comportement de personnages fictifs d'un roman ? Zola ne 'découvrait' pas les qualités et les défauts de ses personnages – c'était lui qui les avait inventés ! Rien de plus absurde !

Zola était donc communiste, et *Germinal* un roman politique ? Sûrement pas – n'oublions pas que Zola décrivait dans *Germinal* les conditions de travail d'il y avait 20 ans dans les mines à charbon.

En quoi consistait donc sa réalité à lui, s'il ne s'agissait vraiment ni du naturalisme, ni de l'action politique (malgré L'affaire Dreyfus et sa mort mystérieuse) ?

Considérons de plus près son art de descripteur. Ses descriptions les plus réussies sont celles où il se laisse aller à sa véritable nature, violente, emportée. Les descriptions alors deviennent métaphore, symbole, hallucination. L'alambic n'est plus une machine mais un animal, la mine un monstre vorace «gorgée de chair humaine». En effet, Zola était plutôt poète que révolutionnaire, plutôt inventeur de mythes qu'observateur scientifique.

en bon scientifique	like a good scientist
grévistes	strikers
effondrement (n.m.)	collapse
clairon (n.m.)	clarion, bugle call
alambic (n.m.)	still for distilling alcohol
emporté	angry

1 Un joli romantique

Flaubert, qui détestait les théories de l'école Naturaliste, trouvait pourtant que Zola était 'un joli romantique'. L'auteur de cet article, est-il du même avis ? Expliquez en anglais (50 mots) la signification des deux derniers paragraphes.

3 📼 Le Zèbre

Au Point a demandé à Laure de lire *Le Zèbre*, un roman d'Alexandre Jardin. Ecoutez son commentaire. Voir aussi la feuille **7.4** .

Recopiez le tableau et remplissez-le en français en utilisant les détails que vous entendez.

Sujet	Intérêt	Personnages	Les grands moments de l'intrigue	Conclusion

2 📼 Henri Troyat sur Zola

Ecoutez la cassette et comparez les propositions de Flaubert à celles d'Henri Troyat en faisant l'exercice sur la feuille **7.3** .

📖 Claude Berri tourne Germinal

Reportage sur une adaptation à l'écran. Voir *Self-study booket*, page 16.

🎧 Un remake

Ce que Laure pense d'un remake. Voir *Self-study booklet*, page 16.

Points de grammaire

LE PASSIF

La forme passive est caractérisée par le fait de souffrir ou de subir quelque chose : le sujet subit l'action.

Exemple :
Elle a cassé la fenêtre = forme active
La fenêtre a été cassée par elle = forme passive

Formation

Le passif se forme avec l'auxiliaire 'être' et le participe passé.

Exemples :
Il avait été prédéterminé que...
Les tableaux seront exposés au Musée des Beaux Arts.

En français, le passif s'emploie rarement. Il vaut mieux employer 'on' ou un verbe pronominal.

Exemple :
Ici on parle français = *French is spoken here*
Cela s'écrit comment ? = *How is that spelt ?*

Eviter l'emploi du passif

Voir **7.5** *Grammaire : le passif*.

'de' + adjectif + nom

L'article partitif 'des' devient 'de' (d') lorsqu'il est séparé du nom par un adjectif qualificatif au pluriel.

Exemple : des progrès énormes = d'énormes progrès

Voir aussi **Grammaire** à la page 249.

EXERCICES GRAMMATICAUX

1 **Actif ou passif ?**

a J'ai fermé la porte.

b La porte s'est fermée.

c La porte a été fermée.

d On a fermé la porte.

e Les fleurs sont arrosées.

f Le jardinier a arrosé les fleurs.

g On a arrosé les fleurs.

2 **Traduisez en français (au passif).**

a *It is predetermined.*

b *It has been predetermined.*

c *It would be predetermined.*

d *They were crushed* (écrasés).

e *They will be crushed.*

📖 **Grammaire : Le passif**

Un peu plus de pratique. Voir *Self-study booklet*, page 16.

3 **Transformez en 'de' + adjectif + nom. Puis formulez trois phrases avec.**

a des idées + bonnes

b des fleurs + jolies

c des carnets + précieux

Le cinéma en danger de mort

«La télé tue le cinéma, les films américains nous envahissent, les salles sont désertées...» Des clichés ?

Qui va au cinéma ? Les jeunes surtout : les adolescents fréquentent les salles obscures deux fois plus souvent que les adultes.

«Rien ne va plus !» comme disent les croupiers de casinos. En 10 ans, le cinéma a vu fondre le nombre de ses fidèles de plus de 40%. Seul réconfort : depuis quatre ans, la baisse s'est nettement ralentie et le triomphe des *Visiteurs* a fait remonter la tête à la courbe de fréquentation des salles.

Christian Clavier dans *Les Visiteurs*

La promotion est-elle essentielle pour un film ?

Les producteurs de films à gros budgets comme Claude Berri répondront «oui». Affichages tous azimuts, reportages sur les tournages, les coulisses, les stars... rien n'est laissé au hasard par le réalisateur de *Germinal* pour allécher le public, à la manière américaine. Dire pourtant que c'est essentiel serait un non-sens. Pour preuve, par exemple, les succès inattendus dûs au bouche à oreille, à la critique ou à une attente d'un cinéma moins calibré et plus

libre : *Les Nuits fauves* de Cyril Collard, *La Sentinelle* d'Arnaud Desplechin.

Est-ce que la télévision tue le cinéma ?

Vaste sujet. On peut penser, en effet, que le nombre de films diffusés chaque semaine sur le petit écran retient chez eux des gens qui, sans cela, découvriraient ces films en salles. Mais le cinéma n'existerait plus aujourd'hui en France sans la télévision.

Il est quasiment impossible de monter la production d'un film sans l'apport financier de la télé. Canal Plus* est ainsi présent dans plus du tiers des productions françaises (un peu plus que TF1*). De plus, les chaînes de télévision achètent la diffusion en exclusivité des films avant même leur fabrication. Ces techniques de financement permettent d'équilibrer grosso modo les budgets.

* Canal Plus, chaîne de télévision à souscription. TF1, La première chaîne de télévision française.

---

1 La langue de chez nous

L'article *Le cinéma en danger de mort* est écrit dans un style journalistique. Au lieu d'écrire simplement, l'auteur a choisi de colorier son style.

Exemple : Les jeunes vont au cinéma... = (dans l'article) Les adolescents fréquentent les salles obscures...

Récrivez les phrases suivantes en les simplifiant.

a le cinéma a vu fondre le nombre de ses fidèles
b le triomphe des *Visiteurs* fait remonter la tête à la courbe de fréquentation des salles
c affichages tous azimuts
d rien n'est laissé au hasard pour allécher le public
e les succès inattendus dûs au bouche à l'oreille
f les films diffusés sur le petit écran
g il est quasiment impossible
h équilibrer grosso modo les budgets

2 📼 Un amateur de cinéma

Ecoutez ce que dit cet amateur de cinéma. Voir **7.6**.

Point de grammaire

LES VERBES IMPERSONNELS

Un verbe dont le sujet ne représente ni une personne, ni un animal, ni une chose définie. Il existe à tous les temps et à tous les modes, sauf à l'impératif.

Il se forme toujours avec le pronom personnel 'il' (troisième personne au singulier).

Exemples :
il y a, il faut, il s'agit de, il vaut/vaudrait mieux, il paraît que, il reste, il suffit de, il pleut, il fait chaud, il est prévu d'aller... etc.

Pour plus de pratique

Voir **7.7** *Les verbes impersonnels* et **Self-study booklet**, page 16.

François Truffaut et La Nouvelle Vague

Antoine Doinel dans
Les Quatre Cents Coups

C'EST VERS LA FIN des années 40 qu'a été formulée la théorie du «cinéma d'auteur», selon laquelle le réalisateur devient «écrivain en lumière» et ses films des exercices en «langage audiovisuel». Ces films devaient refléter toutes les sensibilités de «l'auteur de cinéma» aussi intimement que le style d'un roman retrace les pensées les plus profondes du romancier – d'où le terme «caméra-stylo».

Parmi les plus acharnés à défendre ce concept de «cinéma d'auteur», dans les *Cahiers du Cinéma*, revue critique née en 1951, figuraient le critique André Bazin et son jeune disciple, François Truffaut.

Par la suite, Truffaut se transforma de critique de cinéma en réalisateur engagé, anxieux de rejeter les normes des films dits «de qualité»' provenant surtout de Hollywood, tournés depuis les années 30 dans le parfait esprit de continuité. Accompagné d'autres critiques des *Cahiers du Cinéma* – Godard, Resnais, Chabrol, Rohmer, Riverain, Rivette – Truffaut lança La Nouvelle Vague, mouvement cinématographique de courte durée qui bouleversa néanmoins les modes de production, imposa une nouvelle conception du cinéma, ranima le cinéma britannique et américain et inspira une nouvelle génération de réalisateurs – deuxième et troisième vagues – dans les pays de l'Europe de l'Est.

Grâce aux progrès techniques – caméras légères, pellicule suffisamment sensible pour filmer à la lumière du jour, son synchrone de qualité – les réalisateurs tournaient «à la Rossellini», dans la rue ou en intérieurs, mais toujours en décors réels. Ils ne recherchaient plus la prouesse technique des films de qualité – leurs films, qui avaient volontiers un aspect amateur, séduisaient le public de leur élan, leur impétuosité, leur désinvolture et leur liberté.

Malgré son enfance appauvrie et perturbée, Truffaut rapporta le plus grand succès commercial parmi les réalisateurs de La Nouvelle Vague, et en particulier avec *Les Quatre Cents Coups* (1959), film semi-autobiographique évoquant l'adolescence d'un jeune délinquant, Antoine Doinel, à la recherche de son autonomie dans un monde adulte régi de conformité et de conventions étouffantes.

Comme Doinel, dans *Baisers Volés* (1968), Truffaut avait déserté son service militaire et s'était fait emprisonner plusieurs fois, avant de pouvoir relancer sa carrière de journaliste et de mettre en œuvre son génie créateur. Egalement, dans *Domicile Conjugal*, la troisième partie de la trilogie Doinel, Antoine, comme Truffaut, finit par se marier et avoir deux filles.

3 **Vrai ou faux ?**

Trouvez les trois affirmations vraies parmi les suivantes (puis corrigez les erreurs !).

a Le caméra-stylo de Truffaut retrace fidèlement dans *Les Quatre Cents Coups* son enfance, par l'intermédiaire d'Antoine Doinel.

b Bazin a critiqué le concept d'auteur de cinéma proposé par Truffaut.

c Les réalisateurs de La Nouvelle Vague voulaient continuer la tradition de 'qualité' dans leurs films.

d Les films de qualité n'avaient ni le dynamisme, ni la disponibilité des films de La Nouvelle Vague.

e La Nouvelle Vague était constituée de réalisateurs amateurs opposés aux films de Hollywood.

f Même si elle n'a pas duré longtemps, La Nouvelle Vague a révolutionné le cinéma dans bon nombre de pays du monde.

g Du point de vue financier, Truffaut est le réalisateur de La Nouvelle Vague, qui a connu le plus de succès.

La Nouvelle Vague	the name adopted by the group of directors who, with their 'New Wave', would have liked to have engulfed the old established 'films de qualité'
films de qualité	the 'New Wave' term for the polished, flawless and generally unrealistic style of films, largely emanating from Hollywood, which were said to show nothing of the director's thoughts and feelings and to lack dynamism, realism and creative edge
cinéma d'auteur	'New Wave' metaphor for a style of film direction mimicking 'writing' films
langage audiovisuel	'New Wave' term to describe a language conveyed not in text, but in light and sound
écrivain en lumière	the 'New Wave' director becomes a 'writer' in light by filming
caméra-stylo	the director's camera becomes the writing tool

Voir aussi www.aupoint.nelson.co.uk

L'impressionnisme

Monet, *Coquelicots*, 1873, musée d'Orsay, Paris.

Au cours de la seconde moitié du XIXe siècle, l'impressionnisme révolutionne la peinture et annonce l'art moderne. En 1874, de jeunes peintres constitués en association exposent leurs toiles chez le photographe Nadar. Leurs audaces picturales et le choix de leurs sujets provoquent le scandale.

Une nouvelle façon de peindre que rejettent l'Académie et le Salon

Dans la seconde moitié du XIXe siècle, Edouard Manet (1832-1883) rompt avec les conventions picturales. Il compose des tableaux qui exploitent les qualités plastiques du motif et révolutionne l'art de peindre en refusant le modelé en clair-obscur. La lumière découpe brutalement le tableau, la couleur est posée en larges aplats, sans nuances qui symbolisent les formes. Le geste pictural est libre et direct. Manet, d'abord reçu au Salon (1861) avec mention, est refusé en 1863 avec *Le Déjeuner sur l'herbe*, jugé scandaleux.

Très admiré, Manet devient le chef de file de jeunes peintres qui refusent l'académisme : Monet, Renoir, Sisley, Bazille, Degas. Mais Manet, voulant garder son indépendance, ne se joindra pas à ses amis lors de leur première exposition à Paris en 1874 chez Nadar. C'est lors de cette exposition qu'un critique, se référant au tableau *Impression, soleil levant* de Monet (1872), les surnomme «impressionnistes».

Le peintre plante son chevalet à l'extérieur

Les premières lignes ferroviaires conduisent les artistes sur les bords de la Seine, de la Marne et en Normandie. Claude

Monet (1840–1926), Pierre-Auguste Renoir (1841–1919) et Camille Pissarro (1830 – 1903) travaillent directement dans la nature, peignant en touches rapides et nerveuses la vie frémissante des berges et des villages. Les impressionnistes exaltent l'émotion de la sensation fugitive et de la précarité de l'instant.

Renoir, au cœur de Montmartre, compose ses toiles les plus célèbres dans lesquelles la lumière criblée par le feuillage tombe en 'pluie' de petites touches claires sur les personnages (*Le Bal au moulin de la Galette, 1876*). Pissarro est le peintre des vues insolites, des paysages traversés par un chemin ou une route.

La liberté des thèmes

Edgar Degas (1834–1917) reçoit une formation classique à l'école des Beaux-Arts de Paris puis se tourne vers l'impressionnisme, dont il apprécie la liberté des thèmes. Il puise son inspiration dans la vie de la capitale, s'attache aux ambiances de la lumière artificielle, au monde du théâtre et aux coulisses de l'Opéra. C'est aussi le peintre des blanchisseuses, des cafés, du petit peuple parisien et des champs de courses, qu'il fréquente et dessine d'un trait virtuose.

La touche devient l'écriture du peintre

La touche est la trace de l'outil (couteau, pinceau) sur le support, de la couleur posée directement au tube. Selon la quantité de peinture déposée en une seule fois, la touche est légère ou présente des empâtements plus ou moins épais. La touche, ou l'écriture de Monet, révèle et identifie l'artiste.

- Les formes rapides sont modulées par la couleur.
- La liberté de la touche, plus ou moins large, épaisse ou fluide, donne un aspect de 'non-fini' de la surface picturale.
- Le jeu des contrastes colorés : le rouge des coquelicots s'attisant au contact du vert, sa complémentaire, est vibratoire.

leurs audaces (n.f. pl) picturales	the audacity of their art
motif (n.m.)	subject, theme
modelé en clair-obscur	use of light and shade to depict accurately (in relief)
aplats (n.m. pl)	flat tints
frémissant(e)	vibrant, quivering
précarité (n.f.)	briefness, fragility
criblé(e)	pierced, riddled, sifted
support (n.m.)	surface on which artist paints (paper, canvas, wall, etc.)
empâtement (n.m.)	impasto, thick layer of oil paint
modulé(e)	separated, distinguished
s'attisant	bursting into flame

1 Autrement dit

Trouvez d'abord l'équivalent de ces expressions dans les paragraphes 2 à 5 (de «Dans la seconde moitié...» jusqu'à «d'un trait virtuose»).

a renonce aux traditions de la peinture
b le relief des formes par la distribution des lumières et des ombres
c teintes plates appliquées de façon uniforme
d honteux
e les chemins de fer
f vibrante
g l'éphémère du moment
h percée par les feuilles des arbres
i rares
j d'une habileté extraordinaire

Expliquez en anglais en moins de 40 mots la technique impressionniste (dernier paragraphe).

2 J'ai l'impression

Servez-vous des indices dans le texte ci-contre pour relier les artistes et leurs tableaux.

Pissarro	Aux courses en province
Degas	Les Grands Boulevards
Monet	La Route de Sydenham
Manet	La Seine à Vertheuil
Renoir	Le déjeuner sur l'herbe

3 Travail de recherche

Essayez de voir (dans la bibliothèque, en visite virtuelle sur l'Internet ✎ www.aupoint.nelson.co.uk ou en exposition) quelques-uns des tableaux mentionnés dans le texte. Discutez du tableau, soit en dialogue, soit en présentation orale. Servez-vous du texte et de **Pour Communiquer** ci-dessous.

4 Exercices grammaticaux

a Trouvez les trois phrases dans le texte ci-contre dans lesquelles le passif (au présent) est utilisé.
b Expliquez (en anglais) l'effet de l'emploi du présent historique.
c Rendez les deux premiers paragraphes au passé composé ou au passé simple. Voir la feuille **7.8** et **Grammaire** pages 242 et 245.

Pour communiquer

Parler de ses goûts culturels et artistiques

Ce qui me plaît, c'est (le jeu de la lumière)
La liberté des thèmes me plaît beaucoup
J'aime bien penser que (leurs audaces picturales...)
Les choix de leurs sujets (ont provoqué le scandale)
On a l'impression que (ça bouge)
Grâce à la touche (du peintre... les couleurs éclatent)
Je n'apprécie pas (la touche/les empâtements épais)
Je n'aime pas l'aspect ('non-fini' de la surface picturale)

Le patrimoine architectural :

Naissance, vie et mort d'un monument

A quoi sert un monument ? Son rôle, ce qu'il dit sur l'époque. Peut-on imaginer une ville sans monuments ?

Célébrer la mémoire

À l'heure où le Musée des Arts Premiers, cher à Jacques Chirac, n'arrive pas à trouver sa forme, où un Palais du Cinéma se retrouve «Maison» et s'installe à l'étroit dans la dépouille vide de l'ex-Centre américain, la boulimie de monuments, celle des grands projets du président Mitterrand, de l'Arche de la Défense à la Pyramide du Louvre, de la Bibliothèque de France à l'Opéra-Bastille, prend des allures de lointain souvenir.

Fin d'une politique et d'une époque : nous savons faire des monuments, mais peut-être ne savons-nous plus pour quoi les faire. «La monumentalité, dans l'histoire, reprend François Barré, a toujours eu ses raisons d'être. Elle sert au clergé à dire la crainte

de Dieu. Au roi à dire sa magnificence. A la République à dire les vertus républicaines. A notre époque, toutes ces valeurs ont pris un sérieux coup de vieux.» Avec la fin des grands projets, notre société entrerait-elle dans un temps qu'on pourrait appeler le temps de la conservation ?

Quand la ville devient musée

Dans ce Paris qui tente de préserver les traces du passé, la seule alternative est-elle la monumentalisation ? La tentation est forte de tout transformer en boîte vide. En nommant monument quelque chose qui fut un endroit de vie, le risque est grand d'en faire une momie. Pour l'architecte Massimiliano Fuksa, la ville est menacée de muséification : «On a accepté l'idée que l'on pouvait fabriquer des monuments sans désir populaire, sans nécessité historique. Les centres historiques sont devenus des lieux de tourisme, de consommation de monument. Chaque nouvelle pièce ajoutée, du musée

La cathédrale Notre-Dame de Paris

La Tour Eiffel

Picasso au Grand Louvre, entraîne avec elle sa perte d'habitants. Le monument est porteur de mort. Lorsqu'on le laisse se multiplier, il transforme la ville en cimetière.»

Insignifiant hier, célèbre aujourd'hui

De nombreuses personnes croient que la flamme en bronze de la place de l'Alma, au pied de laquelle elles déposent bouquets et hommages, est un monument dédié à la mémoire de la princesse Diana. Il s'agit en fait d'une copie du flambeau de la statue de la Liberté offerte par les Etats-Unis à la France, qui se trouvait là bien avant l'accident qui coûta la vie à la princesse dans le tunnel de l'Alma. Ainsi est né, spontanément, un monument consacré par l'émotion populaire. De son côté, l'architecte Gaetano Pesce a dans ses cartons un autre projet : émergeant d'un jardin aménagé en surface, une colonne marque l'emplacement du treizième pilier du souterrain – le pilier fatal.

dépouille (n.f.)	remains
boulimie (n.f.) **de monuments**	craving (lit. morbid hunger) for monuments
prend des allures	it is beginning to look like
dire la crainte de Dieu	express the might of God
coup (n.m.) **de vieux**	ageing rapidly
a dans ses cartons	has designs on, ideas for

ancien et... moderne

La flamme en bronze de la place de l'Alma

Pour communiquer

Parler de l'architecture

Je me sens inspiré(e)/attiré(e) par l'architecture audacieuse/ancienne/contemporaine

Ce qui m'intéresse, c'est les perspectives/les proportions/la grandeur des bâtiments/monuments

Ce que je déteste, c'est les bâtiments incongrus (comme la Pyramide et Le Louvre)

C'est magnifique/superbe/incroyable/affreux/hideux comme architecture

Je trouve le mélange de l'ancien et du moderne intéressant/choquant

2 🔲 Paris ancien et moderne

Ecoutez la cassette et notez les opinions de Gaëlle, Antoine, Jismy et Eliane sur l'architecture parisienne.

a Qui est pour/contre l'architecture moderne ?
b Que dit-on ? Notez les phrases-clé à chaque fois.

▦ Le Centre Pompidou

Article sur Le Centre Pompidou à Beaubourg, surnommé «La Raffinerie». Voir *Self-study booklet*, page 17.

3 Travail de groupe

Dans la bibliothèque, à l'agence de voyages, en visite virtuelle, en exposition ou sur l'internet, cherchez quelques-uns des monuments et des bâtiments célèbres de Paris. Puis exprimez vos opinions ! Voir aussi **Pour communiquer** ci-dessus.

A : L'architecture ancienne ou moderne ne me dit rien. Franchement, je préfère des bâtiments utiles comme le Futuroscope ou La Villette.

B : Moi aussi, j'aime bien la Cité des Sciences avec ses nouvelles technologies mais j'adore aussi Notre-Dame, le Sacré-Cœur et Le Louvre.

C : Et La Pyramide ? Vous ne la trouvez pas incongrue, affreuse, scandaleuse même ?

B : Bien sûr que non. Pour moi, elle dialogue avec le Louvre.

C : Drôle de dialogue ! Par contre, je me sens inspiré par la Tour Eiffel.

4 L'architecture, notre patrimoine

Préparez un dossier (d'environ 200 mots plus illustrés), soit sur un seul monument, soit sur plusieurs monuments/musées français. Voir aussi www.aupoint.nelson.co.uk

1 Complétez la phrase

Complétez chacune des phrases de **i** à **v** en choisissant une des phrases **a** à **k**.

i   François Barré estime que l'époque des grands projets d'architecture...
ii La raison d'être des grands monuments historiques...
iii Au lieu de concevoir de nouveaux projets, on pourrait...
iv Gaetano Pesce a proposé de...
v   Les monuments servent de....

a   monumentaliser les cimetières.
b   relier le présent au passé et au futur.
c   s'accélère.
d   n'avait rien à voir avec la monumentalité.
e   transformer les monuments en centres touristiques.
f   tire à sa fin.
g   consacrer un jardin à la mémoire de la Princesse Diana.
h   a toujours été claire.
i   faire ériger un monument au-dessus du tunnel où est morte une princesse aimée.
j   muséifier certains endroits de vie.
k   symboliser la modernité.

La culture, une affaire d'État à protéger ?

En matière culturelle, l'État a traditionnellement joué le rôle de 'protecteur des arts'. On peut même dire qu'il ne s'agit plus d'un domaine réservé à une élite – la culture a pris un caractère de service public, menant à une élévation du niveau culturel de la nation. Une relance de la politique culturelle avait été reprise dans les années 80 et 90 sous l'impulsion de François Mitterrand, ce qui a donné un nouvel élan à la décentralisation de la culture, à la mise en valeur et la modernisation du patrimoine en mettant en œuvre les techniques les plus nouvelles.

Le budget du ministère de la culture (voir ci-contre) remonte à 15,1 milliards de francs dont 79 % en dépenses de fonctionnement et 21 % d'investissement (crédits de paiements), correspondant à 0,97 % du budget général de l'État.

Le total national remonte à 73,9 milliards de francs, y compris 9,3 milliards de francs pour le financement de l'audiovisuel public.

L'HÉRITAGE ARTISTIQUE ET CULTUREL

Un riche patrimoine : la France possède un capital d'œuvres artistiques d'une incomparable richesse, légué par toutes les époques :

- plus de 35 000 immeubles et 120 000 objets 'monuments historiques'
- plus de 4 millions d'œuvres d'art conservées dans les musées
- plus d'un million de dossiers classés aux Archives
- plus de 20 000 gisements archéologiques prospectés
- 450 000 bobines de films détenues par le CNC (Centre National de Cinéma)

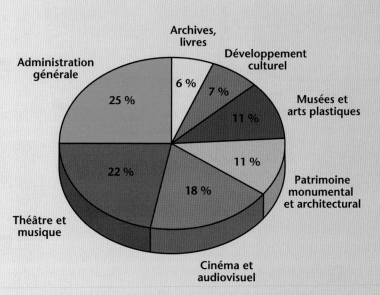

Administration générale 25 %
Archives, livres 6 %
Développement culturel 7 %
Musées et arts plastiques 11 %
Patrimoine monumental et architectural 11 %
Cinéma et audiovisuel 18 %
Théâtre et musique 22 %

Destination épreuves

Travail de recherche

Comparez ces chiffres aux dépenses de l'Etat sur la culture chez vous.

a Quelle image vous faites-vous de la culture à la française ?

b Quelle importance, les Français et leur gouvernement attachent-ils à leur culture ? Justifiez votre position ! Voir aussi www.aupoint.nelson.co.uk

Vocabulaire

Testez-vous ! Voir *Self-study booklet*, page 17.

Candide ou l'optimisme

Questions sur le célèbre conte de Voltaire. Voir **Lectures** page 107 et *Self-study booklet*, page 17.

1 A l'oral

Préparez un des thèmes suivants :

«La culture de mon pays comparée à celle de la France»

«L'architecture historique contre l'architecture moderne – un faux débat»

«Un demi-siècle de révolution : Zola et les Impressionnistes»

«La technique des Impressionnistes et des réalisateurs de La Nouvelle Vague»

Prononciation : le 'r' prononcé
Voir *Self-study booklet*, page 17.

Le rap alphabétique
Voir *Self-study booklet*, page 17.

2 Par écrit

Ecrivez un article de 200 mots environ : sur les aspects culturels de votre collège (associations de film/musique/dessin, spectacles dramatiques, sorties culturelles, magazines, etc.) ; ou sur votre ville ; ou sur votre région.

Thèmes	Communiquer	Grammaire	Epreuves
• La presse écrite	• Evaluer objectivement et subjectivement	• Les pronoms relatifs	• Répondre à des questions en français
• L'influence des médias		• Le discours direct et indirect	• Faire l'analyse d'articles et de journaux
• La publicité	• Faire des reproches	• Le comparatif	• Ecrire un courrier
	• Faire (poliment) des contre-propositions	• Le superlatif	• Ecrire ou enregistrer un commentaire
			• Faire des explications de textes

Journalistes

Si vous pensez aux journalistes, diriez-vous de manière générale, qu'ils sont…

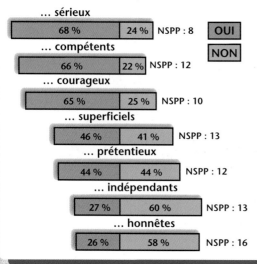

… sérieux

| 68 % | 24 % | NSPP : 8 |

OUI

NON

… compétents

| 66 % | 22 % | NSPP : 12 |

… courageux

| 65 % | 25 % | NSPP : 10 |

… superficiels

| 46 % | 41 % | NSPP : 13 |

… prétentieux

| 44 % | 44 % | NSPP : 12 |

… indépendants

| 27 % | 60 % | NSPP : 13 |

… honnêtes

| 26 % | 58 % | NSPP : 16 |

Sommaire

↑ Quelle est votre attitude envers les journalistes ?

Lesquels de ces adjectifs choisiriez-vous ?

Qu'en pensent vos copains ?

Et Internet créa la femme

Les journaux cherchent à augmenter leurs recettes sur Internet

La moitié des français ignorent toute langue étrangère

L'histoire d'amour entre l'accusé et son ex-petite amie a commencé dans la réalité virtuelle et s'est terminée par un coup de couteau

Courage les femmes, ça commence à bouger

AUTISSIER LA MIRACULÉE

Accident de la route au Brésil : 53 morts

LE FLIRT EST BON POUR LA SANTÉ

L'écolier se suicide parce qu'il n'avait pas fait ses devoirs

← Quel est le but principal de chaque titre : d'informer ? de choquer ? d'alarmer ? de dégoûter ? de rassurer ? Classez-les : opinion/fait divers/recherche.

Condamnée à rester en prison parce qu'elle y fait trop de bien

Médias

Télé-poubelle et Audimat
L'AMÉRIQUE SE DOPE AU DOCU – CHOC

61 % des Français estiment qu'il faut laisser les enfants voir des images violentes à la télé et leur expliquer

L'information au quotidien

Pour moi, lire un journal, c'est se brancher sur le monde. La presse, c'est un moyen de se relier avec ce qui se passe ailleurs. J'aime savoir ce qui se passe autour de moi et lire des reportages de tous les points chauds du monde.

Pierre-Yves (Terminale S)

Pour moi, ce qui a le plus d'importance, c'est l'impartialité des journalistes. Il est primordial qu'ils soient indépendants, c'est-à-dire qu'ils résistent aux pressions du pouvoir, de l'argent et des partis politiques.

Séverine (Terminale ES)

Dans un journal, le contenu est très important, mais il ne faut pas négliger la forme. Mon journal idéal serait tout en couleur, avec des photos partout, de beaux titres en gros caractères colorés de façon à attirer le lecteur.

Bertrand (Terminale L)

Mon journal idéal traiterait absolument de tout, absolument tout. Des recettes de cuisine à la dernière nouvelle de portée mondiale, des critiques de livres et spectacles à la vie des minorités opprimées par le monde, du courrier du cœur au dernier exploit sportif.

Marie (1 ère S)

Le journal fait partie de la vie quotidienne ; il est le reflet de la société dans laquelle on vit. J'ai toujours connu deux quotidiens à la maison, un quotidien national, *Le Monde*, et un quotidien régional, *Ouest-France*. Personnellement, je préfère de beaucoup le quotidien régional : je le trouve bien plus complet que le national ; c'est un outil que je trouve parmi les plus utiles ; il offre non seulement des informations locales, nationales et internationales, mais aussi des renseignements pratiques tels que les films et les concerts qui passent près de chez nous, par exemple. Je pense vraiment que c'est un moyen d'information hyper-complet !

Nathalie (1 ère L)

1 Qui pense quoi ?

Lisez ce qu'écrivent les cinq jeunes sur la presse écrite et donnez les noms des personnes qui expriment les idées suivantes.

a Grâce au journal on sait ce qui se passe dans tous les coins du globe.

b Pour qu'on puisse croire aux informations, il ne faut pas que les reporters soient influencés.

c Il est important que les journaux soient très éclectiques.

d Le journal pratique donne aussi bien des informations d'intérêt national ou international que les programmes du cinéma du quartier.

e Un journal doit être bien présenté.

2 A la trace des mots

Retrouvez dans les textes les mots qui se rapportent à ceux imprimés ci-dessous.

contenir : … (n.m.)	négligence : … (vb)
couleur : … (adj.)	oppression : … (adj.)
important : … (n.f.)	personne : … (adv.)
informer : … (n.f.)	région : … (adj.)
lien : … (vb)	renseigner : … (n.m.)
nation : … (adj)	sport : … (adj.)

3 Le vocabulaire de la presse écrite

Les noms des journaux ou magazines selon leur fréquence de parution. Complétez les phrases suivantes.

a Un quotidien paraît tous les …

b Un hebdomadaire paraît toutes les …

c Un mensuel paraît tous les …

d Un trimestriel paraît tous les …

e Un semestriel paraît deux fois par …

4 A votre avis : les journaux

Travail de groupe à l'oral : exprimez vos opinions sur les journaux. Servez-vous des textes ci-dessus, et justifiez vos opinions en citant les journaux et articles particuliers.

– Ce que j'en pense, des journaux ? Pour la plupart, ils sont trop influencés.

– La presse, c'est nul !.. Je ne lis pas souvent les journaux.

– Je préfère qu'un journal soit indépendant… qu'il résiste aux pressions du gouvernement et aux grands organismes industriels et médiatiques.

– Pour moi, un journal devrait avoir comme but d'offrir des informations, des renseignements et quelques opinions indépendantes.

– Franchement, je préfère me renseigner par la télé – c'est plus rapide et plus abordable.

TITRES ET NOMBRE DE LECTEURS DE QUOTIDIENS EN BAISSE

Le nombre des quotidiens a connu en France une diminution régulière : on comptait 250 titres en France en 1885, 175 en 1939 ; il en reste environ 50 aujourd'hui.

Les quotidiens nationaux sont ceux dont la lecture a le plus diminué. Entre 1970 et 1990, ils avaient perdu la moitié de leurs lecteurs (2 millions perdus au cours de dix années). Si l'on rapporte le nombre d'exemplaires au nombre d'habitants, la France arrive à la 22e place dans le monde avec 157 exemplaires pour mille habitants, le Japon occupant la première avec près de 600 exemplaires. Au sein de l'Union européenne, elle se situe derrière les pays du nord (362 en Grande-Bretagne, 340 au Danemark, 317 aux Pays-Bas, 177 en Irlande, 173 en Belgique), mais devant les pays du Sud (83 en Grèce, 81 en Espagne, 39 au Portugal).

La concurrence de la télévision ne suffit pas à expliquer cette désaffection. On observe que les pays où l'offre télévisuelle est la plus importante sont aussi ceux où les quotidiens sont les plus lus. C'est donc le manque d'adaptation des journaux français aux nouvelles demandes du public qui semble être en cause. C'est pourquoi on a assisté en 1994 et 1995 aux repositionnements de quotidiens comme *le Monde*, *Libération* ou *Aujourd'hui*.

Une partie de l'explication tient sans doute au prix élevé des quotidiens français par rapport à ceux des autres pays développés : 4,20 F en moyenne pour les dix journaux les plus diffusés, contre 3,80 F au Japon, 3,70 F en Belgique, 3,60 F en Espagne, 3,40 F en Allemagne, 2,60 F au Royaume-Uni, 2,30 F aux Etats-Unis. Seuls les quotidiens italiens sont plus chers (6 F et 6,30 F). Enfin, il faut préciser que les Français ont une préférence marquée pour les magazines, dont ils sont parmi les plus gros lecteurs du monde.

Lady Dies

... La saga Diana passionnait la moitié du globe... Extraordinaire conte moderne qui voit le démiurge de la communication provoquer la mort de sa créature et le public qu'il voulait satisfaire crier à l'assassin.

LE FIGARO

LE DESTIN TRAGIQUE DE LADY DI

Elle était belle. Elle était malheureuse. C'était plus qu'il ne fallait pour une tragédie moderne. Elle meurt dans les bras de son dernier amour et les puissances de la terre vont se recueillir devant elle.

France-Soir

TOUT DI

... l'histoire de la princesse aux yeux tristes... Oie blanche métamorphosée, au fil des épreuves, en femme lucide et déterminée à suivre les chemins de la liberté.

---

5 **Au fait**

Répondez aux questions suivantes.

a Quelle a été, en pourcentage, la diminution du nombre des quotidiens en France depuis la fin du 19e siècle ?
b Lesquels ont souffert le plus de cette diminution de lecteurs ?
c Quel rôle la concurrence de la télé a-t-elle joué dans cette diminution ?
d A quoi peut-on donc attribuer la désaffection ?

6 **Grammaire : le comparatif et le superlatif**

Voir la feuille **8.1**.

7 **Tendances politiques**

Voir la feuille **8.2**.

8 **Opinions et recherches**

Quels sont les titres nationaux les plus lus dans votre pays ? Ils sont de quelle orientation politique : gauche, indépendante ou droite ? Quel quotidien préférez-vous ? Pourquoi ?

N'oubliez pas de vous servir de l'Internet (voir aussi www.aupoint.nelson.uk).

9 🖭 **Les problèmes de la presse écrite**

Ecoutez l'interview avec Serge July, fondateur du quotidien français *Libération*. Faites le travail sur la feuille **8.3** *Les problèmes de la presse écrite*.

10 **Alors et maintenant**

Lisez les trois extraits ci-dessus, tirés des archives sur l'Internet de trois grands titres français, sur le même sujet : la mort de la princesse Diana dans un accident de voiture à Paris en 1997.

a Comparez-les du point de vue style, contenu, objectivité, appel aux émotions, etc. Pour vous aider, voir la feuille **8.4**. *Alors et maintenant*.
b Trouvez sur l'Internet encore trois articles tirés des trois journaux nommés ici et traitant d'un même sujet d'actualité. Comparez-les encore une fois.

📖 **Etes-vous au courant ?**

Travail de recherche. Voir *Self-study booklet*, page 18.

FAITES-VOUS CONFIANCE AUX MÉDIAS ?

Xavier Delcroix

33 ans, violoniste (Paris)

OUI Plutôt oui, mais à condition d'en connaître le fonctionnement. Il faut savoir comment s'élaborent les choses. Quelqu'un qui ne connaît rien, qui lit peu la presse, et qui achète ou écoute quelque chose un peu par hasard sera moins apte à débrouiller l'information. Si l'on pratique assidûment les médias, on arrive à s'en sortir. Il existe toujours un risque d'être trompé, mais je ne dirais pas que je ne fais pas confiance aux médias, ce serait trop abrupt. Même si, en politique étrangère, il y a toujours une sorte de manipulation, consciente ou inconsciente.

Julie Jue-Denis

24 ans, designer textile (Paris)

NON Je ne fais pas trop confiance aux journalistes. L'information, en France, est très concierge. On ne donne pas les bonnes informations ; le plus souvent, on noie le poisson. A la télé, moyen de communication et d'informations générales, on endort la population, que ce soit au «20 heures» de TF1 ou de France 2. Les journaux régionaux de France 3 sont mieux… Les journaux restent trop centrés sur la France, et l'information internationale trop rare.

Béatrice Mariaux

38 ans, mère au foyer (Charbonnières-les-Bains, banlieue de Lyon)

NON OUI Je fais moyennement confiance aux médias car ils ont tendance à amplifier. En fonction des journaux, les faits changent et, finalement, on peut lire une chose et son contraire. Moi, je lis le *Figaro, l'Express* et *le Nouvel Obs*. Pour les faits divers, je leur fais confiance. Mais dès qu'il s'agit de grands événements, j'ai moyennement confiance. Récemment, j'ai manifesté avec l'Association des familles de France contre le projet de loi sur la suppression des allocations familiales. J'ai vu l'exploitation qu'on a pu en faire. La télévision n'a pas montré la réalité des choses. Nous étions contre la suppression des allocations, mais pour leur fiscalisation. En plus, nous avons fait tout un tas de propositions. A la télé ils ont montré des bonnes femmes BCBG* de Lyon, et ils ont coupé la moitié de ce que disaient les autres femmes… C'était tendancieux.

* Bon chic bon genre

---

1 Qui…

a … doute de l'objectivité de la presse, en ce qui concerne la politique d'outre-mer ?

b … n'apprécie pas trop la télévision comme moyen de communication ?

c … trouve que les médias ne se concentrent pas assez sur les affaires étrangères ?

d … se méfie le plus du journalisme en France ?

e … accepte que les médias exagèrent un peu l'information ?

2 Oui et non

Notez les phrases-clés qui expriment le pour et le contre des médias en France.

Exemples:

Le pour – Pour les faits divers, je leur fais confiance.

Le contre – L'information en France est très concierge.

3 A votre avis : les médias

Travail de groupe : échangez vos opinions à l'oral. Servez-vous des courriers et de **Pour communiquer** ci-contre. Pour vous aider, voir aussi la feuille **8.5** *A l'oral.*

A : Alors, fait-on confiance aux médias ?

B : Pas moi ! Ce qui me dégoûte, c'est l'intrusion de la presse tabloïd dans la vie privée.

C : Bon, d'accord, mais il y a du pour et du contre.

B : Par exemple ?

C : Grâce à la révolutiuon médiatique, on peut vérifier l'information dans les journaux, sur l'Internet…

Pour communiquer

Evaluer objectivement et subjectivement

Il y a du pour et du contre…

Il existe un risque de + *inf.*

Constatons d'abord que…

L'impression finit par prévaloir que…

Cela vaut aussi pour…

Je fais plutôt/moyennement confiance…

Je ne fais pas trop confiance…

Ce qui m'écœure/me dégoûte, c'est que…

Ce que je reproche (aux médias), c'est que…

Faut-il brûler les journalistes ?

En fin et début de millénaires se manifeste de plus en plus ouvertement une hostilité aux journalistes de la part du grand public. Les Français n'aiment plus leur presse, qu'ils lisent d'ailleurs très peu. Ni leur télé, qu'ils regardent encore beaucoup. Soupçonnée de connivence, de traficotage, l'info se prend avec des pincettes.

On ose à peine le murmurer, mais nos quotidiens régionaux, et surtout nationaux – dont le taux de lecture est, hélas, l'un des plus faibles d'Europe – sont d'une qualité exceptionnelle, comparés à la plupart des journaux étrangers à grand tirage. Pourquoi rougirait-on de n'avoir rien en France qui ressemble au *Sun* de Londres ou au *Bild* de Hambourg, ces feuilles poissardes, ou même au *Time*, dont la ringardise a quelque chose de surréaliste ?

Peu de quotidiens populaires ont le standing intellectuel du *Parisien* ; aucun journal issu de la mouvance soixante-huitarde n'a atteint le niveau de professionnalisme de *Libération* ; *le Monde* est une référence incontestable, même hors de France ; et *le Figaro* nouvelle manière semble un parangon de modernité et d'objectivité à côté de l'*ABC* espagnol ou des publications de Berlusconi en Italie.

Alors pourquoi cette levée de boucliers ? Constatons d'abord que la vindicte publique vise non point «la presse» ou «les journalistes», mais «les médias». Comme s'il s'agissait d'un tout, d'une entité quasiment homogène. Dénoncer les médias induit, alors, qu'on les perçoit comme une totalité dont le pouvoir devient, de ce fait, totalitaire.

La relative homogénéisation du discours médiatique induit une autre conséquence qui accentue la cassure avec une partie du public : l'impression finit par prévaloir que les médias sont devenus des instruments de lynchage. Or, cela vaut aussi pour l'espèce de médiaphobie sauvage et globalement injuste que véhicule la rumeur publique : prise en compte et comprise, elle pourrait devenir un utile dynamiseur de pluralité. Au lieu de quoi, satanisée, elle risque de nourrir, à droite comme à gauche, des réactions de rejet basique dont la démocratie n'a jamais à se féliciter.

4 Le paysage médiatique

L'auteur de cet article se sert d'un langage concret et imagé pour transmettre ses opinions. Expliquez le sens des termes suivants soit en français, soit en anglais, soit en images.

a l'info se prend avec des pincettes
b ces feuilles poissardes
c la ringardise
d levée de boucliers
e des instruments de lynchage

5 Pas vrai, coco ?

Trouvez d'abord les trois affirmations vraies parmi les suivantes. Puis corrigez les erreurs.

a Le troisième millénaire s'est lancé sur un ton conciliateur entre la presse et le public.
b Les médias se font critiquer seulement en France.
c Selon les courriers de la plupart des lecteurs de la presse française, les médias n'ont rien à craindre.
d La presse française est plutôt forte et d'une qualité supérieure par rapport à la presse européenne dans son ensemble.
e Le public refuse avec acharnement de donner raison à la presse française malgré son niveau de journalisme relativement élevé.
f Les Français font mal la distinction entre la presse écrite et la presse parlée.
g L'auteur de cet article est prêt à défendre les mauvaises pratiques des grands médias de masse.
h Il faut se méfier de tous les médias si l'on veut conserver les principes de la démocratie.

6 A vous la parole

Répondez vous aussi à la question «Faites-vous confiance aux médias?» en écrivant un courrier à un magazine fictif. Servez-vous des courriers, de l'article et de **Pour communiquer** en face.

Points de grammaire

LES PRONOMS RELATIFS

Exemples :
– il est le reflet de la société dans **laquelle** on vit
– j'aime savoir **ce qui** se passe autour de moi
– c'est un outil **que** je trouve parmi les plus utiles

Qui et que (Déjà vu : page 63)

Relevez tous les autres exemples de 'qui' et 'que' dans les textes qui se trouvent page 74 et dites de quel verbe 'qui' est sujet ou 'que' est complément.

Nota :

Je veux savoir à qui j'ai affaire. (personne)
Je veux savoir à quoi ça sert. (chose)

Où

Remplace un endroit ou un moment dans le temps.

Exemples :

Le tabac **où** j'achète mon journal d'habitude est fermé ce matin.
Dans le pays d'**où** je viens, on parle français.
C'est le jour **où** je suis tombé amoureux.

Dont

'*Whose*' en anglais.

Exemples :

Le journaliste **dont** l'article a été publié ce matin a été blessé au cours de sa mission.
Le journal **dont** tu lis les gros titres est un journal à gros tirage.

'Dont' précède un verbe ou une expression qui, dans une phrase ordinaire, serait suivi de 'de'.
Exemple : La presse écrite souffre d'un manque de confiance dont les journalistes se font l'écho.

Nota : Ils se font l'écho du manque de…

Ce qui, ce que, ce dont

Représente une idée ou une proposition dans une phrase affirmative. (Voir aussi page 236.)
Exemples :

J'aime savoir **ce qui** se passe.
Les journalistes rapportent **ce qu'**ils ont vu et entendu.
Ce dont il a besoin, c'est d'un journaliste perspicace.

Lequel, laquelle, lesquels, lesquelles

S'emploient surtout après une préposition :

Exemples :

La société dans **laquelle** je vis…
Le magazine **auquel** il est abonné est intéressant.
(Voir **Grammaire** page 237)

DISCOURS DIRECT ET INDIRECT

Discours direct = paroles véritables.
Exemple : «Je ne fais pas confiance aux médias.»

Discours indirect = paroles rapportées.

Exemple : Julie (a dit qu'elle) ne faisait pas confiance aux journalistes.

Discours direct	Discours indirect
Présent : fais	Imparfait : faisait
Passé composé : j'ai manifesté	Plus-que-parfait : elle avait manifesté
Futur : sera	Conditionnel : serait

EXERCICES GRAMMATICAUX

1 **Décidez : 'qui', 'que', 'quoi' ou 'dont' ?**

   a De tous les médias, celui ...... les jeunes préfèrent est la télé.
   b Ce ...... est surprenant, c'est que les jeunes lisent plus les quotidiens que leurs aînés.
   c Ce ...... montre le sondage ...... les résultats sont page 73, c'est qu'il y a 68 % des jeunes ...... pensent que les journalistes sont sérieux.
   d Toujours selon les sondages, ce à ...... les jeunes font le plus confiance, c'est la télévision.
   e En matière d'information, les jeunes veulent savoir à ...... et à ...... ils peuvent se fier.

2 **Complétez le tableau suivant.**

	m	f	mpl	fpl
dans/sur	lequel	?	lesquels	?
à	?	à laquelle	auxquels	?
de	duquel	?	?	?

3 **Décidez: 'lequel', 'auquel', 'duquel', etc.**
   Exemple :
   La radio est un moyen de communication **à** ...... les jeunes ne font pas confiance.
   La radio est un moyen de communication **auquel** les jeunes ne font pas confiance.

   a Chez le journaliste, l'impartialité est une qualité à ...... les jeunes attachent beaucoup d'importance.
   b L'honnêteté et l'indépendance semblent être deux qualités sans ...... on ne peut être un journaliste fiable.
   c La santé et l'éducation sont les deux sujets sur ...... les jeunes aimeraient trouver plus d'informations de qualité.
   d Les jeunes apprécient de pouvoir découvrir les informations à ...... la presse donne accès.
   e Voici un article ...... je suis très fier.
   f Les difficultés rencontrées au cours des reportages sont un élément avec ...... il faut compter.

4 **8.6** **Grammaire : pronoms relatifs**

5 **8.7** **Grammaire : Discours direct et indirect**

L'audiovisuel

La télé numérique
On code... puis on decode

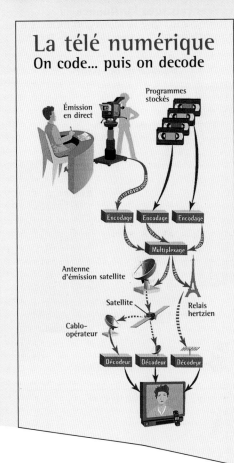

Émission en direct

Programmes stockés

Encodage · Encodage · Encodage

Multiplexage

Antenne d'émission satellite

Satellite

Relais hertzien

Cablo-opérateur

Décodeur · Décodeur · Décodeur

L'embarras du choix : Julien et la télé numérique

Julien contemple sa demi-douzaine de télécommandes. En face de lui trônent autant de décodeurs et de lecteurs divers d'images et de sons. Ça, c'est une chance d'avoir un père installateur de matériel de télévision numérique !

Un frigo plein, des copains qui doivent passer : Julien se plonge dans les centaines de chaînes à portée de ses doigts.

Dix chaînes pour un canal !

Pour commencer, un tour vers les classiques de la télé numérique par satellite. Canal satellite, TPS ou AB Sat ? Pour recevoir chacune de ces télés, il suffit d'une antenne parabolique, dirigée vers le bon satellite, et d'un décodeur numérique. Il faut aussi régler l'abonnement mensuel mais ça, c'est l'affaire de papa.

A première vue, la télé numérique n'est pas bien différente de la télé par satellite non numérique, appelée analogique. Mais Julien a vite compris les avantages du numérique : avant tout, la qualité de l'image et du son stéréo. En voyant maintenant une télé analogique, il ne peut s'empêcher de penser aux vieux disques 33 tours de ses parents, où l'on reconnaît Hendrix à travers une jungle de crachotis. La télé numérique, c'est la transposition à la vidéo de la technologie du CD.

Là aussi, les images et les sons sont enregistrés sous forme d'interminables séries de 0 et de 1. Du coup, rien ne peut altérer leur qualité jusqu'à leur diffusion sur l'écran de la télé.

L'autre avantage du numérique, c'est qu'il sait se faire tout petit. Grâce à la compression des données, on peut faire passer dix chaînes numériques sur le canal d'une seule chaîne analogique. Du coup, les diffuseurs programment en même temps tous les matchs de championnat de foot de première division, ou bien font démarrer un même film à une demi-heure d'intervalle sur plusieurs canaux. Pour regarder ces émissions, il faut payer, selon le système 'pay per view' (PPV). Julien décroche son téléphone, pianote le numéro de sa carte bancaire pour recevoir sans brouillage son programme personnalisé du week-end.

1 La télé : avant et après

Mettez les idées suivantes dans l'ordre du texte.

a Ce qui distingue la télé analogique de la télé numérique, c'est sa qualité inférieure d'enregistrement.

b Les abonnés sont obligés de payer certaines émissions en plus de leur souscription mensuelle.

c La technologie de la télé numérique a entraîné l'achat de plusieurs décodeurs et télécommandes.

d L'offre analogique par canal ne représente qu'une fraction de l'offre numérique.

e Pour profiter de ces services, il faut verser sa cotisation une fois par mois.

f Grâce à la technologie numérique, on a d'abord eu l'audio numérique sur disque, suivi du vidéo numérique à l'écran.

2 Vu et entendu

Essayez d'écouter quelques-unes des chaînes de télévision françaises mentionnées. Cherchez leurs sites particuliers sur l'Internet. Voir aussi www.aupoint.nelson.co.uk. Lesquelles préférez-vous, et pourquoi ? Quels sont les avantages et les inconvénients de la télévision numérique, à votre avis ? Servez-vous du texte ci-dessus et des affirmations (**a** – **f**).

Le groupe Psy

La télé n'a pas qu'une image négative.
Voir *Self-study booklet*, page 18.

Vivre sans télévision

Lettre de Sara. Voir *Self-study booklet*, page 18.

Vocabulaire

Voir *Self-study booklet*, page 19.

Grammaire : pronoms relatifs

Voir *Self-study booklet*, page 19.

Exercice de prononciation : le son 'o'

Voir *Self-study booklet*, page 19.

PASSIF OU INTERACTIF :
de la télé au Web

Au cours de sa vie, un Français passe plus de temps devant le petit écran qu'au travail : environ neuf années, contre six années de travail. Les enfants scolarisés consacrent autant de temps au petit écran qu'à l'école : environ 800 heures par an. La durée moyenne d'écoute par personne, plus de trois heures par jour, représente l'essentiel du temps libre.

LES ENFANTS REGARDENT MOINS LA TÉLÉ

Les enfants sont moins fascinés par la télévision. Leur durée d'écoute a diminué d'une demi-heure depuis 1991. Cette baisse est surtout sensible entre 19h et 22h. Elle n'est pas la conséquence d'un désintérêt par rapport aux loisirs audiovisuels. Elle s'explique au contraire par la présence croissante du magnétoscope dans les foyers, ainsi que par celles des consoles de jeux qui se branchent sur le téléviseur. Les enfants, plus encore que les adultes, cherchent à être autonomes dans leur façon de consommer la télévision. Surtout, ils ont moins envie d'être passifs et plébiscitent l'interactivité qui leur est proposée par les jeux vidéo.

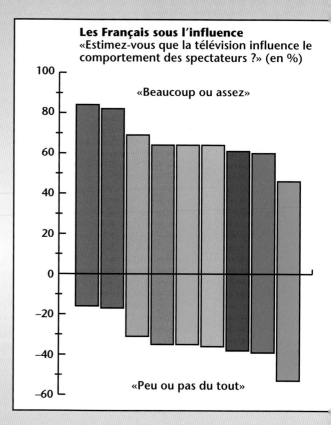

Les Français sous l'influence
«Estimez-vous que la télévision influence le comportement des spectateurs ?» (en %)

«Beaucoup ou assez»

«Peu ou pas du tout»

INFORMATION OU VOYEURISME ?

Le débat sur le voyeurisme de la télévision est régulièrement alimenté par l'actualité. En août 1994, une femme se noie en voulant sauver sa fille de six ans, tombée dans un trou d'eau de la baie du Mont-Saint Michel ; l'un des témoins a filmé la scène du haut des remparts avec son Caméscope, sans chercher à intervenir.

Peut-on tout montrer dans les médias, notamment à la télévision, sous prétexte que les individus ont le droit de savoir ? Pour les Français, la diffusion de telles images n'est justifiée que si elles ont une valeur d'information ou d'exemple incontestable, comme celles du passage à tabac d'un Noir par la police de Los Angeles. Le problème est accentué par le nombre croissant des cinéastes amateurs (3,5 millions de Caméscopes en France), dont les documents paraissent plus vrais que ceux des professionnels.

1 **De la passivité à l'interactivité**

Lisez le texte ci-dessus et mariez ces débuts et fins de phrases.

1 Les Français…
2 Les heures d'écoute…
3 Les adultes…
4 Le nombre d'heures d'écoute plus bas des enfants…
5 La façon dont les enfants se servent de la télé…
6 Les enfants…

a ne veut pas dire qu'ils s'intéressent de moins en moins aux loisirs audiovisuels.
b ont moins envie de regarder passivement la télé.
c ne passent pas si longtemps à gagner leur vie qu'à regarder la télé.
d signifient que visionner la télé est le loisir le plus pratiqué des Français.
e tendent à regarder plus longtemps le petit écran que les enfants.
f démontre une indépendance croissante de leur part.

Légende

■ Les achats des gens

■ Leurs modes de vie

□ Leur vote aux élections

□ Leur langage

■ Leurs sorties (cinéma, concerts…)

□ Leur mode de pensée

■ Leurs jugements sur les autres

■ Leurs choix vestimentaires

■ Leurs lectures

Le Pèlerin/Sofres

Pour communiquer

Faire des reproches

Pour moi, la télé-vérité, c'est la télé-poubelle

De la réalité toute crue des autres, j'en ai assez

J'ai horreur de ce genre d'émission «'téléspectateurs-témoins»

Ce sont là des faits divers banaux des plus grossiers – un véritable trafic d'émotions manipulées

A la fin, ça m'endort, comme les infos

Méfiez-vous – tout est commenté et orienté moralement comme politiquement

Faire poliment des contre-propositions

Ne vaudrait-il pas mieux… ?

Ne serait-il pas préférable de… + inf. … au lieu de… + inf.

Ne serait-il pas mieux de… + inf. … plutôt que de… + inf.

N'y aurait il pas plus de mérite à + inf.

---

2 A votre avis : l'influence de la télévision

a Lisez les résultats ci-dessus d'un sondage national sur l'influence de la télévision sur le comportement des spectateurs.

b Travail de groupe à l'oral : répondez vous aussi à la question, par rapport aux catégories mentionnées.

Exemple :

A : Dans quelle mesure estimez-vous que la télévision influence le comportement des spectateurs, en ce qui concerne les achats ?

B : Beaucoup.

C : Beaucoup trop.

D : Assez.

A : Et en ce qui concerne leurs modes de vie… ?

3 Le voyeurisme contre la télé-vérité

Lisez l'article *Information ou voyeurisme* et répondez aux questions suivantes.

– Qu'entendez-vous par «voyeurisme de la télé» ?

– Dans quelle mesure appréciez-vous la télé vérité ?

– Vous sentez-vous voyeur en regardant certaines émissions de télé ? Formulez vos opinions là-dessus – citez quelques émissions actuelles.

Servez-vous de l'article et de **Pour communiquer** ci-dessus.

4 Reproches adressés à la télé

A deux, faites une liste des reproches que vous pourriez adresser à la télévision. Puis, mettez votre liste en commun avec le reste de la classe.

Maintenant, écrivez une lettre au CSA (Conseil supérieur de l'audiovisuel), qui a pour mission de s'assurer que les émissions de télévision respectent certaines règles. Exprimez les reproches que vous faites à la télé.

5 Analyse des spécialistes

De quoi s'agit-il ? De la télé, de la radio ou/et de la presse écrite ? Ecoutez la discussion radiophonique et attribuez un, deux ou trois médias aux descriptions ci-dessous.

a 40 % la croient.

b Le journaliste y présente l'information de manière neutre.

c Une opinion politique y est exprimée.

d On peut truquer ce qui est montré.

e Donne le temps de réfléchir.

f Le moyen d'information privilégié des jeunes.

g Les parents lui donnent une importance toute particulière à l'heure des informations.

h Puise ses sources d'informations aux Agences France Presse, Reuter et Associated Press, par exemple.

i A accepté l'information au sujet du charnier de Timisoara sans la vérifier correctement.

j Sert de source d'informations à d'autres médias.

6 La naissance de la cybersociété

Voir la feuille **8.8**.

PUBLICITÉ = SOLLICITER ?

8

1 La publicité, oui mais où ?

Travaillez en groupes de trois ou quatre et établissez une liste de tous les endroits où on fait de la publicité. Tous les groupes comparent leurs listes.

2 La publicité, qu'en pensent-ils ?

Voici les résultats d'un sondage réalisé en Belgique sur la publicité.

3 C'est pratique, l'informatique

Servez-vous d'une base de données pour transposer les résultats des moins de 25 ans ci-contre en graphiques.

4 La publicité, comment ?

Voir la feuille **8.9** *La publicité dans les magazines.*

5 Et vous, la publicité, qu'en pensez-vous ?

Travaillez avec un ou une partenaire. Sur une feuille de papier à poster, donnez votre opinion sur la publicité en général. Vous pouvez utiliser la liste de qualités et de défauts donnée dans les résultats du sondage; vous pouvez aussi ajouter d'autres idées. Illustrez vos affirmations par des exemples précis.

Selon les deux mille personnes interrogées, la publicité est :					
	Tous	**Brux.**	**Fland.**	**Wall.**	**moins de 25 ans**
Informative	74%	63%	79%	66%	69%
Influente	91%	97%	90%	92%	92%
Amusante	79%	81%	77%	81%	81%
Immorale	31%	30%	31%	32%	28%
Insidieuse	64%	73%	59%	69%	61%
Sexiste	50%	63%	47%	53%	50%
Utile	66%	54%	75%	54%	66%
Mensongère	63%	74%	57%	71%	67%
Nécessaire	62%	52%	69%	51%	62%
Dangereuse	48%	53%	42%	57%	43%
Insuffisamment réglementée	49%	44%	54%	42%	51%

Exemple :

En gros, je trouve que la publicité peut être amusante mais elle est souvent insidieuse. Je n'aime pas la façon dont elle…

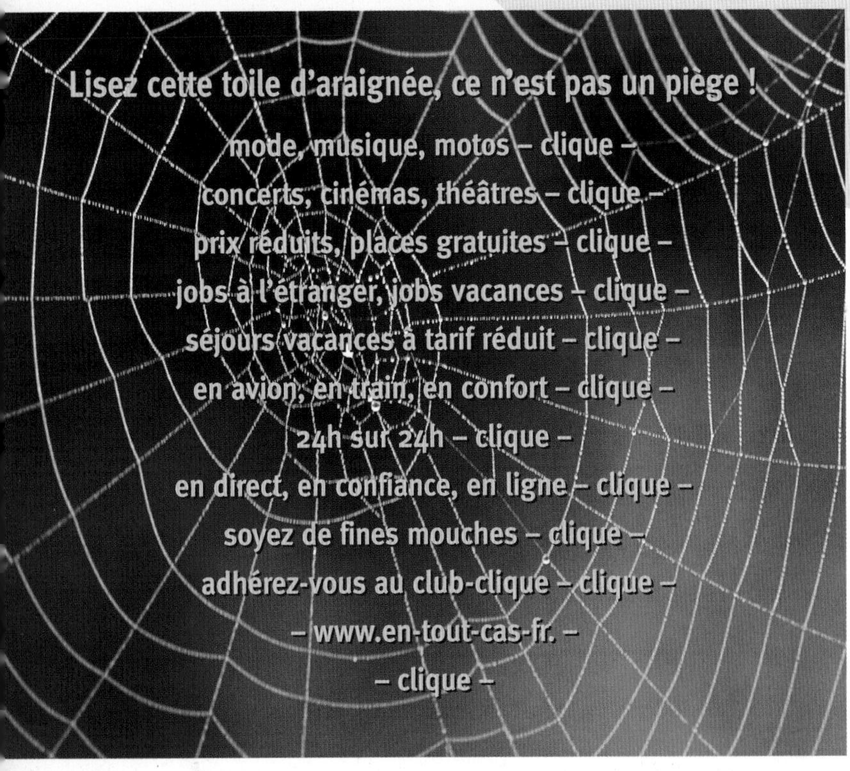

Lisez cette toile d'araignée, ce n'est pas un piège !

mode, musique, motos – clique –

concerts, cinémas, théâtres – clique –

prix réduits, places gratuites – clique –

jobs à l'étranger, jobs vacances – clique –

séjours vacances à tarif réduit – clique –

en avion, en train, en confort – clique –

24h sur 24h – clique –

en direct, en confiance, en ligne – clique –

soyez de fines mouches – clique –

adhérez-vous au club-clique – clique –

– www.en-tout-cas-fr. –

– clique –

6 En-tout-cas : club-clique

Voir d'abord : la feuille **8.10** *En-tout-cas.*

Deux étudiants d'arts graphiques regardent un magazine et tombent sur la publicité pour *En-tout-cas* (ci-contre). La feuille **8.10** vous donne quelques caractéristiques de publicité. Vérifiez le sens des mots et des expressions que vous ne comprenez pas. Ecoutez la cassette, prenez des notes en français et à la fin de l'exercice, écrivez un paragraphe résumant ce que pense chacune des personnes qui s'expriment sur la cassette.

Exemple :
Le garçon aime cette publicité. Il… La fille…

7 La langue des publicitaires

Etudiez la publicité pour Roche Claire. Lesquelles des phrases suivantes vous semblent correctes ? Corrigez le contenu factuel des autres et dans tous les cas, justifiez vos réponses.

Exemple :
Le texte occupe la plus grande partie de la page.

Le texte n'occupe que très peu de place, même pas un quart de la page.

a Le texte est la partie de la composition publicitaire qui attire d'abord l'œil.
b La fontaine d'eau est à peine décrite.
c L'humour a sa place: non seulement visuel mais aussi verbal.
d Le produit ne permet pas de faire des jeux de mots.
e La réclame est composée de manière à établir un parallèle entre le produit et la future réussite de l'entreprise.
f L'image de l'employé fleuri contraste avec celle de la fontaine d'eau.
g La force de cette réclame vient du fait qu'on n'est pas sûr du produit dont on fait la publicité.

8 La publicité, pour quoi faire ?

La publicité pour Roche Claire a pour but de faire vendre le produit, mais d'autres publicités ont des intentions différentes. Avec un ou une partenaire, essayez de trouver le maximum de raisons qui existent pour faire de la publicité. Informer ? Menacer ? Porter aide à... ? etc.

AU FAIT

En 1968 passe le premier spot de pub à la télé. En noir et blanc, sur la première et unique chaîne.

En 1987, les entreprises investissent 36 milliards de francs en dépenses publicitaires : 46 % en presse, 29 % en télévision, 14 % en affichage, 9 % en radio et 2 % en cinéma.

En 1986, ils étaient 53 % de Français à penser que la publicité était indispensable. En 1998, ils ne sont plus que 39 %.

9 A vous !

Dans un magazine français, choisissez une publicité qui vous semble particulièrement bien ou mal réussie (ou utilisez l'affiche ci-dessous). Ecrivez ou enregistrez un court commentaire pour démontrer sa puissance ou son manque d'efficacité. Voir aussi **Pour communiquer** à la page 81.

∩ Pubs à la radio

Cinq publicités. Voir *Self-study booklet*, page 19.

▤ Messages publicitaires

Ne vous laissez pas arnaquer ! Voir *Self-study booklet*, page 19.

10 Grammaire : le conditionnel et le conditionnel passé

Voir la feuille **8.11**

Préservatif: tu prends les devants derrière t'assures.

AIDES
Association de lutte contre le sida

Lee Cooper

LE PRESERVATIF: POUR NOUS PROTEGER DU SIDA

Bien-être vital ...
Service optimal !

Roche Claire

N°Azur 0 801 19 75 75
PRIX APPEL LOCAL

La fontaine rafraîchissante de votre entreprise

Un jeu d'enfant

Les enfants aiment bien la publicité. Mais ils sont beaucoup plus sélectifs qu'on ne l'imagine généralement. L'image les fascine davantage que le son, ce qui explique leur intérêt pour les spots télévisés ou les affiches dans la rue. La publicité à la radio les attire moins ; c'est sans doute l'une des raisons du succès grandissant auprès d'eux des radios de la bande FM, où elle est moins présente.

Les enfants aiment, par définition, le merveilleux, les choses qui ne se passent pas comme dans la vie, qui transgressent ou ignorent les règles et les contraintes du monde des adultes. C'est pourquoi ils aiment les spots publicitaires, dont certains leur apparaissent comme de véritables contes de fées où tout est possible : on a un problème, on fait appel au produit X et on est sauvé... Pour tous les enfants la publicité est donc l'instrument du merveilleux. Elle met en scène leurs fantasmes et fait travailler leur imagination. Mais cela ne les empêche pas de savoir prendre leurs distances par rapport au message publicitaire.

Pendant longtemps, les Français n'ont vu dans la publicité qu'un moyen d'abrutir, de mentir, de manipuler. Beaucoup d'entre eux, les jeunes en particulier, la considèrent aujourd'hui comme un outil économique nécessaire, un divertissement et un art, en même temps qu'un miroir de la société. Ils en connaissent mieux les règles.

Les générations actuelles de consommateurs se prouvent beaucoup plus capables de «décoder» les messages publicitaires que leurs aînés et moins susceptibles de se laisser manipuler par eux.

TITANIC. ATTENDU EN NOVEMBRE ET EN EXCLUSIVITÉ. **CANAL+**

Destination épreuves

1 Sommaire en anglais

Ecrivez en 120 mots un sommaire en anglais de l'article.

2 🖭 Débat : la presse écrite contre la télévision

Voir d'abord la feuille **8.5** *A l'oral.* Puis écoutez le débat entre Francine et Simon (pour la presse écrite) et Natacha et Martin (pour la télévision). Ils considèrent la question de services d'information – qui sert le public le mieux ? Répondez en français aux questions suivantes.

Francine

a Selon Francine, comment la télévision porte-t-elle mal sa responsabilité envers le public ? (*5 points*)

b Qu'est-ce qui manque dans ce genre de reportage, à son avis ? (*1 point*)

Natacha

c Quel est l'avantage principal des informations télévisées, selon Natacha ? (*1 point*)

d Comment est-ce qu'elle 'prouve' que l'information à la télévision n'est pas superficielle ? (*2 points*)

e Que dit-elle au sujet des reportages de la presse tabloïd ? (*2 points*)

Simon

f Pourquoi Simon prétend-il que les reportages à la télé sont tendancieux ? (*2 points*)

g Simon, que semble-t-il refuser de croire, vis-à-vis des médias audiovisuels ? (*1 point*)

Martin

h De quoi Martin accuse-t-il la presse ? (*3 points*)

3 A l'oral

(Pour vous aider, voir d'abord : la feuille **8.5**). Préparez un des thèmes suivants.

– Ce que je reproche aux médias
– L'ère du multimédia : danger ou opportunité ?
– Les avantages de la technologie numérique

4 Rédaction

Pour vous aider, voir d'abord la feuille **8.4** . Ecrivez au moins 200 mots sur un des sujets suivants :

«La télévision est subie par le téléspectateur, alors que la presse écrite engage le lecteur.» Discutez.

«Faut-il faire confiance aux médias ?» Justifiez votre position.

«Les consommateurs ne pourraient pas vivre sans la publicité.» Discutez.

Lectures

TABLE DES MATIERES

Comment vous voyez-vous ? TEST

On a toutes et tous une idée de soi-même plus ou moins avantageuse. Comment vous voyez-vous ?

Etes-vous plutôt satisfait(e) de vous-même ? Aimeriez-vous être une autre personne ? Pour faire le point en vous amusant, nous vous proposons ce test spécialement conçu pour vous. Faites-le vite !

1 Quand vous rentrez chez vous, après une soirée passée avec une bande de copains et copines :

a Vous allez tout raconter à votre mère
b Vous passez en revue tout ce que vous avez fait et vous vous promettez de ressortir à la prochaine occasion
c Vous appelez 2 ou 3 copains pour savoir s'ils ont passé une aussi bonne soirée que vous

2 Dans une matière où vous êtes excellent(e), votre prof vous a donné une mauvaise note :

a Vous l'avez toujours su : vous êtes nul(le) dans cette matière
b Vous trouvez que c'est une injustice
c Vous examinez en détail votre devoir pour comprendre pourquoi

3 Dans l'autobus, un garçon (une fille) vous regarde :

a Vous rougissez
b Vous vous retournez pour voir si c'est bien vous qu'il (elle) regarde
c Vous vous rapprochez de lui (elle) pour le (la) voir de plus près

4 Pour choisir votre chef de classe :

a Vous êtes déçu(e) quand on propose quelqu'un d'autre que vous
b Vous êtes surpris(e) d'être choisi(e)
c Vous votez pour la personne la plus appréciée de la classe

5 Quand quelqu'un vous insulte, vous ne répondez pas, c'est que :

a Vous avez provoqué l'insulte
b Vous refusez de descendre si bas
c Vous vous vengerez plus tard

6 Etes-vous beau (belle) ?

a Il y a certainement mieux que vous mais vous ne vous trouvez pas si mal
b Pas franchement, juste passable
c Vous êtes le (la) plus beau (belle)

7 Participez-vous à la conversation de vos parents quand ils reçoivent des amis ?

a Oui, et vous les surprenez parce que vous pouvez parler de tous les sujets, même de la politique ou de l'argent
b Seulement quand les sujets de conversation ne sont pas barbants
c Vous écoutez seulement

8 Avant de sortir de chez vous le soir :

a Vous changez trois fois de vêtements
b Vous vous admirez dans la glace de l'entrée
c Vous demandez à vos parents s'ils vous trouvent bien

9 Dans vos rêves :

a Vous êtes quelquefois le héros (l'héroïne), quelquefois la victime
b Vous ne rêvez jamais de vous-même
c Vous êtes le héros (l'héroïne) de vos rêves, vous triomphez de toutes les aventures les plus difficiles

10 Votre meilleur(e) ami(e) :

a Ne vous mérite pas
b Ne vous aime pas assez
c Vous surestime

COMPTEZ VOS POINTS PUIS REGARDEZ EN FACE :

1 point : 1a, 2b, 3c, 4a, 5b, 6c, 7a, 8b, 9c, 10a

2 points : 1b, 2c, 3a, 4b, 5c, 6a, 7b, 8c, 9a, 10b

3 points : 1c, 2a, 3b, 4c, 5a, 6b, 7c, 8a, 9b, 10c

RÉSULTATS DU TEST
'Comment vous voyez-vous ?'

10 à 12 points :

Vous êtes très satisfait(e) de vous-même. Vous vous sentez même plutôt sous-estimé(e) par vos parents et vos ami(e)s. Les gens qui vous aiment ne savent pas la chance qu'ils ont. Vous souffrez de ne pas être choisi(e) chaque fois qu'il y a une élection en classe. Vous devenez totalement désagréable quand les autres ont de meilleurs résultats que vous. C'est de l'injustice quand vous n'obtenez pas la meilleure note et ça arrive souvent. C'est que les autres ne partagent avec vous votre autosatisfaction. Vous souffrez d'un léger complexe de supériorité qui devrait vous aider à faire votre trou dans la société.

13 à 20 points :

Vous vous voyez à peu près comme vous êtes avec vos qualités et vos défauts. Chaque fois que vous le pouvez, vous essayez de corriger vos erreurs. Vous cherchez à vous perfectionner parce que vos erreurs vous font souffrir. Vous aimeriez être différent(e) de ce que vous êtes. Vous trouvez que l'on ne vous aime pas assez, que vous méritez plus d'amour. L'amitié compte énormément pour vous.

21 à 30 points :

Vous vous trouvez médiocre. Vous êtes plus dur(e) avec vous-même que les autres, et pourtant, les autres savent généralement comment démolir quelqu'un. Vous avez du mal à avoir des copains et des copines : vous les trouvez en règle générale trop bien pour vous et c'est un miracle quand on vous invite à sortir plusieurs fois de suite. Manque de confiance en vous, complexe d'infériorité, vous avez tout pour vous rendre une vie d'insatisfait(e). Alors, faites quelque chose ! Vivez votre vie !

- Etes-vous content de votre résultat ?
- C'est juste ? Pourquoi (pas) ?

Les lycées ont le droit de publier leurs propres magazines. Ce texte est extrait d'un magazine de lycée qui s'appelle 'Sans titre – le magazine qui rend beau et intelligent' :

LES CHRONIQUES DE YANN DE ...
(chronique – ce qui revient souvent !)
... L'ADULTISME

L'adultisme, à ne pas confondre avec l'adultère, est une maladie courante chez l'adolescent d'un certain âge, souvent 'l'adolescence des lycées'. Elle se manifeste par un certain nombre de signes, plus ou moins graves. Les premiers signes sont souvent la volonté de l'adolescent de vouloir sortir le soir, en 'boum', 'boîte' et autres 'b...'. Il est à remarquer que la première réaction des parents (on dit les 'vieux' dans le langage adultiste) est souvent négative.

Les pauvres parents ! Ils n'ont pas compris que, tout simplement, leur fils commence à se prendre pour un adulte, du haut de ses 17 ans, et qu'il aimerait bien que l'on cesse de le traiter comme un enfant. C'est une maladie très commune chez l'adolescent, et qui le pousse à accomplir ses premiers actes 'adultistes' : il fume, il boit de l'alcool, tombe follement amoureux, conduit une moto, écrit des articles qui se prennent au sérieux, etc...

Chers parents, ne vous affolez pas. Cette maladie est bénigne (bien que très contagieuse).

- Comment trouvez-vous ce texte ? Amusant ? Très drôle ? Idiot ? Pourquoi ?
- Sur une feuille de papier, écrivez tous les mots et toutes les expressions qui, pour vous, se rapportent à l'adolescence.

1 Les petits enfants du siècle

*Christiane Rochefort est un auteur contemporain français. Dans son roman une jeune fille,
Jo, qui habite à Bagnolet, dans la banlieue parisienne, décrit son enfance dans une famille
nombreuse ; Jo a passé la plus grande partie de son enfance à s'occuper de ses jeunes frères
et sœurs ; elle a aussi eu des aventures amoureuses : Guido a été son premier amoureux.*

Moi aussi quand j'étais môme j'écrivais des trucs sur des bouts de papier. Plus maintenant. Je restais des heures devant la fenêtre en faisant semblant de coudre à regarder tomber l'eau, et les gens entrer et sortir à la grille. Maintenant on voyait la grille, on avait changé de bloc ; on avait obtenu un appartement plus grand pour cause d'accroissement de famille... On avait quatre pièces. Je me mettais dans la chambre du devant et je faisais semblant de coudre, je regardais la pluie, et les gens. C'était des gens. De la pluie. J'étais vide.

Les blocs en face ne me faisaient plus peur, les garçons ne me faisaient plus brûler, les choses se plaçaient à leur place, je ne sais pas, ça ne m'entrait pas dans le cœur comme avant, en me blessant et me faisant mal. Mal, bon mal, reviens ! Ma tête était comme un bloc de ciment. Comme on dit : le temps est bouché, ça ne se lèvera pas de la journée. Ca ne se lèvera pas. J'arrivais dans une espèce de cul-de-sac de ma vie. Et du reste en me retournant je voyais que c'était un cul-de-sac de l'autre côté aussi. Où j'allais ?

'Où vas-tu ? – Nulle part. D'où viens-tu ? – De nulle part.'

Jo ! Jo de Bagnolet ! Ma voix dans un passage de grand vent m'appelait dans le désert, je ne répondais pas.

'Où est la petite Jo ?'

Je me voyais moi-même, toute petite, passant et repassant la grille, avec mon filet, toute petite fille au milieu des grandes maisons. Maisons maisons maisons maisons. Comment vivre dans un monde de maisons ?

'C'est toi Guido qui fais ces maisons, toi qui es né sur les collines ?'

Les phrases allaient et venaient, il y en avait qui sortaient de derrière moi, je me retournais, et personne.

'Si on a une âme on devient fou et c'est ce qui m'arrive.'

C'est probablement ce qui m'arrivait, je devenais folle, mais non je devenais morte, c'est ça devenir une grande personne cette fois j'y étais, je commençais à piger, arriver dans un cul-de-sac et se prendre en gelée ; un tablier à repriser sur les genoux éternellement.

L'homme est composé d'un corps et d'une âme, le corps est quadrillé dans les maisons, l'âme cavale sur les collines, où ? Quelque part il y avait quelque chose que je n'aurais pas parce que je ne savais pas ce que c'était. Il y avait une fois quelque chose qui n'existait pas.

môme (m.) (argot)	kid
faisant semblant	pretending
accroissement (m.)	increase, growth
brûler (m.)	to burn (with passion, interest, embarrassment)
comme avant	like before
mal (m.)	hurt, pain
bouché	blocked
ça ne se lèvera pas	it's set for the day
en me retournant	turning round
de nulle part	from nowhere
filet (m.)	net
colline (f.)	hill
âme (f.)	soul
fou/folle	mad
ce qui m'arrivait	what was happening to me
j'y étais	I was there already
piger (argot)	to understand
se prendre en gelée	catch yourself in freeze-frame
tablier (m.)	pinafore
repriser	to darn, mend
quadrillé	trapped, caged
cavaler	to run free
il y avait... qui n'existait pas	once upon a time there was something that didn't exist
il tombait des seaux	it was bucketing down

- Ecrivez – en français ou en anglais – vos réactions à ce texte. Comment trouvez-vous Jo ? Et l'ambiance ? Vous sympathisez avec elle ? Pourquoi (pas) ?

La petite Jo passait et repassait la grille, avec son filet, j'arrivais presque à la voir. Je regardais la grille jusqu'à ce que mes yeux se brouillent.

Il tombait des seaux.

'Ça ne se lèvera pas.'

Couplets de la rue Saint-Martin

Le poète Robert Desnos (1900-1945) est né à Paris dans le quartier Saint-Martin. Il habite là avec un vieil ami, André Platard. Mais un triste jour de guerre son ami disparaît.

Je n'aime plus la rue Saint-Martin
Depuis qu'André Platard l'a quittée.
Je n'aime plus la rue Saint-Martin,
Je n'aime rien, pas même le vin.

Je n'aime plus la rue Saint-Martin
Depuis qu'André Platard l'a quittée.
C'est mon ami, c'est mon copain.
Nous partagions la chambre et le pain.
Je n'aime plus la rue Saint-Martin.

C'est mon ami, c'est mon copain.
Il a disparu un matin,
Ils l'ont emmené, on ne sait plus rien.
On ne l'a plus revu dans la rue Saint-Martin.

Pas la peine d'implorer les saints,
Saints Merri, Jacques, Gervais et Martin,
Pas même Valérien[1] qui se cache sur la colline.
Le temps passe, on ne sait rien.
André Platard a quitté la rue Saint-Martin.

Robert Desnos *État de veille*, Éd. Gallimard

[1] Saints Merri, Jacques, Gervais et Martin : saints patrons de paroisses du vieux Paris. Valérien : nom d'une colline à l'ouest de Paris.

- 🔲 Ecoutez le poème sur la cassette.

- Trouvez une phrase en français pour décrire les deux autres textes sur cette page (une phrase pour chaque texte).

L'amour à la carte

Trouver le prince charmant en pleine rue, les Japonaises s'y emploient ! En introduisant 100 F dans un des distributeurs installés dans la plupart des grandes villes, elles obtiennent les fiches signalétiques d'hommes recherchant eux aussi l'âme sœur. Ce sont des cartes sur lesquelles sont imprimés la photo, la marque de la voiture, l'horoscope ainsi que le numéro de téléphone des candidats.

Nom : Pierre Bovary

Age : 35 ans

Voiture : Honda

Horoscope : Bélier

Téléphone : 01 02 03 04 05

22.25

Série documentaire de Daniel Karlin et Tony Lainé

L'AMOUR EN FRANCE
77

A quoi rêvent les jeunes filles ?

Élèves d'une classe de préparation à l'apprentissage de la coiffure, au collège Rabelais, à Saint-Maur-des-Fossés, une dizaine d'adolescents de 14 à 17 ans se sont exprimées devant les caméras de Daniel Karlin sur le sexe et l'amour. Contrairement aux idées couramment répandues, malgré mai 68 et plus d'un demi-siècle de féminisme militant, les jeunes filles d'aujourd'hui ne sont pas toutes libérées. Sur les dix adolescentes filmées, une seule reconnaît avoir fait l'amour. Encore ne l'avait-elle pas avoué à ses parents. Une autre dit aimer séduire les hommes. Toutes les autres attendent le prince charmant, croient au grand amour pour la vie. Romantiques, elles décorent leurs chambres des posters de leurs chanteurs préférés. Modernes dans leur mode de vie et leurs relations avec leurs copains, elles sont mal à l'aise lorsqu'on leur parle de sexe. Même si certains parents sont plûtot compréhensifs avec les adolescents, d'autres menacent de mettre à la porte et de renier leur fille s'ils apprennent qu'elle a eu des relations sexuelles. Le monde dit moderne évolue moins vite qu'on le croyait. La route est encore longue jusqu'à l'égalité des sexes, la compréhension entre les générations aussi...

Charles Baudelaire (1821-1867)

Les drogues des poètes

Le serpent qui danse
Je crois boire un vin de Bohême,
Amer et vainqueur
Un ciel liquide qui parsème
D'étoiles mon Cœur.

LES FLEURS DU MAL, SPLEEN ET IDÉAL

Mœsta et errabunda

Mais le vert paradis des amours enfantines,
Les courses, les chansons, les baisers, les bouquets,
Les violons vibrant derrière les collines,
Avec les brocs de vins, le soir, dans les bosquets,
— Mais le vert paradis des amours enfantines,

L'innocent paradis, plein de plaisirs furtifs,
Est-il déjà plus loin que l'Inde et que la Chine ?

LES FLEURS DU MAL, SPLEEN ET IDÉAL

Le voyage

Verse-nous ton poison pour qu'il nous réconforte !
Nous voulons, tant ce feu nous brûle le cerveau,
Plonger au fond du gouffre, Enfer ou Ciel, qu'importe ?
Au fond de l'inconnu pour trouver du nouveau !

LES FLEURS DU MAL, LA MORT

Paul Verlaine (1844-1896)

Vendanges

Les choses qui chantent dans ma tête
Alors que la mémoire est absente,
Ecoutez, c'est notre sang qui chante ...
O musique lointaine et discrète !

Ecoutez ! c'est notre sang qui pleure ...
Alors que notre âme s'est enfuie,
D'une voix jusqu'alors inouïe
Et qui va se taire tout à l'heure.

Frère du sang de la vigne rose,
Frère du vin de la vigne noire,
O vin, ô sang, c'est l'apothéose !

Chantez, pleurez ! Chassez la mémoire
Et chassez l'âme, et jusqu'aux ténèbres
Magnétisez nos pauvres vertèbres.

JADIS ET NAGUÈRE

- Quel poème préférez-vous et pourquoi ?

- ☎ Travail de recherche : trouvez des informations sur l'auteur de votre poème préféré. Cherchez sur internet, dans la bibliothèque, etc.

Arthur Rimbaud (1854-1891)

Les amis

Viens, les Vins vont aux plages,
Et les flots par millions !
Vois le Bitter sauvage
Rouler du haut des monts.

Gagnons, pèlerins sages,
L'Absinthe aux verts piliers ...

Mors — Plus ces paysages,
Qu'est l'ivresse, Amis ?

COMÉDIE DE LA SOIF, DERNIERS VERS.

Guillaume Apollinaire (1880-1918)

Nuit rhénane

Mon verre est plein d'un vin trembleur comme une flamme
Ecoutez la chanson lente d'un batelier
Qui raconte avoir vu sous la lune sept femmes
Tordre leurs cheveux verts et longs jusqu'à leurs pieds

Alcools

Henri Troyat est un écrivain français né en 1911 à Moscou, en Russie. Dans son roman,
La tête sur les épaules, les parents du héros, Etienne, sont séparés. Etienne vient de recevoir
une lettre et des objets qui ont appartenu à son père et que la dernière compagne de ce dernier
lui a envoyés. Etienne, qui veut découvrir la vérité sur son père, interroge sa mère, Marion.

– Ton père est sorti de notre vie, de ta vie, dit-elle. Il faut aussi qu'il sorte de ta mémoire. C'est volontairement que j'ai détruit tout ce qui pouvait te le rappeler : les photographies, les lettres…

Etienne était confondu par l'aberration de sa mère. Tant d'injustice lui donnait subitement l'envie de prendre le parti du mort. Il s'écria :

– Tu as même poussé la prévenance jusqu'à l'empêcher de me revoir ! Il était sur le point de mourir. Il voulait me rencontrer. Cette femme le dit dans sa lettre.

– Je ne le nie pas.

– Pourquoi as-tu fait cela ?

– Pour ton bien.

– C'est une mauvaise excuse. Marion. Tu n'avais pas le droit ! Toi si compréhensive, si équitable, si douce! Tu m'effraies…

Elle fit un pas vers lui, et il s'étonna de la voir pâlir. Sa face ressemblait à ce buste en plâtre, dont les cheveux et les yeux étaient peints en noir.

– Marion ! Marion ! dit-il avec un sentiment de crainte. Qu'as-tu ? Tu me caches quelque chose. Explique-toi. J'ai besoin de savoir.

– Quoi ? Que veux-tu savoir ? demanda-t elle. Qui il était ? Comment il vivait ? Pourquoi je me suis opposée à cette rencontre ?

Un paroxysme nerveux agitait ses lèvres, ses sourcils, faisait trembler la peau de ses joues.

– Un sale individu, reprit-elle d'une voix sifflante. Et toi, mon pauvre Etienne, tu t'intéresses à lui. Tu me fais des reproches, parce que je ne te parle pas assez de lui. Tu débordes de gratitude envers cette créature, qui condescend à t'envoyer quelques souvenirs de Louis Martin !

Il balbutia :

– Tu as tort de t'exprimer ainsi, maman. Il est mort…

Elle rejeta la tête en arrière, et un demi-cercle blanc apparut sous ses prunelles larges et fixes :

– Oui, mort, mais pas dans un accident, Etienne. Ton père… ton père a été exécuté…

Elle se tut, comme terrifiée par ses propres paroles. Il la regardait sans comprendre, et, cependant, déjà se glissait en lui la conscience d'une disproportion entre ce qu'il avait vécu et ce qu'il allait vivre, entre ce qu'il croyait être et ce qu'il était réellement. Il répéta :

– Exécuté ?

Marion baissa les yeux…

– Jugé et exécuté.

– Quand ?

– Le 13 juin 1945.

Le corps d'Etienne s'engourdissait par couches successives. Il n'y avait plus de vie que dans son cerveau. Le silence se prolongeait. Marion porta une main à son front et murmura d'une voix amortie :

– Mon chéri, j'aurais voulu pouvoir te cacher la vérité, longtemps, très longtemps. Mais, un jour ou l'autre, tu aurais tout appris par un étranger. Le choc aurait été, pour toi, plus douloureux encore. Cette lettre idiote… ce paquet… ton entêtement… Je me suis inquiétée… Dis-moi que je n'ai pas eu tort de te parler comme je viens de le faire ?

– Pourquoi l'ont-ils jugé ? demanda Etienne.

Elle balança la tête, de droite à gauche, lamentablement :

– A quoi bon remuer cette boue ?

– Il le faut. Tu ne peux plus te taire.

Elle le considérait avec crainte, à présent : ce front tendu, ces mâchoires serrées à craquer sous la chair fine des joues, cet œil vert, lumineux, exorbité.

– Que te dirai-je, mon petit ? chuchota-t-elle. L'homme que les juges ont condamné n'avait plus rien de commun avec celui que nous avons connu. Tant qu'il a vécu avec nous, je n'ai eu à lui reprocher que sa violence, sa paresse, ses infidélités. Mais, après nous avoir quittés, il est devenu quelqu'un…

Elle reprit sa respiration, ferma les paupières et ajouta dans un souffle :

– Quelqu'un d'horrible.

Il y eut encore un long silence. Et, tout à coup, Etienne poussa un cri :

– Quoi ? Qu'a-t-il fait ?

– Il a tué, dit-elle.

Henri Troyat

● Relevez tous les détails concernant le visage de Marion. Quelle impression donnent-ils d'elle?

L'école

Le poète chante l'école du hameau belge, où il a vécu une enfance pauvre, mais libre et heureuse.

L'école était au bord du monde,
L'école était au bord du temps.
Au dedans, c'était plein de rondes ;
Au dehors, plein de pigeons blancs.

On y racontait des histoires
Si merveilleuses qu'aujourd'hui,
Dès que je commence à y croire,
Je ne sais plus bien où j'en suis.

Des fleurs y grimpaient aux fenêtres
Comme on n'en trouve nulle part,
Et, dans la cour gonflée de hêtres,
Il pleuvait de l'or en miroirs.

Sur les tableaux d'un noir profond,
Voguaient de grandes majuscules
Où, de l'aube au soir, nous glissions
Vers de nouvelles péninsules.

L'école était au bord du monde,
L'école était au bord du temps.
Ah ! que ne suis-je encore dedans
Pour voir au dehors, les colombes !

Maurice Carême

Maurice Carême

Ce poète belge sait transfigurer la vie simple, la campagne, les êtres et les choses ; mais surtout il a su rester enfant pour chanter les merveillements de cet âge privilégié.

● Faites une liste des problèmes évoqués dans ces articles.

De l'eau pour les élèves de Djiélibougou

Dans le cadre de l'aide aux pays du tiers-monde, Fécamp et les villes jumelles de Mouscron et Rheinfelden ont fait don d'un équipement permettant à une école du Mali de disposer de l'eau courante.

Cette école se trouve à Djiélibougou, village de la proche banlieue de Bamako, capitale du Mali. Chaque jour, dans cette école, plus de 500 élèves du premier cycle, c'est-à-dire de 6 à 14 ans, et 700 du second cycle y apprennent mathématiques, français, sciences..., comme la plupart des enfants du monde. Mais pendant la récréation, un problème se pose car cette école ne possède aucun sanitaire et, pour se désaltérer, les élèves doivent aller dans les habitations voisines demander un peu d'eau.

Parler une langue vivante : MISSION IMPOSSIBLE ?

Mondialisation, création de l'Europe : on constate un réel besoin d'apprendre des langues. Et on attend de notre système éducatif qu'il forme des bilingues, alors que c'est impossible ! Pourquoi ? Parce que les horaires sont insuffisants, les classes trop chargées (35 à 40 élèves). Les techniques de l'enseignement des langues ne sont pas efficaces. Elles le seraient si l'on créait un enseignement intensif et quasiment quotidien, avec pas plus de quinze élèves par groupe, un bon équilibre entre l'approche de communication et l'approche culturelle... L'investissement financier serait très lourd, mais peut-on rester dans cette situation ? La réponse est non. De la sixième à la terminale, un élève en classe parle en tout et pour tout deux heures et demie la langue qu'il étudie... On est loin, très loin, des attentes du public...

KOUDOUGOU

Koudougou, troisième ville du Burkina-Faso : 52.000 habitants. Une gare sur la ligne Ouagadougou-Abidjan, un marché juste devant, quelques hôtels pour commerçants.

Koala Koudby a été professeur d'anglais dans quelques lycées du Burkina, à Bobo-Dioulasso et ailleurs, en province. Il connaît bien à la fois le système éducatif de son pays et la réalité de son quartier d'origine.

En 1982, à peine 30 % des enfants en âge scolaire dans le secteur 10 vont à l'école. Les autres traînent, s'ennuient, sans formation, peu alphabétisés. La délinquance, encore peu importante, est en augmentation régulière, accentuant des problèmes de déstructuration familiale et sociale.

Cette désaffection de l'école est liée aux tarifs d'inscription trop élevés, au manque de place. Les classes existantes, avec 60 élèves, offrent peu de possibilités à la pratique d'une pédagogie active. *«Le système classique, hérité de la colonisation, est décalé par rapport aux besoins des gens, beaucoup trop théorique»*, constate Koudby.

L'ÂGE D'OR DU CADRE *EST FINI*

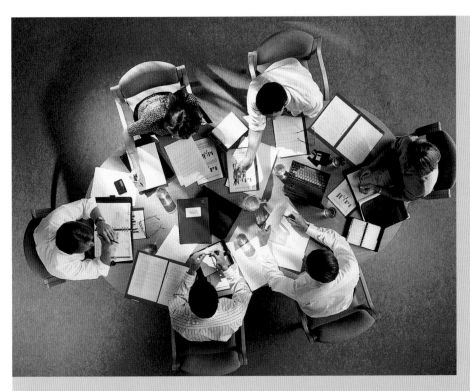

TANDIS QUE LE NOMBRE DE CADRES AUGMENTE, LES RÉMUNÉRATIONS BAISSENT. FINIE L'ÉPOQUE OÙ TOUTE LA SOCIÉTÉ POUVAIT ENVIER LE MODÈLE DES CADRES.

Directeur d'un département d'entreprise 45 ans, avec voiture de fonction et un salaire annuel d'environ 350 000 F, tel est le profil type d'un cadre français dit intermédiaire. Ils sont aujourd'hui près de 1 300 000 à travailler dans le secteur privé. S'ils font partie de la couche aisée de la population active de l'Hexagone, ils ont cessé leur ascension sociale. Les experts du cabinet de conseil et d'audit Cegos ont ainsi estimé à 6 % la baisse du revenu des cadres ces quinze dernières années.

Jusqu'à la fin des années 80, les cadres étaient parmi les catégories qui pouvaient se targuer d'être les moins touchées par le chômage. En 1986, ils n'étaient que 39 000 sans-emploi. Leur situation a bien changé puisqu'aujourd'hui, on évalue à près de 100 000 le nombre de cadres au chômage. Cette inversion de tendance mérite quelques explications.

La première raison est que le terme même de « cadre » a perdu de sa spécificité, tant les professions qu'on assimile à cette désignation sont variées et nombreuses.

Agents de maîtrise, techniciens, commerciaux, tous entrent dans cette catégorie fourre-tout des cadres.

Ils peuvent tous prétendre aux mêmes avantages. Ainsi, entre 1986 et 1996, le nombre de cadres a augmenté de 36 % : un boom qui s'explique par le développement des activités tertiaires – en particulier des services – et par la modernisation des entreprises et industries traditionnelles, faisant de plus en plus appel à des informaticiens, des ingénieurs et des techniciens. Des professions touchées les premières par la crise du début des années 90. Les Trente Glorieuses, époque bénie pour les cadres, sont bien finies.

Désormais, pour ceux qui ont la chance de travailler, les augmentations de salaire sont plus rares et les dirigeants d'entreprise cherchent à motiver leurs salariés en leur offrant la possibilité d'augmenter leurs revenus suivant leur mérite. Cette gestion à la japonaise consiste à faire en sorte que l'employé soit plus sensible à l'ensemble des résultats de l'entreprise, et donc soit plus impliqué dans le fonctionnement de celle-ci. Aussi, les primes se sont imposées comme mode nouveau de rémunération, ce qui présente quelques avantages fiscaux. Ce phénomène de plus en plus répandu a contribué à creuser davantage les écarts de salaires dans une même entreprise entre les cadres les plus compétents et les autres. Certains ont donc vu leurs rémunérations baisser d'une année à l'autre, phénomène encore inconcevable dans les années 80.

ÉLODIE TRAMIER

● Ecrivez un résumé de 50 mots, en anglais, sur le texte ci-dessus.

L'école dans les pays de langue française

LA CIVILISATION, MA MÈRE ! ...

Driss Chraïbi est un romancier marocain. Son roman,
*La Civilisation, ma mère !... **met en scène la rencontre***
de la civilisation orientale traditionnelle avec la modernité
technique et les bouleversements de l'histoire récente.
(Ed. Denoël, 1972)

Je revenais de l'école, jetais mon cartable dans le vestibule et lançais d'une voix de crieur public :

– Bonjour, maman !

En français.

Elle était là, debout, se balançant d'un pied sur l'autre et me regardant à travers deux boules de tendresse noire : ses yeux. Elle était si menue, si fragile qu'elle eût pu tenir

aisément dans mon cartable, entre deux manuels scolaires qui parlaient de science et de civilisation. [...]

– Écoute, mon fils, me disait ma mère avec reproche. Combien de fois dois-je te répéter de te laver la bouche en rentrant de l'école ?

– Tous les jours, maman. A cette même heure. Sauf le jeudi, le dimanche et les jours fériés. J'y vais, maman.

– Et fais-moi le plaisir d'enlever ces vêtements de païen !

– Oui, maman. Tout de suite. [...]

J'allais me laver la bouche avec une pâte dentifrice de sa fabrication. Non pour tuer les microbes. Elle ignorait ce que c'était – et moi aussi, à l'époque (microbes, complexes, problèmes...). Mais pour chasser les relents de la langue française que j'avais osé employer dans sa maison, devant elle. Et j'ôtais mes vêtements de civilisé, remettais ceux qu'elle m'avait tissés et cousus elle-même.

● D'après ces textes, quel semble être le but de l'éducation dans les territoires d'Outre-Mer ? Les écrivains acceptent-ils cet état de fait ? Justifiez vos réponses.

LE NÈGRE ET L'AMIRAL

Raphaël Confiant, écrivain antillais, parle de ses souvenirs d'enfant. Il attire l'attention sur le fait suivant : pour le jeune écolier noir et pauvre, aux Antilles, le seul moyen d'ascension sociale est l'école. Le «messie» dont il est question dans le texte est n'importe quel petit enfant noir que l'on considère capable de réussir à l'école. (Le nègre et l'amiral, Ed. de Minuit, 1976.)

Aussitôt, on signalait l'arrivée du messie annuel à Madame la Directrice qui le convoquait dans son bureau et lui tenait le premier discours sérieux de sa jeune vie puisque dans la case, les parents ne faisaient que se chamailler à coup de paroles dénuées de sens.

«Petit nègre, ouvre bien tes oreilles. Tu es sorti de rien mais Dieu a mis une étincelle dans ta caboche. Pourquoi ? Je n'en sais trop la raison. En tout cas, sache en profiter désormais et n'imite

plus tes camarades. Ne t'abaisse plus à parler créole, ne perds pas ton temps à jouer aux agates toute la sainte journée, ne mets pas tes mains dans la terre : ça salit le dessous des ongles, ne va pas à la pêche aux écrevisses le jeudi : ouvre plutôt tes cahiers. C'est ta seule et unique chance d'échapper à la déveine, mon petit. Toi au moins tu mérites le titre de Français. Lamartine, Victor Hugo ou Verlaine n'auraient pas eu honte de toi. Je vais te pousser au maximum.»

Et l'on se cotisait pour lui acheter livres, souliers, chemises. On l'envoyait au coiffeur deux fois par mois afin de dompter les grains de poivre de ses cheveux et l'on rendait visite de temps en temps à la mère pour lui rappeler qu'elle possédait un prodige dans sa couvée et qu'il fallait absolument qu'elle aide les autorités à lui donner le bilan qui le propulserait aux plus hautes marches possibles pour un nègre dans cette société, à savoir au grade d'instituteur.

LES REMÈDES
de
BONNE FEMME

Huguette Bouchardeau est député du département du Doubs. Elle a publié en 1990 son premier livre Rose Noël dans lequel elle raconte l'histoire de sa famille, en particulier de sa mère qui s'appelait Rose.

● Qu'est-ce qui se passait quand vous étiez malade ? Connaissez-vous d'autres remèdes de bonne femme qui sont, peut-être, toujours pratiqués par des personnes âgées que vous connaissez ?

Rose professait sur la santé, les maladies, la médecine des idées particulières : connaissances médicales, savoirs populaires et superstitions mêlés.

Rougeole, oreillons, rubéole, varicelle étaient des affections inévitables de l'enfance. Les grippes, épidémies incontournables. Quand l'un de nous affichait les premiers symptômes, au lieu de l'isoler, maman nous rassemblait tous dans la même chambre et organisait une infirmerie de campagne. Le médecin, M. Lacoste, délivrait son diagnostic et établissait une seule ordonnance «à renouveler». Rose multipliait les pots de tisane, étalait sur la table de cuisine les cataplasmes à la farine de moutarde, chauffait des bouillottes et des briques ; elle régnait sur la chambre, thermomètre scruté d'un œil sévère, secoué avec énergie. Elle pratiquait avec méthode les badigeons au bleu de méthylène, les ventouses dans les cas aigus. Elle découvrait une tâche à sa hauteur, de quoi déployer à la fois énergie neuve et recettes anciennes.

Le dentiste ? Un luxe inutile, sauf cas graves. Les caries, pour elle, n'avaient qu'une cause : l'abus de sucreries. Les bonbons devaient être proscrits. Les restrictions de la guerre terminées, l'indulgence de l'âge aidant, les plus jeunes reçurent plus de douceurs.

Restaient quelques affections mystérieuses pour lesquelles on ne consultait pas le docteur. Les vers. Ma terreur, le soir où maman décida de suivre les conseils d'une voisine : chasser les vers par les vers. Elle avait recueilli la veille des lombrics au jardin.

Il fallait, selon la guérisseuse, les appliquer vivants dans un cataplasme bien fermé sur la poitrine. Je criais de peur. Maman hésitait, me plaignait. Elle me jura que le paquet avait été soigneusement cousu, qu'aucune bête ne s'échapperait. Elle me confia même tout bas que – sûrement – les vers de terre allaient être étouffés et ne bougeraient plus. Une nuit de cauchemar.

Pendant la guerre encore, les écoles connurent des invasions de poux. Vinaigre chaud, Marie-Rose, rien n'y faisait. Je me souviens de maman, penchée sur une chevelure lavée chaque jour, hochant la tête et murmurant : «C'est ton sang qui est spécial», sans trop oser s'engager plus avant sur l'origine interne des parasites.

Si les maladies avaient leurs énigmes, certaines nourritures avaient leur magie. Le vin fortifiait. Le lait adoucissait. L'eau de noix (entendez l'eau-de-vie de noix) calmait les douleurs de ventre, l'alcool de menthe passait tous les dégoûts, l'œuf battu dans le lait, dans le vin, ou avec une goutte de rhum tonifiait. La viande saignante, elle aussi, stimulait, et l'orange sanguine plus que la pâlotte. L'ail regorgeait de vertus : il pouvait même, par frictions, stopper la chute des cheveux. Et puis... certains mets «rendaient amoureux». Maman le rappelait en clignant de l'œil le jour où elle servait du céleri à mon père.

Pourtant, par-dessus tout, Rose croyait que la santé était un don. On l'avait ou on ne l'avait pas. Plus que le respect du docteur, plus que la croyance aux «remèdes de bonne femme», le fatalisme, la résignation marquaient son rapport à la vie et à la mort. «Ça arrivera bien quand ça doit arriver.»

LA PUB TUE

**Des étudiants contre le tabagisme.
La campagne lancée à Quimper,
en Bretagne, met le feu aux poudres
dans l'industrie de la cigarette.**

10 heures 30, la sonnerie retentit dans les couloirs du LEP Chaptal, à Quimper. Des rires, des cris remplissent les escaliers qui conduisent à la cour de récréation. Clope à la bouche, les fumeurs se dirigent vers le cloître, du pas assuré du cow-boy Marlboro rejoignant son saloon. Dans le coin détente, les cendriers ont la forme de bac à fleurs et sont remplis de sable.

Didier, seize ans et demi, passe à côté du cloître avec dédain. Il est très fier d'avoir jeté son dernier paquet de Camel en septembre. «Arrêter de fumer, c'est un acte de courage», explique-t-il. «Quand tu es dans un groupe, tu te fais remarquer si tu n'as pas ta clope.» Didier a commencé à fumer à onze ans. «C'était un défi au règlement du collège. On fumait dans les chiottes.»

Depuis, le chameau irradié s'est affiché un peu partout sur les murs du LEP, à l'Escapade, le café tout proche, et dans les couloirs du lycée Brizeux.

Didier, comme beaucoup d'autres, s'est mis à réfléchir et, peu à peu, son paquet de clopes est parti en fumée. Le chameau irradié arrive largement en tête des quatre affiches antitabac créées par les collégiens de Chaptal. Sur une idée de Paul, en troisième au collège, 'Camel' se transforme en 'Cancer'. C'est un prof de dessin, Alain Le Quernec, qui a lancé cette campagne d'affichage, avec l'aide de la municipalité. «A la réaction assez forte des fabricants de cigarettes, on a bien vu que ce que disaient les affiches était vrai», explique Didier. «Ça nous a convaincus.»

Convaincre, c'était bien le but d'Alain quand il a lancé l'idée des affiches antitabac : «La troisième est une classe décisive. C'est à cet âge que l'on se construit

une image, et que l'on décide ou non de fumer. Pas question de faire la morale à ces jeunes», affirme-t-il.

Son parti pris : travailler sur le message publicitaire en prenant le contre-pied de la vraie publicité de manière choc et tonique, comme dans un clip.

«J'adore regarder les pubs à la télé, reconnaît Danielle, seize ans. En général, c'est bien rythmé, bien fait, et les musiques sont géniales.»

Plus branchant, en effet, que de parler de cancer du poumon...

«Quand on parle maladie aux jeunes, ils s'en moquent,» confirme Jean-Jacques Larzul, Directeur du lycée Briseux. «La perspective d'un cancer à cinquante ans, ça leur paraît le bout du monde. Ils vous regardent avec les yeux ronds. La campagne des collégiens de Chaptal les a touchés parce qu'elle ne cherchait pas à agir de manière répressive mais à amener les jeunes à réfléchir sur leur relation au tabac. En jouant sur l'image, ils ont visé juste. C'est exactement de cette façon que Marlboro a conquis le public jeune.»

> ● Créez un dépliant antitabac à afficher dans votre salle de classe, dans le coin détente de votre lycée ou collège ou... dans la salle des profs !

Santé

Voici un reportage publié dans Impact Médecin, *magazine professionnel des médecins généralistes. Il y a des résultats assez surprenants dans le sondage qu'ils ont fait.*

JEUNES ET MÉDECINS – RENDEZ-VOUS MANQUÉ

On croyait les 15–24 ans obsédés par la réussite à l'école, l'environnement ou le pouvoir de l'argent, ils sont en fait tourmentés par la santé, ou plutôt par la peur de la perdre.

Notre enquête confirme, en effet, que la santé est la principale préoccupation des jeunes. On les croit surinformés sur le sida, le cancer ou la drogue. Au contraire, ils demandent toujours davantage de renseignements là-dessus.

D'abord le sida. Ils en ont peur comme du cancer ou de la drogue, ainsi que le confirme le sondage nº 1. Mais ce qui est curieux, c'est qu'il semble qu'ils n'ont pas modifié leur comportement. Les préservatifs, ce n'est pas encore leur 'truc'.

Ils savent aussi que le tabagisme et l'alcoolisme sont autant de facteurs à risque, mais ils fument de plus en plus tôt, et de plus en plus. Ainsi, il paraît que 40 % des garçons et 28 % des filles de 16 ans fument au moins dix cigarettes par jour. De plus, 26 % des garçons et 16 % des filles font l'essai d'une drogue illicite. Sur ceux-ci, un certain nombre d'entre eux, les plus fragiles, céderont aux propositions des dealers qui s'installent régulièrement aux portes des collèges et des lycées.

De même, ils se plaignent volontiers de petits maux de tête, de ventre, de dos, de troubles du sommeil ou alimentaires, de fatigue, mais ils ne vont pas pour autant voir un médecin. Selon l'étude réalisée, à 17 ans, 55 % des garçons et 73 % des filles ont consulté un médecin généraliste une fois dans l'année. Le capital confiance du médecin est plutôt mince : autour de 20 %, selon notre sondage.

Enfin quand ils vont voir un médecin, ils y vont d'abord pour les vaccins ou des dispenses de sport, ensuite pour les accidents, mais presque jamais parce qu'ils se sentent déprimés. Et s'ils y vont parce que quelque chose ne va pas, c'est traînés par leurs parents. Ce qui ne facilite pas la relation avec le médecin (sondage nº 2).

SONDAGE Nº 1		SONDAGE Nº 2	
Parmi les risques suivants, quel est celui qui vous fait le plus peur pour vous-même (classez-les par ordre décroissant) ?		A qui vous confiez-vous en priorité si vous avez des problèmes de santé :	
Population des 15–24 ans		**Population des 15–24 ans**	
Attraper le sida	62%	Vos parents	47%
Avoir un cancer	23%	Votre partenaire	23%
Vous droguer	11%	Vos amis	6%
Faire une dépression nerveuse	2%	Votre médecin	23%
Devenir alcoolique	2%	Personne	1%
		NSP	0%

● Le reportage donne une image plutôt négative des jeunes en France, n'est-ce pas ? Croyez-vous que ça correspond à la réalité dans votre pays ?

10 ERREURS FATALES

1 S'embarquer dans un sport sans avis médical.

2 Après avoir arrêté le sport pendant des années, vouloir retrouver très vite ses performances d'autrefois.

3 Faire du sport pour maigrir : 4 h de jogging = 100 g de perdus.

4 Avoir un matériel inadapté.

5 Se lancer dans un sport si l'on a une alimentation déséquilibrée et que l'on saute des repas, entre autres le petit déjeuner.

6 Pratiquer un sport le soir, surtout si l'on est insomniaque.

7 Débuter une activité sportive sans s'être échauffé.

8 Dépasser sa fréquence cardiaque maximale théorique calculée ainsi : 220 moins l'âge, soit 200 battements/min à 20 ans.

9 Attendre d'avoir soif pour boire de l'eau. Il faut s'hydrater avant, pendant et après l'effort pour éliminer les toxines et éviter crampes et tendinites.

10 Prendre une douche glacée après l'effort, qui expose à un stress cardiaque.

LA RELAXATION JUSQU'AU BOUT DES DOIGTS

Pour finir la journée en beauté, relaxez-vous selon la méthode de la concentration de Lao Tseu.

● *Allongez-vous sur un sol confortable dans une pièce tempérée. Concentrez-vous sur votre crâne et inspirez. En expirant, donnez l'ordre à cette partie du corps de se relâcher et de se détendre. Pratiquez de la sorte sur le visage, le cou, les épaules, les biceps, les avant-bras, les paumes des mains, les doigts et le bout des doigts.*

● *Restez ainsi détendu pendant sept respirations et recommencez sur le sommet de la tête, le visage, le cou, la poitrine, le ventre, le nombril, les cuisses, les mollets, les plantes des pieds, les orteils et l'extrémité des orteils.*

● *Respirez à nouveau sept fois.*

● *Recommencez une fois de plus sur le sommet de la tête, la nuque, les vertèbres du thorax, vertèbres lombaires, les fesses, les cuisses, les mollets et les talons. Puis des talons à la tête.*

● *Terminez par une prise de conscience du ventre, là où se situe le centre vital du Hara (sous le nombril). Les taoïstes nomment ce centre le «champ de cinabre et d'immortalité».*

Vacances ratées

Gisèle (16 ans) nous raconte ce qui s'est passé pendant ses vacances. Lisez son triste témoignage.

Karine est ma meilleure amie. Ainsi cette année, quand mes parents m'ont proposé de l'inviter à venir avec nous en vacances, j'étais folle de joie. Elle aussi. Elle n'était jamais allée en camping. Nos vacances, nous les passons tous les ans dans un grand caravaning sur la côte d'Azur, pratiquement les pieds dans l'eau.

Le premier juillet, nous avons pris la route. Je lui avais tellement parlé de ce caravaning, qu'en arrivant elle m'a dit : «Gisèle, tu es championne dans les descriptions. C'est tout à fait comme ça que je l'imaginais.»

Sur la plage, moi, j'ai immédiatement remarqué un grand garçon blond très beau. Bien sûr, je l'ai dit à Karine : «Karine, ça y est, j'ai choisi «ma proie» de l'été. Regarde un peu comme il est chouette, hein ? Toi, comment tu le trouves ?»

– Vachement intéressant. Viens, on va s'approcher de lui.

C'est ce que nous avons fait, en ayant l'air indifférent. Puis quand il s'est levé, on l'a suivi.

Et c'est comme ça qu'on a repéré sa caravane, qu'on a vu ses parents, qu'on a compris qu'il était allemand et qu'il s'appelait Peter. Il a fini par nous remarquer. On ne parlait entre nous que de lui. Karine m'a dit : «Tu vois ? Il n'arrête pas de regarder par ici. Ça y est Gisèle, je crois qu'il craque pour toi.»

– A quoi tu le vois ?

– Il n'arrête pas de nous regarder, enfin je veux dire de te regarder.

– Tu es sûre ?

– Sûre et certaine.

– Mais alors, qu'est-ce qu'il attend pour venir vers nous ?

– Il n'ose peut-être pas. Comme il est allemand, il ne parle peut-être pas français et ça doit le bloquer. Si on allait vers lui, Gisèle ?

– Ah non, pas nous. Je suis peut-être vieux jeu, mais crois-moi, les garçons n'apprécient pas les filles qui font les premiers pas. D'ailleurs, le bal du 14 juillet n'est pas loin. Et là, tu verras que c'est lui qui se manifestera.

Ces petits mots nous amusaient. Et ma foi, les vacances c'est ça, et c'est ce qui me plaît. Donc, nous voilà au bal, toutes les deux bien bronzées. On repère Peter immédiatement et on va se planter juste en face de lui. Je ne m'étais pas trompée. Au premier slow il s'avance vers nous. Moi, mon cœur faisant boum boum, je regarde ailleurs. Il s'approche. Ça y est, il est là. Mon cœur battait toujours plus fort. Il s'arrête devant nous. Et puis il demande à Karine : «Vous voulez danser ?»

Toutes les deux, nous étions surprises. Mais moi, j'étais aussi, franchement, déchaînée. Et je suis partie. La fête n'avait plus d'intérêt pour moi. Toutes mes illusions étaient tombées à l'eau. Ça m'a complètement gâché la soirée... et les vacances, tellement j'étais déçue !

Expressions argotiques :

chouette	sympathique, beau
vachement	vraiment
craquer	être en crise (d'amour), devenir très faible
vieux jeu	démodé, (agir comme si on était plus vieux que l'on est)
se planter	se mettre
un slow	une danse sur une musique de rythme lent et que l'on danse très près l'un de l'autre.

● Avez-vous un mauvais souvenir de vacances ? Ecrivez votre témoignage personnel intitulé «Vacances ratées» suivant le modèle de celui de Gisèle.

flâner	se promener au hasard
effréné	sans frein, très vite
estacade	jetée d'où on met des bateaux à l'eau
grève	terrain plat couvert de gravier ou de sable
gamin	enfant
d'antan	du temps passé

Mon île

Rêver de mon île en toute liberté
Sur une plage aux chauds jours de juillet
A l'endroit même où les rochers ruissellent au soleil
Où, mirage fantastique, la mer se confond avec le ciel,
Rêver.

Flâner sur mon île baignée de lumière
Au pied de l'estacade à basse mer
Là où d'énormes rochers bizarres s'amoncellent
Là où mon île devient irréelle,
Flâner.

Courir sans trêve
Dans une course effrénée sur la grève
Là où le sable fin
Anime une foule de gamins
Courir.

Découvrir mon île et ses secrets d'antan
Se laisser séduire par la magie du temps,
Ecouter les légendes racontées
Sur mon île enchantée
Découvrir.

● Chaque strophe du poème de Bernadette Gallais, habitante de Barbâtre, île de Noirmoutier, commence par un infinitif. Quels sont les infinitifs qui vous viennent à l'esprit quand vous pensez aux grandes vacances d'été ?

● Ecrivez-les sur une grande feuille de papier et essayez d'en composer un poème en suivant le modèle de «Mon île». Voir aussi page 22 L'infinitif (B).

Les parasites de la route

Le vélo est un moyen d'évasion très populaire mais il a, quand même, ses ennemis.

Jean-François Mailloux

**Polyvalente Saint-Joseph, Québec
Commission scolaire Pierre-Neveu**

Depuis l'invention de la roue, l'homme n'a jamais cessé de penser et de fabriquer des véhicules dont le déplacement était dû à la roue. Il en est de même pour la bicyclette, moyen de transport par excellence de notre ère, qui cohabite dorénavant avec l'automobile, et qui est fort appréciée. Mais devant cette popularité grandissante, doit-on croire que les cyclistes représentent un danger pour les automobilistes ? Il va de soi que les cyclistes sont inconscients de leur manque de sécurité, qu'ils sont outrageants envers le code routier et qu'ils sont non respectueux des automobilistes.

Les cyclistes sont inconscients

En premier lieu, les cyclistes sont inconscients du manque de sécurité de leur véhicule. En effet, bien des cyclistes possèdent une bicyclette bon marché qui ne peut résister sous l'impact d'une voiture. Ces bicyclettes peuvent également s'endommager sous l'effet des routes cahoteuses et créer des accidents lorsqu'une pièce flanche. Bien que certains vélos soient à la fine pointe de la technologie, plusieurs omettent de leur poser des réflecteurs, ce qui ne facilite pas la tâche de l'automobiliste qui doit surveiller les moindres faits et gestes du conducteur à deux roues. Un autre point à signaler est que la grande majorité des cyclistes n'utilisent pas le casque protecteur. Cet élément est en soi la seule vraie protection que peut se donner le cycliste, mais celui-ci s'oppose toujours à son port.

Les cyclistes sont outrageants

Par ailleurs, les cyclistes sont outrageants envers le code routier. En outre, ceux-ci croient ne pas être soumis au code routier: ils brûlent les feux rouges, ne font pas d'arrêt aux intersections, ne signalent pas leurs intentions et osent même défier les sens uniques. De plus, il n'est pas rare de voir des cyclistes sur le trottoir, troublant cette fois la paix des piétons. Par conséquent, bon nombre d'accidents sont causés par ces mordus du risque qui ne possèdent ni plaque d'immatriculation, ni assurance.

Les cyclistes sont irrespectueux

Dans le même ordre d'idées, les cyclistes ne sont pas respectueux à l'égard des automobilistes et sont même dérangeants. De ce fait, qui ne s'est jamais fait «couper» le chemin par un cycliste ? Ceux-ci ne font vraiment pas attention aux droits des conducteurs d'automobiles, comme lorsqu'un mordu du vélo s'amuse à faire du zigzag et que vous le suivez. N'est-il pas fatigant d'être toujours obligé de vérifier sur l'accotement juste pour voir si les cyclistes roulent comme ils le devraient ou s'ils vont bifurquer d'un moment à l'autre ? Ces cyclistes ou ces fous du volant version nouvelle sont en fait hypocrites et sont imprévisibles dans leurs comportements.

Quoi faire ?

Pour tout dire, les cyclistes sont des dangers publics qui ne font qu'entraver la circulation, car ils manquent de sécurité, ils ne se soumettent pas au code routier et parce qu'ils sont non respectueux des automobilistes. Mais devant cette popularité grandissante, doit-on espérer un changement définitif de la part du cycliste ou doit-on attendre la venue de lois spéciales destinées aux amateurs de vélo pour régler le problème une bonne fois pour toutes ?

● L'article de Jean-François Mailloux vous a outragé ? Peut-être que oui ! Répondez-lui en présentant des arguments en faveur de la bicyclette et contre l'insouciance des automobilistes.

Le temps d'un voyage

Né en 1924 à Paris, Michel Tournier est un écrivain contemporain très célèbre. Il a beaucoup voyagé, avec une prédilection pour l'Allemagne et l'Afrique du Nord. Idriss, le héros du roman La goutte d'or *(1986), quitte son pays natal, l'Algérie, pour chercher du travail à Paris. Pendant le voyage vers la capitale, il fait la connaissance d'un jeune homme.*

Il fonçait maintenant au rhythme du train vers le pays des images. On approchait de Valence quand il se secoua et, quittant le compartiment, alla s'accouder à la barre de la fenêtre du couloir. Le paysage provençal déployait ses garrigues, ses oliveraies, ses champs de lavandin. Le jeune homme vint se placer à côté de lui. Il jeta vers lui un regard amical, et se mit à parler comme pour lui-même, mais en s'adressant à Idriss de plus en plus directement.

– C'est encore la Provence. Cyprès rangés en haie pour protéger les cultures des coups de mistral. Tuiles romaines sur les toits. Mais il n'y en a plus pour longtemps. C'est Valence la frontière du Midi. A Valence, on change de climat, on change de paysage, on change de constructions.

– Mais c'est toujours la France ? demanda Idriss.

– Ce n'est plus la même France, c'est le Nord, c'est plutôt mon pays.

Il parla de lui. Il s'appelait Philippe. Sa famille avait une propriété en Picardie, près d'Amiens, où il était né. Il avait été élevé à Paris.

– Pour moi, le Midi, c'est les vacances. C'est aussi une curiosité un peu folklorique, l'accent, les histoires marseillaises. Mais je comprends qu'un Provençal qui passe la frontière de Valence se sente un peu en exil. Il fait gris et froid. Les gens ont l'accent pointu.

– L'accent pointu ?

– Oui, l'accent pas provençal, celui qu'on entend à Lyon ou à Paris par exemple. Tu comprends, pour les gens du Midi, les gens du Midi n'ont pas d'accent. Ils croient parler normalement. Ce sont les autres Français qui ont un accent: «l'assente poinntu». Pour les gens du Nord, ce sont les Méridionaux qui ont un accent, l'accent du Midi, un accent amusant, joli, mais qui ne fait pas sérieux. L'accent de Marius.

– Et ceux d'Afrique du Nord ?

– Les pieds-noirs ? Oh alors, c'est encore pire : le pataouet. Ça c'est la fin de tout. Ceux-là, il faut vraiment qu'ils se mettent au vrai français.

– Non, je parle pas des pieds-noirs. Je veux dire : les Arabes, les Berbères ?

Philippe un peu choqué regarda son voisin de plus près.

– Ceux-là, c'est pas la même chose. Ce sont des étrangers.

Ils ont leur langue, l'arabe ou le berbère. Il faut qu'ils apprennent le français. Toi, tu es quoi ?

– Berbère.

– Alors ici t'es vraiment à l'étranger.

– Tout de même, moins qu'en Allemagne ou en Angleterre. En Algérie, on a toujours vu des Français.

– Oui, on se connaît. Chaque Français a son idée sur l'Algérie et le Sahara, même s'il n'y a jamais mis les pieds. Ça fait partie de nos rêves.

– Moi une femme française m'a photographié.

– La photo était réussie?

– Je ne sais pas. Je ne l'ai toujours pas vue. Mais depuis que j'ai quitté mon pays, j'ai de plus en plus peur que ça ne soit pas une bonne photo. Enfin pas exactement la photo que j'attendais.

– Moi, dit Philippe, j'ai toujours un tas de photos avec moi quand je voyage. Ça me tient compagnie. Ça me rassure.

Il entraîna Idriss dans le compartiment, et sortit un petit album de son sac de voyage.

– Tiens, ça c'est moi avec mes frères et ma sœur.

Idriss regarda la photo, puis Philippe comme pour comparer.

– C'est bien toi, mais en plus jeune.

– C'était il y a deux ans. A droite ce sont mes frères et derrière, mon père. La vieille dame, c'est ma grand-mère. Elle est morte au printemps. Ça c'est notre maison de famille près d'Amiens avec Pipo, le chien du jardinier. C'est dans ces allées que j'ai appris à marcher et à monter à bicyclette. Ça c'est toute la famille en pique-nique dans la forêt domaniale.
Ma première communion, je suis le troisième à gauche.
Ah et puis celle-là, c'est un secret !

Il faisait mine de dissimuler la photo en riant, mais finalement, redevenu grave, il la passa à Idriss.

– C'est Fabienne, la femme que j'aime. Nous sommes fiancés. Enfin pas officiellement. Elle prépare Sciences-Po, comme moi, mais elle a trois ans de plus que moi. Ça se voit ?

Idriss regardait la photo avec avidité.

Lorsque le train s'arrêta en gare de Lyon, Philippe parut l'oublier pour ne plus se soucier que de découvrir les siens dans la foule massée sur le quai. Idriss descendit derrière lui pour le voir aussitôt entouré par un groupe démonstratif. Il comprit que la brève complicité qui les avait rapprochés s'était effacée. Poussé par le flot des voyageurs, il s'avança jusque sur le trottoir de la gare le long duquel défilait une procession de taxis. La nuit était tombée. L'air était limpide mais presque froid. Le boulevard Diderot et plus loin l'enfilade de la rue de Lyon n'étaient qu'un scintillement de phares, d'enseignes, de vitrines, de terrasses de cafés, de feux tricolores. Idriss hésita un moment avant de se laisser glisser dans cette mer d'images.

● Imaginez que vous êtes Idriss et que vous racontez plus tard à un(e) ami(e), par téléphone ou par lettre, les événements et les impressions du voyage qui sont décrits dans cet extrait.

Les choses

DANS CET EXTRAIT DE SON ROMAN, LES CHOSES, GEORGES PEREC (1936–1982) PRÉSENTE UN JEUNE COUPLE QUI FAIT DES PROJETS D'AVENIR.

La vie, là, serait facile, serait simple. Toutes les obligations, tous les problèmes qu'implique la vie matérielle trouveraient une solution naturelle. Une femme de ménage serait là chaque matin. On viendrait livrer, chaque quinzaine, le vin, l'huile, le sucre. Il y aurait une cuisine vaste et claire, avec des carreaux bleus armoriés, trois assiettes de faïence décorées d'arabesques jaunes, à reflets métalliques, des placards partout, une belle table de bois blanc au centre, des tabourets, des bancs. Il serait agréable de venir s'y asseoir, chaque matin, après une douche, à peine habillé. Il y aurait sur la table un gros beurrier de grès, des pots de marmelade, du miel, des toasts, des pamplemousses coupés en deux. Il serait tôt Ce serait le début d'une longue journée de mai.

Ils décachetteraient leur courrier, ils ouvriraient les journaux. Ils allumeraient une première cigarette. Ils sortiraient. Leur travail ne les retiendrait que quelques heures, le matin. Ils se retrouveraient pour déjeuner, d'un sandwich ou d'une grillade, selon leur humeur ; ils prendraient un café à une terrasse, puis rentreraient chez eux, à pied, lentement.

Leur appartement serait rarement en ordre mais son désordre même serait son plus grand charme. Ils s'en occuperaient à peine : ils y vivraient. Le confort ambiant leur semblerait un fait acquis, une donnée initiale, un état de leur nature. Leur vigilance serait ailleurs : dans le livre qu'ils ouvriraient, dans le texte qu'ils écriraient, dans le disque qu'ils écouteraient, dans leur dialogue chaque jour renoué. Ils travailleraient longtemps. Puis ils dîneraient ou sortiraient dîner ; ils retrouveraient leurs amis ; ils se promèneraient ensemble.

Il leur semblerait parfois qu'une vie entière pourrait harmonieusement s'écouler entre ces murs couverts de livres, entre ces objets si parfaitement domestiqués qu'ils auraient fini par les croire de tout temps créés à leur unique usage, entre ces choses belles et simples, douces, lumineuses. Mais ils ne s'y sentiraient pas enchaînés : certains jours, ils iraient à l'aventure. Nul projet ne leur serait impossible. Ils ne connaîtraient pas la rancœur, ni l'amertume ni l'envie. Car leurs moyens et leurs désirs s'accorderaient en tous points, en tout temps. Ils appelleraient cet équilibre bonheur et sauraient, par leur liberté, par leur

sagesse, par leur culture, le préserver, le découvrir à chaque instant de leur vie commune. [...]

Ils auraient aimé être riches. Ils croyaient qu'ils auraient su l'être. Ils auraient su s'habiller, regarder, sourire comme des gens riches. Ils auraient eu le tact, la discrétion nécessaires. Ils auraient oublié leur richesse, auraient su ne pas l'étaler. Ils ne s'en seraient pas glorifiés. Ils l'auraient respirée. Leurs plaisirs auraient été intenses. Ils auraient aimé marcher, flâner, choisir, apprécier. Ils auraient aimé vivre. Leur vie aurait été un art de vivre.

Ces choses-là ne sont pas faciles, au contraire. Pour ce jeune couple, qui n'était pas riche, mais qui désirait l'être, simplement parce qu'il n'était pas pauvre, il n'existait pas de situation plus inconfortable [...] l'horizon de leurs désirs était impitoyablement bouché ; leurs grandes rêveries impossibles n'appartenaient qu'à l'utopie.

- Relisez le dernier paragraphe. Est-ce que, à votre avis, ce jeune couple pourra réaliser ses projets d'avenir ? Pourquoi (pas) ? Justifiez votre opinion.

- Et vos projets d'avenir ? Appartiennent-ils à l'utopie ou bien sont-ils réalisables ? Discutez avec vos copains ou écrivez votre réponse.

Le premier billet de mille

Dans la série La Chronique des Pasquier, *dont* Vue de la Terre Promise *fait partie, Georges Duhamel (1884–1966) présente l'histoire d'une famille contemporaine, la famille Pasquier. Les enfants, Joseph et Laurent, représentent, par leur profession, différents types sociaux du monde contemporain : Joseph, l'aîné, deviendra homme d'affaires ; Laurent, le plus jeune, sera un savant biologiste. C'est Laurent qui raconte l'histoire. Avant de lire cet extrait, il est bon de se souvenir que mille francs-or valent aujourd'hui environ 3 000 francs.*

Joseph me prit une cigarette et poursuivit, la voix plus calme :

– Qu'est-ce que tu penses en faire, Laurent, de ces mille balles ?

– Je te promets que tu le sauras.

– Parce que, vois-tu, Laurent... Mais que je t'explique d'abord. Dire que tu as eu tort, ce soir... A parler franchement, non ! L'argent, il faut l'attraper quand il y en a. Et chez nous, c'est plutôt rare. Celui-là de tante Mathilde, nous l'attendons depuis... avant d'être nés. Bon. Mais, ce n'est pas tout de l'avoir. Il reste à le garder. Ça c'est énormément difficile. Tous les gens sérieux te le diront.

La voix de Joseph, dans l'ombre, prit une inflexion presque suave, presque caressante. Il reprit, suçant les mots :

– Si tu ne l'emploies pas tout de suite, le billet, tu peux me le confier, Laurent. On trouve de bons, de très bons placements, quand on a l'expérience. [...] Si tu me le prêtes pour un an, je pourrai te donner six [pour cent]. Tu comprends, soixante francs. Si tu me le prêtes pour six mois,

dame, je ne donnerai que quatre et ça ne fera que vingt francs. Maintenant, si tu désires participer à une affaire, une véritable affaire avec des risques à partager, comme de juste...

Nous étions au bord de l'eau. On entendait le bruit soyeux de la rivière fendue par les piles du pont. Devant nous, éclairé par la lueur aérienne d'un réverbère, un ponton de bois, amarré pour les pêcheurs, dansait mollement à deux ou trois mètres de la rive. J'étais excellent sauteur. Je pris soudain mon élan et retombai sur le ponton. Joseph s'arrêta net au milieu d'une phrase. Je l'apercevais maintenant, sur la rive, les mains aux poches, son chapeau melon sur la tête. Il vociférait doucement :

– Voilà ! C'est du Laurent tout pur ! Et pourquoi ! Je te le demande.

– Alors, fis-je en me penchant un peu, tu viens me rejoindre ?

– Non, moi, je ne suis pas timbré. D'ailleurs, si tu restes là-dessus, je vais te fausser compagnie.

– Pas tout de suite, Joseph, écoute. J'ai quelque chose à te dire.

– Tu choisis bien ton endroit !

– Je le choisis mieux que tu ne le crois.

– Tu as des idées de suicide ?

– Non, tout le contraire, des idées de vie, Joseph. Ecoute-moi bien. Tu ne te rappelles peut-être pas qu'un jour... oh ! c'est vieux, tu faisais ton service militaire [...] un jour, nous nous sommes disputés, toujours au sujet de l'argent. Tu disais des choses dégoûtantes, des choses épouvantables. Enfin, tu salissais ce que je respecte au monde. Alors, j'ai juré, devant toi, que mon premier billet de mille francs...

J'entendis la voix de Joseph. Une voix rauque, furieuse. Il était penché sur l'eau. Il criait sourdement :

– Toi, tu vas faire une folie. Toi, Laurent, tu vas faire une mauvaise action. [...] Ça n'a pas de nom.

– ... Alors, Joseph, j'ai juré que mon premier billet de mille francs, je le jetterais dans le feu, pour expier tes paroles, tes pensées, oui, tout ce que tu disais de la pauvreté, du désintéressement, des idées pour lesquelles on peut vivre et même mourir.

Joseph se mit à crier. [...]

– Imbécile ! Imbécile ! Je te donnerai des claques.

Je continuais de parler. J'étais soulevé d'une ivresse magnifique.

– Mon premier billet de mille, Joseph, le voilà. Regarde-le bien. Je ne le jetterai pas dans le feu. J'y ai songé ; mais je ne veux pas que tu te brûles les mains. Alors, regarde, Joseph ! Je le déchire en deux. Et maintenant en quatre. Et maintenant, en huit. Et encore et encore. Qu'est-ce qu'il y a ? Tu ris, Joseph ?

Joseph s'était mis à rire. Il dit entre deux hoquets :

– Ça ne prend pas. Ça ne prend pas. Ce n'est pas le vrai billet.

– Pas le vrai ? Bien ! mon vieux. J'en garde un tout petit bout. Tu pourras contrôler. Et quant au reste, allez, ouste ! à la rivière ! [...]

– Mille francs ! me disait-il. Mille francs ! Sais-tu que c'est presque un crime. Tu n'as donc pas assez d'imagination pour te représenter tout ce qu'on peut avoir avec mille francs ?

– Je me demande, répondis-je en m'éloignant de quelques pas, je me demande ce que j'aurais pu acheter pour être, seulement de moitié aussi content que je le suis.

● Faites le contraste entre les deux derniers paragraphes de cet extrait et de ceux de *Les Choses*, page **101**.

● Qui est (mé)content et pourquoi?

● Qui attache la plus grande importance à l'argent ?

● Et vous ? N'oubliez pas la réponse à cette question que vous avez déjà faite (voir page **51**) !

Faim d'été pour les SDF parisiens

A la saison chaude, seuls huit centres d'aide alimentaire restent ouverts dans la capitale

«Chaque année, la galère recommence avec le 1er août. Tous les endroits où l'on peut se nourrir d'habitude ferment leurs portes.» José, à la rue depuis trois ans, ne comprend pas pourquoi les centres de la Mie de pain ne distribuent pas de repas l'été. «A croire que parce qu'il fait chaud on ne doit plus avoir faim.» A Paris et dans d'autres grandes villes, la question est d'autant plus préoccupante cette année puisque ceux des SDF qui, d'ordinaire, descendent dans le sud à la recherche de petits boulots sont restés. «Beaucoup espéraient trouver des jobs avec la Coupe du monde», explique une assistante sociale. Difficile cependant de chiffrer cette population marginalisée, avec, d'un côté, les itinérants et, de l'autre, les sédentaires, exclus de longue date. Seuls huit centres d'aide alimentaire restent ouverts pendant l'été, à Paris, sur la cinquantaine généralement en service. Et le numéro d'urgence du Samu social – l'un des rares organismes ouverts vingt-quatre heures sur vingt-quatre, même en août – fonctionne à plein régime pour donner les adresses de la Halte des amis de la rue, du centre Baudricourt ou de quelques autres.

A l'église Saint-Lambert-de-Vaugirard, l'opération "Août secours alimentaire".

Lancée il y a cinq ans par Pierre Lane, diacre du diocèse de Paris, l'opération 'Août secours alimentaire' [ASA] seconde désormais les trop rares centres ouverts. Chaque été ASA distribue des colis-repas dans les cryptes de quatre églises de la capitale : Saint-Lambert-de-Vaugirard, Saint-Joseph-des-Epinettes, Saint-Hippolyte et Notre-Dame-de-la-Croix, à Ménilmontant. «Année après année, les gens viennent de plus en plus nombreux», note Christine Deverneuil, qui participe à l'opération. ASA a prévu cet été de servir plus de 150 000 colis-repas, pour 120 000 la saison dernière. Et dans les grandes villes comme Lille ou Lyon, on envisage de solliciter l'aide d'Août secours alimentaire la saison prochaine.

«L'église Saint-Lambert-de-Vaugirard est aussi devenue un lieu de rencontres», remarque Christine Deverneuil. «Au mois d'août, la fermeture de nombreux lieux d'écoute crée un immense vide. Du coup, sans-abri, familles en difficulté ou vagabonds se retrouvent devant nos centres deux heures avant l'ouverture des portes, pour discuter. Ils en oublient parfois qu'ils sont passés chercher un colis-repas. Ils viennent juste rompre la solitude.» Paris est un désert au mois d'août. Pour certains, c'est un délice. Pour d'autres, la misère est encore plus triste au soleil.

Sarah Carpentier

- En quelle année ces scènes se sont-elles déroulées ? Comment le savez-vous ?

- ✎ Servez-vous de l'Internet (ou de recherches particulières) pour vous renseigner sur les SDF parisiens : leur nombre est-il en hausse ou en baisse ? Et dans votre ville ou ailleurs ?

(Réponse : 1998 – Coupe du Monde en France)

RICHESSE et CHANCE

SUPERSTITION ?

Quoi qu'il en soit, il est coutume de faire sauter les crêpes en tenant une pièce dans une main pour s'assurer richesse et chance toute l'année. On peut également faire un vœu. Mais, attention, la crêpe doit se retourner correctement dans la poêle. Sinon, adieu richesse et chance !

ILS ONT GAGNÉ LE DEUXIÈME PLUS GROS LOT DU LOTO

Geneviève et Gilles sont devenus riches, très riches en gagnant plus de cent millions de francs au super loto du vendredi 13 mars.

On a tout avec cent briques

S'ils le voulaient, ils pourraient s'acheter un premier grand cru du Bordelais de 25ha, un chasseur américain F16 ou trois de nos chars Leclerc, une dizaine de kilomètres d'autoroute en plaine, une petite centaine de Rolls neuves, une rame Eurostar... On se demande ce qu'ils en feraient, mais tout, ou presque, leur est désormais possible, y compris de vivre très sereinement de leur rentes grâce à des placements très sûrs qui pourraient leur rapporter sans soucis, 4,5%, c'est-à-dire 12 500F par jour !

Une vie bien tranquille

Une petite maison abritait le bonheur simple de Geneviève et Gilles. Depuis, qu'ils le veuillent ou non, leur vie a changé. Mais il leur faudra du temps pour devenir de vrais milliardaires. En attendant, chez Mme Avezou, qui a validé la grille gagnante, on fait la queue.

LE PARCOURS D'UN HABITUÉ

LES LABORATOIRES FONT TESTER CERTAINS PRODUITS PAR DES COBAYES HUMAINS.

C'était en 1987, Paul avait franchi le pas. Avec lui, il n'était pas question d'argent de poche, mais de salaire. C'était un «pro», un de ceux que les médecins craignent comme la peste. Paul est batteur dans un groupe rock, «une passion qui ne rapporte pas un centime,» dit-il, souriant. Alors, «branché par un copain étudiant en médecine,» il s'était constitué peu à peu le parfait carnet d'adresses du cobaye. Somnifères, psychotropes, Paul avalait tout : «Je me foutais de savoir ce que je prenais.» Il lui est arrivé de tester deux produits à une semaine d'intervalle.

«Les expérimentateurs exigeaient un délai d'au moins trois mois entre deux essais, mais ils n'avaient aucun moyen de vérifier. Pour un essai de trois semaines et quelques nuits passées au laboratoire, je touchais de 3 000 à 5 000F. Souvent, j'étais payé au prélèvement, par exemple 80F la prise de sang.» Il est arrivé à Paul de subir une vingtaine de prises de sang par jour. «Dans ces cas-là, j'avais un cathéter dans la veine, pour éviter d'être piqué trop souvent.» Le danger ? Quel danger ? Sûr de lui, Paul consent juste à avouer qu'il avait ses préférences parmi les laboratoires. Ainsi, la Fondation Aster. «Chaque feuille de résultat était vérifiée et enregistrée», précise-t-il. Je signais en général une décharge, où les effets du produit testé et les éventuelles contre-indications étaient notées.» Quant à pouvoir préciser le contenu exact de cette 'décharge', il s'en dit incapable.

Extrait de Cobayes Humains par Aline Richard/ Sophie Veyret. Edition La Découverte.

● Faites une liste de tous les moyens notés ci-dessus pour se faire de l'argent.

Jeu-test : êtes-vous musicien ?

1 Lorsque vous étiez enfant, ou si vous l'êtes encore, en jouant au Lego ;

a) vous suivez le plan de construction indiqué jusqu'au bout ;

b) vous en avez vite assez et passez rapidement à autre chose ;

c) vous essayez de construire le modèle sans regarder le plan.

2 Vos amis jouent ou apprennent à jouer d'un instrument :

a) vous aussi avez envie de jouer, sans trop savoir pourquoi ;

b) vous avez envie d'apprendre parce que cela peut vous être utile, notamment financièrement ;

c) vous pressentez et ressentez dans la musique une expression plus riche que tout autre langage.

3 Vous vouez un culte sans borne à Vladimir Horowitz, à Pablo Casals…

a) leur talent vous décourage. Lorsque vous jouez, vous prenez conscience de l'immensité qui vous sépare d'eux ;

b) leur talent est immense. Mais, lorsque vous jouez, vous ne pensez pas du tout à eux ;

c) vous êtes loin de posséder leur talent, mais les écouter vous stimule et vous engage à travailler davantage.

4 Il y a tant d'instruments que miser sur le piano vous parait le plus sûr…

a) la harpe dont le son vous enchante est trop délicate ;

b) la guitare est trop masculine ;

c) vous voulez apprendre ce que vous croyez être le plus difficile.

5 L'instrument dont vous rêvez devrait être :

a) le prolongement de vous-même ;

b) celui grâce auquel vous voulez vous exprimer ;

c) un objet qui réponde comme vous le souhaitez à ce que vous jouez.

6 Vous savez assez mal lire la musique, mais…

a) vous vous en moquez parce que vous savez vous aider de votre oreille ;

b) vous décidez avant tout de combler cette lacune ;

c) vous améliorez votre lecture tout en pratiquant.

7 Vous asseoir dans la journée, c'est…

a) pour travailler ;

b) vous n'en avez jamais le temps ;

c) pour vous retrouver.

8 Selon vous, jouer d'un instrument, cela se fait…

a) avec les dix doigts et le cerveau ;

b) avec toute son énergie et ses muscles ;

c) comme le reste.

9 Lorsqu'une personne vous parle :

a) vous êtes sensible au caractère de sa voix ;

b) vous ne vous attachez qu'au sens de ses paroles ;

c) vous faites particulièrement attention à vous.

10 Finalement, apprendre à jouer, c'est…

a) trouver du plaisir à apprendre ;

b) apprendre le plus vite possible pour trouver du plaisir ;

c) travailler.

Si je paie, tu te tais ?

merci

Solution

COMPTEZ VOS POINTS :

▲ 1 a 3 ; b 0 ; c 4.　　▲ 2 a 1 ; b 2 ; c 5.
▲ 3 a 1 ; b 2 ; c 3.　　▲ 4 a 0 ; b 0 ; c 1.
▲ 5 a 5 ; b 2 ; c 1.　　▲ 6 a 2 ; b 3 ; c 4.
▲ 7 a 1 ; b 0 ; c 2.　　▲ 8 a 1 ; b 5 ; c 0.
▲ 9 a 5 ; b 3 ; c 2.　　▲ 10 a 2 ; b 1 ; c 2.

De 8 à 12 points. Vous manquez de temps. Mieux vaut collectionner les disques, écouter la radio que de dépenser de l'argent pour acheter un instrument qui ne servira guère et payer un professeur.

De 13 à 18 points. Vous êtes encore indécis. Bien sûr, apprendre la musique peut un jour vous aider financièrement. Vous ne manquez pas de sens pratique et nul doute que l'instrument qui répond parfaitement à vos commandes vous satisfait. Il vous manque probablement un grain de fantaisie, mais vous avez envie de travailler… Mais, attention à ne pas glisser vers la facilité. Vous avez de l'oreille. Mais lisez les partitions plutôt que de les apprendre par cœur.

De 19 à 30 points. Vous êtes un élève modèle. Ne gâchez pas votre talent. Vous n'avez pas peur d'étudier un instrument difficile, pourvu qu'il soit le prolongement de vous-même. La musique est pour vous le plus riche des langages, aussi éprouvez-vous du plaisir à apprendre.

Au-delà de 30 points. Vous avez triché : vous jouez déjà d'un instrument de musique. Mais vous n'êtes peut-être pas complètement satisfait ou performant. Le talent de vos idoles ne vous stimulerait-il plus ?

Louisiane
Pays des Cajuns

D'où ce terme 'cajun', qui désigne les habitants franco-américains d'une contrée triangulaire qui a comme base la côte et qui remonte à Alexandria au milieu de l'état de la Louisiane ?

Déportés dans les années 1750 par les Britanniques des provinces de l'est du Canada, nommées à l'époque Acadie, leurs aïeuls français s'étaient exilés aux colonies de la Nouvelle Angleterre, aux Antilles et même à la France, avant de se retrouver jusqu'à 20 ans plus tard bien accueillis dans le territoire principalement français de la Louisiane. C'est grâce aux Français indigents, qui prononçaient le terme 'Acadian' comme 'A-cajan', qu'on parle aujourd'hui de la culture cajun, qu'il s'agisse de la musique cajun ou de la cuisine cajun.

Malgré les préjugés culturels et linguistiques des Américains de la région (à voir sur l'Internet 'Cajun' et 'Coonass' !), les Cajuns continuent de parler leur français à la mode du 18e siècle, tout en gardant leurs nombreux fêtes et festivals, qu'ils célèbrent avec joie et acharnement le long des bayous du Mississippi.

● Pourquoi, selon vous, la langue est-elle un aspect si important de la culture d'une société ?

Québec
Troubles du langage

L'affichage «En français seulement» remis en question. Et voilà ravivée la querelle linguistique.

Le calicot tendu sur toute la longueur de l'immeuble de la Société Saint-Jean-Baptiste, rue Sherbrooke à Montréal, affiche la couleur : *«Du français, il en faut plus, pas moins !»*

Les gardiens de la flamme linguistique au Québec ressortent des boules antimites leurs slogans et leur arsenal – pacifique – de défenseurs du «visage français» de Montréal. Motif : le projet d'amendement de la loi sur la langue d'affichage et d'enseignement, déposé le 6 mai 1993 par le gouvernement québécois.

Du coup, branle-bas de combat chez les tenants du «plus de français» : le mouvement Québec français sonne l'alarme contre l'affichage bilingue : *«Si le bilinguisme des individus est une richesse, le bilinguisme des institutions est l'antichambre de l'assimilation.»* Jacques Parizeau, chef du Parti québécois, indépendantiste, fulmine contre le retour du «Montréal bilingue».

Selon un sondage récent, les deux tiers des Québécois francophones seraient d'accord avec l'affichage bilingue. Mais, en même temps, la même proportion estime que le français est menacé au Québec. Bon nombre de Québécois ont le sentiment que le fait français, bien accepté, et même revendiqué par la classe intellectuelle et artistique canadienne de Toronto ou de

Vancouver, reste une source de mépris et d'incompréhension pour la population canadienne dans son ensemble, et surtout pour les néo-Canadiens, issus de l'émigration récente au Canada.

Parce qu'il est précaire, l'usage du français en Amérique du Nord doit s'appuyer sur un appareil législatif. Mais la loi qui régit depuis seize ans l'affichage commercial est tracassière, disent les anglophones. Parfois elle est cocasse : le célèbre restaurant Schwartz, rue Saint-Laurent, qui sert la spécialité juive montréalaise du «smoked meat», a dû changer son enseigne «Hebrew Delicatessen» en «Charcuterie hébraïque» (sic !).

A l'Assemblée nationale de Québec, le débat a démarré avec vigueur. La position des nationalistes n'est cependant pas très assurée. Car même le Parti québécois avait laissé entendre que la loi sur l'affichage devait être modifiée, et pourrait l'être sans danger pour le français, une fois que l'indépendance serait faite. Le voilà au pied du mur, mais un peu plus tôt que prévu !

Candide ou l'optimisme

Candide ou l'Optimisme **(1759), conte drôle de souffrance qui s'attaque à la philosophie de l'optimisme, conçue par Leibniz, philosophe allemand du 18e siècle, pour démontrer que 'tout est au mieux dans le meilleur des mondes possibles'.**

RÉSUMÉ 1 :

Candide, jeune naïf amoureux de la délicieuse Cunégonde, sœur du baron de Thunder-ten-tronckh en Vestphalie, Allemagne, se fait chasser du château du baron, qui les a surpris en train de faire tout innocemment l'amour. Alors Candide fait le tour du monde, y compris un séjour en Eldorado, où il devient riche en diamants, toujours à la recherche de son amour idéal, Cunégonde, qui perd vite son innocence lors de son propre voyage de découvertes à travers le monde. Accompagné du philosophe Pangloss (= 'all tongue/mouth'), de Martin, de Cacambo, d'une vieille femme infortunée et d'un jeune couple – Giroflée et Paquette – Candide arrive enfin en Turquie, où il retrouve sa 'belle' Cunégonde, devenue bien laide, qu'il épouse malgré lui. Puis il achète une petite métairie (ferme) pour accommoder sa petite 'société'.

EXTRAIT 1 :

Il était tout naturel d'imaginer qu'après tant de désastres Candide, marié avec sa maîtresse et vivant avec le philosophe Pangloss, le philosophe Martin, le prudent Cacambo, et la vieille, ayant d'ailleurs rapporté tant de diamants de la patrie des anciens Incas, mènerait la vie la plus agréable; mais il fut tant friponné par les juifs qu'il ne lui resta plus rien que sa petite métairie; sa femme, devenant tous les jours plus laide, devint acariâtre et insupportable; la vieille était infirme, et fut encore de plus mauvaise humeur que Cunégonde. Cacambo, qui travaillait au jardin, et qui allait vendre des légumes à Constantinople, était excédé de travail, et maudissait sa destinée. Pangloss était au désespoir de ne pas briller dans quelque université d'Allemagne. Pour Martin, il était fermement persuadé qu'on est également mal partout ; il prenait les choses en patience. Candide, Martin, et Pangloss, disputaient quelquefois de métaphysique et de morale. On voyait souvent passer sous les fenêtres de la métairie des bateaux chargés d'effendis, de bachas, de cadis, qu'on envoyait en exil à Lemnos, à Mytilène, à Erzeroum; on voyait venir d'autres cadis, d'autres bachas, d'autres effendis, qui prenaient la place des expulsés, et qui étaient expulsés à leur tour. On voyait des têtes proprement empaillés qu'on allait présenter à la Sublime-Porte. Ces spectacles faisaient redoubler les dissertations; et quand on ne disputait pas, l'ennui était si excessif que la vieille osa un jour leur dire : « Je voudrais savoir lequel est le pire, ou d'être violée cent fois par des pirates nègres, d'avoir une fesse coupée, de passer par les baguettes chez les Bulgares, d'être fouetté et pendu dans un auto-da-fé, d'être disséqué, de ramer en galère, d'éprouver enfin toutes les misères par lesquelles nous avons tous passé, ou bien de rester ici à ne rien faire ? – C'est une grande question », dit Candide.

RÉSUMÉ 2 :

Candide et ses compagnons, très mécontents de leur sort, font la connaissance d'un vieux turc et ses enfants, qui semblent mener une vie simple mais heureuse.

EXTRAIT 2 :

« Vous devez avoir, dit Candide au Turc, une vaste et magnifique terre ? – Je n'ai que vingt arpents, répondit le Turc; je les cultive avec mes enfants; le travail éloigne de nous trois grands maux, l'ennui, le vice, et le besoin. »

Candide, en retournant dans sa métairie, fit de profondes réflexions sur le discours du Turc. Il dit à Pangloss et à Martin : « Ce bon vieillard me paraît s'être fait un sort bien préférable à celui des six rois avec qui nous avons eu l'honneur de souper. – Les grandeurs, dit Pangloss, sont fort dangereuses, selon le rapport de tous les philosophes : car enfin Eglon, roi des Moabites, fut assassiné par Aod; Absalon fut pendu par les cheveux et percé de trois dards; le roi Nadab, fils de Jéroboam, fut tué par Baasa; le roi Ela, par Zambri; Ochosias, par Jéhu; Athalia, par Joïada; les rois Joachim, Jéchonias, Sédécias, furent esclaves. Vous savez comment périrent Crésus, Astyage, Darius, Denys de Syracuse, Pyrrhus, Persée, Annibal, Jugurtha, Ariioviste, César, Pompée, Néron, Othon, Vitellius, Domitien, Richard II d'Angleterre, Edouard II, Henri VI, Richard III, Marie Stuart, Charles Ier, les trois Henri de France, l'empereur Henri IV ? Vous savez… – Je sais aussi, dit Candide, qu'il faut cultiver notre jardin. – Vous avez raison, dit Pangloss; car quand l'homme fut mis dans le jardin d'Eden, il y fut mis *ut operaretur eum*, pour qu'il travaillât : ce qui prouve que l'homme n'est pas né pour le repos. – Travaillons sans raisonner, dit Martin; c'est le seul moyen de rendre la vie supportable. »

Toute la petite société entra dans ce louable dessein; chacun se mit à exercer ses talents. La petite terre rapporta beaucoup. Cunégonde était, à la vérité, bien laide; mais elle devint une excellente pâtissière; Paquette broda; la vieille eut soin du linge. Il n'y eut pas jusqu'à frère Giroflée qui ne rendît service; il fut un très bon menuisier, et même devint honnête homme; et Pangloss disait quelquefois à Candide : « Tous les événements sont enchaînés dans le meilleur des mondes possibles : car enfin si vous n'aviez pas été chassé d'un beau château à grands coups de pied dans le derrière pour l'amour de mademoiselle Cunégonde, si vous n'aviez pas été mis à l'Inquisition, si vous n'aviez pas couru l'Amérique à pied, si vous n'aviez pas donné un bon coup d'épée au baron, si vous n'aviez pas perdu tous vos moutons du bon pays d'Eldorado, vous ne mangeriez pas ici des cédrats confis et des pistaches. – Cela est bien dit, répondit Candide, mais il faut cultiver notre jardin.»

● Candide, que veut-il dire par «Il faut cultiver notre jardin» ? Vous êtes d'accord avec lui ?

La Télé

L'HUMOUR DE PHILIPPE BOUVARD

Petit lexique télévision – français

Il est normal que, constituant un monde à part, la télévision emploie un langage spécifique. Ainsi lorsqu'un présentateur ou un animateur s'adresse durant une émission à une personnalité extérieure ou aux téléspectateurs, convient-il de traduire en français franc la majeure partie de ses propos dont le sens véritable se trouve caché derrière des sourires.

Lorsque l'animateur dit	Comprenez
Quelle est votre actualité en ce moment ?	Qu'est-ce que vous avez à vendre ?
Je vous remercie d'avoir accepté mon invitation.	C'est gentil à vous d'être venu gracieusement afin que je puisse garder pour moi tout l'argent que me donne la chaîne pour produire cette émission.
Notre débat concerne tous les Français adultes.	Couchez les enfants, on va dire des horreurs.
Vous êtes un grand champion.	Vous ne valez pas tripette.
C'est gentil à vous de nous avoir amené votre partenaire.	Vous auriez pu laisser ce minable à la maison.
Je choisis cette enveloppe au hasard.	Mon assistante m'a bien recommandé de prendre celle-là.
Vous passez pour être le plus consciencieux des acteurs.	On murmure que vous obligez vos partenaires à répéter les scènes d'amour dans votre chambre.
Je souhaite à votre livre tout le succès qu'il mérite.	J'espère que vous n'en vendrez pas un seul exemplaire.
Merci de nous avoir parlé de votre dernier livre.	Si ça pouvait être le dernier !
Vous avez toujours placé très haut l'intérêt collectif.	Votre fortune personnelle est considérable.
Nous avons beaucoup d'amis communs.	J'en sais long sur votre compte.
Vos sondages sont en baisse.	Les Français vous haïssent.
Les périodes d'ensoleillement alterneront avec les précipitations.	Les prévisions de la météo nationale ne nous sont pas parvenues.
Nous allons devoir rendre l'antenne.	Assez débloqué pour aujourd'hui.

- Ajoutez d'autres phrases au petit lexique télévision.

- Quels sentiments, l'auteur de 'Débandade' exprime-t-il dans cet article ?

 **CRÉER**

Les élèves des établissements scolaires français ont le droit de publier leurs propres journaux. Dans cet extrait, un lycéen journaliste de 17 ans, Joël Ronez, nous dit ce que faire un journal représente pour lui.

«Faire un journal, c'est la joie d'écrire, tout d'abord. Des phrases, des mots violents ou doux. Et puis quand on n'a pas envie d'écrire, on dessine, on bédéise, on pirate ses propres pages. On s'amuse, quoi.

«Faire un journal, c'est ensuite la mise en page. Les titres gros, gras, droits, de travers, en italiques, font les belles heures du potentiel de réflexion rédactionnel, et aussi de belles engueulades.

«Faire un journal, c'est ensuite la galère des photocopies, des agrafes qui font défaut à une heure avancée de la nuit. Je n'ai jamais vu quelque chose d'aussi gonflant que la comptabilité de Débandade, quand par hasard elle était faite, surtout s'il faut rajouter 10 sacs de sa poche par-ci par-là...

«Et puis enfin, le bonheur. Suprême. Ça y est, il est là, agrafé et rutilant derrière son format A4. Maintenant, on a plus qu'à récolter les fruits de sa propre création. On se voit propulsé dans les hautes sphères de la notoriété locale. On rencontre des dizaines de gens qui ont lu tel ou tel article et veulent vous voir, vous approuver, vous inviter à bouffer, à boire, à parler. Ou tout simplement vous dire que votre fanzine est crade et vulgaire...»

Le désert de Bièvres

Dans Le désert de Bièvres, *Georges Duhamel, écrivain français, raconte l'histoire de jeunes intellectuels qui, pour gagner leur vie, décident de devenir écrivains. Dans cette partie du roman, ils viennent de recevoir une machine à imprimer, une «Minerve» à pédale et maintenant, ils se préparent à apprendre à composer une page et à imprimer.*

MINERVE A PÉDALE

CASSE

GALÉE

C'était une «Minerve» à pédale, suffisante pour imprimer une feuille entière, mais «en blanc», c'est-à-dire d'un seul côté. Justin l'avait achetée d'occasion, sur les conseils compétents de Gabriel Monmerqué et de l'ouvrier Picquenart.

La journée du lendemain fut tout entière employée à classer le caractère. Nous classions les petits morceaux de plomb que Picquenart tirait de leur enveloppe et nous passait en les nommant. Si la machine était, comme je l'ai dit, d'occasion, le caractère était neuf. Il avait cet éclat métallique un peu voilé du plomb vierge. Picquenart nous donnait les paquets et nous chargeait de les ranger, selon l'ordre traditionnel, dans les petites loges des casses, que l'on appelle cassetins. Tout le monde se mit à la besogne et je pense que, dans notre ardeur, il y avait ce goût du jouet neuf, ce goût qui ne quitte jamais l'homme, pas même au seuil de la tombe. Nous avions vraiment grande envie de savoir promptement manier ces instruments.

Dès que le matériel fut en exacte ordonnance, Picquenart nous donna notre première leçon. Nous étions tous autour de lui, devant une fenêtre émerveillée par la froide clarté de mars.

Jusserand, de temps en temps, poussait des «oh ! oh ! oh !» d'admiration et de plaisir. Les yeux de Justin brillaient. Raoul Brénugat n'avait pas la comprenette fort prompte ; il demandait des explications en plissant son front qui était bas et volontaire. Puis, toutes explications données, nous gagnâmes chacun nos places et nous nous mîmes en devoir de composer quelques lignes. Jusserand eut, le premier, fini de composer quatre lignes. Picquenart, d'un geste adroit, les porta sur la galée et les noua d'une ficelle. Puis, il retourna le tout, glissa le rouleau chargé d'encre, saisit une feuille de papier, une brosse, et fit une épreuve.

Nous la passions de main en main. Elle était pleine de fautes, mais lisible, malgré tout. Le miracle était accompli.

Un autre regard

- L'auteur de *Le désert de Bièvres*, comment transmet-il ses sentiments au lecteur ?

- Ayant lu l'extrait tiré d'*Un autre regard*, lisez l'extrait de *L'Etranger* à la page 110, puis comparez-les.

Alain Robbe-Grillet romancier contemporain, nous emmène dans un couloir du métro à Paris.

Une foule clairsemée de gens pressés, marchant tous à la même vitesse, longe un couloir dépourvu de passages transversaux, limité d'un bout comme de l'autre par un coude, obtus, mais qui masque entièrement les issues terminales, et dont les murs sont garnis, à droite comme à gauche, par des affiches publicitaires toutes identiques se succédant à intervalles égaux. Elles représentent une tête de femme, presque aussi haute à elle seule qu'une des personnes de taille ordinaire qui défilent devant elle, d'un pas rapide, sans détourner le regard.

Cette figure géante, aux cheveux blonds bouclés, aux yeux encadrés de cils très longs, aux lèvres rouges, aux dents blanches, se présente de trois quarts, et sourit en regardant les passants qui se hâtent et la dépassent l'un après l'autre, tandis qu'à côté d'elle, sur la gauche, une bouteille de boisson gazeuse, inclinée à quarante-cinq degrés, tourne son goulot vers la bouche entrouverte. La légende est inscrite en écriture cursive, sur deux lignes : le mot «encore» placé au-dessus de la bouteille, et les deux mots «plus pure» au-dessous, tout en bas de l'affiche, sur une oblique légèrement

montante par rapport au bord horizontal de celle-ci.

Sur l'affiche suivante se retrouvent les mêmes mots à la même place, la même bouteille inclinée dont le contenu est prêt à se répandre, le même sourire impersonnel. Puis, après un espace vide couvert de céramique blanche, la même scène de nouveau, figée au même instant où les lèvres s'approchent du goulot tendu et du liquide sur le point de couler, devant laquelle les mêmes gens pressés passent sans détourner la tête, poursuivant leur chemin vers l'affiche suivante.

L'ETRANGER

Dans son roman *L'ETRANGER*, Albert Camus, romancier (1913-1960), fait parler le héros, MEURSAULT. Cette scène se passe dans la salle d'un Tribunal où Meursault comparaît pour avoir assassiné un Arabe. L'audience va bientôt commencer.

ALBERT CAMUS : SA VIE ET SES ŒUVRES :
QUELQUES DÉTAILS BIOGRAPHIQUES

1913 – Né le 13 novembre à Mondovi, près de Bône en Algérie

1914 – Mort de son père, Lucien Camus, blessé à la bataille de la Marne, à l'hôpital militaire de Saint-Brieuc

1930 – Suite à ses premières atteintes de la tuberculose, il prend conscience de l'injustice faite à l'homme

1932 – Premiers essais publiés dans la revue Sud

1935/
1937 – Adhésion au parti communiste

1937 – *L'envers et l'endroit*

1940 – Journaliste à Alger, Paris, Clermont-Ferrand et Lyon, Camus travaille aux «trois Absurdes» : *L'Etranger, Le mythe de Sisyphe* et *Caligula*

1942 – *L'Etranger* et *Le mythe de Sisyphe*

1943 – Journaliste à combat. Publication clandestine des premières *Lettres à un ami allemand*

1947 – *La peste*, grand roman allégorique sur l'injustice de la guerre et de la vie

1949 – *Les Justes*

1951 – Suite à *L'homme révolté*, Camus rompt avec la gauche communiste et avec Sartre

1953 – Retour au théâtre, passion qui dominera toutes les dernières années de sa vie

1954 – *L'été*

1956 – Camus lance un appel pour une trêve civile dans la guerre d'Algérie, mais les actes de terrorisme se multiplient

1957 – *L'exil et le royaume*

1958 – Dépression nerveuse

1959 – *Les Possédés*

1960 – Mort de Camus dans un accident de voiture près de Sens

Il m'a dit : «Les voilà.» J'ai demandé : «Qui ?» et il a répété : «Les journaux.» Il connaissait l'un des journalistes qui l'a vu à ce moment et qui s'est dirigé vers nous. C'était un homme déjà âgé, sympathique, avec un visage un peu grimaçant. Il a serré la main du gendarme avec beaucoup de chaleur. J'ai remarqué à ce moment que tout le monde se rencontrait, s'interpellait et conversait, comme dans un club où l'on est heureux de se retrouver entre gens du même monde. Je me suis expliqué aussi la bizarre impression que j'avais d'être de trop, un peu comme un intrus. Pourtant, le journaliste s'est adressé à moi en souriant. Il m'a dit qu'il espérait que tout irait bien pour moi. Je l'ai remercié et il a ajouté : «Vous savez, nous avons monté un peu votre affaire. L'été, c'est la saison creuse pour les journaux. Et il n'y avait que votre histoire et celle du parricide qui vaillent quelque chose.» Il m'a montré ensuite, dans le groupe qu'il venait de quitter, un petit bonhomme qui ressemblait à une belette engraissée, avec d'énormes lunettes cerclées de noir. Il m'a dit que c'était l'envoyé spécial d'un journal de Paris : «Il n'est pas venu pour vous, d'ailleurs. Mais comme il est chargé de rendre compte du procès du parricide, on lui a demandé de câbler votre affaire en même temps.» Là encore, j'ai failli le remercier. Mais j'ai pensé que ce serait ridicule. Il m'a fait un petit signe cordial de la main et nous a quittés. Nous avons encore attendu quelques minutes.

Mon avocat est arrivé, en robe, entouré de beaucoup d'autres confrères. Il est allé vers les journalistes, a serré des mains. Ils ont plaisanté, ri et avaient l'air tout à fait à leur aise, jusqu'au moment où la sonnerie a retenti dans le prétoire. Tout le monde a regagné sa place.

A ma gauche, j'ai entendu le bruit d'une chaise qu'on reculait et j'ai vu un grand homme mince, vêtu de rouge, portant lorgnon, qui s'asseyait en pliant sa robe avec soin. C'était le procureur. Un huissier a annoncé la cour. Au même moment, deux gros ventilateurs ont commencé de vrombir. Trois juges, deux en noir, le troisième en rouge, sont entrés avec des dossiers et ont marché très vite vers la tribune qui dominait la salle. L'homme en robe rouge s'est assis sur le fauteuil du milieu, a posé sa toque devant lui, essuyé son petit crâne chauve avec un mouchoir et déclaré que l'audience était ouverte.

Les journalistes tenaient déjà leur stylo en main. Ils avaient tous le même air indifférent et un peu narquois. Pourtant, l'un d'entre eux, beaucoup plus jeune, habillé en flanelle grise avec une cravate bleue, avait laissé son stylo devant lui et me regardait. Dans son visage un peu asymétrique, je ne voyais que ses deux yeux, très clairs, qui m'examinaient attentivement, sans rien exprimer qui fût définissable. Et j'ai eu l'impression bizarre d'être regardé par moi-même.

● Dessinez les deux scènes (*Le désert de Bièvres* page 109 et *L'Etranger*) telles que vous les imaginez.

Ou

Quelle scène vous paraît la plus évocatrice ? Pourquoi ?

Thèmes	Communiquer	Grammaire	Epreuves
● Pollution et écologie ● Transport ● Energie nucléaire ● Les déchets ● Climat	● Exprimer des conséquences ● Contribuer à un débat ● Parler des réflexions et des pensées ● Rapporter ce que son groupe a dit	● Faire + *infinitif* ● Se faire + *infinitif* ● La négation ● Rappel : le passif ● Eviter le passif	● Corriger des faits d'un résumé ● Trouver des synonymes ● Défendre une idée ● Ecrire des lettres et des rédactions ● Expliquer et justifier ses opinions

POLLUTION !...
POLLUTION !...
ÇA NOUS CASSE LES OREILLES !!

POC !

À NOUS AUSSI !

Trouvez une phrase pour chaque problème de l'environnement illustrés par les photos. Par exemple, 3 = la pollution de l'air par les voitures.

A votre avis, quel problème est le plus grave, et pourquoi ?

Sommaire

Origine de l'électricité en France

■ Nucléaire   □ Hydraulique
■ Thermique à flammes

Regardez le graphique. Quelle conclusion peut-on en tirer sur les sources d'énergie en France ?

Les risques majeurs

Lisez ce que l'auteur Alain Hervé écrit sur les risques majeurs de l'environnement auxquels il faut faire face.

Pollutions visibles

Sur toutes les plages du monde, même les plus reculées de l'Océan Pacifique, lorsqu'on s'y promène, on voit une ligne de déchets : bouteilles et sacs en plastique, ampoules électriques, boîtes de soda, boules de goudron...

Mais ces pollutions spectaculaires ne sont pas celles qui font courir les plus grands risques à la planète. Les plus dangereuses sont vraisemblablement les plus invisibles, les plus diluées.

L'effet de serre

Une légère opacité dans les couches de la haute atmosphère (résultant de pollutions diverses et l'augmentation du taux du gaz carbonique dû à la croissance continue de la consommation d'énergie) peut augmenter ce qu'on appelle «l'effet de serre» : les calories reçues du soleil et celles que nous produisons font augmenter la température générale à la surface de la Terre. Ce qui va faire fondre les glaces, aux deux pôles, et faire monter le niveau des mers.

Que la température générale augmente de 2 à 7°, et le niveau des mers monterait de 2 à 4 mètres selon certains chercheurs, de 40 mètres selon d'autres. Toutes les plaines basses et les estuaires, où se trouvent les grandes villes, seraient engloutis.

La couche d'ozone

La diminution de la couche d'ozone, phénomène encore mal compris, mais déjà en cours, risque d'entraîner un rayonnement solaire plus intense dans la zone des ultra-violets, provoquant chez les mammifères une modification des structures cellulaires et l'apparition de cancers de la peau.

Le nucléaire

Le risque nucléaire est latent depuis les travaux d'Einstein et l'invention de la fission de l'atome au cours de la seconde guerre mondiale. Civil ou militaire, l'atome est identique. Hiroshima ou Chernobyl ne diffèrent pas en qualité : dans les deux cas, une libération d'isotopes radioactifs incompatibles avec la vie. Les effets de souffle et de chaleur n'étant qu'accessoires même s'ils tuent davantage dans l'immédiat.

Une augmentation de la radio activité de l'air, de l'eau, de la mer ou de la terre à la suite d'une explosion nucléaire supprime la vie des mammifères dont l'homme pour plusieurs siècles, sur un territoire plus ou moins vaste.

L'arsenal militaire

L'humanité dispose d'un arsenal militaire qui, en cas de guerre mondiale, peut supprimer toute vie évoluée sur la planète et ne peut laisser que quelques insectes survivants, tel le scorpion.

D'après Alain Hervé,
Merci la Terre

---

1 **Devinez les mots ou les expressions**

Ecrivez les mots et les expressions ci-dessous comme il faut en cherchant la solution du passage *Risques majeurs*. A la fin, traduisez tous les mots et les expressions en anglais.

am*ou*es *le*tr*qu*s
bo*le* de *ou*ro*
cr*is*an*e co*ti*ue
co*so*ma*io* d'é*er*ie
en*lo*ti*
ph*no*èn*
dé*à e* co*rs
ri*qu* d'e*tr*în*r
ra*on*em*nt so*ai*e

ap*ar*ti*n de c*nc*rs
la*en*
fi*sio* de l'*to*e
li*ér*ti*n d'i*ot*pes i*co*pa*ib*es
ef*et* de *ou*fl* et *e c*al*ur
su*pr*me
fo*dr*
mam*if*re*

Les termes écologiques

Exercice de prononciation. Voir *Self-study booklet*, page 20.

2 Définitions écologiques et scientifiques

Trouvez dans la colonne de droite la définition pour les mots et les expressions du passage *Les risques majeurs*.

a	les déchets	1	la partie de l'atmosphère qui protège des UV
b	l'effet de serre	2	le niveau
c	une opacité	3	les ordures
d	le taux	4	le CO_2
e	le gaz carbonique	5	le réchauffement de la planète
f	la couche d'ozone	6	un manque de transparence

3 Corrections

Des erreurs factuelles se trouvent dans ce résumé du texte. Réécrivez-le en les corrigeant. Servez-vous d'un traitement de texte, si possible.

Il existe encore, sur Terre, des plages idylliques que la pollution n'a pas touchées. Une couche de déchets, même très épaisse, ne présente qu'un très faible danger pour l'homme. Ce sont les pollutions invisibles, telles que l'effet de serre, la diminution de la couche d'oxygène et le risque d'une explosion nucléaire, qui sont les plus dangereuses. L'effet de serre qui refroidit les températures sur Terre risque de solidifier les glaces polaires. Les scientifiques sont tous d'accord : ils pensent que la mer va monter de 2 à 4 mètres. A cause de la diminution de la couche d'ozone, il y a un accroissement du nombre de leucémies. La fission de l'atome parfaitement maîtrisée par les hommes ne présente que peu de risques pour eux ; mais il faut admettre que le risque militaire est plus grand que le risque civil. Et s'il y avait une guerre atomique, seul le scorpion survivrait.

4 Faites des phrases

Choisissez six mots ou expressions de l'exercice 1 et faites des phrases en employant vos propres mots.

5 ▦ A l'écoute d'un écologiste

Ecoutez ce que dit Albert sur l'environnement. Faites un résumé (entre 90 et 110 mots) du passage en faisant référence aux points ci-dessous.

- Attitude en général concernant l'environnement
- La lutte contre l'effet de serre
- Les voitures
- Les pays en voie de développement
- Les océans
- Le constructeur automobile

6 Exploitation des plaies de la Terre

Exercice de compréhension. Voir la feuille **9.1** .

7 La couche d'ozone et l'effet de serre

Voir la feuille **9.2** .

8 A vous d'expliquer !

Sur un papier, notez les faits importants de la feuille **9.2** sur *La couche d'ozone et l'effet de serre*. Essayez d'expliquer à un(e) partenaire ces deux phénomènes à l'aide de vos points de départs et de **Pour communiquer** ci-dessous.

Pour communiquer

Exprimer des conséquences

Ceci crée/pose un problème pour...	ce qui entraîne des conséquences graves pour...
Ceci constitue un problème...	il faut subir de lourdes conséquences si...
ce qui provoque...	par conséquent...
ce qui mène à...	

✎ Travail de recherche

Sur l'internet (voir www.aupoint.nelson.co.uk) ou par d'autres voies d'information, prenez un des sujets d'**Au fait** à la feuille **9.1** pour mieux vous informer. Créez un dossier illustré pour votre classe. Discutez de ce que vous trouvez avec d'autres dans la classe.

Points de grammaire

FAIRE + INFINITIF

(*To have something done/to cause something to happen*)

Au présent : Mon père fait réparer sa voiture. (*My father is having his car repaired.*)

Au futur : Mon père va faire/fera réparer sa voiture. (*My father is going to have/will have his car repaired.*)

Au passé composé : Ma mère a fait venir le médecin. (*My mother got the doctor to come.*)

A l'imparfait : Ils faisaient sortir leurs parents chaque fois qu'ils invitaient leurs copains chez eux. (*They used to make their parents go out every time they invited their friends around.*)

A l'impératif : Faites-le entrer ! (*Show him in.*)

SE FAIRE + INFINITIF

(*To have something done to/for yourself*)

Exemples :
Ma grand-mère s'est fait opérer l'année dernière. (*My grandmother had an operation last year.*)
Je me faisais couper les cheveux toutes les six semaines quand j'étais jeune. (*I used to have my hair cut every six weeks when I was young.*)

Pour plus de pratique, voir la feuille **9.3** *Grammaire : Faire + infinitif.*

L'automobiliste et notre environnement

A l'heure actuelle, l'automobile montre ses faiblesses, qu'il s'agisse des embouteillages, des accidents ou de la pollution de l'air. En été surtout, le fléau de la pollution de l'air, due essentiellement à la circulation, devient insupportable. Lisez comment la France a dû déclencher la procédure d'alerte.

Toute la France suffoque

Hier, le nuage empoisonné s'est emparé d'une bonne partie du territoire. Peut-on se contenter de faire appel au civisme des automobilistes ?

Léopold STRANJIC

Les capteurs de surveillance de la qualité de l'air ont donné l'alerte hier après-midi. Comme on pouvait s'y attendre, le taux d'ozone est remonté au-dessus de la barre des 180 microgrammes par mètre cube d'air dans de nombreuses villes de France. Aux grandes agglomérations se sont ajoutées de plus petites, moins urbanisées, mais touchées par le même cocktail infernal : canicule, absence de vent et circulation automobile. Ainsi Thionville, Chalon-sur-Saône ou encore Epinal sont venues grossir les rangs des cités atteintes par la pollution de l'air, parfois pour le quatrième jour consécutif (c'est le cas à Strasbourg). En tout, quatorze agglomérations ont dépassé hier après-midi le seuil d'alerte de niveau 2 (taux d'ozone supérieur à 180ug/mètre cube). Sachant qu'il n'existe en France que 35 stations de mesure de la pollution atmosphérique, on peut supposer que beaucoup d'autres agglomérations ont vécu hier sous une chape d'ozone.

Vitesse

La plupart des villes touchées ont donc maintenu les dispositifs mis en place ce week-end. L'alerte de niveau 2 commande une procédure d'information de la population. Aucune mesure n'a de caractère obligatoire mais les autorités peuvent prendre des dispositions pour limiter la circulation ou la vitesse des automobiles. C'est le cas à Paris – qui a enregistré hier 226ug/mètre cube dans le 13e arrondissement – où la vitesse était toujours limitée à 60 km/h sur le boulevard périphérique et à 50 km/h sur les voies sur berges. Sur l'ensemble des routes et autoroutes d'Ile-de-France, les automobilistes devaient réduire leur vitesse de 20km/h par rapport à la normale.

Déjà, des voix s'élèvent pour que des mesures autoritaires soient déclenchées dès la procédure d'alerte de niveau 2. Ainsi dans un communiqué, le maire de Paris a rappelé qu'il avait proposé au ministre de l'Environnement l'application, dès le niveau 2, du dispositif de la pastille verte qui doit entrer en vigueur, selon le texte de loi, dès lundi prochain.
42 départements les plus peuplés sont déjà servis en pastille verte.

AU FAIT

- La pastille verte estampille les véhicules les moins polluants.
- Lorsque l'alerte de niveau 3 est atteinte, la circulation alternée est mise en place.
- Les possesseurs de la pastille verte pourront continuer à rouler.

1 **Autrement dit**

Trouvez, dans l'article, les expressions qui correspondent aux expressions ci-dessous.

a la pollution a enveloppé presque toute la France
b le sens civique
c il n'y avait pas de surprises
d dépasser la limite
e une forte chaleur
f augmenter le nombre de villes touchées par une couche
g des systèmes, des plans

2 **Vous avez compris ?**

Répondez en français aux questions ci-dessous.

a Que s'est-il passé presque partout en France hier ?
b Décrivez les conditions qui rendent la situation encore pire.
c Depuis combien de temps dure cette situation pour quelques villes ?
d Qu'est-ce qu'on doit faire une fois que l'alerte de niveau 2 est mise en place ?
e Trouvez une définition pour la pastille verte en faisant référence à **Au fait** ci-dessus.

3 ▣ Opération air propre

Ecoutez l'interview avec Alain qui est écologiste. Prenez des notes en français pour chaque catégorie ci-dessous :

● Causes de pollution dans une ville
● Situation qui crée un pic de pollution
● Taille d'une ville équipée d'un dispositif
● L'importance de la notion de pic

Stratégies urbaines pour améliorer les déplacements et la qualité de l'air dans les villes

Avec une circulation routière de plus en plus importante et un niveau de pollution de plus en plus élevé dans les villes, il est devenu nécessaire de réduire l'emploi de la voiture en faveur des transports publics. C'est essentiellement le but des Plans de Déplacements Urbains (PDU) qui ont clairement établi une politique englobant même la marche à pied et le vélo ! D'après la loi, ces PDU donnent à chaque agglomération la possibilité de développer une politique intégrant transport, stationnement et circulation. Il serait possible de rendre le transport plus agréable, en réservant quelques rues uniquement aux transports publics ou aux piétons, ou encore aux transports publics et aux vélos. Les villes qui ont déjà adopté ces PDU sont Nantes, Lyon, Grenoble, Rennes et Lorient.

RÉALITÉ
Voici les chiffres

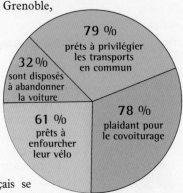

79 % prêts à privilégier les transports en commun

32 % sont disposés à abandonner la voiture

61 % prêts à enfourcher leur vélo

78 % plaidant pour le covoiturage

Si 79 % des Français se disent favorables à toute mesure encourageant à l'utilisation des transports en commun, ils continuent de privilégier la voiture particulière, et 50 % des trajets individuels effectués en quatre-roues couvrent une distance inférieure à 3 kilomètres. S'inspirant de l'exemple californien, quelques entreprises françaises encouragent cependant la pratique du covoiturage. Ainsi chez Nestlé, 125 personnes «covoiturent» actuellement.

4 Pensez d'une manière positive

D'après tout ce que vous avez lu sur le transport et l'environnement, avec un(e) partenaire, pensez à cinq phrases qui pourraient décrire la situation actuelle du transport et puis, comme réponse, proposez cinq phrases qui pourraient formuler une sorte de stratégie pour encourager l'utilisation des transports publics. (Pour vous aider, voir **Point de grammaire**.)

Exemple :
Situation actuelle = Le transport se développe tout le temps.
Stratégie = Limitons l'automobile pour ne pas faire suffoquer la ville.

5 La réponse immédiate : un ping-pong verbal

Prenez votre liste de l'exercice 4. Une personne lit un point qui décrit la situation actuelle et l'autre, sans regarder la liste, essaie de proposer une stratégie.

Exemple :
A : Le transport se développe tout le temps.
B : Oui, mais le Français moyen doit considérer l'utilisation des transports publics.

6 Débat : que faut-il faire pour mieux respirer en ville ?

Une personne préside et dirige le débat et pose la question ci-dessus. Une deuxième personne représente un Français moyen, préférant la voiture. Une troisième personne est très branchée sur le besoin de changer les attitudes envers les transports publics.

Pour vous aider, voir **Pour communiquer**, ci-dessous.

7 Une rédaction

Ecrivez 350 mots. «En ce qui concerne la pollution de l'air, la voiture est devenue un bouc émissaire.» Quel est votre avis ?

Pour communiquer

Contribuer à un débat (pour intervenir)

A ce propos,...
Puisqu'on parle de ça, je voudrais dire/ajouter/que...
Je suis de ton / votre avis, mais...
Il faut aussi se souvenir que...
Ce qui ne veut pas dire que nous n'intervenions pas...

Contribuer à un débat (pour résumer les arguments)

En fin de compte, ...
Ce que tu proposes, en fait, c'est...
Ce que tu dis, en fait, c'est...
Reste à savoir si...
Dans l'ensemble, ...

Point de grammaire

LA NEGATION

Négation totale : ne... pas
Exemple : Je n'ai pas de voiture.

Ne... pas + *infinitif*
Exemple : Pour ne pas faire suffoquer la ville, limitons la voiture.

Négation partielle
Exemple : Je ne vois personne à vélo.

Ne (seul) pour un usage soutenu
Par exemple, après les verbes cesser, oser, pouvoir, savoir
Exemple : La pollution ne cesse d'augmenter.

Pour plus d'informations
Voir **Grammaire**, page 241.

Messages verts

BRÉSIL : MASSACRES EN DIRECT

J'habite au Brésil depuis neuf ans et j'assiste à un véritable désastre : tout le monde sait que l'Amazonie continue à être broyée et dévastée par les «queimadas» (incendies causés exprès pour déboiser) et les tronçonneuses. Mais voilà que la chaîne de télé la plus importante et aussi l'une des entreprises les plus riches du pays annonce qu'une des rares tribus survivantes (les Yanomamis) est atteinte par la famine, la malaria et la tuberculose, dénonce le manque de médecins et de moyens de transports pour permettre le ravitaillement en nourriture et médicaments.

Détail : le journaliste nous parle en direct de la réserve. La télévision montre les Indiens. Au fait, comment eux sont-ils arrivés là et pourquoi n'ont-ils pas eux-mêmes amené de l'aide puisqu'ils en ont parfaitement les moyens ? Tout simplement parce que ce n'est pas leur job ! Il paraît que les Droits de l'homme existent aussi au Brésil...

Elise Bailly, 15 ans

C'EST DÉCIDÉ : JE NE SKIE PLUS

Je ne veux plus contribuer à la destruction de la nature, cet hiver particulièrement, et tant pis si je ne suis pas «fun». Cet été, je me suis promené dans le parc de la Vanoise. C'est beau, c'est calme, on n'entend que les oiseaux.

Dès qu'on sort du parc, tout change : c'est le domaine des pistes de ski. Il n'y a pas de neige. On ne voit donc que des câbles et du béton. Des alpages ont été stérilisés par les bulldozers. La montagne est zébrée, défigurée par l'homme. Suis-je du même peuple que ceux qui ont fait ça ? Hélas, oui. Je me suis souvent éclaté sur les pistes. Alors que faire ? Ne plus skier ? Pour moi, la réponse est claire : si là où j'ai skié, l'herbe ne repousse plus, alors la réponse est non ! Je ne skie plus.

Philippe Bourgeois, 17 ans

2 Analyse des lettres

Lisez les lettres et répondez aux questions suivantes.

a Décrivez le ton de chaque lettre.
b Pensez à au moins trois mots après avoir lu ces lettres pour décrire le côté négatif de l'homme.
c En utilisant les adjectifs ci-dessous, faites des phrases pour décrire la situation dans une des deux lettres.

amer	outragé
honteux	concerné

d Trouvez, écrivez et traduisez en anglais la question dans la lettre d'Elise.
e Quel effet stylistique a l'emploi de l'interrogatif dans la lettre de Philippe ?

Elise et Philippe, ironiques

Analyser l'ironie dans un texte. Voir *Self-study booklet*, page 20.

3 Le parc naturel régional

Ecoutez ce passage sur des parcs naturels régionaux. En anglais, faites un résumé du passage en 90 à 110 mots. Ecrivez sur chaque point ci-dessous :

- La raison pour laquelle un parc naturel régional existe
- La structure politique
- Les 5 buts

1 Elise et Philippe dénoncent

a Complétez le tableau suivant. Au besoin, utilisez un dictionnaire.

Verbe	Noms
Broyer	Le broyage
Dévaster	
Déboiser	
Ravitailler	
Détruire	
Défigurer	

b Faites une liste des faits qu'Elise et Philippe dénoncent.

Exemple :
Elle dénonce le broyage de la forêt équatoriale par les tronçonneuses.
Il dénonce...

Parcs
naturels
régionaux
de France

Point de grammaire

RAPPEL : LE PASSIF

Le passif en français ressemble au passif en anglais : **être** + participe passé du verbe. Le passif s'utilise moins fréquemment en français qu'en anglais.

Voir Chapitre 7, page 65 pour les règles du passif.

EVITER LE PASSIF

- Le pronom personnnel indéfini 'on' s'emploie couramment au lieu du passif.

  Exemple :

  La forêt amazonienne a été détruite par les hommes.
  On a détruit la forêt amazonienne.

- On utilise aussi les verbes pronominaux.

  Exemple :

  La chaîne alimentaire est contaminée par la pollution chimique.
  La chaîne alimentaire se trouve contaminée par la pollution chimique.

  Attention !

  On ne peut jamais mettre au passif les verbes suivis de 'à' + un nom ; par exemple : demander à, dire à , donner à, permettre à, téléphoner à. Il faut utiliser 'on'.

  Exemples :
  On m'a demandé. (*I was asked.*)
  On lui a dit. (*He was told.*)

EXERCICES GRAMMATICAUX

1 **Quel est le temps de chaque exemple du passif ci-dessous ?**

Exemple : La forêt est détruite = le passif au présent

   a   Les oiseaux ont été chassés.
   b   La région était protégée.
   c   La montagne sera sauvée si on arrête les sports d'hiver.
   d   Les Indiens seraient sauvés si les reporters faisaient quelque chose.

2 **Complétez les blancs au passif selon le temps indiqué. Faites attention aux terminaisons !**

   a   Les millions de composés chimiques ...... retrouvé... dans l'air. (imparfait)
   b   Ces produits ...... concentré... tout au long de la chaîne alimentaire. (passé composé)
   c   La terre ...... enveloppé... par une couche d'ozone. (présent)
   d   La tribu ...... touché... par la famine. (futur)
   e   Les plaines ...... mis... en danger. (conditionnel)

3 **Récrivez les phrases dans l'exercice 1, en évitant le passif. Utilisez 'on'.**

Exemple : La forêt est détruite = On détruit la forêt .

4 **Récrivez les phrases suivantes, en évitant le passif. Cette fois, utilisez un verbe pronominal.**

Exemple :
Les millions de composés chimiques sont retrouvés dans l'air.
Les millions de composés chimiques se retrouvent dans l'air.

   a   Ce produit est concentré tout au long de la chaîne alimentaire.
   b   Les transports publics sont reconnus comme des modes de transport efficaces.
   c   Les émissions de gaz ont été réduites.
   d   Les villes de plus de 100 000 habitants sont équipées d'un dispositif.

▦ **Grammaire: le passif/éviter le passif**
Voir *Self-study booklet*, page 20.

PEUT-ON RENONCER À L'ÉNERGIE NUCLÉAIRE ?

AU FAIT

- Après la seconde guerre mondiale, les premières centrales nucléaires sont construites.

- En 1973, date du premier choc pétrolier, la France dépend à 75 % de l'étranger pour son approvisionnement en énergie. L'augmentation brutale du prix du pétrole impose de réduire la charge des importations de combustibles. La France engage alors un programme nucléaire important.

- La France est la deuxième puissance productrice d'électricité derrière les Etats-Unis.

- Le parc nucléaire français est constitué de 56 Réacteurs à Eau Pressurisée répartis sur 18 sites. Une source d'eau froide est nécessaire pour le bon fonctionnement d'un réacteur, c'est pourquoi les réacteurs sont tous situés en bord de rivière ou de mer.

La politique énergétique française

La France est l'un des rares pays au monde à avoir développé un programme nucléaire aussi important. Avec ses 56 réacteurs en fonctionnement, elle multiplie les risques tout en déployant une surcapacité de production d'électricité. Plus de 77 % de l'énergie qu'elle produit est d'origine nucléaire. Les autres sources d'énergie en exploitation sont l'énergie thermique des combustibles fossiles, l'énergie hydraulique des barrages et l'énergie solaire.

De l'usage des combustibles

Une centrale nucléaire ne rejette quasiment pas de produits toxiques, mais en revanche elle fabrique en permanence des déchets radioactifs dont on ne sait que faire. En outre, le risque potentiel d'une dissémination accidentelle de la radioactivité n'est pas nul. Alors pourquoi ne pas opter pour les centrales thermiques ? Parce qu'elles ne sont pas non plus la panacée. Elles utilisent des combustibles qui ne sont pas inépuisables et elles polluent en rejetant en permanence des fumées toxiques. Ces fumées contiennent d'une part des quantités variables de dioxyde de carbone, qui contribue à l'effet de serre et donc au réchauffement de la planète, et d'autre part des quantités d'oxyde de soufre ou d'oxydes d'azote, responsables de pluies acides.

l'énergie thermique des combustibles fossiles	thermal energy from fossil fuels
en outre	besides
la panacée	panacea/complete solution
la rentabilité	profitability
le prix de revient	cost price
éolien(ne) (adj.)	wind

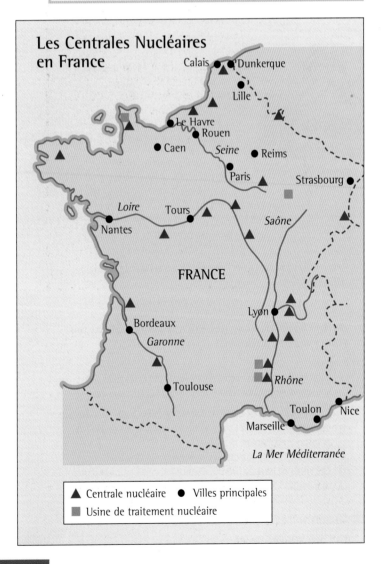

Les Centrales Nucléaires en France

Calais — Dunkerque
Lille
Le Havre
Rouen
Caen — *Seine* — Reims
Paris
Strasbourg
Loire — Tours — *Saône*
Nantes
FRANCE
Bordeaux
Garonne
Lyon
Toulouse — *Rhône*
Toulon — Nice
Marseille
La Mer Méditerranée

▲ Centrale nucléaire ● Villes principales
■ Usine de traitement nucléaire

De la rentabilité des différentes filières

Le prix de revient de l'électricité d'origine nucléaire était apparu jusqu'à présent comme avantageux. Mais en raison du coût probable de la gestion à long terme des déchets radioactifs et des futures opérations de démantèlement, en raison aussi de la baisse du coût des énergies fossiles dont la découverte de nouveaux gisements a différé les perspectives d'épuisement des réserves, certains financiers sont sceptiques quant à la rentabilité de cette filière énergétique.

Alors que choisir pour demain ?

Les énergies renouvelables par exemple solaire, éolienne, ainsi que l'énergie géothermique (exploitant la chaleur de la croûte terrestre) pourraient être davantage développées. Le gaz naturel est aujourd'hui le concurrent direct du nucléaire ; des petites centrales de quelques dizaines de mégawatts offrent des coûts de production proches du nucléaire et permettent de diminuer le coût et les pertes de transport de l'électricité.

Le nucléaire continue à améliorer sa compétitivité mais l'efficacité des centrales thermiques pourrait être améliorée afin d'éviter de dissiper inutilement dans la nature les deux tiers de la chaleur produite. La vente d'électricité à l'étranger pourrait être abandonnée. Aucune de ces solutions ne permettrait de satisfaire totalement le besoin en énergie du pays. Sans énergie de remplacement et face aux dangers du nucléaire, sommes-nous prêts à mieux utiliser l'énergie, à consommer moins ?

1 Je t'explique

En utilisant l'information du texte ci-dessus, expliquez oralement avec vos propres mots en français les points importants ci-dessous.

- Le rôle du nucléaire pour la France
- Le nombre de réacteurs
- La capacité de production de l'électricité
- Le côté positif du nucléaire
- Le côté négatif du nucléaire
- Les aspects négatifs d'une centrale thermique
- Les questions sur la rentabilité du nucléaire
- Les autres sources d'énergie

2 On n'a pas dit ça !

Ecoutez la cassette. Corrigez chaque phrase qui suit.

a Elle se moque des écologistes.
b Avoir une femme comme Ministre de l'environnement n'est pas une bonne idée.
c Peu d'électricité est produite par le nucléaire.
d Les gens habitant près d'une centrale connaissent parfaitement les dangers auxquels ils sont exposés.
e Il ne faut pas les tenir informés des risques d'une fuite.
f Les emplacements des centrales sont connus.

La centrale ? On finit par l'oublier !

Ecoutez neuf jeunes qui habitent à l'ombre des centrales. Voir *Self-study booklet*, page 20.

3 J'habite à côté d'une centrale

Ecoutez une émission de radio sur l'énergie nucléaire. Notez les opinions des participants, pour et contre.

Vingt millions d'années ! C'est le temps qu'il faut compter pour que certains déchets nucléaires, les plus radioactifs, deviennent inoffensifs. Pendant toutes ces années, ils dégageront une radioactivité, forte d'abord puis de plus en plus faible. De quoi faire frissoner. Car la radioactivité a des effets dramatiques sur l'organisme humain. L'uranium et le plutonium émettent des particules invisibles qui peuvent détruire ou endommager certaines cellules de l'organisme, provoquant des cancers, des stérilités, des malformations cérébrales chez l'embryon, voire des anomalies génétiques.

Que faire des centaines de milliers de tonnes de résidus radioactifs issus pour l'essentiel des centrales nucléaires ? Comment neutraliser leur radioactivité ? Comment ne pas laisser cette bombe à retardement sous les pieds de nos arrière-petits-enfants ? Un casse-tête d'autant plus préoccupant que ces combustibles ne cessant de s'accumuler.

4 Les déchets nucléaires

a Traduisez en anglais toutes les questions posées dans cet article.
b Faites un résumé de l'article en anglais.

5 Ecrivons un article !

Imaginez que vous êtes journaliste. Ecrivez un article sur l'énergie nucléaire.

Décrivez la situation en France.

Décrivez les pour et les contre.

Incorporez les points de vue des personnes interviewées dans *J'habite à côté d'une centrale*. (exercice 3)

Donnez votre point de vue.

Justifiez ce point de vue.

L'environnement, c'est l'affaire de tous

▦ *Lisez et écoutez ce que ces jeunes disent sur ce qu'ils font pour l'environnement.*

Anne
Je commence à penser à l'environnement chaque fois que je fais une balade à la campagne. La forêt est une chaîne vivante dont les animaux, les arbres, les plantes forment les maillons. Protéger la forêt, c'est ne rien déranger et surtout ne pas allumer de feu. Préserver la nature est une urgence pour notre survie.

Catherine
Je pense à l'environnement quand je fais mes courses. Je pense à ce qu'on peut recycler par exemple. La tendance n'est pas à la récupération et au recyclage. Regardons cent ans en arrière, on utilisait beaucoup de choses. Et chaque fois que je me brosse les dents et que j'ouvre le robinet, je vois toute cette eau qui coule. Alors, ne la gaspillons pas. Pour cela aussi, prenons une douche plutôt qu'un bain.

Didier
Moi, je fais partie d'une organisation qui s'appelle Greenpeace. C'est une organisation indépendante qui milite pour mettre un terme à la destruction de l'environnement et pour la promotion de solutions écologiques. Elle ne sollicite d'intervention financière ni des gouvernements, ni des industries. Ses fonds proviennent presque exclusivement de ses quelques trois millions de sympathisants, répartis dans 160 pays du monde. Cette autonomie lui permet de mener des actions comme, par exemple, l'arrêt de la destruction illégale de la forêt tropicale du Mata au Brésil.

Thierry
Nous participons, à l'occasion de cette élection, à des réunions un peu partout en France, notamment dans des facs. Nous montrons que des jeunes écolos dans le domaine de l'environnement et du social, qui font de la politique, ça existe ! Les points forts pour moi sont les organismes génétiquement modifiés (OGM), la lutte contre le clônage, la demande d'une politique de qualité en matière de nourriture et d'agriculture (créations de labels de qualité, etc.), sans oublier le dossier sensible des transports routiers.

1 **Mini Sondage**

Travaillez à deux ou dans un groupe. Notez sur un transparent ou sur une grande feuille les occasions, dans la vie de tous les jours, lors desquelles vous pensez à l'environnement. Servez-vous des phrases de **Pour communiquer**, ci-dessous.

2 **Comparez vos résultats**

Tour à tour, chaque groupe met son transparent sur le rétroprojecteur ou montre sa grande feuille et explique ses notes. Pour vous aider, regardez **Pour communiquer** et **Bonne idée** ci-dessous. Les autres groupes notent les idées auxquelles ils n'ont pas pensé et comptent le nombre de fois où la même idée apparaît.

Pour communiquer

Parler des réflexions et des pensées
Je me penche sur (les problèmes de l'environnement), chaque fois que...
(L'environnement) mérite réflexion, lorsque (qu')
Il faut examiner (les problèmes de l'environnement), au moment où...
(L'environnement) attire mon attention, au moment où...

Pour communiquer

Rapporter ce que son groupe a dit

Dans notre groupe,	on a dit	qu'	on y pensait...
	on a admis		on y réfléchissait...
	on a avoué		on s'y penchait...

BONNE IDÉE

Pour éviter de répéter trop souvent à + un nom, employez 'y'.
Exemple :
On pensait à l'environnement quand... = On y pensait quand...

LA TERRE, UNE DÉCHETTERIE

A
Les déchets

Un peu d'histoire

Longtemps les hommes ont confié à la nature le soin de digérer leurs reliefs. Ce qui ne pouvait être utilisé pour nourrir les animaux de basse-cour et les porcs était enfoui, brûlé ou servait à faire de l'engrais.

Mais, avec le développement de l'urbanisation, le cycle naturel a été rompu. Et, pendant près de 1000 ans, les hommes ont vécu dans les villes où les ordures de chacun étaient tout simplement jetées ou entassées sur la voie publique.

Il faut attendre le siècle dernier pour que l'hygiène publique devienne une véritable préoccupation. Les réseaux d'eau potable et de tout à l'égoût font alors, peu à peu, leur apparition. Dans le même temps, la quantité de déchets difficilement biodégradables augmente. Elle est liée à la fabrication de produits de synthèse faisant appel à des matières chimiques.

La poubelle

Le 24 novembre 1883, le préfet de la ville de Paris, Eugène Poubelle, oblige les propriétaires parisiens à mettre à la disposition de leurs locataires des récipients, munis d'un couvercle, afin qu'ils puissent y déposer leurs déchets.

Aujourd'hui

Aujourd'hui, plus que jamais, se pose la question de la protection de l'environnement et du gaspillage des matières premières. Il faut accepter l'idée de trier. Au fur et à mesure, les villes transforment leur manière de collecter les ordures.

B

Pour éliminer... ➡	La nature met...
Une peau de banane	Quelques semaines
Un papier journal	Six mois
Une chaise en bois	De 3 à 4 ans
Un sac en plastique	Quelques dizaines d'années
Une carcasse de voiture	Plusieurs centaines d'années
Des déchets nucléaires	De 300 ans à des milliers d'années
Une canette de Coca-Cola	Plusieurs milliers d'années
Du mercure	Impossible

C

OBJECTIF ZÉRO DÉCHET

Chaque année, nous produisons assez de déchets pour remplir un train de 28 millions de wagons dont la longeur égale la distance de la Terre à la Lune. Comment endiguer cette marée ?

1 Vrai ou faux ?

Lisez tous les textes. Décidez si les affirmations suivantes sont vraies ou fausses. Corrigez toutes les affirmations fausses.

a Les hommes vivent avec le problème des ordures depuis toujours.
b Au dernier siècle, on voit la disparition des égouts et des réseaux pour l'eau potable.
c L'utilisation de produits de synthèse rend la gestion des déchets difficile.
d Le nom de l'initiateur d'un projet de récipients est passé à la posterité.
e Le tri est entré dans les mœurs.
f Il faut beaucoup de temps pour que certains produits fabriqués par les hommes se dégradent.
g On ne devrait pas s'inquiéter de la quantité de déchets produits.

2 🔲 Chez moi

Ecoutez l'homme et la femme sur la cassette et décidez de ce qui est positif et de ce qui est négatif concernant l'environnement et pourquoi. Ecrivez un sommaire de chaque point de vue.

3 A vous d'écrire

Ecrivez 90–100 mots sur :

La situation chez vous concernant la gestion des déchets.

Les problèmes à résoudre concernant l'environnement.

Les attitudes vis-à-vis des organismes écologiques et votre opinion personnelle.

📖 Comment cela se dit en français ?

Travail de vocabulaire sur les déchets. Voir *Self-study booklet*, page 21.

Notre climat en pleine évolution

Nous savons que depuis à peu près cent ans, notre planète se réchauffe et que le niveau des mers monte petit à petit, et au-dessus du pôle Sud, l'ozone disparaît. De ce fait, notre climat est en pleine évolution. Comment déterminer les causes de cette évolution ? Sont-elles humaines ou bien naturelles ?

Autrefois, les éruptions volcaniques ont provoqué de grandes perturbations climatiques mais l'équilibre des gaz de l'atmosphère a été préservé.

Depuis plus de cent cinquante ans, cet équilibre a été troublé. Des recherches sur ordinateur aident à faire des prévisions concernant le climat en cas de réchauffement de la Terre. Ce réchauffement ne sera pas général ; certaines régions subiront un refroidissement mais le changement aura un effet sur tout le monde. Pendant environ vingt ans, l'Europe a connu des températures légèrement inférieures à la normale. Le nord de la France a été ravagé par un violent ouragan et la fréquence de tels ouragans est à craindre dans un monde plus chaud. Pendant la dernière décennie, la planète a subi des sécheresses et des famines dévastrices en Afrique et des inondations en Inde et au Bangladesh. La question qui se pose est de savoir si ces catastrophes naturelles sont une conséquence de l'effet de serre, ou tout simplement des variations climatiques ?

☐	Régions devenant plus humides
■	Régions devenant plus sèches
🌾	Grandes régions céréalieres

La carte montre les régions où il fera plus humide ou plus sec, si les prédictions sont exactes. Elle indique aussi les régions principales de culture de blé. Les régions céréalières des Etats-Unis et de la Russie étant devenues sèches produiraient moins, et des régions actuellement semi-désertiques du Moyen-Orient pourraient produire plus. Cela changerait l'équilibre politique du monde.

Destination épreuves

1 Comment répondre ? Travail à deux

Etudiez les affirmations ci-dessous et préparez oralement une réponse qui conviendrait pour chacune d'entre elles. Si besoin, utilisez vos notes et mots clés pour vous aider.

a Il est impossible de dire que la Terre se réchauffe par la faute de l'homme.
b Notre environnement est capable de développer des connaissances et des technologies permettant de maîtriser les déséquilibres qu'il a créés.
c L'homme finira par résoudre tous les problèmes.
d Il faut tout arrêter pour sauver la planète.
e Beaucoup d'écologistes crient au loup pour montrer combien leur discipline est importante.

🎧 La sécheresse au Sénégal

Les problèmes associés au manque d'eau. Voir *Self-study booklet*, page 21.

📖 Contrôle de vocabulaire

Voir *Self-study booklet*, page 21.

2 Le point sur le climat

Exercice de vocabulaire. Voir la feuille **9.4**.

3 A vous d'écrire

SOIT

Vous venez de rentrer de vacances à l'étranger. Là, vous avez été témoin d'un phénomène climatique extraordinaire. Décrivez ce qui s'est passé et les dégâts causés par le désastre. Ecrivez environ 300 mots.

OU
«Des conférences sur la pollution atmosphérique et le changement du climat exagèrent la situation et ne soulèvent pas toujours les vrais problèmes». Ecrivez environ 300 mots.

Sur un pied d'égalité ?

<table>
<tr>
<td>

Thèmes

- L'égalité sexuelle
- L'immigration
- Le racisme

</td>
<td>

Communiquer

- Donner ses réactions immédiates à une idée
- Donner ses raisons

</td>
<td>

Grammaire

- Le comparatif d'égalité
- Les pronoms démonstratifs
- c'est/il est
- La concordance des temps après 'si'
- La plupart

</td>
<td>

Epreuves

- A l'écoute : vrai–faux
- Expliquer avec vos propres mots
- Noter les informations nécessaires
- Analyser les statistiques
- Choisir parmi les mots donnés

</td>
</tr>
</table>

Extraits de la
« Déclaration universelle
des droits de l'homme »
NATIONS UNIES : 1948

Tous les êtres humains naissent libres et égaux en dignité et en droits. Ils sont doués de raison et de conscience et doivent agir les uns envers les autres dans un esprit de fraternité... sans distinction aucune, notamment de race, de couleur, de sexe, de langue, de religion, d'opinion politique ou de toute autre opinion, d'origine nationale ou sociale, de fortune, de naissance ou de toute autre situation (...)

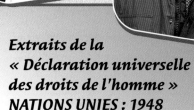

Croyez-vous que tous les êtres humains – hommes et femmes – naissent libres et égaux ?

Existe-t-il des inégalités, selon vous, dans la société d'aujourd'hui ?

123

Hommes – femmes, sommes-nous si différents ?

1 Pour mieux se comprendre

Voici un bilan des avantages et des inconvénients – sérieux et moins sérieux – d'être soit une femme, soit un homme. Travaillez à deux. Ajoutez d'autres idées sous les différentes catégories. Si possible, consultez un membre du sexe opposé.

Après environ 10 minutes, comparez vos résultats avec ceux des autres étudiants. Sur quelles affirmations êtes-vous, en général :

a d'accord ?
b pas d'accord ?
c indécis(e) ?

2 La France : pays machiste ?

Ecoutez les interviews de Martine, d'Elise et de Florent et faites l'exercice sur la feuille 10.1.

3 Enfin, sommes-nous si différents ?

Voir les feuilles 10.2 et 10.3. Etudiez les statistiques et faites la composition.

Les stéréotypes ont la vie dure

Voir *Self-study booklet*, page 22.

Avantages d'être une femme	Avantages d'être un homme
– donner la vie – garder les enfants en cas de divorce – se faire inviter plus souvent au restaurant	– gagner davantage d'argent – avoir plus de temps libre pour les loisirs – pouvoir sortir seul plus facilement
Inconvénients d'être une femme	**Inconvénients d'être un homme**
– avoir ses règles chaque mois – devoir faire la plupart des corvées ménagères – être plus touchée par le chômage	– vivre moins longtemps – perdre ses cheveux – ne pas pouvoir montrer si facilement ses émotions

AU FAIT

Proportion de personnes qui ont pratiqué les activités suivantes au cours des douze derniers mois :

	HOMMES	FEMMES
Regarder la télévision	97%	97%
Ecouter la musique	91%	91%
Regarder une cassette-vidéo	74%	72%
Bricoler	81%	59%
Jardiner	63%	63%
Cuisiner pour son plaisir	48%	78%
Faire du sport pour le plaisir	60%	56%
Chasser ou pêcher	26%	9%
Utiliser un micro-ordinateur	35%	23%

Point de grammaire

LE COMPARATIF D'ÉGALITÉ

aussi… que

'aussi' + adjectif + 'que' + nom

Exemple : Les hommes sont aussi sensibles que les femmes.

'aussi' + adjectif + 'que' + adjectif

Exemple : Les femmes sont aussi pratiques qu'intuitives.

autant de… que

'autant de' + nom + 'que' + nom

Exemple : Les filles ont autant de sens pratique que les garçons.

'autant de' + nom + 'que' + adjectif

Exemple : La publicité présente autant de visuels féminins que masculins.

EXERCICES GRAMMATICAUX

1 Regardez les statistiques d'**Au fait** sur cette page. Vrai ou faux ? Corrigez les phrases qui sont fausses.

a Autant de femmes que d'hommes regardent la télévision.

b Les femmes aiment autant le bricolage que les hommes.

c Plus d'hommes que de femmes travaillent dans le jardin.

d Autant d'hommes que de femmes utilisent un micro-ordinateur.

e Les femmes sont légèrement moins sportives que les hommes.

2 En utilisant 'aussi… que' ; 'autant de… que ' ; 'plus de… que', écrivez une phrase pour chacune des activités suivantes : la musique ; la cuisine ; la chasse ; les cassettes vidéo.

L'orientation a un sexe ?

Pour trouver son chemin, la femme se sert surtout de repères concrets, et l'homme, de repères mathématiques. Les indications routières d'une femme ressemblent à ceci : «Tout droit jusqu'à la maison bleue, prenez à gauche et roulez jusqu'au bouquet d'arbres…» ; celles d'un homme seront du genre : «Tout droit pendant 2 km, prenez à gauche et roulez trois minutes…» Cette différence dans la façon de s'orienter vient de ce que le cerveau des femmes et celui des hommes ne fonctionnent pas de la même manière. Les chercheurs de l'Université de Rochester aux Etats-Unis, qui sont arrivés à cette conclusion, se sont toutefois empressés d'affirmer que les deux méthodes se valaient ! L'important, après tout, qu'on soit fille ou garçon, étant de ne pas se perdre !

1 Expressions utiles

Lisez vite l'article du magazine féminin québécois *Châtelaine*. Trouvez dans le texte le français pour :

a *in the same way*
b *the two methods were of equal value*
c *whether one is a girl or a boy*
d *the important thing*

2 Dites ce que vous en pensez !

Lisez encore une fois l'article. Discutez-en avec un(e) partenaire. En utilisant les expressions dans **Pour communiquer**, donnez votre réaction immédiate à l'idée que le cerveau des femmes fonctionne différemment de celui des hommes.

Croyez-vous qu'il y a des différences d'ordre général dans la façon de s'exprimer des deux sexes ?

«Je m'appelle Isabelle Picot. J'ai 35 ans. Je suis astronome, plus précisément astro-physicienne. Je travaille actuellement à l'observatoire de Meudon, au sud-ouest de Paris.»

3 📼 **Un métier moins traditionnel**

Ecoutez Isabelle Picot et faites l'exercice sur la feuille **10.4** .

🎧 **Un autre métier moins traditionnel**

Voir aussi *Self-study booklet*, page 22.

Pour communiquer

Donner ses réactions immédiates à une idée	
Réactions positives	**Réactions négatives**
C'est très intéressant/fort raisonnable	C'est une absurdité !
Il y a de l'idée là-dedans	Quelle bêtise !
Tiens ! Je n'aurais jamais pensé à ça	Quelle (drôle d') idée !
Je trouve ça tout à fait possible.	C'est totalement fantaisiste !
C'est pas bête	Je n'accepte pas cette conclusion
C'est bien vrai	Je n'y crois pas du tout

10 Le chemin de l'égalité sera long

Les enquêtes et les statistiques prouvent que les filles réussissent mieux que les garçons à l'école. Mais pour quel résultat final ? Exercer seulement 10 % des métiers et avoir deux fois plus de risques de se retrouver au chômage ? On peut situer l'échec dans l'orientation scolaire mais d'autres causes sont plus profondes.

DE VIEILLES MENTALITÉS

Les filles sont beaucoup plus nombreuses à continuer en seconde dans l'enseignement général. Là, pourtant, on leur «ferme» l'accès aux filières technologiques et professionnelles. Plus tard, à la fin de la seconde et de la première, ce seront les sections et les formations scientifiques qui leur seront plus difficilement accessibles. Les vieilles mentalités – filles littéraires, garçons scientifiques – ont la vie longue.

L'école est pourtant plus égalitaire que le reste de la société. Mais, même si, officiellement, elle ouvre aux filles quasiment toutes les formations vers tous les métiers, elle restreint en même temps leur intégration égalitaire. Elle ne fait que poursuivre le schéma de la famille et d'anticiper celui de l'entreprise.

L'INFLUENCE DES PARENTS

Les parents n'élèvent toujours pas leur fille comme leur fils : on écoute toujours plus celui-ci, on le stimule davantage, on se préoccupe plus de son avenir professionnel. Et, surtout, la majorité des parents ont tendance à renforcer les vertus traditionnellement attribuées aux filles : la douceur, la sagesse, le goût pour la lecture. Mais ces vertus peuvent devenir négatives : manque d'audace, d'esprit d'initiative, désintérêt pour les maths ou le sport.

IL FAUT PATIENTER ENCORE UN PEU

On sait que le processus égalitaire dans l'éducation et l'orientation est irréversible. Mais combien de temps faudra-t-il ? Laissons la réponse à Elizabeth Badinter* : *«La révolution amorcée par les femmes il y a trente ans aura encore besoin de trois générations pour s'accomplir. On ne peut contracter le temps : un bouleversement des mœurs sans précédent comme le nôtre se juge sur un siècle.»* Patience et courage, les filles...

Catherine Cayrol

Une fille en formation de mécanique, une image encore trop peu répandue

*écrivain célèbre qui a fait beaucoup pour la cause des femmes.

1 Pour bien comprendre

Complétez chacune des phrases de **a** à **f** en choisissant une des phrases de **1** à **9**.

a Catherine Cayrol considère que
b Les idées traditionnelles
c Plus de garçons que de filles
d La plupart des parents
e Elizabeth Badinter pense que
f Selon les statistiques

1 abandonnent leurs études après la troisième.
2 sont fermés aux filles.
3 le travail est plus important que les études.
4 les garçons sont moins touchés par le chômage que les filles.
5 l'on doit attendre encore avant que les femmes soient vraiment sur un pied d'égalité avec les hommes.
6 l'influence de l'école et des parents contribuent à la situation inégale des filles.
7 ont moins de choix à l'école.
8 sont loin de disparaître.
9 ne s'opposent pas aux préjugés dans l'éducation de leurs filles.

quasiment	presque, à peu près
restreindre	limiter
davantage	plus
amorcer	commencer à effectuer
les mœurs	les coutumes de la société
un siècle	100 ans

2 Discussion

Discutez, en classe, des questions suivantes :

● Comment votre établissement scolaire influence-t-il l'orientation des garçons et des filles ?

● Quels sont les facteurs – à l'école, à la maison et dans la société en général – qui influencent le plus la formation et la perpétuation des images stéréotypées des hommes et des femmes ?

Point de grammaire
LES PRONOMS DÉMONSTRATIFS

Définition

Le pronom démonstratif remplace un nom précédé de 'ce', 'cet', 'cette', 'ces'. Il se traduit normalement par l'expression *this, that, these, those, the one(s), that* ou *what*. La forme varie selon le genre et le nombre des êtres ou des choses qu'il représente.

Formation

	masc.	fem.	neutre
sing.	celui	celle	ce (c')
plur.	ceux	celles	

Usage

'Celui', 'celle', etc. sont normalement suivis soit d'un pronom relatif ('qui', 'que' ou 'dont'), soit de la préposition 'de'.
Il existe aussi la forme composée suivie de -ci ou -là.

Forme simple : mon vélo est bleu, celui de mon frère est jaune.
Forme composée : ce vélo est bleu, celui-ci est jaune.

Exemples tirés des textes :

celles d'un homme (nom désigné = les indications)
celui des hommes (nom désigné = le cerveau)

Dans certains cas, 'celui-ci', 'celle-ci', etc. se traduisent par *the latter* ; 'celui-là', 'celle-là', etc. se traduisent par *the former*.

Exemple :

Mes deux sœurs Martine et Nathalie ont choisi des filières scientifiques : celle-là [Martine] voudrait faire de la recherche médicale, celle-ci [Nathalie] voudrait devenir professeur de sciences.

Ce

Le pronom 'ce' peut remplacer une idée ou une phrase entière.

Exemples :

L'égalité des sexes, c'est encore loin.
Les injustices demeurent, c'est vraiment triste*.

*Attention ! L'adjectif dans une telle phrase est toujours à la forme : masculin au singulier.

Si 'ce' signifie une chose ou un événement, il est suivi d'une proposition relative qui précise le sens.

Exemple : Ce qui m'a frappé, c'est le fait que les hommes ne faisaient pas grand'chose.

ceci (*this*) et cela/ça (*that*)

Ces pronoms représentent une idée qu'on va décrire ou qu'on a déjà signalée.

Exemples :

Cela va sans dire. (*That goes without saying.*)
Les indications routières d'une femme ressembleraient à ceci…
The way a woman would give directions would be like this…

EXERCICES GRAMMATICAUX

1 **Voici quelques exemples d'usage de pronoms démonstratifs tirés d'articles lus dans les chapitres précédents d'*Au point*. A quoi le pronom démonstratif se rapporte-t-il dans chaque cas ?**

  a celle-ci passe à environ 120 000 (p. 44)

  b c'est mépriser les défavorisés (p. 53)

  c ceux de la recherche et du développement (p. 55)

  d cela leur laisse leur dignité (p. 56)

2 **Remplissez les trous par la forme du pronom démonstratif qui convient. Attention ! Il y en a dont vous ne vous servirez pas dans la liste qui suit l'exercice.**

  a Les statistiques prouvent que les filles réussissent bien à l'école mais …… ne veut pas dire qu'elles en profitent à la longue.

  b Le choix d'école n'a aucune importance : en revanche, …… de la filière influence énormément leur avenir.

  c La suprématie des filles n'est guère en question, surtout chez les filles de Terminale C : …… sont, en effet, très nombreuses à poursuivre des études supérieures.

  d Parmi les métiers qui sont traditionnellement réservés aux filles, …… du secteur tertiaire sont le plus en évidence.

  e Il paraît qu'il y a deux façons de s'orienter : …… des hommes et …… des femmes.

  f Il y a une révolution à faire. C'est …… : la lutte qui mènera finalement à l'égalité des sexes.

ceci	celle-ci	celles-ci	celles-là	celle	celui	celui-ci	celle	celui-là	ceux	cela

3 **'C'est', 'ce sont' ou 'il est' ?**

Lisez page 236 de la **Grammaire** et faites l'exercice suivant.
Choisissez entre 'c'est', 'il est' ou 'ce sont' pour compléter les phrases suivantes.

  a Jean est absent. …… malade.

  b Ce qui est important, …… le besoin d'éliminer les inégalités.

  c Gagner les diplômes, …… indispensable pour trouver un bon travail.

  d …… la formation scientifique qui compte le plus aujourd'hui.

  e La douceur, la sagesse, la tendresse, …… les qualités typiquement féminines.

  f …… facile de comprendre comment l'école influence les attitudes des garçons et des filles.

  g La plupart des parents estiment que …… les garçons qui ont plus tendance à abandonner leurs études après la troisième.

  h …… un professeur exceptionnel. …… toujours prêt à aider ses étudiants.

  i Le chômage, …… triste pour ceux qui sont directement touchés mais …… les familles entières qui en souffrent également.

  j …… indispensable que les hommes changent.

Liberté, égalité... nationalité

Lettre au magazine «*Globe*»

Je suis un Français typique

Je me suis souvent demandé à quoi pouvait ressembler un Français «de souche». Je connais maintenant la réponse puisque je suis un Français typique. Dès mon plus jeune âge, l'école m'a enseigné que mes ancêtres étaient des Gaulois aux cheveux longs et blonds. Grâce à Charlemagne, le savoir m'était inculqué. En grandissant pourtant, je constatais que mes cheveux étaient crépus et ma peau plutôt mate. Mon plat préféré est le colombo antillais, malgré les «odeurs». L'essentiel est sans doute là : cette identité nationale dont on nous parle n'existe pas, et n'a même jamais existé. La France est à l'image de notre planète, une terre de contraste. Avant de me sentir Antillais ou Français, je me sens citoyen du monde. Suis-je utopiste ?

Jean-Luc Lineatte

1 La nationalité : qu'est-ce que c'est ?

Ecrivez de courtes réponses aux questions suivantes :

- De quelle nationalité êtes-vous ?
- Qu'est-ce que vous comprenez par le terme «nationalité» ?
- Quelles sont les choses typiques que l'on attribue à l'identité nationale ?
- Quelles sont les choses les plus importantes, selon vous, qui contribuent à votre caractère national ?
- Etes-vous fier/fière de votre nationalité ?
- Si vous pouviez changer de nationalité, laquelle choisiriez-vous ? Pourquoi ?

Partagez votre point de vue en comparant vos réponses oralement avec le reste de la classe.

2 ▣ Une question de nationalité

Notre correspondant spécial explique la loi de 1998 sur la nationalité. Ecoutez la cassette et notez les informations ci-dessous.

- **a** date à laquelle la loi de 1998 entre en vigueur
- **b** âge de plein droit à la nationalité française des jeunes nés en France de parents étrangers
- **c** les deux conditions imposées
- **d** l'âge limite pour la déclaration au tribunal d'instance
- **e** différence entre la loi de 1993 et celle de 1998
- **f** âge de droit à la nationalité française sans l'autorisation des parents
- **g** âge minimum des enfants pour lesquels des parents peuvent demander la nationalité française
- **h** droits accordés par le titre d'identité républicaine
- **i** âges entre lesquels des jeunes étrangers résidant en France peuvent refuser la nationalité française
- **j** quantités de matériel publicitaire distribué

3 Je suis un Français typique

Lisez la lettre de Jean-Luc Lineatte et répondez aux questions.

- **a** Que comprenez-vous par le terme «un Français de souche» ?
- **b** Qu'est-ce que vous avez appris à l'école à propos de votre nationalité ?
- **c** Etes-vous d'accord avec Jean-Luc que l'identité nationale n'existe pas et n'a jamais existé ?
- **d** Vous sentez-vous, comme lui, citoyen ou citoyenne du monde ? Expliquez pourquoi (en 50 mots environ).

4 ◆ Travail de recherche

A l'aide de l'Internet (www.aupoint.nelson.co.uk), d'une bonne encyclopédie ou d'autres documents officiels, découvrez les lois de nationalité dans votre pays et d'autres pays francophones et les conditions imposées. Résumez-les en français.

Point de grammaire

LA CONCORDANCE DES TEMPS APRÈS 'SI'

Proposition subordonnée du conditionnel	Proposition principale
1 **a** si + présent **b** si + passé composé	présent ou futur de l'indicatif ou l'impératif
2 si + l'imparfait	présent du conditionnel
3 si + plus-que-parfait	passé du conditionnel

Quand 'si' est suivi de deux ~~~~
ou 'ou', 'que' remplace 'si' ~~~~
proposition et le verbe ap~~~~

Exemple :
S'il vient me voir ou qu'il m'écrive, je vous ~~~~

EXERCICES GRAMMATICAUX

Avant de faire les exercices ci-dessous, lisez «*Prise entre deux feux*», extraits du journal de Jamila, à la page 200.

1 **Voici quelques exemples de phrases «conditionnelles». Dans quelle catégorie sont-ils ? (*1a* ou *b*, *2* ou *3*)**

   a Si mon père retrouvait du travail, peut-être se comporterait-il différemment.

   b Si j'abandonne mes études, mon père m'obligera à me marier tout de suite.

   c Si elle prenait un mari, elle devrait abandonner ses études.

   d Si les gens d'ici ont rejeté les immigrés, c'est à cause de l'ignorance.

   e Si elle avait toujours vécu au Maroc, elle aurait accepté plus facilement les idées de ses parents.

   f Si les immigrés avaient du travail, il n'y aurait aucun problème.

   g Si la crise n'existait pas, les politiciens ne pourraient pas les critiquer si facilement.

   h Si les gens avaient essayé de comprendre mieux la situation des immigrés, ils n'auraient jamais écrit des insultes sur les murs.

2 **Des cercles vicieux, peut-être. Ecrivez les phrases complètes. Attention : l'inversion sujet–verbe après 'peut-être'.**

   Exemple :
   Si le père de Jamila (rester) au Maroc, peut-être (continuer) à travailler.

   Si le père de Jamila était resté au Maroc, peut-être aurait-il continué à travailler.

   a S'il (être) plus tenace, peut-être (retrouver) du travail.

   b S'il (retrouver) du travail, peut-être (se comporter) différemment.

   c S'il (se comporter) différemment, peut-être (arrêter) de boire.

   d S'il (arrêter) de boire, peut-être (ne pas frapper) sa fille.

   e S'il (ne pas frapper) sa fille, peut-être (ne pas la dégoûter).

   f S'il (ne pas la dégoûter), peut-être (pouvoir dialoguer) avec elle.

3 **En suivant le modèle de l'exemple, faites les phrases à partir des demandes suivantes.**

   Exemple :
   – Peux-tu m'aider à faire mon devoir de mathématique ? (Luc – un ami)

   Mon ami Luc m'a demandé si je pouvais l'aider à faire son devoir de mathématique.

   a Peux-tu fermer ta porte quand tu écoutes ta musique ? (ton père)

   b Veux-tu venir au cinéma avec moi ce soir ? (Anne-Marie – une copine)

   c Etes-vous au courant des actualités françaises ? (la mère de ton correspondant)

   d Avez-vous vraiment dix-huit ans ? (la dame au guichet d'un cinéma français)

   e Pourrais-tu refaire cet exercice sans faire de fautes ! (ton prof de français)

Si seulement j'avais su
Voir *Self-study booklet*, page 22.

4 **Expressions de quantité**
Exercice de révision. Voir la feuille **10.5**.

Conjugaisons et interrogations
Exercice de révision. Voir *Self-study booklet*, page 23.

Les mots 'anglais' en français
Exercice de prononciation. Voir *Self-study booklet*, page 23.

RACINES DU RACISME

DÉFINITION : Le racisme est une idéologie qui affirme la hiérarchie des races et, par conséquent, l'existence de races pures, supérieures aux autres. Cette idée de supériorité conduit à la domination d'un groupe ethnique sur un autre et justifie un ensemble de réactions qui, consciemment ou non, mène à l'exploitation, à la ségrégation et aux inégalités sociales.

🖭 **Le racisme, d'où vient-il ?** Trois jeunes personnes répondent à la question : «Le racisme, d'où vient-il, selon vous ?»

Loukoum de Marseille

Ceux qui ne sont pas noirs et qui n'en connaissent pas, ils se méfient de nous. La peur de l'inconnu ? Ils sont plutôt fermés aux autres cultures et ils ne font pas le moindre effort pour apprendre à les connaître. Mais cette méfiance, cette ignorance peut facilement se traduire en haine. Et puis, il y a les injures, ou, encore pire, les actes de violence.

Christelle de Genève

Des préjugés racistes ont, je crois, leur origine dans l'histoire de la civilisation. Ça vient peut-être du fait que les hommes forts ont toujours besoin de s'en prendre à quelqu'un justement pour se sentir fort. Cela pourrait être à cause de la couleur de la peau, de la religion, de la langue... de n'importe quoi. On cherche toujours un prétexte pour exploiter les gens. Cela fait partie de la nature agressive de l'homme.

Maryse de Bruxelles

Actuellement, il y a des conflits interethniques un peu partout dans le monde. Il y en a toujours eu et il y en aura toujours. Tout cela revient, je crois, à une forme de racisme d'Etat. Ici, à Bruxelles, j'ai des copains maghrébins, africains, chinois. On s'est toujours très bien entendu, au niveau personnel. Mais maintenant, j'ai l'impression d'avoir à lutter contre le système, si vous voulez. C'est comme si leur amitié était en quelque sorte en opposition directe aux médias et aux politiciens.

---

1 **A propos de racisme**

Lisez les points de vue de ces jeunes et décidez quel genre de raisons chaque personne donne. Recopiez le tableau et cochez sous le nom des personnes exprimant cette raison. Il y a, peut-être, plus d'une raison par personne.

Raison	Christelle	Loukoum	Maryse
culturelle			
émotive			
historique			
psychologique			
socio-politique			

2 **Et votre point de vue ?**

Travail à deux, oralement. Posez-vous la même question : «Le racisme, d'où vient-il ?»

Avec qui, entre Christelle, Loukoum et Maryse, êtes-vous d'accord ?

Y a-t-il d'autres explications pour les manifestations racistes... au niveau individuel ? au niveau de l'Etat ?

AU FAIT

Sur les 50 000 gènes que nous possédons, seulement six à huit commandent la couleur de la peau.

Pour communiquer

Donner des raisons

Cela pourrait être à cause de...
C'est en raison de...
Cela (Ça) vient du fait que...
La raison pour laquelle... est
Les raisons pour lesquelles... sont

RACISME – la mise à jour

La Commission nationale consultative des droits de l'homme effectue tous les ans une enquête afin de mesurer les attitudes des Français. Parmi les questions posées, celle-ci, la plus directe : Etes-vous raciste ?

Lors du sondage de 1999, 38 %, c'est la part – pour le moins inquiétante – de Français qui admettent être «un peu» ou «plutôt» racistes, contre 41 % en 1991. Dans les entreprises, le secteur du logement et même l'école, des mécanismes qui excluent les personnes d'origine étrangère sont toujours à l'œuvre. En France, comme ailleurs, la couleur de la peau ou la consonance d'un nom influent souvent sur les chances de réussir à l'école, de trouver un emploi et un logement. «Le problème actuellement, c'est que les élites économiques ne sont pas encore convaincues qu'il faut intégrer des éléments ethniquement et religieuse-

ment différents,» analyse Mohamed El Ouahdoudi, directeur de publication de la revue Maghreb Ressources Humaines. «Dans les années 80 et 90 on leur disait que s'ils n'accédaient pas aux bons emplois, c'était parce qu'ils n'étaient pas qualifiés. Depuis, les enfants de l'immigration et les jeunes d'origine antillaise ont rejoint massivement les bancs de l'Université, et pourtant, ils restent exclus».

L'enquête l'atteste une fois de plus : l'ignorance fait le lit du racisme et de la xénophobie. Les taux d'hostilité les plus forts se trouvent ainsi dans des communes où les étrangers sont absents.

Il existe cependant quelques raisons d'espérer. Ce qu'on appelle le «racisme sournois», phénomène ni mesurable, ni mesuré, commence à être timidement admis en France. Les attitudes de la population ne sont pas pour toujours figées. 42 % des sondés considèrent l'immigration comme «un apport positif» à l'économie française ; ils n'étaient que 27 % il y a 10 ans. Et puis, parmi les jeunes de 16 à 18 ans, même si l'on y découvre autant de racistes convaincus que parmi les adultes (entre 10 % à 15 %), il y a un volonté de lutter contre le racisme – 73 % se déclarent prêts à combattre la discrimination sous toutes ses formes.

un bouc émissaire	scapegoat
en vouloir à	to bear a grudge against
la Sécu	la sécurité sociale

3 **Fatima, de Toulon**

Remplissez les blancs dans le texte de Fatima en choisissant des mots dans la liste ci-dessous. Mettez le bon numéro à côté de chaque mot choisi.

Je crois que les attitudes racistes se ...... (1) surtout en période de crise économique. Les gens, puisqu'ils sont mécontents, ... (2) toujours quelqu'un pour leur servir de bouc émissaire. Il est si facile d'en vouloir aux immigrés en disant : «Ils ...... (3) notre travail (ce qui n'est pas vrai) ; ils sont plus délinquants (ce qui n'est pas vrai non plus) ; ils ...... (4) cher à la Sécu.». C'est peut-être une forme d'autodéfense, mais ça fait mal, quand même. Les hommes politiques de droit ...... (5) la situation de crise sociale ; ils me ...... (6) peur parce qu'ils ...... (7) le retour à leurs pays d'origine de gens comme mes parents qui ...... (8) en France depuis trente ans.

4 **Sondage**

Lisez les résultats de l'enquête et l'analyse de Mohamed El Ouahdoudi ci-dessus.

Nota :

Xénophobe (adj. et n.) : hostile aux étrangers, à tout ce qui vient de l'étranger

Xénophobie (n.f.) : attitude du Xénophobe

5 **Et vous, personnellement ?**

Répondez en français aux questions suivantes.

a Comment auriez-vous réagi à la question posée dans le premier paragraphe ? Soyez honnête !

b «Il y a autant de racisme chez les jeunes que chez les adultes.» Ecrivez une composition de 300 à 350 mots.

exploitent	luttent	vivent	prennent ......
font	manifestent	manquent	trouvent ......
demandent	coûtent	cherchent	doivent ....

La question

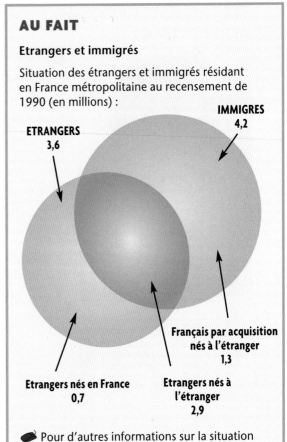

1 Equivalence

Trouvez à partir du texte les mots qui signifient
la même chose que les phrases suivantes.

a vieux et qui n'est plus en bon état
b barre d'appui
c toucher légèrement en passant
d un avantage inespéré
e un logement misérable
f employé municipal chargé d'enlever des ordures
ménagères

2 Interprétation

a A part l'espace, qu'est-ce qui manque aux
résidents de l'immeuble ?
b D'où viennent-ils, les résidents ?
c Ce sont des immigrés illégaux ?
d Bakary, comment a-t-il trouvé ce logement ?
e Que veut dire l'auteur de l'article en parlant
de «la panoplie de logement» ?

AU FAIT

Etrangers et immigrés

Situation des étrangers et immigrés résidant
en France métropolitaine au recensement de
1990 (en millions) :

IMMIGRES 4,2

ETRANGERS 3,6

Français par acquisition
nés à l'étranger
1,3

Etrangers nés en France
0,7

Etrangers nés à
l'étranger
2,9

Pour d'autres informations sur la situation
des immigrés et la lutte contre le racisme, voir
www.aupoint.nelson.co.uk

C'est à deux pas de la mairie du 19e arrondissement, en plein
Paris. Un immeuble vétuste, une porte anonyme. Derrière,
un escalier qu'on devine à peine. Plus de rambarde, aucune
lumière, juste des corps qui se frôlent, des portes
entrouvertes, des voix entremêlées, des cris. 150 Maliens,
Mauritaniens et Sénégalais sont entassés là. Des familles
entières qui se débrouillent, au jour le jour, sans eau courante.
Clandestins ? Même pas. La plupart des hommes ont des
papiers en règle et travaillent. Une exception ? Non plus. Les
squats de ce type se comptent par centaines dans la région
parisienne, qui accueille à elle seule près de 70 % des quelque
400 000 immigrés venus d'Afrique noire. Avec les foyers et les
meublés, le squat fait partie de la panoplie du logement
africain en France.

Bakary est malien, d'ethnie soninké. Arrivé en 1980, il est,
comme la plupart de ses compagnons, originaire de la région
du fleuve Sénégal. Après des années au foyer Barrat, à
Montreuil, un «frère» lui a proposé de le remplacer au squat.
Une aubaine !

Il peut faire venir son fils de 5 ans et sa femme. C'était en 1995.
Aujourd'hui, elle est là, dans ce taudis. Bakary n'est pas en
colère. Simplement amer. «Vous savez, je travaille depuis
vingt ans comme éboueur à la Ville de Paris, j'ai un salaire, et
regardez...» Les cris des enfants, au-dehors, couvrent sa voix.

«logement»

🎧 **Banlieue : chanson de Karim Kacel**

Voir *Self-study booklet*, page 23.

3 📼 **Les travailleurs étrangers**

Ecoutez la cassette et décidez lesquelles de ces affirmations sont justifiées selon le contenu de cet extrait des informations radiophoniques.

Nota :
PDG = Président-directeur général

A.S.S.E.D.I.C. = Association pour l'emploi dans l'industrie et le commerce

Le Haut Conseil...
a constate qu'il n'y a pas assez de travail pour tout le monde.
b considère qu'on devrait désormais restreindre le nombre d'étrangers qui viennent chercher du travail en France.
c annonce qu'il y a des secteurs industriels qui refusent d'embaucher des travailleurs étrangers.

Jean Merafina...
a explique que la plupart de ses employés sont de nationalité étrangère.
b trouve facilement des Français qui veulent travailler dans son entreprise.
c considère que le nettoyage industriel n'est pas assez valorisé par le gouvernement.
d fait des démarches pour essayer d'embaucher les chômeurs.
e croit que le salaire proposé pour son personnel est assez raisonnable.
f prévoit une amélioration de la situation des étrangers.

4 📼 **Les opinions de Julien**

Ecoutez les opinions de Julien, qui habite à Paris, sur la politique de droite dans son pays et faites l'exercice sur la feuille **10.6**. Après avoir écouté Julien, discutez en classe la proposition suivante :

«On devrait interdire les partis d'extrême droite qui incitent au racisme par leur politique d'exclusion.»

5 **L'extrême droite**

Le maintien du Front National (FN) dans la vie politique est fortement lié à la situation de crise sociale, à l'inquiétude des Français face à l'immigration et à la montée de l'intégrisme musulman. Leur slogan «les Français d'abord» a fait mouche auprès de tous ceux qui sont naturellement tentés par le repli sur soi, le protectionnisme et le rejet des «autres».

Les hésitations des partis modérés à agir et à engager les vrais débats ont eu pour effet de légitimiser et de banaliser le FN, de le placer au centre des discussions et des stratégies. Le jeu ambigu des médias, les attaques mal ciblées de certains intellectuels lui ont permis de se poser en martyr.

Cependant, c'est toujours un parti dont l'image est mauvaise dans l'opinion publique. Le FN continue à faire peur et sa politique est toujours rejetée par une très grande majorité des Français (environ 85 %), même si un quart se disent proches des idées des leaders, essentiellement liées à la lutte contre l'immigration.

Answer the following questions in English :

a What explanations are given for the fact that the FN has maintained its position in French politics ?
b What other factors may have kept the party alive in the public consciousness ?
c What appears to be a paradox in public opinion towards the party and its leaders ?

1 **Le front féodal**

Regardez la bande dessinée. Imaginez que vous assistez à une réunion pendant une campagne éléctorale. Composez, par écrit, cinq questions que vous voudriez posez aux candidats sur les thèmes de ce chapitre d'*Au point*.

Exemple :

Que comptez-vous faire pour redresser les inégalités sexuelles dans notre société ?

2 **A l'écrit**

En prenant comme points de départ :

- votre expérience personnelle ;
- les idées exposées dans l'article de Cathérine Cayrol (voir page 126) ;
- d'autres informations et statistiques exposées dans ce chapitre ;

écrivez en français une composition d'environ 300 mots où vous évaluez les avantages et les inconvénients, à l'heure actuelle, de votre sexe.

Répondez, surtout, à la question suivante : «Vous considérez-vous prisonnier/prisonnière de votre sexe ?»

3 🔲 **Table ronde sur l'immigration**

Ecoutez la discussion entre trois sociologues qui donnent leur opinion sur la politique de l'intégration de la France. Ecoutez la conversation autant de fois que vous voulez. Les participants sont, dans l'ordre : Michel Gaillou, Abdelkrim Benkri et Claire Duval.

Donnez, pour chaque affirmation, le nom de celui qui l'exprime. Attention ! Les propos ne suivent pas nécessairement l'ordre du débat. Il est aussi possible que plusieurs personnalités partagent la même opinion.

a La politique d'intégration a du succès.
b La politique d'intégration est un échec.
c La France devrait limiter le nombre d'immigrés qu'elle accueille.
d Les Français n'aiment pas avoir des immigrés pour voisins.
e Les Français réagissent mal au désir d'intégration des immigrés.
f La culture française se retrouve enrichie par la présence d'étrangers.
g La France devrait prendre des mesures pour aider les pays d'où viennent les immigrés.
h La France a recruté beaucoup de travailleurs étrangers.
i Les immigrés souffrent autant que les Français pauvres.
j On trouve des immigrés à tous les niveaux de la société française et ce, malgré la crise économique.

4 **Et votre opinion ?**

Considérez la situation des minorités dans votre pays. Croyez-vous que les minorités ethniques sont sur un pied d'égalité avec le reste de la population ? Ecrivez une composition de 300–350 mots au sujet : «L'intégration : échec ou succès ?»

Questions à vous poser avant d'écrire :

- Est-ce vraiment essentiel d'essayer d'intégrer les gens ?
- Comment mesurer le succès d'une politique ?
- Pourquoi y a-t-il des taux de chômage plus élévés parmi certains secteurs de la population ?
- Pourquoi la religion semble-t-elle avoir tendance à créer les divisions dans la société ?
- Peut-on garder sa propre culture tout en devenant citoyen(ne) d'un pays où on n'est pas né(e) ?

11

Citoyen, citoyenne

Thèmes	Communiquer	Grammaire	Epreuves
• La politique	• Montrer qu'on prend conscience	• Déjà vu : le futur, le conditionnel, le subjonctif	• Lire et écrire un sommaire
• L'Europe	• Faire des promesses	• Le style direct et indirect	• Ecrire une lettre de candidature
• La citoyenneté	• Participer à un débat	• n'importe…	• Ecrire une rédaction
• Travailler à l'étranger		• se faire + *infinitif*	• Interpréter

Suède

Finlande

Estonie

Royaume-Uni

Irlande

Danemark

Pays-Bas

Belgique Allemagne Pologne

Luxembourg République Tchèque

France

Autriche Hongrie

Italie

Slovénie

Portugal

Espagne

Turquie

Grèce

Chypre

■ **Quels sont les pays membres de l'Union Européenne ?**

Cherchez des informations là-dessus sur les sites Internet de l'UE. Quels pays vont s'adhérer à l'Union ?

■ **Vous sentez-vous européen(ne) ? Pourquoi (pas) ?**

Que pensez-vous des politiciens ? Vous les trouvez : honnêtes ? sincères ? engagés ? intéressants ? OU ennuyeux ? égoïstes ? corrompus ? arrogants ?

Sommaire

Ah, la politique !

Un magazine pour les jeunes a réalisé un sondage en interrogeant les moins de 25 ans sur ce qu'ils pensaient de la politique et des élus. 50% des jeunes n'ont pas de parti politique préféré. Les autres placent les écologistes en tête du peloton (22%), suivis de la gauche (16%) et de la droite (12%).

Est-ce que vous vous intéressez à la politique ?

La politique, je ne m'y intéresse pas. J'ai très peu confiance en ce que racontent les hommes politiques. Mais aussitôt que je pourrai voter, je le ferai. On ne peut pas se désintéresser de la politique. Evidemment, quand j'irai voter, j'aurai un problème de choix.

Florence

Les députés sont-ils malhonnêtes ?

Malhonnêtes, les députés ? Facile à dire. Je crois que c'est un métier difficile. Et puis, il faut qu'ils assument la confiance qu'on a mise en eux au moment du vote. Je crois que je voterai comme mes parents. J'ai confiance en eux.

Youmna

AU FAIT Les principaux partis politiques en France

Le Parti Communiste Français (PCF)
fondé en 1922 (extrême-gauche)

Le Parti Socialiste (PS)
fondé en 1969 (gauche)

Les Verts fondé en 1984

Génération Ecologie
fondé en 1991 (parti écologiste)

Le Parti Radical de Gauche
fondé en 1994 (gauche)

L'Union pour la Démocratie Française (UDF)
fondé en 1978 (centriste)

Le Front National (FN)
fondé en 1972 (nationaliste, extrême-droite)

Le Rassemblement pour la République
fondé en 1976 (d'origine gaulliste, plutôt de droite)

Comment s'appellent les présidents actuels de ces partis politiques ?
A vous d'en trouver au moins trois, de préférence sur l'Internet.

---

1 🔊 **Interview avec des jeunes**

Ecoutez et lisez les réponses des jeunes en dessus et écrivez les équivalents de ces expressions :

a je me méfie des hommes politiques
b un élu
c déloyal, de mauvaise foi
d même les parents en ont assez
e ils retirent leurs paroles
f les jeunes ne sont pas assez au courant

2 Travail oral en groupes

Posez-vous les mêmes questions que celles posées aux jeunes ci-dessus.

Pourquoi les jeunes ont-ils une telle méfiance à l'égard du monde politique ?

Je ne m'intéresse pas beaucoup à la politique. Et même mes parents en ont marre. Certains hommes politiques ont de bonnes idées et puis, quand ils sont au pouvoir, ils ne tiennent aucune de leurs promesses.

Karine

Il n'y a pas de cours de politique à l'école et nous ne sommes peut-être pas assez formés. A partir des journaux et des faits réels, on ne nous explique pas beaucoup les opinions des hommes politiques. Quand on approche de ses 18 ans, on prend conscience qu'on va voter. On essaie de choisir de quel côté aller, mais on ne sait pas vraiment où on est.

Nicolas

Pour communiquer

Montrer qu'on prend conscience

Je m'y intéresse parce que cela nous touche tous

On prend conscience que (la politique), c'est l'affaire de tout le monde

On ne peut pas s'en désintéresser

Je ne m'intéresse pas du tout à (la politique)...

Je ne peux pas accepter qu'à l'âge de 18 ans, on puisse savoir (comment voter)...

Je suis persuadé(e) que (les députés) sont tous (malhonnêtes/corrompus)...

Je me méfie des (hommes politiques) et de (la presse)...

A : Vous vous intéressez à la politique ?

B : Bien sûr que oui ! Cela nous concerne tous et on ne peut pas s'en désintéresser.

C : Ah si ! J'en ai marre de la politique ! Je me méfie de tout ce qui concerne la politique !

B : Ah bon ? Pourquoi ?

C : Les hommes politiques ne tiennent jamais leurs promesses.

A : Oui, ils sont tous malhonnêtes... Par exemple...

3 Actions politiques

a Quelle est la loi que vous souhaiteriez voir voter en priorité ? Lisez les réponses de jeunes Français à cette question.

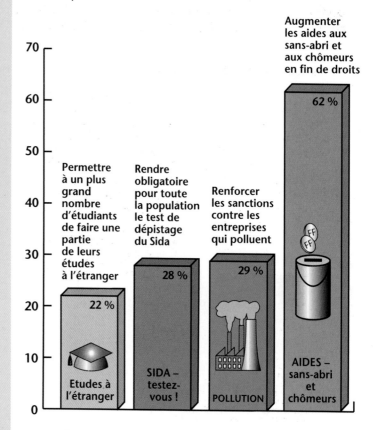

b Maintenant, choisissez quelques-uns des thèmes d'*Au point* :

les droits des jeunes
l'emprisonnement des jeunes délinquants
le divorce et l'union libre
la scolarité obligatoire/l'éducation nationale
le tabagisme/l'alcoolisme/la drogue
les loisirs/les vacances/le temps libre
le chômage/les SDF
la presse/les médias/la publicité
la pollution/le recyclage

Imaginez que vous écrivez une lettre à un magazine pour les jeunes, en réponse à la question : «Quelles sont les lois que vous souhaiteriez voir voter en priorité ?» Répondez au magazine 'en-ligne', si vous voulez. Pour vous aider, voir **Pour communiquer**.

L'opportuniste

Chanson de Jacques Dutronc. Voir *Self-study booklet*, page 24.

4 11.1 Déjà vu : grammaire

Le futur, le conditionnel et le subjonctif.

La vie politique

La France est une République. Administrativement, elle est découpée en départements. A part les 95 départements de la métropole, il y a les départements d'outre-mer (D.O.M.)* comme la Guadeloupe et les territoires d'outre-mer (T.O.M.)* comme la Polynésie française (voir carte page vi). Le peuple élit au suffrage universel :

L'Assemblée nationale

- 577 députés sont élus pour 5 ans.

- Le président de l'Assemblée est élu par les députés pour 5 ans et dirige les débats.

- Trois questeurs sont chargés de gérer financièrement et administrativement l'Assemblée.

- Les députés représentent les Français et les Françaises à l'Assemblée nationale. Il y a un député pour 99 000 habitants.

* Quelles sont les différences entre les D.O.M. et les T.O.M. ? Renseignez-vous sur l'Internet ou demandez à votre professeur de vous l'expliquer.

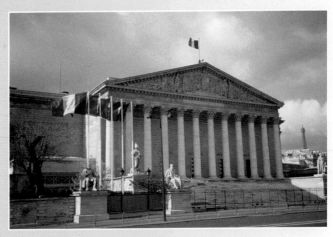

L'Assemblée nationale siège au Palais-Bourbon, dans l'hémicycle.

Elections législatives

Les Français votent deux dimanches de suite.

Mode de scrutin : scrutin majoritaire à deux tours.

– Au premier tour, de nombreux partis présentent un candidat pour tenter leur chance. Si aucun candidat n'a la majorité (50% + une voix), il y a un ballottage et les deux candidats qui viennent en tête sont maintenus pour le second tour. Les candidats qui sont battus se désistent ; certains donnent à leurs électeurs des consignes de vote en faveur d'un parti allié.

– Au deuxième tour, le candidat qui a la majorité est élu.

Résultats du 1er tour

Candidat A (3 500 voix)

Candidat B
(2 550 voix)

Candidat D
(1 050 voix)

Candidat C (2 900 voix)
Suffrages exprimés : 10 000 voix

Au deuxième tour, le candidat qui a la majorité est élu.

Résultats du 2e tour

Candidat C (5 200 voix)

Candidat A (4 800 voix)
Suffrages exprimés : 10 000 voix

---

1 **Glossaire politique**

Ajoutez le vocabulaire politique de ces pages à votre feuille de vocabulaire (Voir 📖 n° 15 *Le vocabulaire en thèmes*).

2 **Je m'y connais**

Ecrivez en 150 mots un sommaire en anglais du système politique en France, en vous référant aux textes ci-dessus (*La vie politique* et *Elections législatives*).

Le Sénat siège au palais du Luxembourg.

Le Président de la République

- Elu pour 7 ans.
- Habite et travaille au palais de l'Elysée.
- Désigne le Premier ministre parmi le groupe majoritaire à l'Assemblée.
- Peut dissoudre l'Assemblée.

Le Président et le Gouvernement (les ministres) s'occupent de faire exécuter les lois (pouvoir exécutif).

Le Parlement

L'Assemblée nationale et le Sénat forment le Parlement de la France. Le Parlement propose, débat, amende et vote les lois pour le pays : il s'occupe du pouvoir législatif.

A quoi sert le Sénat ?

Les 321 sénateurs ne sont pas élus directement par les électeurs mais par 136 000 «grands électeurs» qui sont des conseillers municipaux, des conseillers généraux, des conseillers régionaux, etc.

Pour être adoptée, une loi doit être votée dans les mêmes termes par l'Assemblée nationale et par le Sénat. En cas de désaccord, c'est l'Assemblée nationale qui a le dernier mot.

Les sénateurs sont en général des hommes âgés, maires ou conseillers municipaux.

97 % des sénateurs sont des hommes.

---

3 📼 **Aux élections**

Ecoutez la cassette avant de marier les débuts et les fins de phrases ; puis mettez les phrases dans l'ordre où vous les entendez.

1 Il y a des votes des extrémistes…
2 Le gros problème…
3 Il y a souvent jusqu'à 30 %
4 Les gens deviennent…
5 Ils ont pris conscience…
6 Les jeunes se rendent compte…
7 Certains ont le sentiment…
8 Ils attendent des hommes politiques…

a …un miracle.
b …pour marquer ce dégoût.
c …qu'un député est un privilégié.
d …que l'on agit peu.
e …c'est celui du chômage.
f …un petit peu blasés.
g …que c'est un problème européen ou international.
h …d'abstentions aux élections.

4 **Engagé(e) ou indifférent(e) ?**

Vous intéressez-vous à la politique ? Avez-vous l'intention de voter aux prochaines élections législatives ? Pourquoi (pas) ? Justifiez votre position. Ecrivez au moins 250 mots

OU

Comparez l'attitude des Français et les gens de votre pays aux élections. Servez-vous des résultats de l'exercice ci-dessus.

Ecrivez au moins 250 mots.

🎧 **Exercice de prononciation**

Les sons en '-tion'. Voir *Self-study booklet*, page 24.

Le langage des hommes politiques

Madame, Mademoiselle, Monsieur,

Vos préoccupations sont claires : l'emploi, le logement, la formation, les transports, les conditions et le cadre de vie, l'avenir de notre agriculture. Je les partage et je souhaite travailler avec vous sur les réponses à y apporter.

Je tiens à combattre l'injustice, augmenter les chances de chacun, faire reculer les égoïsmes, l'ignorance et la haine de l'autre, donner la préférence à une société solidaire plutôt qu'à un individualisme sauvage.

Tout ceci est difficile, reconnaissons-le. Pour autant, je ne crois pas que la solution de nos problèmes consiste à casser ce que nous avons construit dans le domaine social, à démanteler l'Education nationale, à privatiser nos services publics.

Ce dont nous avons besoin, ce n'est pas d'une droite dure, démagogique et avide de revanche. C'est d'un député efficace, influent, capable d'apporter chez nous les implantations d'entreprises et les emplois qui manquent, de mobiliser des énergies nouvelles pour mettre sur pied un véritable projet de développement économique et social conforme à vos besoins.

1 Le langage politique : 20 termes

Découvrez des 'mots-famille' (voir aussi ▨ feuilles n⁰ˢ 7 et 14).

Trouvez autant de mots (noms, adjectifs, verbes, adverbes, etc.) que possible pour chaque mot ci-dessous.

Exemple :

élire (v.t.) – élection (n.f.) – élu, n.m./adj./p.p. – électoral (adj.) – électoralement (adv) – élite (n.f.) – électeur (n.m.)

scrutin (n.m.) ; chômage (n.m) ; dégradation (n.f.) ; démocratie (n.f.) ; économique (adj.) ; excès (n.m.) ; emploi (n.m.) ; solidaire (adj) ; privatiser (v.t.) ; influent (adj) ; développement (n.m.) ; immigration (n.f.) ; impôts (n.m.pl) ; politicien (n.m.) ; gouverner (v.t.) ; grandeur (n.f.) ; justice (n.f.) ; honnêteté (n.f.) ; éducation (n.f.) ; voter (v.i.)

2 Leur plate-forme

Décidez quel candidat soutient quelle cause.

a Redonner une vraie valeur aux mots justice, éducation, etc.
b Protéger les ressources naturelles.
c Faire passer les gens avant toute autre considération.
d Faire triompher la tolérance.
e Mieux partager les ressources naturelles.
f Refuser ce que les hommes au pouvoir ont fait jusqu'à présent, quelle que soit leur orientation politique.
g Créer des entreprises et des emplois.

3 Problèmes et solutions

Pour les trois partis, notez :

- La façon dont ils s'adressent à nous : ils sont critiques ? agressifs ? charmants ? etc.
- Les problèmes qu'ils identifient.
- Les reproches qu'ils font aux autres partis.
- Les solutions qu'ils proposent.
- Les promesses qu'ils font.

HALTE AU RACISME ANTI·FRANÇAIS

Adhérez au
FRONT NATIONAL

FRONT NATIONAL FN

11 RUE BERNOUILLI 75008 PARIS

Chers compatriotes,

Chômage, insécurité, immigration, pauvreté, impôts, «affaires»... Force est de constater qu'en France aujourd'hui rien ne va plus ! Ce constat dramatique, mais malheureusement bien réel, vous inquiète. Or, il y a des responsables à cet état de fait : ce sont des politiciens de gauche comme de droite qui depuis plus de vingt ans se sont révélés incapables de gouverner correctement notre pays. A nous de prendre notre destin en mains. Si vous voulez que la France retrouve sa force et sa grandeur, si vous voulez que justice, honnêteté, éducation, bien-être, fraternité, soient des mots qui aient une réelle valeur, je vous invite le 21 mars à voter Front National pour la renaissance de la France.

Pour communiquer

Faire des promesses

Nous promettons de (+ *inf.*)

Nous nous engageons à (+ *inf.*)

Nous tenons à (+ *inf.*)

Nous sommes capables de (+ *inf.*)

Nous vous donnons notre parole que...

4 **Manifestes**

En groupes, utilisez les expressions de foi ci-dessus (**Pour communiquer**) et la liste de verbes ci-dessous pour préparer le manifeste plein de promesses de chacun des trois partis. Vérifiez le sens des verbes avant de commencer.

accorder	expulser	mettre en place	protéger
améliorer	garantir	obtenir	réduire
combattre	gouverner	organiser	réformer
créer	libérer	prendre en mains	sauver
défendre	lutter		simplifier
détruire	maintenir		
excéder			

Exemples :

Les Ecologistes
Nous promettons de protéger la planète. Nous nous engageons à réduire les excès de l'industrie…

Le Front National
Nous tenons à prendre notre destin en mains… nous sommes capables de gouverner correctement notre pays …

Les Socialistes
Nous tenons à combattre l'injustice. Nous vous donnons notre parole que nous n'allons pas casser ce que nous avons construit dans le domaine social…

Madame, Mademoiselle, Monsieur,

Nous allons, le 21 mars, élire notre député. Le mode de scrutin fait que nous risquons de changer de têtes, tout en conservant la même politique qui provoque les mêmes désastres : chômage, accroissement des inégalités, injustice, dégradation de l'environnement, troubles sociaux, recul de la démocratie et des Droits de l'Homme.

L'Entente des Ecologistes refuse la fatalité de la crise. L'être humain compte pour nous beaucoup plus que les mécanismes économiques.

Les ressources de notre planète ne sont pas inépuisables. Les excès des plus riches font que la couche d'ozone est menacée, que les déchets s'amoncellent, que l'eau et l'air, les premières richesses partagées par tous, se dégradent. Pendant ce temps, dans les pays du Tiers-Monde et en France, les inégalités s'accroissent et le nombre des chômeurs augmente sans cesse.

🎧 **La politique des jeunes**

Contraste d'opinions. Voir ***Self-study booklet***, page 24.

5 📼 **Meeting électoral**

(Pour vous aider, voir aussi la feuille **11.2** *Parler pour ne rien dire.*)

A vous de faire un meeting électoral pour répondre aux questions des électeurs.

a Ecoutez la cassette et lisez l'extrait d'un meeting électoral à la feuille **11.2** .

b Préparez/révisez votre manifeste tout(e) seul(e) ou à deux (voir exercice à côté) et préparez des questions pour les autres candidats (Est-ce que vous allez… ? Comment pouvez-vous garantir… ?) Voir aussi la liste des thèmes à la page 137.

c Maintenant, adressez-vous aux électeurs (le reste de la classe) et répondez à leurs questions.

📖 **Grammaire : aux stylos, citoyens !**

Analyse grammaticale de *La Marseillaise*. Voir ***Self-study booklet***, page 24.

6 **Pour terminer**

Faites publier votre manifeste – de préférence fantaisiste et humoristique – comme ceux d'en face et ci-dessus.

Point de grammaire

DÉJÀ VU: STYLE (OU DISCOURS) DIRECT ET INDIRECT

Voir aussi la page 98.

Le style ou discours direct

Donne les paroles et les pensées telles qu'elles ont été formulées :

Exemple : Il a dit : «Je souhaite travailler avec vous.»

Les paroles prononcées sont entre guillemets («...»)
ou après un deux-points (:) ou un tiret (–).

Le style ou discours indirect

Rapporte les paroles et les pensées dans une proposition subordonnée dépendant d'un verbe comme '**il a dit que...**'

Exemple : Il a dit qu'il souhaitait travailler avec eux.

Formation

Les temps employés dans la proposition subordonnée qui commence par '**que**' sont les mêmes qu'en anglais.

L'imparfait est le temps le plus souvent employé mais il faut aussi réviser les autres temps. Voir **Grammaire** page 242.

Discours direct	Discours indirect
Présent «Je souhaite...»	**Imparfait** (il a dit qu') il souhaitait
Futur «Je souhaiterai...»	**Conditionnel** (il a dit qu') il souhaiterait
Passé composé «J'ai souhaité...»	**Plus-que-parfait** (il a dit qu') il avait souhaité

N'IMPORTE

– Tu n'as pas d'argent ? N'importe.
(Ça n'a pas d'importance.)

N'importe qui, n'importe quoi, n'importe quand, n'importe où, n'importe comment.

N'importe quel garçon, n'importe lequel ; n'importe quelle fille, n'importe laquelle ; n'importe lesquels.

Voir la feuille **11.3** .

EXERCICES GRAMMATICAUX

1. **Mettez les phrases suivantes au style indirect.**
   Exemple :«Je connais les difficultés que le pays rencontre.»
   Il a dit qu'il connaissait les difficultés que le pays rencontrait.

   a «Je travaillerai avec une équipe compétente et unie.»
   b «J'ai travaillé avec toute la force de mes convictions.»
   c «On va gagner.»

2. **Choisissez une des professions de foi pages 134–135 et mettez-la au style indirect.** Commencez vos phrases par, par exemple :
   Les Verts ont dit/promis que...

3. **Pour plus d'exercices, voir la feuille 11.4**
   Grammaire: le style direct et indirect.

L'Europe :
droits des citoyens européens

LIBRE DROIT DE CIRCULATION

On a le droit de franchir les frontières des pays membres de l'Union européenne sans carte d'identité, mais ces pays ont prévu des mesures de sécurité pour combattre certaines menaces pour la société comme l'immigration non autorisée et le trafic de drogue.

DROITS DES ÉTUDIANTS

Le programme Erasmus s'address aux universités et à l'enseignement supérieur. Une fois reçu à ses épreuves, on a le droit de suivre sa formation à l'université pendant une durée de six mois à un an dans un autre pays européen, étant donné qu'on parle la langue du pays concerné. Le plus souvent, il faut être titulaire d'un Deug (Diplôme d'études universitaires générales) ou d'une licence.

DROITS DU TRAVAIL

A priori les citoyens européens peuvent chercher un emploi dans les pays membres de l'UE de leur choix. La formation professionnelle constituant un des buts principaux de l'UE, on peut profiter de bon nombre d'initiatives, dont les plus significantes – COMETT, Leonardo da Vinci et PETRA – proposent des emplois en entreprises technologiques ou une formation professionnelle particulière.

DROITS DE VOTE ET DE REPRÉSENTATION

On peut exercer son droit de vote aux élections municipales et européennes dans n'importe quel pays membre de l'UE, à condition d'y habiter. On n'a pourtant pas le droit de s'inscrire sur plus d'une liste électorale.

L'EURO

Avant la fin du dernier millénaire, la plupart des pays membres de l'UE ont adopté l'Euro comme monnaie unique, sous le système monétaire européen. On indique la valeur européenne sur une face et la valeur nationale sur l'autre face des billets et des pièces de l'Euro. Ainsi, à l'exception des Danois, des Finlandais, des Suédois et des Britanniques, les citoyens européens ne souffrent plus des énormes frais de change de monnaies nationales.

1 🔊 Ah, l'Europe, c'est...

Ecoutez ce que disent ces cinq personnes sur l'Europe. Pour chacune d'entre elles, pensez à une phrase qui correspond à ses opinions.

a Axel **b** Ghislaine **c** Thierry **d** Louda **e** Jérémie

> *Si on ferme des usines en Europe, c'est parce qu'en Asie, la main d'œuvre est bon marché. C'est pas l'Europe le problème, c'est la mondialisation. En France, on est trop individualiste, il n'y a que notre petit chez-nous qui compte ! Si cela ne va pas chez nous, on ne regarde pas chez le voisin pour voir si quelque chose a changé pour lui. Je veux que cela change, il faut vraiment s'ouvrir sur l'Europe. Comme ça, on pourra peut-être faire bloc contre les Etats-Unis et faire face à leur invasion. Et l'Europe est notre seule chance de maintenir un certain équilibre par rapport aux Etats-Unis.*
>
> ***Béatrice, 17 ans.***

2 La France, le Royaume-Uni et l'Union Européenne

Lisez les opinions de Béatrice ci-dessus. (Voir aussi la feuille **11.5** .)

a Comment critique-t-elle l'attitude des Français envers l'UE ?

b En est-il de même pour les jeunes du Royaume-Uni ? Ils sont pour ou contre ? Pourquoi ?

c Comparez l'attitude des Français et des citoyens du Royaume-Uni envers l'UE – comment les médias représentent-ils l'UE ? Et les partis politiques ?

Faites des recherches (et des sondages) sur l'Internet, dans le CDI/la bibliothèque, etc.

📖 Eurobaromètre

Les jeunes et l'Europe. Voir *Self-Study booklet*, page 25.

📖 Le vocabulaire – par couples

Voir *Self-Study booklet*, page 25.

📖 Quiz

Voir *Self-Study booklet*, page 25.

3 Au forum

Ecrivez sous forme de courrier électronique ce que vous pensez de l'UE et de l'Europe. Imaginez que vous contribuez à un débat écrit au forum d'un magazine sur l'Internet.

Travailler à l'étranger

Partir travailler à l'étranger, c'est pour certains l'occasion de voir un pays. Pour d'autres, ce peut être une solution à leur problème d'emploi. Mais comment être sûr que l'on pourra supporter le dépaysement? Et puis partir où? Dans quelles conditions? Avec ou sans un contrat?

AVANT DE PARTIR...

- Renseignez-vous de manière aussi complète que possible sur le pays choisi, sa culture, ses perspectives d'emploi, son niveau de vie, les formalités pour obtenir un permis de séjour et, surtout, son renouvellement une fois sur place.

- De nombreux candidats au dépaysement se font expulser de leur terre d'accueil au bout de quelques mois parce qu'ils ne satisfont plus aux conditions de résidence en vigueur. Ne pas hésiter à se faire répéter une information par plusieurs sources différentes, les réponses ne concordant pas toujours.

- Pour les moins jeunes : devenir salarié d'une entreprise française ou étrangère. La différence n'est pas négligeable. Un contrat d'expatrié garantit un salaire

1 Vrai ou faux?

Trouvez les trois affirmations vraies parmi les suivantes.

a Quand on est originaire d'un pays de l'UE, on peut vivre dans n'importe quel autre pays de l'Union sans aucune formalité.
b Il arrive que, quand on pose la même question à plusieurs personnes différentes, on obtienne des réponses différentes.
c Une personne qui a un contrat d'expatrié travaille dans de meilleures conditions que si elle avait un contrat local.
d Si on n'a pas de diplôme, il est impossible de trouver du travail dans un autre pays de l'Union que le sien.
e Les «petits boulots» rapportent beaucoup d'argent.
f Créer sa propre entreprise dans un pays de l'UE est très facile.
g Créer sa propre entreprise dans un pays de l'UE peut rapporter beaucoup d'argent.
h Créer sa propre entreprise dans un pays de l'UE veut dire être en vacances pour la vie.

AU FAIT

L'Europe au travail et en congé

	Congés annuels	Horaires hebdo	Jours fériés
Allemagne	30	48	10
Belgique	25	40	10
Danemark	26	38	8
Espagne	25	40	14
France	25	35	10
Grèce	22	40	9
Irlande	24	40	8
Italie	31	48	9
Luxembourg	27	40	10
Pays-Bas	26,5	48	6
Portugal	25	48	12
Royaume-Uni	27	39	8

Quand les pays de l'Europe chôment

Allemagne	8,2 %	Irlande	12,9 %
Autriche	5,9 %	Italie	12,2 %
Belgique	9.4 %	Luxembourg	3,0 %
Danemark	10.0 %	Pays-Bas	6,5 %
Espagne	22,7 %	Portugal	7,1 %
Finlande	17,1 %	Royaume-Uni	8,7 %
France	11,6 %	Suède	9,2 %
Grèce	10,0 %		

confortable, un logement et une voiture de fonction, et surtout une responsabilité accrue dans l'entreprise. Un contrat local signifie salaire adapté au niveau de vie sur place sans avantages excessifs.

- Pour les non-diplômés, il reste la filière des «petits boulots» : baby-sitting, service de restaurants, chauffeurs, etc., qui, pour être peu lucratifs au début, débouchent parfois sur des réussites exceptionnelles pour ceux qui savent faire preuve d'imagination.

- Enfin, pourquoi ne pas créer son entreprise ? C'est le rêve de tous les aventuriers qui doivent toutefois se montrer prudents et tenter plusieurs manœuvres d'approche. Un bon moyen de faire fortune à condition de bannir le mot vacances de son vocabulaire.

2 Statistiques et comparaisons

Voir aussi la feuille **8.1** *Le comparatif et le superlatif.*

a Lisez les statistiques sur l'Europe au travail et en congé ci-contre, puis trouvez les trois comparaisons fausses parmi les suivantes :
1 Le Luxembourg a de meilleures conditions de travail vis-à-vis du taux de chômage et de congés annuels que la Grèce et les Pays-Bas.
2 La plupart des employés européens font au moins quarante heures de travail par semaine.
3 Le Danemark a le moins d'heures de travail par semaine et le moins de jours fériés.
4 L'Espagne a le plus de jours fériés et le taux de chômage le plus élevé.
5 Les employés au Royaume-Uni ont plus de temps libre que les Belges.
6 Les Grecs ont moins de temps libre que les Français.
7 En gros, les Italiens ont moins de jours de vacances que les Allemands.
8 L'Espagne a un taux de chômage presque deux fois plus élevé que la France.

b A vous ! Ecrivez d'autres comparaisons à partir de ces chiffres.

3 🔊 Partir, ce n'est pas facile

Ecoutez cette femme qui vit en Grande-Bretagne. Copiez et complétez en français les phrases ci-dessous.

a Un Français partirait à condition que…
b Un Français ne part pas pour… et même…
c Et voici un gros problème pour…
d Beaucoup de gens se sentent…
e En Grande-Bretagne, ce qui m'étonne toujours…

4 🔊 J'ai fait l'expérience

Ecoutez ce que dit un étranger vivant en France sur la vie quotidienne. Notez :

a Les différences qu'il trouve.
b Les aspects positifs de l'Europe.
c Les aspects négatifs.

5 🔊 C'est vous, l'interprète !

Deux jeunes échangistes veulent parler du travail à l'étranger. Malheureusement, l'un d'eux parle français mais parle mal anglais tandis que l'autre parle anglais mais parle mal français.

A vous de les débrouiller ! Voir la feuille **11.6** pour les instructions.

Point de grammaire

SE FAIRE + *INFINITIF*

Usage

On utilise ce verbe réflexif + *infinitif* un peu comme la voix passive : le sujet subit l'action du verbe.

Exemples :
De nombreux candidats se font expulser.
Many candidates get themselves thrown out.
Nicole s'est fait couper les cheveux.
Nicole had her hair cut (i.e. got someone to cut her hair).

Formation

Employez le verbe **(se) faire** au bon temps et ajoutez le bon infinitif.

Exemples :
He has had his wallet stolen.
Il s'est fait voler son porte-monnaie.
(= passé composé = s'est fait + infinitif 'to steal').

We will have the information repeated to us.
Nous nous ferons répéter l'information.

Pour un peu de pratique

Voir la feuille **11.7** .

11 Les partis français et l'Union Européenne

On ne peut pas prétendre que, en ce qui concerne leur politique générale sur l'Europe, les partis de gauche soient unis – les partis de droite non plus ! Si les Socialistes poussent pour une union européenne forte et sociale, les Communistes l'entravent, dans la mesure où ils craignent l'ultra-libéralisme des pays marchands européens. D'où leur refus du Traité de Maastricht. Quant aux adhérents de Génération Ecologie, ils se déclarent en faveur de l'Union des Etats d'Europe ; les Verts, en tant que fédéralistes, visent eux aussi une Europe plus sociale et plus consciente de l'environnement.

Les Nationalistes n'accepteront qu'une Europe qui respecte avant tout la souveraineté nationale des pays membres, et les Républicains eux aussi résistent à l'intégration trop forte de l'Europe.

Les Démocrates français, pour leur part, souhaitent tout ce qui renforce l'Union des pays d'Europe, pourvu que cela rende service aux intérêts de la France.

Destination épreuves

1 Vraiment ?

Trouvez les trois affirmations fausses parmi les suivantes.

a Le FN voterait pour «L'Europe des patries».
b Génération Ecologie renie le fédéralisme européen.
c L'UDF cherche à établir une interdépendance étroite entre les pays de l'UE.
d Le Parti Socialiste encouragerait l'intégration des peuples de l'Europe.
e Les Ecologistes favorisent une avancée vers l'Europe sociale consciente de l'environnement.
f Le RPR défavorise une Union moins fédéraliste.
g Le PCF défavorise le supranationalisme de l'UE.

Les femmes députés

Lectures et questions. Voir *Self-study booklet*, page 25.

2 Travail en entreprise

Lisez la lettre ci-contre, puis complétez les tâches sur la feuille **11.8** .

3 Thème

Ecrivez au moins 300 mots.

«La politique n'a rien à voir avec la vraie vie des jeunes d'aujourd'hui.» Vous êtes d'accord ?
OU
«L'Union Européenne, c'est le libre échange sur tous les plans.» Qu'en pensez-vous ?
OU
«L'intégration complète des pays de l'Europe, c'est la fin de la souveraineté nationale.» Vous êtes d'accord avec cette affirmation ?

COMPAGNIE GRENÉ (VINS DE BORDEAUX) BORDEAUX 33000

Le 6 août 2000

Monsieur,
Nous accusons réception de votre lettre du 30 juillet courant et vous remercions de nous avoir demandé de vous embaucher provisoirement selon le programme 'Travail en entreprise' de votre lycée.

Nous sommes heureux de vous accorder un poste provisoire à temps partiel selon les conditons suivantes :
– nous n'embauchons pas les moins de 17 ans ;
– nous ne pourrons pas vous proposer un contrat d'expatrié, en tant que non-diplômé ;
– au cas où vous voudriez rester plus de trois mois en France, vous seriez obligé de satisfaire aux conditions de résidence : à vous d'obtenir une carte de séjour.

Veuillez nous préciser vos compétences particulières vis-à-vis de notre secrétariat où vous serez employé : informatique, accueil ou service de traduction (ventes à l'étranger).
Nous vous serions reconnaissants de bien vouloir nous faire savoir si vous voulez accepter ce poste.

Veuillez agréer, Monsieur, l'expression de nos sentiments les meilleurs.

J-C. Grené
Chef du Service Ventes

Thèmes
- L'Occupation de la France
- Le nouvel ordre mondial
- La Corse
- La vie des réfugiés

Communiquer
- Exprimer ses émotions

Grammaire
- Les nationalités et les majuscules
- Le passé simple
- Discours direct et indirect

Epreuves
- Compréhension
- Rédactions
- Manipulation grammaticale
- Explication avec vos propres mots
- Transcription
- Résumés

12 La guerre et la paix

Quels mots associez-vous à la guerre ? Faites une liste de noms, de verbes et d'adjectifs pour décrire la guerre.

Que savez-vous de la France pendant la seconde guerre mondiale ?

Sommaire

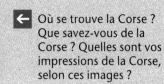

← Où se trouve la Corse ? Que savez-vous de la Corse ? Quelles sont vos impressions de la Corse, selon ces images ?

Qu'est-ce que c'est en anglais, l'OTAN ?

Regardez le nombre de soldats des pays membres de l'OTAN. La France y joue-t-elle un grand rôle ? Et les autres pays ?

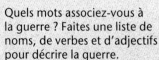

Nombre d'hommes des forces armées de l'Otan et de ses alliés
(en milliers)

1 484 E.-U.	639 Turq.	389 Fr.	279 All.	226 It.	207 R.-U.	168 Esp.	59 Gr.	49 P.-B.	47 Port.	45 Can.	33 Belg.	29 Norv.

Membres de l'Otan

La seconde guerre mondiale :
les premiers contacts en Normandie

En 1939 la Guerre a été déclarée mais on n'a rien ressenti dans la population civile. Cette période s'appelle «La drôle de guerre». On a continué à vivre comme avant, si ce n'est que les jeunes soldats étaient partis au front mais ils ne prenaient part à aucun combat. Les soldats français ont été tirés de leur sommeil lorsque la machine de guerre allemande s'est mise en marche. En quelques jours, les troupes allemandes ont envahi Les Pays-Bas, la Belgique et le Luxembourg. Les troupes se préparaient à envahir la France par les grandes plaines du Nord. Les avions ont effectué des bombardements en piqué pour semer la terreur.

Lisez le témoignage de Lucien Le Moal, habitant de Vernon dans le Nord de la France, en Normandie.

Le contact véritable
Témoignage de Lucien Le Moal

«Le contact véritable, ça s'est passé le 8 juin. Ça a été le jour du bombardement de Vernon qui s'est passé un samedi matin en plein marché. Des hauteurs de Bizy, on a vu les avions arriver et lâcher leurs bombes. Les premières ont touché la caserne. Ça a été un objectif militaire. Mais ensuite, ils ont continué à bombarder toutes les rues et, en particulier, les plus grosses bombes sont tombées sur le marché où les gens étaient très nombreux. Ces bombes n'ont été lâchées que pour faire paniquer les gens. Ensuite, on a entendu des officiers allemands nous dire qu'ils avaient pris la foule du marché pour des troupes mais à l'altitude où ils étaient, ce n'était vraiment pas possible. Ce bombardement avait pour unique but de terroriser les gens pour créer ce mouvement de panique qui les arrangeait bien, eux, les Allemands, parce que cette panique a empêché les convois militaires français de monter du sud pour venir en renfort et c'était pour eux une espèce de tactique militaire.

Les bombardements se sont ensuite répétés toute la journée et le lendemain. Le bombardement était si soudain qu'on ne s'y attendait absolument pas. Les sirènes d'alertes n'ont pas retenti parce que l'électricité avait été coupée. Donc les gens n'ont pas été prévenus du bombardement. On n'a pas pu se mettre à l'abri.

En plus, au collège César Lemaître, il se passait ce matin-là un examen et les élèves ont été surpris par les premières bombes qui tombaient à 150 ou 200 mètres, parfois même plus près, sans pouvoir gagner les abris parce que les sirènes ne se sont pas déclenchées.

1 Le vocabulaire de la guerre

Trouvez les équivalents des mots et des expressions à gauche dans la colonne de droite.

a des hauteurs	**1**	renforcer
b lâcher	**2**	quitter son pays ou s'éloigner pour se protéger
c la caserne		
d venir en renfort	**3**	des tirs d'une mitraille
e l'abri	**4**	beaucoup de personnes quittent un endroit en masse
f se réfugier		
g un exode	**5**	un logement pour des troupes
h un fossé	**6**	des collines
i mitraillages	**7**	une tranchée dans le sol
j une hantise	**8**	une peur obsédante
	9	un endroit pour se protéger
	10	laisser tomber

2 Vous avez compris ?

Remettez les phrases ci-dessous dans l'ordre logique du passage *Le contact véritable*.

a La population n'était pas prête pour le bombardement parce que les sirènes n'ont pas fonctionné.

b Les gens ont décidé de se réfugier loin du centre-ville.

c Apparemment, on a pris les gens au marché pour les troupes.

d Les bombes sont tombées un jour de marché, lorsqu'il y avait du monde.

e A une école, les élèves passaient un examen et n'étaient pas dans des abris.

f Sur les collines de Bizy, on a vu les avions arriver.

g On frappe la caserne et on attaque les rues.

Alors ces premiers bombardements ont créé une espèce de choc dans la population. C'est à partir de ce moment-là que les gens ont dit : «Le centre-ville, c'est trop dangereux. On va s'en aller. On ferme les maisons et on s'en va». Alors on s'est réfugié dans les bois, dans les fermes des alentours. Le lendemain même, les Allemands sont arrivés sur les rives de la Seine : ils bombardaient 30 kilomètres avant leurs troupes de manière à créer cette espèce de psychose. Il y a donc eu cet exode. La plupart des gens sont partis à pied, la brouette chargée de bagages. Moi, personnellement j'ai fait 180 kilomètres à pied. Ça a duré presque trois semaines quand même. La plupart des gens qui se sont enfuis ont vécu les mêmes scènes que moi. On a ressenti la peur parce que les avions allemands survolaient pratiquement sans arrêt. Il fallait plonger dans les fossés du bord des routes pour essayer d'échapper aux mitraillages. Et puis il y avait cette hantise du ravitaillement. On était parti sans rien et il fallait trouver à manger. Alors à chaque village on s'arrêtait. Il fallait faire la queue pour avoir un peu de pain, un peu de lait. Enfin, c'est une période qui était quand même assez dramatique pour nous.»

CHRONOLOGIE

1939

1er septembre	L'Allemagne envahit la Pologne
3 septembre	La France et la Grande-Bretagne déclarent la guerre à l'Allemagne
18 septembre	L'URSS envahit l'est de la Pologne
27 septembre	Capitulation de la Pologne

1940

9 avril	Attaque par l'Allemagne du Danemark et de la Norvège
10 mai	L'Allemagne envahit la Belgique, les Pays-Bas et le Luxembourg ; début de l'offensive en France
28 mai	Capitulation de la Belgique

(Suite à la page 150)

---

3 📼 **La guerre à travers la panique des autres**

Ecoutez Lucien Le Moal décrire les scènes dans les rues de Vernon et donnez, en français, autant de détails que possible sur :

a le 10 mai 1940
b une des conséquences du 10 mai
c ce qui s'est passé le 12 mai
d la scène dans les rues
e comment les Vernonnais ont réagi

4 Interview

Travaillez avec un(e) partenaire : imaginez qu'une personne est Lucien Le Moal et l'autre est journaliste. Faites une interview, en vous servant des questions suivantes.

a Qu'est-ce qui a été touché le jour du premier bombardement de Vernon ?
b Pensez-vous que les Allemands ont commis une erreur ce jour-là ?
c Combien de temps ont duré les bombardements ?
d Pouvez-vous expliquer pourquoi et comment l'exode a commencé ?
e Avez-vous été touché personnellement par cet exode ?

5 Une lettre

Imaginez ce que Lucien Le Moal a vécu pendant l'exode et écrivez la lettre qu'il aurait pu écrire à un ami à la fin de la guerre pour lui raconter cet épisode de sa vie et les sentiments qu'il éprouvait. Pensez aux raisons qui ont poussé Lucien et sa famille à quitter Vernon, les conditions de l'exode, les souffrances physiques et morales.

6 Distinguez la signification des verbes

Voir la feuille **12.1** .

Point de grammaire

LES NATIONALITÉS ET LES MAJUSCULES

La personne (le nom) = majuscule
Exemples : un Français, une Française, les Français

L'adjectif et la langue = minuscule
Exemples : le français, la langue française, un film français

LES GRANDS PERSONNAGES FRANÇAIS
et les faits historiques de la seconde guerre mondiale

Jean Moulin (1899–1943)

Jean Moulin fut un héros de la Résistance en France.

Préfet à Chartres, il lutta contre les Allemands pour défendre les intérêts de ses administrés. Il dut se réfugier en zone sud où il entra en contact avec la Résistance intérieure et extérieure.

Les circonstances du décès de Jean Moulin, en 1943, demeurent un mystère.

Charles de Gaulle (1890–1970)

De Gaulle fut un héros de la seconde guerre mondiale.

Le 17 juin, le jour où Pétain demanda l'armistice, De Gaulle se rendit à Londres pour parler aux Français à la radio nationale.

Le 18 juin, il lança son fameux «Appel à tous les Français» et prit la tête de la Résistance française face à l'Allemagne.

Philippe Pétain (1856–1951)

Pétain fut un héros de la première guerre mondiale.

En 1940, Pétain devint chef du gouvernement et conclut l'armistice à la suite de l'occupation de Paris par les Allemands.

Il installa le gouvernement à Vichy pendant l'occupation allemande.

En 1945, Pétain fut accusé de collaboration avec les Allemands. Il fut condamné à mort. Sa peine fut commuée en détention à perpétuité à l'île d'Yeu.

CHRONOLOGIE

1940

10 mai	Les Allemands entrent en France
5 juin	Prise de Dunkerque
14 juin	Entrée des Allemands à Paris
17 juin	Pétain demande l'armistice
18 juin	Appel du général de Gaulle depuis Londres
22 juin	Armistice franco-allemand à Compiègne
10 juillet	Le maréchal Pétain devient chef de l'Etat français

(Suite à la page 153)

---

l'armistice
la collaboration/un collabo(rateur)
condamné à mort
la détention à perpétuité
lutter/la lutte
une peine commuée
la Résistance/le résistant

A rechercher dans un dictionnaire et à mettre dans votre banque de données.

---

1 C'est qui ?

Comme petit test de mémoire, répondez oralement à ces questions.

a Qui a accepté de suspendre les hostilités militaires sans mettre fin à la guerre ?
b Qui a refusé de suivre le chef du gouvernement ?
c Qui a mené la résistance à l'extérieur ?
d Qui a coordonné les deux résistances ?
e Qui est mort sans qu'on connaisse les circonstances précises de sa mort ?

2 📼 La défaite de la France

Ecoutez le témoignage oral de Lucien Le Moal, puis corrigez les phrases ci-dessous et mettez-les dans le bon ordre.

a La radio, dans la zone occupée, n'était pas contrôlée au début.
b Le discours du maréchal Pétain a rendu les Français furieux.
c Les premières manifestations de résistance se sont présentées sous forme de sabotage de lignes de communication.
d Tous les Français écoutaient de Gaulle à la radio.

Point de grammaire
LE PASSÉ SIMPLE

Exemples tirés du texte :

Pétain fut un héros de la première guerre mondiale. (être)
Pétain conclut l'armistice. (conclure)
De Gaulle se rendit à Londres. (rendre)
Jean Moulin dut se réfugier en zone sud. (devoir)

Définition

Le passé simple exprime une action achevée, qui s'est produite à un moment bien déterminé du passé.

Usage

C'est le temps que les historiens utilisent pour raconter des faits au lieu du passé composé.

C'est aussi le temps du récit écrit. Le passé simple est réservé à la langue écrite, souvent aux ouvrages littéraires.

Formation

Voici le modèle pour les verbes en **-er** comme **chanter** :

je chant**ai**	nous chant**âmes**
tu chant**as**	vous chant**âtes**
il chant**a**	ils chant**èrent**

Le modèle pour les verbes en **-ir** et **-re** comme **finir** et **vendre** :

je fin**is**	nous fin**îmes**	je vend**is**	nous vend**îmes**
tu fin**is**	vous fin**îtes**	tu vend**is**	vous vend**îtes**
il fin**it**	ils fin**irent**	il vend**it**	ils vend**irent**

● **Faire**, **voir** et **mettre** se conjuguent sur le même modèle :

faire	
je fis	nous fîmes
tu fis	vous fîtes
il fit	ils firent

voir	
je vis	nous vîmes
tu vis	vous vîtes
il vit	ils virent

mettre	
je mis	nous mîmes
tu mis	vous mites
il mit	elles mirent

● Les verbes **irréguliers** comme **recevoir/vouloir** suivent ce modèle :

recevoir	
je reçus	nous reçûmes
tu reçus	vous reçûtes
il reçut	ils reçurent

Etre appartient à ce groupe :

être	
je fus	nous fûmes
tu fus	vous fûtes
il fut	ils furent

● Deux **exceptions** importantes :

venir	
je vins	nous vînmes
tu vins	vous vîntes
il vint	ils vinrent

tenir	
je tins	nous tînmes
tu tins	vous tîntes
il tint	ils tinrent

Voir aussi **Grammaire**, page 245.

EXERCICES GRAMMATICAUX

🎧 **A haute voix**

Voir *Self-study booklet*, page 26.

1 Relisez la page 150 et faites une liste de tous les verbes au passé simple. Ensuite, mettez-les à l'infinitif et au passé composé.

Exemple :

Passé simple	Infinitif	Passé composé
fut	être	a été

2 Réécrivez les phrases suivantes en remplaçant les mots et les expressions soulignés par des mots ou des expressions que vous aurez trouvés dans le récit *Le Martyre de Vernon* (page 207).

Il faudra quelquefois changer la forme grammaticale des mots trouvés.

a Le bombardement se passa le 8 juin.

b Le bruit des avions fit peur aux gens.

c La ville souffrit une attaque aérienne.

d Des gens aidèrent énormément.

e La maison d'un travailleur des chemins de fer fut enterrée sous deux mètres de terre.

f Deux femmes furent victimes d'un quatrième bombardement.

3 Nantes : le soir du 11 septembre 1943.

Antoine, 17 ans, fait partie de la Résistance. Il va tuer un jeune soldat allemand. Il attend dans les ténèbres... Dans cet extrait, adapté du roman *L'ironie du sort* de Paul Guimard (1961), les verbes sont au présent. Recopiez-le en mettant les verbes soulignés soit à l'imparfait, soit au passé simple.

Pour l'utilisation de l'imparfait, voir page 35.

> Debout dans les ténèbres, Antoine essaie de ne pas penser à celui qu'il va tuer. Il a peur. Il écoute les voix confuses de la ville. Il lève son arme et la tient braquée à la hauteur du cœur... Ses lèvres articulent silencieusement des nombres comme on en compte pour s'endormir, mais à rebours : vingt-neuf, vingt-huit, vingt-sept... Chaque seconde dure un siècle. Ecrasé contre le mur, il s'efforce de ne plus exister. Il étouffe malaisément une toux de gorge. Il entend un bref échange de phrases. Une portière claque. Une voiture repart.

4 Grammaire : le passé simple

Voir la feuille **12.2** et *Self study booklet*, page 26.

La vie sous l'occupation

LA CHARTE DE L'OCCUPATION
Proclamation allemande du 20 juin 1940

L'armée allemande garantit aux habitants pleine sécurité personnelle et sauvegarde de leurs biens. Ceux qui se comportent paisiblement et tranquillement n'ont rien à craindre.

Tout acte de violence ou de sabotage, tout endommagement ou détournement de produits récoltés, de provisions de guerre et d'installations en tout genre, ainsi que l'endommagement d'affiche de l'autorité occupante, seront punis. Les usines à gaz, d'électricité, d'eau, les chemins de fer, les écluses et les objets d'art, se trouvent sous la protection particulière de l'armée occupante.

Seront passibles du tribunal de guerre les individus inculpés d'avoir commis les faits suivants :

1 Toute assistance prêtée à des militaires non allemands se trouvant dans les territoires occupés ;

2 Toute aide à des civils qui essayent de s'enfuir vers les territoires non occupés ;

3 Toute transmission de renseignements au détriment de l'armée allemande et du Reich, à des personnes ou des autorités se trouvant en dehors des territoires occupés ;

4 Tous rapports avec les prisonniers ;

5 Toute offense à l'armée allemande et à ses chefs ;

6 Les attroupements de rue, les distributions de tracts, l'organisation d'assemblées publiques et de manifestations qui n'auront pas été approuvées au préalable par le commandement allemand ;

7 Toute provocation au chômage volontaire, tout refus mal intentionné de travail, toute grève ou lock-out.

Les services publics, la police et les écoles devront poursuivre leurs activités. Les chefs et directeurs seront responsables envers l'autorité occupante du fonctionnement loyal des services.

Toutes les entreprises, les maisons de commerce, les banques poursuivront leur travail. Toute fermeture injustifiée sera punie.

Tout accaparement de marchandises d'usage quotidien est interdit. Il sera considéré comme un acte de sabotage.

Toute augmentation des prix et des salaires au-delà du niveau existant le jour de l'occupation est interdite. Le taux du change est fixé comme suit : 1 franc français pour 0.05 Reichmark. Les monnaies allemandes doivent être acceptées en prime.

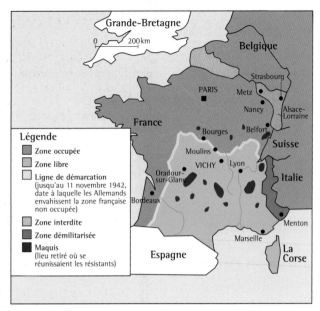

Légende

- Zone occupée
- Zone libre
- Ligne de démarcation (jusqu'au 11 novembre 1942, date à laquelle les Allemands envahissent la zone française non occupée)
- Zone interdite
- Zone démilitarisée
- Maquis (lieu retiré où se réunissaient les résistants)

AU FAIT

- Après la victoire allemande sur la France, les Allemands décident de partager le pays en plusieurs zones.

- A l'est, ils annexent l'Alsace et une partie de la Lorraine.

- Au nord de la Loire et le long des côtes de la Manche et de l'Atlantique, ils installent des troupes d'Occupation tout en laissant en place l'administration française.

- Enfin au sud dit «libre» où s'exerce l'autorité d'un gouvernement dirigé par le Maréchal Pétain.

Pour communiquer

Exprimer ses émotions

J'ai été ému(e)/bouleversé(e)
Cela m'a rendu très triste lorsque...
J'ai pleuré quand...
Je voulais pleurer...
Je serais de mauvaise foi si je disais que je n'étais pas touché(e) par...
Il est impensable que...
On réalise l'horreur vécue par...
Je ne pouvais pas imaginer que...

---

1 Les droits et les devoirs d'un bon citoyen

Relevez dans *La Charte de l'Occupation* les détails qui montrent que...

a ... tout ce qui favorise l'effort de guerre des troupes allemandes est protégé.

b ... tout ce qui pourrait menacer les troupes d'occupation est défendu.

c ... tout ce qui pourrait aider les Forces Françaises Libres (F.F.L.) ou la résistance est interdit.

2 📻 La vie de tous les jours sous l'occupation

Ecoutez ce que dit Lucien Le Moal et remplissez les trous dans la feuille **12.3** .

3 📻 Chef de réseau à Rouen

Ecoutez ce que dit ce chef de réseau sur les traits importants d'un résistant et complétez la phrase :

«Pour être résistant, il fallait être...»

🎧 La Résistance en France

Voir *Self-study booklet*, page 26.

🎧 Le chant des partisans

Voir *Self-study booklet*, page 26.

4 Réactions

En utilisant **Pour communiquer**, imaginez une des situations suivantes et écrivez 100 mots pour exprimer vos émotions.

a Imaginez vos réactions quand vous voyez *La Charte de l'Occupation* pour la première fois. Ecrivez une page dans votre journal intime.

b Vous vivez pendant la seconde guerre mondiale et votre famille fait partie de la résistance. Ecrivez une page dans votre journal intime.

La Libération

Fin des mémoires de guerre de Lucien Le Moal

Je me souviens vaguement d'être revenu en vacances au mois d'août en 44, quand les alliés ont débarqué en Normandie. Ce dont je me souviens, c'est que l'aviation américaine et anglaise mitraillait la Seine et la ligne du chemin de fer pratiquement tous les jours, pour éviter que les Allemands n'amènent des renforts sur le front. Donc il y avait une très grande insécurité et on avait peur de circuler dans les rues. On nous conseillait de sortir le moins possible. Je me souviens aussi du jour où les Allemands sont partis. Quatre ans plus tard, ils nous ressemblaient. En fait, disons qu'ils ont fui comme nous, on avait fui en 40. Ça m'a frappé parce qu'on les a vus passer poussant des vélos, poussant des brouettes, avec des voitures à chevaux. Il y avait aussi des armes dedans. Il y avait des chars, des camions militaires mais il y avait aussi une partie de l'armée allemande qui se traînait sur les routes, complètement épuisée, et personnellement, ça m'a fait bien plaisir de les voir comme ça. J'ai souvenir d'un officier allemand qui est passé devant chez moi, tête nue. Il avait perdu sa casquette. Il avait la capote déboutonnée, il était sale et se retournait sans arrêt pour voir s'il n'était pas suivi. On sentait qu'il avait peur et qu'il était en pleine panique.

1 Comment dit-on ça en français ?

a I remember having returned
b The allies landed in Normandy
c We were advised
d We saw them passing
e You could feel that he was frightened

Nota : Voir *Eviter le passif*, à la page 117.

2 Compréhension

Répondez aux questions suivantes en français et en utilisant vos propres mots.

a Comment est-ce que Lucien se souvient de la date du débarquement ?
b Décrivez la stratégie des bombardements des Alliés.
c Quel souvenir a été évoqué lorsque Lucien a vu fuir les Allemands ?

Point de grammaire

RAPPEL : DISCOURS INDIRECT

(voir la page 78)

Consiste à rapporter les paroles ou les pensées de quelqu'un en les faisant dépendre d'un verbe comme 'il dit que…'

Exemple :

Lucien a dit : «Je me souviens que les Alliés bombardaient la Seine et les lignes du chemin de fer» (discours direct)

Lucien a dit qu'il se souvenait que les Alliés bombardaient… (discours indirect)

Attention aux changements de temps !

Direct	Indirect
Présent	Imparfait
Passé composé	Plus-que-parfait
Futur	Conditionnel
Imparfait	Imparfait

CHRONOLOGIE

1941

22 juin	L'Allemagne attaque l'Union Soviétique.
14 août	Signature par Roosevelt et Churchill de la «Charte de l'Atlantique» définissant les principes qui devront guider les relations internationales au lendemain de la guerre.
7 décembre	Le Japon attaque la flotte américaine à Pearl Harbour.
8 décembre	La Grande-Bretagne et les Etats-Unis déclarent la guerre au Japon.

1942

20 janvier	Les hauts responsables nazis décident la mise en œuvre technique de la «solution du problème juif».
janvier–mai	Les Japonais se rendent maîtres de toute l'Asie du Sud-Est, de la Birmanie, de l'Indonésie et de nombreuses îles du Pacifique.
22 octobre	Début de la contre-offensive de Montgomery en Egypte.

1943

3 septembre	Capitulation de l'Italie.
29 novembre	Conférence de Téhéran (Staline, Roosevelt et Churchill) : décision d'opérer un débarquement à l'Ouest.

1944

6 juin	Débarquement allié en Normandie.

1945

février	Conférence de Yalta entre Staline, Churchill et Roosevelt (avenir de l'Allemagne et de la Pologne, partage des zones d'influence, statu quo territorial de l'URSS, mise en place de l'ONU).
8 mai	Capitulation de l'Allemagne.
6 et 9 août	Bombes atomiques à Hiroshima et à Nagasaki.
2 septembre	Capitulation du Japon.
20 novembre	Début du procès des criminels nazis à Nuremberg.

3 Qu'est ce qu'il a dit ?

Mettez les phrases ci-dessous au discours indirect. Commencez chaque phrase par 'Il a dit que…'.
Voir **Point de grammaire**.

a Je me souviens d'être revenu en vacances.
b Les Alliés ont débarqué en Normandie.
c Les Alliés mitraillaient la Seine.
d On nous* conseillait de sortir le moins possible.
e Ils ont fui comme nous*.
f Ça m'a* frappé.

*Attention ! Il faut remplacer 'nous' et 'me' : par quoi ?

Le nouvel ordre mondial

Une journée

Le service militaire en France est devenu le service national le 28 octobre 1997. Le but de cette grande réforme est la formation des jeunes à la citoyenneté, et pour ceux qui le désirent, une carrière militaire. Tous les citoyens de seize ans sont obligés de se faire recenser à la mairie, ce qui est suivi d'une journée «d'Appel de préparation à la défense» (l'APD). Une journée typique d'APD se déroule ainsi :

Seize jeunes gênés sont assis dans la salle d'instruction d'une caserne de gendarmerie. Un adjudant-chef s'occupe de l'accueil. Pour les quinze mille jeunes convoqués ce jour-là dans l'un des 220 sites militaires ouverts, c'est une première rencontre avec l'armée ; pour les jeunes qui décideront de ne pas s'engager, ce sera aussi leur dernière rencontre.

Une fois que les formalités administratives sont remplies, la journée débute avec des exposés illustrés par des films sur vidéo, traitant les enjeux de la défense, ses buts et les faits les plus importants de l'histoire de la France.

Juste avant l'heure du déjeuner, les jeunes subissent une première épreuve évaluant leur niveau de français. L'ambiance devient ensuite plus détendue. «Ils sont super cools les militaires. J'étais persuadé qu'ils allaient être beaucoup plus sévères,» commente l'un des garçons. La qualité et la quantité du menu surprennent les jeunes : steak hâché, pommes frites et dessert à volonté. «L'armée n'est pas du tout la gamelle...»

L'après-midi commence par une deuxième épreuve écrite qui est immédiatement suivie par la correction. Le Commandant responsable de l'encadrement note que tous ces tests ont pour but de détecter l'illettrisme. Il informe le groupe qu'un jeune a des difficultés de lecture et qu'il peut être pris en charge par un service social. Le groupe visionne deux films récents, un sur l'organisation de la défense nationale, et un autre sur les métiers dans l'armée.

1 **Nous sommes au courant !**

Répondez aux questions suivantes oralement ou à l'écrit sans regarder **Au fait** si possible.

● Qu'est-ce que c'est, l'OTAN ?
● Qu'est-ce que c'est, l ONU ?
● Quel est le nom de ces deux organisations en anglais ?
● Que veut dire l'expression de «nouvel ordre mondial» ?

à l'APD

Présence des Forces Françaises dans le monde (hors opérations)

Une discussion est engagée entre les militaires et les jeunes.

«Moi, j'aimerais être formé en mécanique auto. C'est possible ?»

«Est-ce qu'après un an de service je pourrais aller en Outre-Mer ?»

A cinq heures trente de l'après-midi, une attestation de présence à l'APD est distribuée à chacun des jeunes. Ce document est nécessaire pour pouvoir passer des examens scolaires et obtenir le permis de conduire. Les jeunes ont des impressions immédiates différentes concernant leur journée à l'APD. L'un note : «Si l'Armée me donne l'occasion de me former à un métier, je suis prêt à y consacrer un an». Un autre dit en partant : «et dire que mon frère aîné a fait dix mois...».

2 📼 L'ONU

Voir la feuille **12.4**.

📖 **L'OTAN : une traduction en français**

Voir *Self-study booklet*, page 27.

3 Autrement dit

Trouvez dans le texte la phrase ou l'expression qui a le même sens que les phrases ci-dessous.

a logement pour les soldats
b se charge de
c commence par
d les intérêts
e dit
f regarde

4 Avez-vous compris ?

Complétez chacune des phrases de **a** à **d** en choisissant une des phrases de **1** à **8** pour montrer que vous comprenez le passage.

a Il s'agit
b Il s'agit
c Il s'agit
d Il s'agit

1 de leur montrer qu'il y a quelque chose de mieux que la banlieue parisienne.
2 d'initier les jeunes à la vie militaire.
3 de leur montrer qu'ils n'ont rien appris à l'école.
4 d'abord de leur expliquer le rôle de la défense.
5 de leur montrer qu'une vie militaire n'est pas stricte.
6 de leur expliquer le rôle de la défense dans le passé.
7 de leur montrer que la cuisine est meilleure que chez eux.
8 de leur montrer que la vie militaire pourrait offrir des débouchés.

🎧 **Le nouveau service national**

Voir *Self-study booklet*, page 27.

5 A votre avis

Répondez aux questions soit oralement, soit à l'écrit.

a Que pensez-vous du service national français ?
b Comment ça se passe chez vous ?
c Aimeriez-vous faire une préparation militaire quelconque ? Justifiez votre réponse.

📖 **Grammaire : le discours indirect**

Voir *Self-study booklet*, page 27.

AU FAIT

L'APD concernera chaque année près de 800 000 jeunes, garçons et filles de 18 ans. Plusieurs possibilités sont proposées aux jeunes désirant intégrer l'armée : préparation militaire de quatre semaines ; service volontaire rémunéré au SMIC (6300F brut par mois) d'un an renouvelable ; engagement.

---

6 📖 Travail de recherche

Quels pays font partie de l'OTAN ? Quel est le rôle de la France dans l'OTAN ? Quelles sont les difficultés que l'organisation doit surmonter ? Pour plus d'informations sur l'OTAN, voir www.aupoint.nelson.co.uk

La Corse

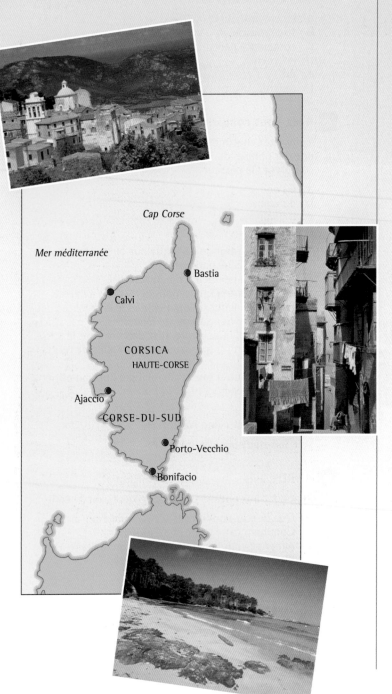

L a Corse, l'île de Beauté, fait partie de la France. Elle a deux départements : La Corse du Sud (Ajaccio) et la Haute-Corse (Bastia). L'île de Beauté est un territoire sans histoires jusqu'en 1976, année de la création du Front de Libération Nationale de Corse (FLNC) ; celui-ci réclame l'indépendance, quelquefois d'une manière violente. C'est alors que les attentats deviennent plus nombreux. Malheureusement, les divisions du mouvement indépendantiste ont engendré de nouvelles vagues de violence. Selon une enquête récente, 2,4 % des Français se disent favorables à l'indépendance de la Corse.

Avant de devenir française en 1789, la Corse était administrée par les Génois (Italie) qui avaient confié la tutelle de l'île à la France dès 1768. Les Anglais réussissent à s'en emparer en 1794 mais Bonaparte les en chasse en 1796. Bonaparte rétablit l'administration de la République française et il dota l'île d'un statut particulier (taxes et impôts moins élevés que sur le continent) en se basant sur l'administration de la République française.

L'Etat donne 8,8 milliards de francs à la Corse mais certains se demandent si l'argent est utilisé de façon correcte. Un rapport dévoile que des fonds publics sont dépensés d'une manière peu recommandable et aussi que des travaux déjà financés n'ont jamais été achevés.

En ce qui concerne les subventions accordées par l'Europe, le montant des fonds versés dans le domaine des initiatives européennes pour les régions défavorisées se monte à 4,9 milliards de francs, ce qui donne à l'île une place privilégiée par rapport aux autres régions françaises. Mais pour les enquêteurs, il est difficile de voir les réalisations concrètes de toutes ces aides.

1 **Avec vos propres mots**

En utilisant un dictionnaire monolingue, réécrivez les phrases ci-dessous en français. Les mots soulignés sont les mots à chercher dans le dictionnaire.

a L'Italie avait confié la tutelle de l'île à la France dès 1768.
b Les Anglais réussissent à s'en emparer en 1794.
c Il dota l'île d'un statut particulier.

2 **Expliquez-vous !**

Répondez aux questions ci-dessous en français. Il n'y a pas de réponses correctes. C'est à vous de proposer des idées !

a Pourquoi, à votre avis, est-ce que les nationalistes voudraient obtenir l'indépendance ?
b Pourquoi est-ce que l'île est accusée de mal gérer l'argent donné par l'Etat français ?
c Quel pourrait être l'effet de la violence sur le tourisme en Corse ?

3 A vous !

Un(e) ami(e) vous demande de raconter ce que vous venez de lire. Répondez aux questions en français en utilisant les deux articles sur cette page.

A

a Qu'est ce que tu viens de lire ?
b Pourquoi est-ce qu'on a mis le préfet en prison ?
c Qu'est-ce que tu penses de tout ça ?

B

a Où se sont passés ces quatre attentats ?
b Est-ce qu'il y avait des morts ?
c A quoi ça sert, ces attentats, à ton avis ?

4 ▣ A la radio : Les Corses ont voté

a Ecoutez ce bulletin à la radio et soulignez sur la feuille **12.5** les mots et les expressions que vous n'entendez pas sur la cassette.

b Ecoutez le bulletin encore une fois. Trouvez le français pour les mots et expressions en anglais ci-dessous.

a nationalist thrust
b the Corsicans stayed away from the polling booths
c a fall for the main political parties
d such a lack of civil duty
e has benefitted the Nationalists most of all

▤ Comment réagir face aux revendications nationalistes ?

Voir *Self-study booklet,* page 27.

5 ◆ Travail de recherche

Cherchez plus d'informations sur la Corse et créez un dossier illustré. Voir www.aupoint.nelson.co.uk

6 Rédaction

«Quel avenir pour la Corse ?» Ecrivez une rédaction d'environ 350 mots.

Corse

Une crise politique

L e gouvernement se trouve dans une situation difficile après l'incendie d'un restaurant sur une plage en Corse.

Pour la première fois dans l'histoire de la République, Bernard Bonnet, un préfet de la région corse est interpellé et mis en prison à cause de l'incendie d'une 'paillote', un restaurant au bord de la plage à Ajaccio. Un commando de gendarmes du Groupe des Pelotons de Sécurité (GPS) s'est occupé de l'affaire. Ils ont dû suivre l'ordre de leurs supérieurs. La justice avait plusieurs fois déclaré que la construction de cette petite 'paillote' était illégale car il s'agit d'un domaine public.

En très peu de temps, l'affaire des paillotes a pris une importance considérable et la responsabilité des autorités est remise en question, non seulement celle du préfet responsable de l'ordre public, mais aussi celle du gouvernement. On pense effectivement que les plus hauts dirigeants de l'Etat et les collaborateurs ont fortement soutenu la manière violente de régler les problèmes en Corse. D'ailleurs, certains ministres sont accusés par la droite d'occulter la vérité.

Depuis quelques années, un sens aigu de la responsabilité s'est développé. Une pratique nouvelle aujourd'hui est de poursuivre devant les tribunaux des dirigeants politiques ou des élus au même titre que tout autre citoyen. Pour un grand nombre d'observateurs, cette ouverture dans la vie politique française est très appréciée .

Actualités
vendredi 30 avril

Attentats :
Une minorité est responsable, la majorité est victime.

LE FLNC REVENDIQUE QUATRE ATTENTATS RÉCENTS

Ajaccio, 30 avril – Le Front de libération nationale corse FLNC- Canal historique a revendiqué vendredi quatre attentats récents dont deux commis sur le continent.

Le communiqué authentifié, adressé à une station de radio corse, revendique les attentats contre la poste centrale de La Seyne-sur-Mer et une agence France Télécom à Nice.

Il revendique également, sur l'île, un attentat contre le trésorerie de Migliacciaru et une opération de commando contre le camp de l'armée de l'air à Ajaccio. Les dégâts sont très importants.

REUTERS

AU FAIT

- Un préfet est le représentant de l'Etat dans une région ou un département.
- Le préfet a autorité sur les services dépendants de l'Etat (police, armée, administration).
- Il contrôle la légalité des actes administratifs et budgétaires.

HISTOIRES D'EXODE ET DE SURVIE

Pendant le conflit des Balkans, en 1999, on a vu les images d'exode et de survie des réfugiés du Kosovo ravagé par les milices serbes. Voici comment ces gens vivent et comment les Français soignent les Kosovars quand c'est possible.

Captifs

Parqués derrière un grillage, installés dans des tentes et dormant à même le sol, ne recevant qu'épisodiquement de la nourriture, ces réfugiés restent enfermés sans communication avec l'extérieur dans le camp en pleine campagne. Il leur est interdit d'aller au village téléphoner ou faire des achats comme il est impossible aux gens du village d'approcher des grillages pour les aider. Les journalistes n'ont normalement pas le droit de s'entretenir avec 'ces captifs' ni de visiter le camp qui semble ignoré par les organisations internationales.

Deux minutes de bonheur

Avec l'aide de France Télécom, une association financée par la ville de Pau, Télécom Sans Frontières, offre depuis trois jours ce dont les réfugiés ont probablement le plus besoin : deux minutes de conversation vers n'importe quel endroit du monde grâce à un téléphone satellite installé au cœur du camp français. Les familles peuvent rappeler et peu à peu se reconstituer. Dans d'autres camps ce sont des journalistes qui ont tendu sans relâche leurs téléphones portables, provoquant à chaque fois des explosions de pleurs et de joie.

Dignité d'abord

Tous parlent ici de dignité revenue, de besoin de se retrouver dans le regard des autres. On se rase, on se coupe les cheveux, on se fait beau ou belle, on retape les rares vêtements qui ont échappé à l'exode. Avec ce que l'on avait caché dans une poche ou dans un sac. Mais aussi avec ce que les militaires français distribuent.

Salut venu du ciel

Dans les deux premiers jours d'installation du camp français, ce sont d'énormes hélicoptères qui ont assuré les transports d'urgence, à la grande joie des gosses découvrant ces grand engins qu'ils saluaient et applaudissaient : venu du ciel depuis la base française arrivait ce qui facilite chaque heure davantage leur retour à la vie. En quelques jours, les militaires français – et les autres – ont fait un travail extraordinaire, remplaçant les organisations internationales défaillantes.

Destination épreuves

1 Exprimez-vous !

Décrivez les situations suivantes avec vos propres mots selon ce que vous comprenez sur chaque paragraphe de l'article.

a La situation de ces réfugiés.
b Ce que France Télécom a offert aux réfugiés et la réaction des réfugiés.
c Comment les gens gardent leur dignité.
d La scène quand les hélicoptères sont venus.

2 Compréhension grammaticale

a Trouvez des exemples dans le passage *Captifs* des points de grammaire suivants :

  a 3 participes passés utilisés comme adjectifs
  b 3 participes présents
  c 3 verbes pronominaux

b Traduisez ces phrases en anglais.

3 Un sommaire

Ecrivez un sommaire en anglais en 90 à 100 mots.

4 ▭ Une transcription

Transcrivez ce que vous entendez et traduisez le passage en anglais.

5 L'avenir des réfugiés

Voir la feuille **12.6** . Découpez les paragraghes et mettez-les dans un ordre logique. Puis faites un résumé en anglais (90–100 mots).

6 A vous d'écrire !

Choisissez un sujet ci-dessous et écrivez 350 mots en français.

«Les guerres sont toujours injustes.» Discutez.

L'histoire d'une exode. Imaginez que vous devez fuir à cause des bombardements ou des milices qui viennent brûler votre village. Racontez comment vous vivez cette situation.

▤▤ Contrôle de vocabulaire

Voir *Self-study booklet*, page 27.

Thèmes	Communiquer	Grammaire	Epreuves
● La religion	● Parler du paranormal	● Déjà vu : le comparatif	● Noter des détails
● Les superstitions	● Parler de sa foi	● Déjà vu : le subjonctif	● Trouver l'équivalent et le contraire de certaines expressions
● Les traditions, les fêtes et les coutumes	● Faire un débat	● Le subjonctif à l'imparfait	● Faire le bon choix
● Le paranormal		● Déjà vu : les pronoms	● Répondre aux questions en français
			● Mettre des phrases dans le bon ordre
			● Ecrire un sommaire

Ce que je crois

Sommaire

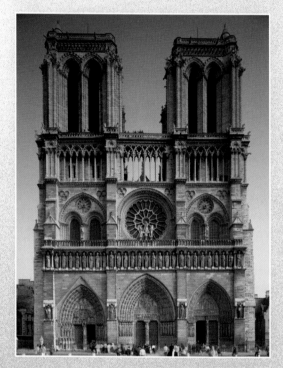

Croyances

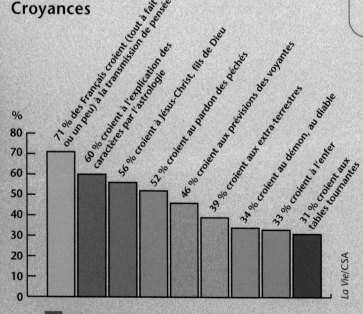

La Vie/CSA

71 % des Français croient (tout à fait ou un peu) à la transmission de pensée

60 % croient à l'explication des caractères par l'astrologie

56 % croient à Jésus-Christ, fils de Dieu

52 % croient au pardon des péchés

46 % croient aux prévisions des voyantes

39 % croient aux extra-terrestres

34 % croient au démon, au diable

33 % croient à l'enfer

31 % croient aux tables tournantes

■ Et vous ? Et vos copains ? Faites un sondage là-dessus.

Le péché original – une pomme, deux poires........ et beaucoup de pépins !

Superstitions

1 Ça existe ?

a Lisez les résultats d'un sondage réalisé auprès d'un échantillon de 705 jeunes.

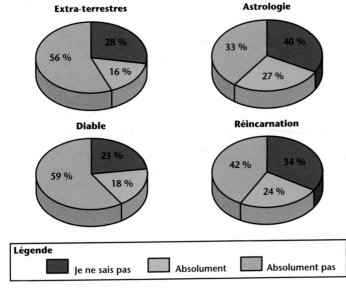

Extra-terrestres

28 %
56 %
16 %

Astrologie

40 %
33 %
27 %

Diable

23 %
59 %
18 %

Réincarnation

34 %
42 %
24 %

Légende

■ Je ne sais pas   ■ Absolument   ■ Absolument pas

b 📼 Que pense-t-on du paranormal ? Ecoutez les opinions de Dimitri, Gaëlle et Patrick. Qui y croit ? Qui n'y croit pas ? Qui ne sait pas ? Et leurs commentaires là-dessus ?

2 Tu y crois ? Tu en doutes ?

Travail à deux. Echangez vos opinions.

A : Crois-tu que ça existe, toi, les soucoupes volantes ?

B : Ça ne va pas la tête, non ! Je n'y crois pas du tout ! C'est trop irrationnel. Et toi, tu y crois ?

A : Enfin, c'est difficile à dire. En ce qui concerne les extra-terrestres, par exemple, j'ai mes doutes, mais quant à la réincarnation et la sorcellerie…

B : Quoi ? Tu rigoles ! Tu ne vas pas me dire que tu crois au diable, quand même ?

A : Ah si ! J'en suis persuadé(e). Comment expliquer autrement tous les maux de l'univers ?

∩ Le hasard du chiffre 7

Le chiffre 7 porte-t-il bonheur ou malheur ? Voir *Self-study booklet*, page 28.

3 📼 Vous êtes superstitieuse ?

Ecoutez les opinions de Martine au sujet des superstitions.

a Regardez les phrases-clés ci-dessous. Lesquelles figurent sur la cassette ?

b Rédigez la réponse de Martine en moins de 50 mots.

qui pouvaient
je refuse d'accepter
je les ai vues faire
je ne dirais pas que
passer le pain
s'apparenter à
des choses irrationnelles
je suis sûre que
je n'aime pas croire que
qui pourraient
bien sûr que oui
de temps en temps
des choses irraisonnées
tout le temps
passer sous une échelle
j'aurais tendance à répondre
je dois… admettre
je les ai faites

Pour communiquer

Parler de ses croyances superstitieuses

Ça existe, à votre avis, (les soucoupes volantes) ?
Croyez-vous (aux extra-terrestres/en Dieu/au diable/à la réincarnation, etc.) ?
Que pensez-vous de l'astrologie ?
J'y crois sincèrement
J'en suis absolument persuadé(e)
Bien que ce soit irrationnel, il y a eu tant d'incidents inexpliqués…

On ne peut pas nier que (+ *subjonctif*) …
Quant à (l'astrologie, etc.), j'y crois mais…
Je trouve ridicule l'idée que l'on puisse (avoir des contacts avec des extra-terrestres)
Je doute que ce soit possible
Ça m'agace/me fait rire, toutes ces histoires de…
Tout ça a été conçu pour les gens faibles et susceptibles

Superstitions et traditions

J'espère que cela ne vous coupe pas trop l'appétit !

Les superstitions font partie intégrale de la France. Certes, il est largement reconnu, par exemple, que, le noir étant le symbole de l'obscurité et de la mort, rencontrer un chat noir, la nuit particulièrement, porte malheur (bien que – chose bizarre – les Anglais aient toujours cru que ça porte bonheur). Grâce à la superstition du Pain du Bourreau, même les Français qui n'ont jamais eu la foi craignent qu'un pain retourné puisse leur porter malheur – au fait, afin de reconnaître le bourreau, celui qui ôtait la vie aux misérables condamnés, le boulanger lui retournait sur le comptoir son pain, qui ne pouvait pas être béni. Donc la coutume veut qu'un pain retourné ne se mange pas et qu'on le remette tout de suite à l'endroit.

4 Superstitions et traditions

Lisez le texte ci-dessus. Choisissez la phrase qui est correcte à chaque fois.

a
(i)   Les Anglais sont plus superstitieux que les Français.
(ii) Les Français et les Anglais ne sont pas toujours d'accord sur la signification superstitieuse de certains phénomènes.
(iii) Les Français réagissent moins superstitieusement que les Anglais à la vue d'un chat noir.

b
(i)   Le bourreau ne devrait pas manger de pain béni.
(ii) Il ne faut jamais manger le pain du bourreau.
(iii) Si l'on mange un pain retourné, on risque de subir un malheur quelconque, selon la superstition.

Destin ou coïncidence ?

La voiture maudite de James Dean. Voir *Self-study booklet*, page 28.

5 A votre avis

Ecrivez un article sur tous les aspects de la superstition mentionnés sur ces deux pages. Servez-vous des textes et des expressions dans **Pour communiquer**.

AU FAIT

Les grenouilles font la pluie et le beau temps ?
On a longtemps cru que si ce petit batracien remontait à la surface de l'eau, ça voulait dire qu'il allait pleuvoir. On sait maintenant que ce n'est pas le cas : les grenouilles remontent à la surface d'un plan d'eau quand il fait chaud, c'est-à-dire quand le soleil risque de se montrer.

Lune rousse vide bourse
La croyance populaire veut que la lumière de la lune rousse (la pleine lune qui suit Pâques) brûle les nouvelles pousses des arbres. C'est en fait aux dernières gelées qu'il faut attribuer ces dégâts : le rayonnement de la première lune de printemps sur le sol froid fait s'évaporer la chaleur emmagasinée au cours de la journée.

Fêtes et festivals

Un pays catholique

Malgré les superstitions, la France est traditionnellement un pays catholique (voir, page 164), doté d'une surabondance de fêtes non seulement religieuses (Pâques, Ascension, Pentecôte, Assomption, Toussaint et Noël) mais aussi civiles, dont la plus célèbre est la Fête Nationale, commémorant la prise de la Bastille en 1792 lors de la Révolution Française. Suite à la fête de Noël se déroule l'Epiphanie, la manifestation de Jésus-Christ aux rois mages venus pour l'adorer, ce qui a donné jour à la charmante fête des Rois, lors de laquelle celui ou celle qui découvre la fève dans la galette devient Roi ou Reine du Jour et exerce le droit de nommer sa Reine ou son Roi du Jour.

La Fête des Rois

1 Un pays catholique

Trouvez dans le texte l'équivalent des expressions suivantes.

a en dépit de
b qui dispose de
c rappelant le souvenir de
d à l'époque
e immédiatement après
f a lieu
g entraîne
h élire

2 Bretagne, pays de dévotion

Répondez en français aux questions suivantes.

a Pourquoi l'auteur trouve-t-il que la Bretagne représente bien la France en entier ? (5 points)
b Expliquez le sens de l'expression : «avait établi un commerce des indulgences». (4 points)
c Qui participe aux Pardons ? (4 points)
d Que se passe-t-il lors du pardon, après la bénédiction ? (4 points)

3 Travail de recherche

Relisez les pages 160–162.

Trouvez des renseignements sur d'autres superstitions de la France ou d'autres pays francophones. Notez les détails importants et parlez-en à vos camarades de classe ou écrivez un paragraphe sur chaque superstition.

OU

Faites la comparaison entre les fêtes religieuses ou civiles en France et celles de votre pays. Les Français, attachent-ils plus grande importance à Noël ou au Jour de l'An, par exemple ? Et comment les fête-t-on ? Parlez-en à vos camarades de classe ou écrivez un article là-dessus.

Bretagne, pays de dévotion

Quant à la dévotion, c'est peut-être la Bretagne, avec sa tradition celte et catholique, qui reflète à la fois l'unité et la diversité de la France elle-même : les deux Bretagne (Haute et Basse) avec leurs deux langues (français et breton), leurs traditions séculaires, leurs coutumes et, avant tout, leurs Pardons, fêtes patronales qui célèbrent le saint dédicataire d'une église. Dès le XIVe siècle, l'Eglise avait établi un commerce des indulgences, sous lequel elle accordait aux chrétiens une rémission de leurs péchés contre des dévotions ou des pèlerinages qui entraînaient le pardon des fautes. Un Pardon réunit une ou deux fois par an une paroisse ou plusieurs et des pèlerins venus de toute la Bretagne ou même d'ailleurs. Il consiste en un office célébré en plein air sur un autel dressé près de la fontaine sacrée et en une procession suivie par les bannières et les brancards portant statues et reliques et accompagnée par les cantiques chantés en breton. L'évêque pardonneur bénit la mer et les pénitents, puis tous font un pique-nique aux étals qui proposent bolées de cidre, galettes de blé noir et bols de café au lait.

Point de grammaire

DÉJÀ VU : LE COMPARATIF

N'oubliez pas les trois sortes de comparatifs :

1   **de supériorité :**
    Les Britanniques sont peut-être plus superstitieux que les Français.

2   **d'égalité :**
    La tradition est aussi importante que les superstitions.

3   **d'infériorité :**
    Les autres fêtes sont moins célèbres que la Fête Nationale.

Nota : N'oubliez pas l'accord entre le nom et l'adjectif :
La tradition est aussi importante que les superstitions.

Au négatif

Les Français ne sont pas aussi superstitieux que les Anglais.

Ma foi

1 Religions et laïcité

Vous vous y connaissez en religions ?

> laïcité   Islam   agnosticisme   athéisme
> christianisme   judaïsme   hindouisme

Mariez les sept termes ci-dessus avec les définitions
brouillées à la page 209 (**Lectures**).
Exemple : christianisme = G

2 Travail de recherche

Cherchez les chiffres correspondants pour votre pays.
Voir *75 % des catholiques* ci-dessus. Dessinez un
graphique 🖊 .

🎧 Pratique de prononciation

Les noms qui se terminent par '-isme'. Voir *Self-study
booklet*, page 28.

3 Comparaisons

Formulez des phrases en faisant des comparaisons entre
les groupes qui figurent sur les statistiques ci-dessous.

Exemple :
Les hommes catholiques sont moins pratiquants que les
femmes et moins pratiquants entre eux qu'ils ne l'étaient
en 1977.

(Voir aussi **Point de grammaire**, page 163 et la feuille
13.1 *La pratique de la religion en France*.)

Evolution de la pratique religieuse régulière
(au moins 2 fois par mois, en %)

	1977	1983	présent
● **Ensemble des catholiques pratiquants réguliers**	17	14	12
● **Sexe :**			
Homme	13	11	8
Femme	21	17	16
● **Age**			
18–24 ans	9	9	6
25–34 ans	9	7	6
35–49 ans	19	14	10
50–64 ans	21	19	13
65 ans et plus	27	24	24
● **Profession du chef de ménage :**			
Agriculteur	31	22	13
Commerçant, artisan, chef d'entreprise	15	12	5
Cadre, profession intellectuelle	23	24	13
Profession intermédiaire	14	10	11
Employé	9	7	7
Ouvrier	9	6	6
Inactif, retraité	24	22	22

Sofres

75 % de catholiques
Religion déclarée par les Français (en %)

Catholiques **75,3**   Autres **1,3**

Protestants **1,9**   Sans religion **19,5**

Musulmans **1,1**   Sans réponse **0,3**

Juifs **0,6**

4 📺 Les jeunes et la religion

Vous allez entendre, dans l'ordre : Louise, Frédéric, Aïsha,
Philippe, Robert, Françoise, Elodie. Résumez la situation
de ces jeunes gens. Sont-ils croyants ou pas ? Sont-ils
pratiquants ou pas ? N'écrivez rien pour l'instant sur leurs
attitudes.

Exemple :
Louise est catholique, mais elle est moins pratiquante
qu'avant. Elle ne va plus à l'église. Elle fréquente un
collège privé catholique où elle est obligée d'aller à la
messe toutes les semaines.

Ecoutez encore et résumez l'attitude actuelle de ces
jeunes envers la religion.

Exemple :
Louise ne va plus à l'église le dimanche parce qu'... elle
croit que le catéchisme et la messe au collège sont
suffisants.

a Frédéric ne regrette pas d'avoir fait sa première
communion parce que...
b Aïsha pense que la religion lui a donné...
c Philippe croit qu'il ne vaut pas la peine...
d Robert trouve que...
e Françoise va à l'église seulement pour les occasions
spéciales parce qu'autrement...
f Elodie a repris l'habitude d'aller à l'église parce que...

📑 Gare aux sectes !

Sommaire. Voir *Self-study booklet*, page 29.

5 Croire en Dieu ?

Comment répondez-vous aux affirmations du sondage
à droite ? Si vous voulez ajouter quelque chose à votre
réponse, servez-vous des phrases de **Pour communiquer**.

Pour communiquer

Parler de sa religion
Je (ne) suis (pas)
chrétien(nne)/protestant(e)/anglican(e)/catholique/
musulman(e)/juif (juive)/hindou(e)/athée/agnostique
Je n'ai pas de religion
Je (ne) suis (pas) croyant(e)
Je (ne) suis (pas) pratiquant(e)
Je croyais en Dieu mais je n'y crois plus
Je n'y ai jamais cru

DEUX JEUNES PARLENT DE LEUR FOI

Jean-François, fervent catholique

A 18 ans, Jean-François est en 3° année de CAP imprimerie au Lycée Sainte-Thérèse à Paris. Il participe activement à la vie de l'aumônerie : pèlerinages, voyages, sorties... Pourtant, il reconnaît ne pas être un grand pratiquant. «Mais je me considère quand même comme un fervent catholique. Il ne faut pas s'enfermer dans une vie stricte, bien réglée. On finit par ne penser qu'à ce qu'on fait ou ne fait pas, et on pense moins à Dieu.»

LE DÉCLIC AU CATÉCHISME

Il vit sa foi à sa façon. «Au début, je voulais faire ma première communion pour des cadeaux. La première fois que je suis allé au catéchisme, ça a été le déclic : le premier contact avec la personne qui s'en occupait, le décor de la salle... En plus, j'adore l'histoire.» L'exemple de Jésus l'influence : «Ce n'est pas évident de Le suivre. Lui, Il aimait même ceux qui ne L'aimaient pas. Si je ne croyais pas, je serais quelqu'un de différent. Je rejetterais systématiquement tous ceux qui m'insultent.»

Hicham, un drôle de paroissien

Hicham est élève dans le même établissement de Sainte-Thérèse, en terminale F2. Lui aussi s'intéresse aux activités de l'aumônerie. Lui

aussi est un catholique un peu particulier puisqu'il connaît de l'intérieur la religion musulmane. Cette connaissance vient de sa double origine : sa mère est française et son père tunisien. A l'âge de trois ans, ses parents se séparent. Sa mère lui donne alors une éducation chrétienne, du baptême à la première communion et la profession de foi. «Quand j'avais 11 ans, j'ai revu mon père. Il voulait que je choisisse entre Islam et christianisme. Alors, j'ai réfléchi à ma vie. J'ai pensé qu'il y avait un Dieu unique et que dans les deux religions, il y avait de bonnes choses pour moi.»

DEUX CULTURES

Son père lui a enseigné les règles musulmanes. Il est donc bien placé pour parler des deux croyances. «Chez les chrétiens, j'aime bien la communion qui n'existe pas chez les musulmans. C'est un cheminement vers Dieu. On va vers Lui tous ensemble. La prière musulmane est très forte. Tu es obligé de te purifier avant de prier. Tu te mets à genoux devant Dieu, tu te soumets vraiment à Lui. Le ramadan, c'est dur : on ne mange pas, on ne boit pas. On montre qu'on croit vraiment en Dieu. Si on ne croit pas sincèrement en Allah, on ne peut pas aller jusqu'au bout de cette épreuve.»

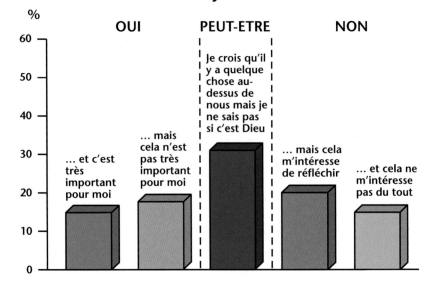

SONDAGE : Croyez-vous en Dieu ?

%

OUI — PEUT-ETRE — NON

- ... et c'est très important pour moi
- ... mais cela n'est pas très important pour moi
- Je crois qu'il y a quelque chose au-dessus de nous mais je ne sais pas si c'est Dieu
- ... mais cela m'intéresse de réfléchir
- ... et cela ne m'intéresse pas du tout

6 **Sommaire**

Ecrivez en anglais en moins de 50 mots le résumé du texte de Jean-François ou Hicham.

🎧 **Qu'y a-t-il après ?**

Chanson d'Yves Duteil. Voir *Self-study booklet,* page 29.

📖 **Grammaire : Les pronoms**

Voir aussi la feuille **13.2** *Grammaire : Déjà vu – les pronoms.* Voir *Self-study booklet,* page 29.

MUSULMANS... ET RÉPUBLICAINS

L'Islam en France

La France compte environ 4 millions de musulmans

L'Islam est aujourd'hui la seconde religion de France, loin derrière le catholicisme, mais largement devant les autres religions présentes. Une grande partie des 3 à 5 millions de musulmans présents dans le pays n'ont pas la nationalité française ; la plupart sont des immigrés en provenance des pays du Maghreb. Parmi ceux qui sont originaires d'Algérie, environ 600 000 sont cependant français (principalement les familles harkies et leurs enfants nés depuis 1962).

La grande majorité des musulmans (plus de 90 %) sont sunnites ; ils se réclament du courant majoritaire de l'Islam qui s'appuie sur la sunna, ensemble des paroles et actions de Mahomet et de la tradition qui les rapporte. Les autres sont chiites pour la plupart.

On trouve parmi les musulmans vivant en France une majorité de personnes de condition modeste, mais aussi des intellectuels, des membres des professions libérales. Tous ne sont pas pratiquants et les principes du Coran sont interprétés de façon parfois très différente par les diverses communautés qui s'y réfèrent. L'intégrisme est en tout cas beaucoup moins présent qu'on ne l'imagine dans les banlieues où est implanté l'Islam.

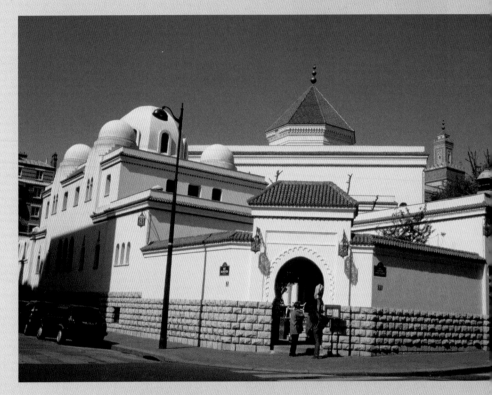

Une mosquée à Paris. Le nombre des lieux de culte musulman en France (environ 600) a doublé depuis 1980.

---

1 **Comment dit-on ?**

Trouvez l'équivalent de ces mots et expressions dans le texte *L'Islam en France.*

a fondé
b sont des étrangers
c ils prétendent qu'ils sont
d nettement plus répandue que
e d'origine nord-africaine

2 **Au contraire**

Trouvez le contraire de ces mots et expressions dans le texte.

a étrangers à
b mouvement minoritaire
c aisées
d plutôt pareille
e déraciné

Bien en France

Ce sondage Sofres–«Nouvel Observateur» réalisé auprès des musulmans de France, trouve que l'Islam n'est pas incompatible avec les lois de la république. Les résultats du sondage ébranlent un certain nombre de clichés et de contrevérités complaisamment répandus.

Ce que les musulmans peuvent apporter à la France
Selon vous, qu'est-ce que les musulmans peuvent le plus apporter à la société française ?
(en %)

● Plus de respect	80
● Moins de violence dans la société	65
● Davantage de morale	40
● Davantage de discipline	34
● Moins de matérialisme	24
● De la diversité	23
● Sans opinion	3

Le total des pourcentages est supérieur à 100, les personnes interrogées ayant pu donner jusqu'à quatre réponses

L'Islam est compatible avec les lois de la République : 87 %
Selon vous, la pratique de l'Islam est-elle compatible avec le respect des lois de la République en France ?
(en %)

● Tout à fait	72	} 87
● Plutôt	15	
● Pas vraiment	7	} 10
● Pas du tout	3	
● Sans opinion	3	

Se sentent musulmans plus que français : 34 %
Vous sentez-vous personnellement avant tout français ou avant tout musulman ?
(en %)

● Avant tout français	31
● Avant tout musulman	34
● Autant l'un que l'autre	31
● Sans réponse	4

Question posée aux musulmans de nationalité française (40 % de l'échantillon)

La pratique de l'Islam est-elle compatible avec le respect des lois de la République ? La réponse est nette, massive : c'est oui (à 87 %). C'est l'un des enseignements les plus clairs de ce sondage : aux yeux des musulmans eux-mêmes, la loi coranique n'est pas contraire à la loi française ; l'inverse, pas davantage. Il n'y a aucune difficulté pour un croyant à être fidèle à l'une et l'autre à la fois. Bon musulman et bon citoyen. Oubliée, balayée, la vieille distinction théologique entre *dar-el-Islam* (la maison de l'Islam : les pays musulmans) et *dar-el-harb* (la maison de la guerre : les pays infidèles). L'Islam en France se vit et s'accepte comme une religion parmi d'autres, minoritaire mais non opprimée.

La preuve ? De façon presque aussi massive et plus surprenante encore, les musulmans estiment que, du point de vue de la pratique religieuse comme de l'expression des convictions, la situation en France est «satisfaisante». Affirmation étonnante quand on sait les difficultés matérielles auxquelles se heurtent les fidèles : manque de mosquées, pénurie d'imams, lieux de culte souvent misérables, tracasseries politico-administratives et autres manifestations d'intolérance. Sans compter qu'il n'est pas aisé de faire le ramadan, encore moins de prier cinq fois par jour, quand on est ouvrier d'usine ou terrassier.

Comment expliquer alors ce satisfecit ? Par la conscience, d'abord, que l'Islam est paradoxalement plus libre en France que dans la plupart des pays musulmans. Ici, pas de tutelle étatique. Pas d'Islam officiel. Pas d'imam de la République – ou du roi -, comme il en existe en Algérie, en Tunisie, au Maroc ou ailleurs. Le débat théologique est libre.

Par le constat, ensuite, que chacun en France peut professer et pratiquer (ou ne pas pratiquer) librement sa foi. Dès lors que les croyances individuelles n'y sont pas brimées, les problèmes d'intendance apparaissent comme subalternes. Significatif à cet égard : ce que les musulmans attendent de la France, plus que la construction de mosquées ou la création d'écoles coraniques, bien plus que l'autorisation du port du voile (réclamé par 14 % seulement des interrogés !), c'est qu'elle aide à faire mieux connaître les valeurs de l'Islam. Au premier rang desquelles ils citent le respect entre les gens et le refus de la violence.

3 Vrai ou faux ?

Selon le sens du texte, trois des six affirmations suivantes sont fausses. Lesquelles ?

a Les musulmans en France réclament un parti islamiste fondamental pour faire sentir leur influence politique.

b Il y a peu de désaccord entre la foi musulmane et la citoyenneté française.

c L'Islam ne cherche pas à s'imposer sur les autres religions minoritaires en France.

d Comme le catholicisme l'Islam refuse d'accepter le défi de la séparation d'avec l'Etat.

e Grâce à la plus grande liberté accordée au débat théologique en France, les musulmans ne sont pas mécontents de leur sort.

f La société française garde des visions simplificatrices de l'Islam.

Maintenant, corrigez les erreurs et classez les six affirmations dans l'ordre de l'importance que vous y attachez.

4 Par écrit

Répondez à une des questions suivantes. Ecrivez 300 à 350 mots.

«Dans mon pays, les musulmans sont non seulement bien intégrés dans la société, ils y apportent beaucoup». Discutez.

Ou

(Imaginez que) vous écrivez du point de vue d'un(e) jeune musulman(e) dans une société de l'ouest. Comment vous le trouvez ?

13 Rock et sacré

Les Eurockéennes de Belfort

D'un point de vue anthropologique, on peut reconnaître dans le rock des structures communes aux expériences religieuses telles qu'elles se manifestent dans de nombreuses civilisations. Dans le rock, on peut en retrouver au moins trois éléments.

D'abord, le développement de rites et de symboles : le décor rituel des concerts (lieu, habillement, etc.) et les gestes : on chante, on danse, on bouge ensemble ; pour les symboles, il y a la flamme des briquets allumés dans l'obscurité, le jeu de lumière des projecteurs, les nuages de fumée où les idoles apparaissent un peu comme les dieux des mythes. Un concert peut être vécu comme une fête rituelle des fans du groupe.

Deuxièmement, on peut citer le désir de participation et de fusion : on fait sauter les frontières du «moi» individuel, avec ses angoisses, ses inquiétudes ; on se glisse dans un tout ; on baigne dans une espèce d'harmonie cosmique. Il y a, ensuite, un certain mysticisme, une recherche explicite d'une dimension autre, d'un univers qui transcende la vie de tous les jours. De là l'intérêt, surtout dans les années soixante, pour les sectes orientales et, dans certains cas, le recours à la drogue. Une telle sensibilité pour une dimension qui nous surpasse se manifeste encore aujourd'hui chez de nombreux chanteurs, même s'ils refusent les religions positives.

Enfin, il faut signaler le phénomène assez révélateur de la sacralisation des rock-stars. Celles-ci sont perçues comme les médiatrices de l'énergie supra-individuelle qui passe dans leur musique. Elles deviennent l'objet de transfert équivoque où se mêlent vénération et agressivité. Elles incarnent l'ambivalence du désir et de la vie, avec ses forces négatives et positives, masculines et féminines, séductrices et destructrices. Songez, par exemple, aux figures légendaires et ambiguës que sont Mick Jagger, David Bowie, et, plus récemment, Madonna et Prince qui offrent dans leurs concerts un mélange de phantasmes sexuels et religieux. Pensez aussi au meurtre rituel de John Lennon, l'un des Beatles, assassiné précisément par un de ses fans. Cela suggère tout un jeu de projection de l'imaginaire.

Que conclure de ses structures «religieuses» ? On ne peut pas dire que le rock soit une religion au sens d'une relation aux dieux ou à un Dieu, bien qu'il se présente comme l'expérience d'une fusion avec l'énergie vitale qui transcende l'individu... et qui rassemble les individus. Cela a quelque chose de sacré. Bien que le terme «sacré» fasse problème sur le plan théorique parce qu'il est difficile à définir.

1 Complétez la phrase

Complétez chacune des phrases de **a** à **d** en choisissant une des phrases de **1** à **8**.

a Selon l'auteur, les concerts de rock...
b A son avis, ...
c Il est persuadé...
d Il trouve aussi...

1 ... que l'assassinat de John Lennon fait preuve que le rock est une religion.
2 ... certaines rock-stars démontrent l'ambiguïté des émotions suscitées par le rock.
3 ... encouragent l'usage de la drogue.
4 ... les vedettes de rock ne s'intéressent qu'au culte du «moi» individuel.
5 ... que le symbole religieux se manifeste dans le monde du rock.
6 ... que beaucoup de chanteurs abordent une dimension religieuse en dépit de leur refus formel de la religion.
7 ... exercent une influence négative sur les jeunes.
8 ... ressemblent énormément à des rites religieux.

2 Opinions : débat

Croyez-vous que l'effet de la musique (rock) soit comme une expérience quasi-religieuse ?

Parlez-en avec vos partenaires. Servez-vous, si vous voulez, de quelques-unes des phrases dans **Pour communiquer** (pages 160 et 164).

A : Tu es d'accord avec cet auteur ? Tu crois que le rock est comme une expérience religieuse ?
B : Absolument pas. Je trouve que ça fait du bien de pouvoir danser, se défouler un peu, mais... une expérience religieuse ? ! T'es fou ? ! Et toi ?

Point de grammaire

DÉJÀ VU : LE SUBJONCTIF

Voir aussi **Grammaire**, page 248 et la table des verbes, page 250.

Vous rappelez-vous comment utiliser le subjonctif ? Surtout dans des propositions subordonnées.

- après certains verbes exprimant doutes, possibilités, désirs, craintes et surprise.
  Exemple : On ne peut pas dire que le rock soit une religion…
- après certaines conjonctions.
  Exemples :
  … bien qu'il se présente comme l'expérience d'une fusion avec l'énergie vitale qui transcende l'individu…
  Bien que le terme «sacré» fasse problème sur le plan théorique…
- après les adjectifs au superlatif, y compris 'premier', 'dernier', 'seul'.
  Exemple : C'est vraiment la dernière des choses qu'on puisse comprendre.

Formation au présent
(Langage parlé et langue écrite) A part les terminaisons **-ions** (nous) et **-iez** (vous), le subjonctif ressemble beaucoup à l'indicatif au présent.

A vous d'apprendre les exceptions par cœur ! (Voir **Grammaire**, page 248.)

Formation au passé composé
(Langue écrite) On n'a qu'à changer le verbe auxiliaire en subjonctif au présent.
Exemple : Bien que les Anglais aient toujours cru que ça porte bonheur

Formation à l'imparfait
(Langue littéraire) A reconnaître seulement. Rencontré très rarement, utilisé principalement dans les romans.
Exemple : Il désirait que Thérèse le baisât sur la cicatrice…
(voir 'Thérèse Raquin', **Lectures**, page 196).

Certains romanciers utilisent l'auxiliaire à l'imparfait du subjonctif au lieu du conditionnel antérieur.
Exemple : … comme si la figure peinte de son ancien mari eût pu (= aurait pu) l'entendre (voir 'Thérèse Raquin', **Lectures**, page 196).

Nota : Le subjonctif à l'imparfait s'utilise après les mêmes verbes et conjonctions que le subjonctif au présent.

Formation
Au radical de la deuxième personne au singulier du passé simple, ajouter les terminaisons :

Les verbes en -*er* donner – tu **donn**as	Les verbes en -*ir* et quelques verbes en -*re* vendre/finir – tu **vend**is/**fin**is	Les verbes en -*oir* et quelques verbes en -*re* recevoir – tu **reç**us
je donn**asse**	je vend**isse**/fin**isse**	je reç**usse**
tu donn**asses**	tu vend**isses**/fin**isses**	tu reç**usses**
il/elle/on donn**ât**	il/elle/on vend**ît**/fin**ît**	il/elle/on reç**ût**
nous donn**assions**	nous vend**issions**/fin**issions**	nous reç**ussions**
vous donn**assiez**	vous vend**issiez**/fin**issiez**	vous reç**ussiez**
ils/elles donn**assent**	ils/elles vend**issent**/fin**issent**	ils/elles reç**ussent**

EXERCICES GRAMMATICAUX

1 **13.3** Déjà vu : le subjonctif

2 Le subjonctif : identifiez le temps

Identifiez les verbes au subjonctif dans les phrases suivantes. Ils sont au présent, au passé composé ou à l'imparfait du subjonctif ?

a Avant que ce ne soit trop tard
b Je doutais que ce fût une soucoupe volante
c Il fallait qu'il s'en aille
d Ils craignent qu'un pain retourné puisse leur porter malheur
e Bien que nous ayons refusé d'en parler, je veux que vous m'écoutiez
f Il se peut que le train arrive un peu en retard

3 A l'infinitif

Transformez ces verbes, qui sont à l'imparfait du subjonctif, à l'infinitif.

a (il) fût
b (nous) prissions
c (je) crusse
d (elle) eût
e (tu) discutasses
f (vous) dussiez
g (on) vînt
h (elles) fissent

Le paranormal

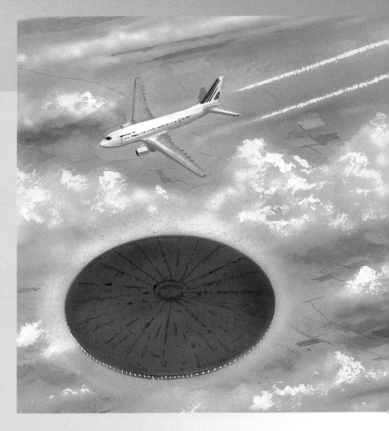

Sommes-nous seuls dans l'univers ?

Le 28 janvier 1994, l'Airbus A 300 de la ligne Nice-Londres d'Air-France vole à 11 000 m d'altitude. A 13h 14, l'attention de l'équipage est attirée par un objet situé à une trentaine de kilomètres devant l'appareil. A cette distance, un avion n'apparaît guère plus gros qu'une tête d'épingle. Or, l'objet est déjà gros comme un pouce et se rapproche lentement. Il est sombre, sa dimension est de l'ordre de 100 à 200 m. Lorsqu'ils se croisent, l'objet est à peine à 1 km en dessous de l'Airbus. C'est près, beaucoup trop près de l'Airbus, selon les règles de la navigation aérienne. En de pareilles circonstances, l'équipage doit rédiger une déclaration pour signaler l'incident. Cependant, le pilote n'en fera rien. Ce qu'il a vu l'a beaucoup perturbé, car il ne s'agit pas d'un avion. Peut-être craint-il que sa déclaration n'entraîne une visite médicale qui mette en doute son aptitude à piloter. Pourtant, il n'est pas le seul à avoir observé le phénomène. Au centre opérationnel de la défense aérienne (Coda), chargé de surveiller qu'aucun appareil inconnu ne viole l'espace aérien, les radars militaires ont enregistré ce jour-là, durant cinquante secondes, la trace d'un objet qui a effectivement croisé l'avion, à moins de 200 km/h. Depuis, les spécialistes du Coda ont été incapables d'identifier l'intrus. Cette fois-ci, c'est bel et bien un ovni (objet volant non identifié) qui a laissé sa trace sur le radar, pour la première fois en France.

Destination épreuves

1 **Répondez en français aux questions suivantes.**

 a Pourquoi le pilote ne croyait-il pas voir s'approcher un autre avion ? (*3 points*)

 b Qu'est-ce que l'équipage aurait dû faire suite à un tel incident ? (*2 points*)

 c Qu'est-ce qui a motivé le refus du pilote d'en parler ? (*6 points*)

 d Pourquoi, donc, sommes-nous au courant de cet incident ? (*5 points*)

 e Quelle conclusion a-t-on tirée de cet incident ? (*3 points*)

2 **A l'oral**

(Voir aussi la feuille **13.4** *Où en êtes-vous ?*) Préparez un dossier (durée 5 à 10 minutes) intitulé :

«Ma foi»

OU

«Ce en quoi je crois et ce en quoi je ne crois pas»

OU

«Le paranormal»

Faites-en une présentation orale. Attention ! On risque de vous interrompre pour vous poser des questions ou pour chercher des explications.

3 **Par écrit (300 mots)**

Relisez l'article ci-dessus et cherchez des explications rationnelles pour l'incident (Opinion sceptique sur l'incident «Airbus A 300»)

OU

Ecrivez un article ou une interview sur une religion minoritaire/une secte de votre choix.

OU

«Kidnappé(e) par des extra-terrestres !» Décrivez vos expériences.

Vocabulaire

Quiz. Voir *Self-study booklet,* page 29.

<table>
<tr><th>Thèmes</th><th>Communiquer</th><th>Grammaire</th><th>Epreuves</th></tr>
</table>

Thèmes
- Les droits des animaux
- L'esclavage moderne
- La violence
- Le crime et la punition

Communiquer
- Exprimer une position morale
- Dénoncer quelque chose
- Exprimer une évidence, douter de et restituer la vérité

Grammaire
- Rappel : les interrogatifs
- Adverbes, adjectifs et pronoms interrogatifs
- Les verbes modaux
- Faire faire
- Les temps composés : le passé composé, le plus-que-parfait, le futur antérieur et le conditionnel passé

Epreuves
- Noter des détails
- Faire le bon choix
- Transposer des statistiques
- Ecrire un sommaire

Comment décrire les expériences des animaux transportés en camion ? Trouvez des adjectifs.

La population carcérale

54,2 % de DÉTENUS condamnés à la privation de liberté

45,8 % de PRÉVENUS en détention provisoire en attendant leur procès

L'EMPOISONNEUSE A RATÉ SES ENFANTS MAIS TUÉ SON MARI

Rodéo record : 15 délits en trois heures

c'est citroën en premier qui a eu l'idée du monospace.

Qu'est-ce qui vous énerve le plus :
- les crimes contre les animaux ?
- les crimes contre la société ?
- les crimes contre la propriété ?

DES ÊTRES SENSIBLES SOUFFRENT COMME VOUS, DES ÊTRES SANS DÉFENSE TORTURÉS PAR LES CHERCHEURS

Pour déterminer l'irritation oculaire, des lapins ayant les yeux sains avant l'expérience sont enfermés dans des boîtes. Des produits, plus ou moins virulents, leur sont versés dans les yeux, heure par heure ou jour par jour. Pour les empêcher de se gratter, de se secouer, de rechercher une atténuation à leurs souffrances, ils sont immobilisés dans un carcan qui leur bloque la tête.

Pour les tests d'irritation cutanée, les animaux sont épilés sur le dos (imaginez qu'on vous arrache la moitié des cheveux de la tête) ou rasés, leur flanc est incisé plusieurs fois. Dans ces plaies, provoquées sciemment, sont appliquées les substances à tester.

QUESTIONS D'AUJOURD'HUI

Pour découvrir de nouveaux produits et d'autres façons de soigner, les animaux sont soumis à différents tests. Certains de très mauvais goût.

Un grand bâtiment anonyme dans Paris. Au dernier étage, un laboratoire de recherches sur la douleur. Sur la table d'opération, un petit rat à fourrure blanche et aux yeux rouges. Bardé d'électrodes, des aiguilles dans le cerveau. Des appareils sophistiqués enregistrent les réactions de ses neurones aux stimulations douloureuses. «Il ne sent rien» assure Daniel Lebars, neurophysiologiste à l'INSERM (Insitut national de la recherche médicale).

Maintenus dans des boîtes de contention, les lapins vivants sans possibilité de se soustraire à ce supplice, ont les yeux brûlés avec des produits.

1 **C'est dans quel texte ?**

Dans lequel des trois textes les hommes justifient-ils les mauvais traitements qu'ils font subir aux animaux...

a au nom de l'amélioration de la nourriture ?
b au nom de l'amélioration des espèces ?
c au nom de la médecine ?
d au nom de la beauté ?

Attention ! Il y a une raison de trop.

2 **A la trace des mots**

Retrouvez dans les textes les mots qui correspondent aux définitions suivantes :

a couvert de
b masse nerveuse contenue dans le crâne
c relatif à l'œil ou aux yeux
d dangereux, actif
e un objet qui serre le cou et empêche de bouger
f arracher les poils
g une blessure ouverte
h en connaissance de cause, volontairement
i une boîte en bois
j trop petit
k forcer à (trop) manger

3 **Autrement dit**

Complétez les phrases suivantes en cherchant dans les textes les détails nécessaires pour donner le sens correct.

Exemple :
Les animaux sont soumis à différents tests pour permettre la *découverte* de nouveaux produits.

a La manière dont les animaux ...... à la douleur est enregistrée par des appareils sophistiqués.
b Les animaux sont immobilisés dans des carcans pour ne pas qu'ils se ...... ni qu'ils se ....
c Pour procéder à des tests d'irritation cutanée, les chercheurs procèdent à l'...... du dos des animaux.
d Pour laisser vivre normalement les animaux, il y a des espaces verts en nombre ....
e L'immobilisation des animaux dans des caisses trop petites explique qu'ils sont souvent ...... et qu'ils ...... en grand nombre.
f Les éleveurs refusent de reconnaître que ces méthodes sont ...... et ....
g La nourriture ...... par des animaux élevés dans de telles conditions n'est pas ...... pour les consommateurs.

IL FAUT RECONVERTIR LES ELEVAGES CONCENTRATIONNAIRES

N'acceptez pas la cruauté

IL Y A SUFFISAMMENT D'ESPACES VERTS DISPONIBLES, POUR LAISSER VIVRE NORMALEMENT LES ANIMAUX.

Lorsque vous traversez la campagne, les élevages industriels en bâtiments ne se signalent généralement pas à votre attention... à part l'irrespirable puanteur des lisiers déversés dans la nature.

Dans ces élevages, sont incarcérés en grand nombre de très jeunes veaux, agneaux, chevreaux, porcelets, brutalement enlevés à leur mère. Enfermés toute leur vie dans des caisses, dans des parcs étriqués, les animaux ne peuvent s'ébattre. Cette concentration et l'immobilisation, auxquelles ils sont soumis jour après jour, entraînent des maladies, un état d'anxiété permanent et une importante mortalité.

Loin de reconnaître la cruauté, la nocivité de ces méthodes et de les abandonner, on tente de maintenir les animaux en vie en les gavant de médicaments. Comme cela ne suffit pas, d'autres produits pharmaceutiques sont incorporés à la nourriture, alors dénommée «aliment médicamenteux».

Aux douleurs physiques causées aux animaux, s'ajoutent les souffrances morales : la détresse des vaches, recherchant le petit qu'on leur a pris trop tôt, en est une pitoyable démonstration.

Les animaux élevés dans ces conditions atroces ne fournissent qu'une nourriture malsaine, dispensatrice de maladies pour les consommateurs. Tous les médecins s'accordent pour dénoncer l'abus de consommation de viande et le déclare nocif pour la santé.

Les jeunes ne joueront jamais dans les prés. Séquestrés à vie dans une caisse, les veaux y resteront paralysés environ 100 jours.

---

4 **Expériences sur les animaux – mal nécessaire ou évitable ?**

Répondez en français aux questions suivantes :

a Que dit Delphine au sujet des souffrances des animaux ?

b Comment justifie-t-elle certaines expériences sur les animaux ?

c Quelle est l'attitude de Damien envers les expériences à buts médicaux sur les animaux ?

d Pourquoi défendrait-il les actions du Front pour la Libération des Animaux ?

e Faites le contraste entre Damien et David, en ce qui concerne les expériences sur les animaux.

f Damien, qu'est-ce qu'il refuse d'accepter, en critiquant David ?

5 Les hommes et les animaux

Lisez à voix haute le poème *Rien à part*.

a Quels sentiments éprouvez-vous en le lisant ? Sympathisez-vous avec l'homme ou l'animal ? Pourquoi ?

b Ecrivez et enregistrez un poème (ou un paragraphe) sous forme de protestation d'animaux ou réponse d'hommes. Servez-vous des termes dans la patte.

6 Simulation : gros plan sur...

Prenez les rôles des invités à l'émission de télévision imaginaire «Gros plan sur...». Ce soir : les expérimentations sur les animaux. (Voir la feuille **14.1** *Simulation*.)

Les animaux au cirque et au zoo

Texte et discussion sur les cirques et les zoos. Voir *Self-study booklet*, page 30.

Rien à part

«Ils ne sentent rien,» dit le maître sensible.
Il a raison... rien à part la terrible
Puanteur de nos prisons.

Rien à part l'affreuse perte de liberté
Et les dards des électrodes dans le dos
Dans le cerveau et dans la peau

«Mais c'est normal, admettons
Que seuls les hommes savent savourer
La santé et l'air frais.»

A la fin, c'est vrai
On ne sent plus rien à part
L'inhumain, l'injuste et l'insensé.

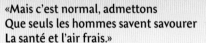

vie maladies garantie

douleurs puanteur consommateur

réactions irritation conditions consommation

dos peau nouveau cerveau

plaies tester cruauté enfermés incisé dénoncer santé immobilisés rasés paralysés porcelets

Aller à : http://www.pmaf.org

La route de la misère

Chaque année, la France exporte ou importe six millions d'animaux vivants qui sont transportés dans des conditions effroyables.

Des moutons, des vaches, des veaux, des cochons... voyagent à travers l'Europe 40 à 50 heures d'affilée sans être nourris ou abreuvés, dans une odeur d'urine et d'excréments épouvantable. Pour les aider à monter dans les camions, on leur a parfois distribué des coups de bâton ou d'aiguillon électrique. Durant ces voyages traumatisants, certains animaux sont écorchés, ou ont les pattes cassées. D'autres meurent de suffocation ou de crise cardiaque.

La PMAF

La Protection Mondiale des Animaux de Ferme a été créée en 1967 pour combattre les élevages industriels. En France, dans un souci d'efficacité, nous avons choisi de concentrer nos efforts sur trois campagnes :

L'interdiction de l'élevage des veaux dans des boxes individuels. Cette cruelle pratique consiste à enfermer des veaux dans des caisses très étroites. Les veaux n'y ont même pas la place suffisante pour se tourner.

L'interdiction de l'élevage des poules pondeuses en batterie. Dans ces élevages, leur cage est si petite qu'elles ne peuvent même pas étendre leurs ailes. Elles sont emprisonnées à vie.

La limitation à 8 heures de tous les transports d'animaux vivants destinés à l'abattage. Des animaux entassés dans des camions voyagent parfois 40 heures d'affilée sans être nourris ou abreuvés. Nous croyons que tous les animaux doivent être abattus aussi près que possible de leur lieu d'élevage.

Pour communiquer

Exprimer une position morale

A priori, il faut considérer...
A quoi bon croire tout naïvement que... ?*
Comment admettre... ?
Qui oserait prétendre que... ?*
On ne peut pas croire que...*

Je suis foncièrement opposé(e) à...
Je suis tout à fait contre...
Je trouve qu'il est scandaleux que...*

Il est inadmissible que...*
Il est quand même honteux que...*
Il faut dénoncer absolument...
Il n'y a pas que... qui...
A ceux qui disent..., je répondrais...
Comment répondre à ceux qui... ?
Même s'il est vrai que..., je refuse...

* + subjonctif

1 Explications

Lisez le passage ci-dessus et expliquez les phrases et expressions suivantes en français, en utilisant le plus possible vos propres mots.

a   40 à 50 heures d'affilée
b   sans être nourris ou abreuvés
c   animaux vivants destinés à l'abattage
d   a interdit ce système d'élevage

2 Autrement dit

Trouvez la phrase ou l'expression qui a le même sens que les suivantes.

a   ils ont dû quelquefois subir
b   anxieux de bien affirmer notre message
c   incarcérées à perpétuité
d   reconnaît la sensibilité des bêtes

Points de grammaire

RAPPEL : LES INTERROGATIFS

Trois moyens de poser des questions :
- En élevant le ton vers la fin de la phrase :
  «Et vous, Damien, vous êtes du même avis ?»

- En ajoutant «Est-ce que...» au début de la phrase :
  «Est-ce que vous êtes du même avis ?»

- En inversant le sujet et le verbe :
  «Etes-vous du même avis ?»

ADVERBES, ADJECTIFS ET PRONOMS INTERROGATIFS

Adverbes

- Comment... ? «Comment admettre la souffrance des lapins ?»
- Où... ? Pourquoi... ? Quand... ? (Depuis quand.. ? etc.)
- Que... ? «Qu'en pensez-vous ?»
- Qui... ? (Avec/pour/à qui... ? etc. «A qui appartient la planète ?» «Qui juge ?»)

Adjectifs et pronoms interrogatifs

Adjectifs	Pronoms
Quel animal ?	Lequel ?
Quels médicaments ?	Lesquels ?
Quelle souffrance ?	Laquelle ?
Quelles expériences ?	Lesquelles ?

Expressions avec l'infinitif et expressions avec 'peut-être'

- A quoi bon protéger ce qui n'a pas besoin d'être protégé ?
- A quoi ça sert de laisser mourir des animaux durant ces voyages traumatisants ?
- Pourquoi faire ces expériences rien que pour des produits de beauté ?
- Comment admettre la souffrance terrible ?
- Peut-être le FLA (Front pour la Libération des Animaux) a-t-il raison.
- Peut-être qu'il faut protéger les droits des animaux.

EXERCICES GRAMMATICAUX

1 **Traduisez en français.**

   a *Are you for or against ?*

   b *Is it about medical experiments ?*

   c *For children ? Which ones ?*

   d *What use is it resisting ?*

   e *Perhaps he is of the same opinion ?*

2 **Rendez les questions suivantes autrement.**

   Exemples : Vous les trouvez nécessaires ? = Les trouvez-vous nécessaires ?
   OU Est-ce que vous les trouvez nécessaires ?

   a Tu es parti avec qui ?

   b Qu'est-ce qu'il va faire ?

   c Quand a-t-elle fini ?

   d A quoi ça sert de protester ?

   e Comment faut-il que je réagisse ?

...ctoires

...MAF a organisé une importante
...ampagne contre l'élevage des veaux
...ans des boxes individuels. A la suite
...e notre campagne, le gouvernement
...ritannique a adopté une
...églementation qui a interdit ce système
...'élevage à compter de 1990. PMAF
...a présenté au Parlement Européen sa
...étition, qui a recueilli plus d'un million
...de signatures au sein des Etats de
...l'Union Européenne. Elle demande que
...le Traité de Rome (Traité qui a institué
...la CEE) confère aux animaux le statut
«d'êtres sensibles», et reconnaisse ainsi
leur capacité à éprouver de la souffrance
et la détresse.

3 **A l'oral**

Imaginez que vous représentez
la PMAF lors d'un débat sur la
protection et le transport des
animaux. Servez-vous de l'article
ci-dessus (et des exercices à la
page 173) pour faire une
présentation orale. N'oubliez
pas de raisonner en expliquant
les démarches de la PMAF et en
exprimant vos opinions.
Attention ! On risque de vous
couper la parole de temps en
temps avec des questions et
des remarques.

(Voir **Pour communiquer** et la
feuille **14.2** *A l'épreuve :
présentation orale en trois étapes !*
Voir aussi
www.aupoint.nelson.co.uk

ESCLAVES EN FRANCE

La misère nourrit la servitude dans les pays riches

Safia – 22 ans – Somalie

«Je dormais sur le sol. Je mangeais les restes. J'étais fouettée à coups de ceinture. Lorsque les policiers se sont présentés, ma cousine Naïma, chez qui j'avais été placée, a brandi son immunité diplomatique.»

Travail forcé, travail servile, servitude pour dettes, exploitation de la prostitution, autant de formes d'esclavage. L'esclavage? Cela n'existe plus !

Rien de plus faux. Cent cinquante ans après son abolition dans les colonies et possessions françaises par Victor Schoelcher, la résurgence de ce fléau laisse pantois. Selon le Bureau international du travail, on compte de 100 à 200 millions d'esclaves.

Inutile de parcourir le tiers-monde. L'esclavage est à nos portes. L'esclave moderne est domestique, garde d'enfants, ouvrier dans la confection ou prostitué. L'esclave moderne n'est plus vendu aux enchères sur les marchés mais recruté par des agences de placement à Manille, Koweït City, Addis-Abeba ou Beyrouth.

L'esclavage domestique est le plus répandu. Il prospère à l'abri des façades cossues de résidences diplomatiques ou d'hôtels particuliers. L'esclave, souvent une jeune fille, a été confié par un oncle ou une cousine à une personne qui part pour l'Eldorado : l'Europe.

Aujourd'hui comme hier, l'esclave n'existe pas en tant qu'être humain. Passeport et acte de naissance sont confisqués par son employeur. Le moyen le plus efficace pour enchaîner son sujet.

La vie de l'esclave relève d'une autre époque : sous-alimenté, battu, abusé, jamais rémunéré ou si peu, apeuré, l'esclave hésite à fuir. Pour aller où ? Sans argent. Sans papiers...

---

1 **Explication**

Expliquez en français les expressions suivantes, qui se trouvent dans l'article.

a la résurgence de ce fléau laisse pantois
b inutile de parcourir
c vendu aux enchères
d enchaîner son sujet
e mon lot quotidien
f que cela te plaise ou non
g a appris ma situation
h séquestrée chez une diplomate

2 📼 **Action en justice**

Relisez le texte sur le CCEM ci-contre. Ecoutez la cassette et notez à chaque fois le résultat des trois cas traités et résolus par le comité :

a Mehret K, Erythréenne (3 détails)
b Le couple, Sri Lankais (2 détails)
c Berthine, Malgache (6 détails)

3 📼 **Trafic d'enfants ou de footballeurs professionnels ?**

Listen to the item, based on an article from *Libération*, about bogus agents recruiting young footballers from Africa, with comments from Christian Larieppe of Saint-Etienne. Summarise the passage in 100–120 words in English.

Solange – 18 ans – Côte d'Ivoire

«Pauline cherchait une petite bonne à emporter.»

«Elle m'avait promis qu'aux trois ans de Désirée, sa cadette, je pourrais aller à l'école. J'ai accepté de suivre Pauline en France. J'étais heureuse en Côte d'Ivoire. Je m'occupais du petit garçon de Valérie, une sœur de Pauline. J'étais bien payée. Pauline m'a fait sortir illégalement du pays en me présentant comme l'une de ses filles. Je ne m'en suis pas rendu compte. A 14 ans, c'était mon premier voyage.

Après quelques jours passés dans son pavillon, près de l'aéroport de Roissy, j'ai compris que c'était une esclave qu'elle était venue chercher. Nettoyer, lessiver, repasser, cuisiner, veiller sur les enfants, supporter les cris de Pauline et la violence de son mari, tel était mon lot quotidien. Elle me répétait sans arrêt : «Tu es là pour travailler, que cela te plaise ou non».

Je n'avais pas le droit de sortir. «Tu n'es qu'une immigrée clandestine», me disait-elle. «S'ils t'attrapent, ils vont t'expulser». Grâce à Marie-Laure, une amie ivoirienne exploitée en région parisienne chez une autre sœur de Pauline, le Comité contre l'esclavage moderne a appris ma situation et l'a signalée à la justice.»

Campagnes du CCEM (Le comité contre l'esclavage moderne)

Le 6 mars 1996, des journalistes libèrent Mehret, jeune Erythréenne séquestrée chez une diplomate à Paris. Toute la presse s'empare de l'affaire. Pour la première fois, les Français découvrent que l'esclavage existe au XXème siècle à leur porte.

Le CCEM lutte en France et à l'étranger contre toutes ces situations intolérables. Avec le soutien de la Commission Européenne, le CCEM a initié en 1999 la création de trois Comités Contre l'Esclavage Moderne en Belgique, Espagne et Italie.

---

4 Réaction

Travaillez avec un(e) partenaire et comparez vos réactions aux textes sur ces pages et sur la cassette. Exprimez-vous en utilisant les expressions de **Pour communiquer** ci-dessous.

Pour communiquer

Dénoncer quelque chose
Je lance un cri d'alarme contre…
Je m'élève/m'insurge contre…
Je suis radicalement contre le fait que…+ *subjonctif*
On ne peut pas tolérer/accepter que…+ *subjonctif*
C'est intolérable/inacceptable que… + *subjonctif*
C'est une pratique (absolument) scandaleuse/honteuse

5 Travail de recherche

Renseignez-vous par l'Internet sur le CCEM www.aupoint.nelson.co.uk. Trouvez d'autres témoignages sur l'esclavage moderne. En est-il ainsi dans votre pays ? Renseignez-vous !

6 Thème : L'esclavage moderne

Ecrivez au moins 300 mots.

«Cent cinquante ans après l'abolition de l'esclavage dans les colonies françaises, la planète a besoin d'un autre Victor Schoelcher.» (Voir page 176, paragraphe deux de l'article.)

Points de grammaire

LES VERBES MODAUX

Pouvoir, devoir, vouloir, savoir, de véritables casse-têtes !

Selon les temps auxquels ils sont conjugués, ces verbes peuvent avoir des significations légèrement différentes.

Pouvoir

- Pour exprimer une probabilité :
Exemples : Il se peut que j'y aille. *I might go there.*
Il pourrait pleuvoir. *It might rain.*

- Pour exprimer une conjecture, une supposition :
Exemple : Il peut bien y avoir 10 ans. *It could be about ten years.*

- Pour exprimer un reproche :
Exemples : Elle aurait pu m'avertir ! *She might/could have warned me!*

Devoir

- Pour exprimer une obligation morale :
Exemple : J'aurais dû aller à la banque. *I ought to have gone to the bank.*

- Pour exprimer un reproche :
Exemple : Il n'aurait pas dû dire ça! *He should not have said that!*

- Pour exprimer une supposition :
Exemples : Elle devrait déjà être arrivée. *She should have arrived by now.*
Il doit bien y avoir trois mois que je ne l'ai pas vue ! *It must be about three months since I saw her last!*

- Pour exprimer un regret :
Exemple : J'aurais dû penser à ça ! *I should have thought of that!*

Vouloir

- Pour exprimer une frustration :
Exemple : J'aurais voulu y aller. *I would have liked to go there. I would like to have gone there.*

- Pour exprimer un refus :
Exemple : Il ne voulait pas accepter l'invitation. *He would not accept the invitation.*
(Valeur forte du conditionnel se traduirait par un refus en français.)

- Pouvoir ou savoir ?
She can't swim.
Est-ce que ça veut dire…

  … qu'elle n'a pas appris à nager ?
  – Elle ne **sait** pas nager.

  … qu'elle n'en est pas physiquement capable ?
  – Elle ne **peut** pas nager.

Pour un peu de pratique

Voir la feuille **14.3** *Tant de regrets !*

RAPPEL : FAIRE + INFINITIF

L'équivalent de l'anglais *to have something done, to get something done, to get someone to do something.* Voir aussi page 113.
Exemple : Je vais faire réparer mon vélo. *I'm going to have my bike repaired.*

Nota : Quand les compléments d'objets sont des noms, ils se placent après les deux verbes.

Exemple : Il a fait entrer l'accusé. *He had the accused brought in.*

Quand les compléments d'objets sont des pronoms, ils se placent avant les deux verbes.
Exemple : Il lui a fait enlever les menottes. *He had his handcuffs removed.*

LES TEMPS COMPOSES

Voir **14.4** pour le passé composé, le plus-que-parfait, le futur antérieur et le conditionnel passé.

EXERCICES GRAMMATICAUX

1 **Traduisez en français.**
  a *He can swim but he would not go to the swimming pool.*
  b *You ought to have insisted.*
  c *We might go to the seaside this weekend.*
  d *I'd have liked to do some sunbathing.*
  e *It might be sunny, you never know.*

2 **Traduisez en français à l'aide des constructions entre parenthèses. Attention aux temps !**
  a *Suzanne let Paul in* (faire entrer).
  b *But before, she showed Yves out* (faire sortir).
  c *She made him get out of the window* (faire descendre).
  d *She had had champagne sent from the other side of France* (faire venir).
  e *During the evening she showed Paul her stamp collection* (faire voir à).
  f *At the end of the evening she had coffee brought up for them* (leur faire monter).
  g *As it wasn't warm, she sulked* (faire la tête).
  h *She had the cook sacked* (faire renvoyer).

La violence en hausse ou en baisse ?

La peine de mort est-elle dissuasive ?

1 Statistiques

Lisez l'article *La violence en hausse ou en baisse ?* et trouvez les quatre affirmations vraies parmi les suivantes. Corrigez celles qui sont fausses. Pour vous faciliter la tâche, utilisez un programme de traitement de texte.

a Le taux d'augmentation de la violence en France est proportionnel à celui de l'accroissement du nombre des crimes.

b Depuis 1950, le nombre des actes violents proprement dits s'est accru de 10%.

c L'abolition de la peine de mort en France n'a pas eu de conséquence notable sur les taux de criminalité.

d A première vue, les statistiques semblent prouver que les étrangers commettent plus de crimes que les Français.

e Une observation plus poussée montre que la plupart des délits commis sont liés à une tentative de rester en France.

f La police rencontre plus de problèmes quand il s'agit de trouver la solution aux délits commis par les étrangers.

g Il y a pratiquement autant de criminels français que de criminels étrangers.

h Le nombre élevé de meurtres aux Etats-Unis est vraisemblablement dû à la vente libre des armes à feu.

A quoi peut-on attribuer l'aggravation de la violence ? A l'immigration ? Aux crises économiques et les problèmes d'insertion qu'elles ont engendrés ? Considérons quelques préjugés et quelques statistiques concernant la violence.

La criminalité et surtout la violence est nettement en hausse ?

Malgré une baisse dans le nombre de délits enregistrés pendant les années 90, le taux de crimes et délits commis en France depuis 1950 s'est multiplié par 7. Mais, en regardant de plus près les chiffres, on constate aussitôt que c'est plutôt le nombre de vols qui est nettement en hausse (dix fois plus élevé) que celui des crimes violents contre les personnes (2,5 plus élevé). Les atteintes aux personnes représentent aujourd'hui environ 5 % de la criminalité globale, mais sa part était de 10 % il y a 40 ans.

La suppression de la peine de mort a contribué largement à l'augmentation des crimes ?

Même si les actes violents contre les personnes augmentent, on ne peut pas prétendre que ce soit dû à la suppression de la peine de mort en 1981. Le nombre de crimes ayant entraîné la mort s'est stabilisé depuis plus de 15 ans, tournant autour de 2 500 homicides par an.

La population croissante des étrangers et la violence ?

Comme la majorité des Français sont favorables à l'arrêt de l'immigration, il y en a qui prétendent que la présence des immigrés en France soit à la base de l'augmentation des crimes violents. Il ne faut pourtant pas se laisser tromper par les chiffres: 8 % d'immigrés dans la population française et 17 % des étrangers parmi les individus mis en cause chaque année. Un quart des délits commis par les étrangers est enregistré à la Police des Etrangers, qui n'a pas de compétence pour les Français et qui traite non seulement les crimes violents des étrangers mais aussi les infractions de droits de séjour, fausses cartes d'identité, etc. Etant donné que, par rapport à la population française, beaucoup plus d'hommes adultes figurent parmi la population étrangère et que la délinquance reste un phénomène essentiellement masculin, il n'est pas surprenant que les chiffres semblent inculper plutôt les étrangers que les Français, d'autant plus que les étrangers commettent des crimes plus faciles à élucider. Au fait, il n'y a qu'un faible décalage entre le taux de criminalité des étrangers et celui des Français.

L'assassinat : un phénomène plutôt américain qu'européen ?

Seul 'réconfort' pour la France et l'Europe est peut-être le taux de crimes entraînant la mort aux Etats Unis. A Los Angeles seul, on tourne autour d'un taux d'homicides qui correspond à presque la moitié des meurtres enregistrés sur toute la France. Il n'est pas à douter que la libre distribution des armes parmi les citoyens américains facilite les choses.

14 COMMENT PUNIR ?

– *Mon portefeuille, relié par sémaphore à toutes les patrouilles motorisées, est, en outre, branché sur un lance-gaz paralysant et une caméra automatique...*

1 A vrai dire

L'article *La violence en hausse ou en baisse ?* à la page 179 restitue la vérité sur des idées fausses. Voir **Pour communiquer**.

a Individuellement, préparez un tableau à deux colonnes : dans la colonne de gauche, faites une liste de ces idées erronées et dans celle de droite, pour chaque idée fausse, restituez la vérité.

b Travaillez avec un(e) partenaire. Une personne donne ce qui semble être une évidence. L'autre personne fait comprendre que l'idée n'est pas correcte et la rectifie :

> **A** : *Si l'on en croit certaines statistiques, les étrangers sont plus violents que les Français.*
> **B** : *On pourrait penser que les étrangers sont plus violents que les Français, mais en fait, en regardant de plus près, on se rend compte que le taux de criminalité est similaire chez les deux populations.*

Maintenant, composez par écrit les phrases qui proviennent de votre conversation.

Pour communiquer

Exprimer une évidence
A première vue...
Etant donné que...
Au premier abord...

Douter de la vérité
Il semblerait que...
On pourrait s'attendre à ce que (+ *subj.*)
Une idée reçue veut que (+ *subj.*)

Restituer la vérité
mais les chiffres montrent/indiquent que...
mais en regardant de plus près, on se rend compte que...
mais une observation plus poussée révèle que...

AU FAIT

Une population à haut risque

- La population carcérale connaît une forte surreprésentation des hommes, des jeunes, des célibataires et des étrangers.
- Les femmes ne représentent que 4,5 % des personnes en prison.
- 83 % des incarcérés ont moins de 40 ans ; 75 % d'entre eux sont célibataires.
- Le taux d'emprisonnement pour le vol ou le recel remonte à 60 % des détenus.
- 12,3 % sont illettrés, 33,1 % savent juste lire et écrire, 25 % seulement ont fait des études secondaires.
- 33,8 % sont classés dans la catégorie socio-professionnelle des ouvriers, 45 % comme pensionnés, sans profession ou chômeurs.
- La proportion d'étrangers est de 29,5 % ; plus de la moitié d'entre eux viennent du Maghreb.

Les détentions provisoires touchent d'abord massivement les personnes sans domicile fixe et sans profession ; et près de 80 % des 100 000 incarcérés par an entrent en prison en tant que détenus provisoires.

Plus que la surpopulation des prisons, 121 prisonniers pour 100 places, c'est le nombre très élevé de prévenus qui fait l'originalité du système carcéral français.

Privation de liberté

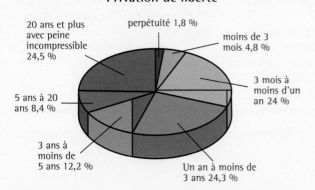

- perpétuité 1,8 %
- moins de 3 mois 4,8 %
- 3 mois à moins d'un an 24 %
- Un an à moins de 3 ans 24,3 %
- 3 ans à moins de 5 ans 12,2 %
- 5 ans à 20 ans 8,4 %
- 20 ans et plus avec peine incompressible 24,5 %

2 ▭ Existe-t-il des personnalités agressives ?

Utilisez les renseignements donnés sur la cassette pour marier les fins des phrases suivantes à leurs débuts.

1 Des psychologues se sont penchés sur…
2 Ils n'ont découvert aucun rapport entre l'agressivité et…
3 Aucune classe sociale ne semble fournir…
4 Le niveau d'agressivité est lié à…
5 Il faut s'intéresser à son enfant et être strict avec lui pour empêcher que se développe…
6 Le respect des sentiments des autres jouent un rôle important dans…

a … un nombre plus grand de personnes agressives.
b … les gênes hérités.
c … la prévention de l'agressivité.
d … son agressivité plus tard.
e … la qualité des relations avec le père et la mère de la naissance à l'âge de deux ans.
f … le développement de jeunes pendant vingt ans.

3 ▭ C'est une question d'interprétation

Ecoutez l'enregistrement de la table ronde. Lesquelles de ces opinions reflètent les idées exprimées au cours de cette table ronde ?

a Depuis que la peine de mort a été abolie, la prison est le seul moyen de punition.
b Seuls les criminels endurcis devraient se retrouver en prison.
c La construction de nouvelles prisons est le seul moyen d'éviter le surpeuplement des prisons.
d Pour arrêter le surpeuplement des prisons, il faut mener une action sur deux fronts.
e Pour que les prisons ne soient pas l'école du crime, il est nécessaire de ne pas les surpeupler.
f La prison doit être avant tout un lieu de réinsertion sociale.
g Si la prison ne se consacrait qu'à permettre la réhabilitation des criminels, la notion de punition disparaîtrait.
h Les notions de bien et de normal ne peuvent être associées au concept de prison.
i Une certaine conception de la prison peut en faire un endroit où toutes les personnes qui ne correspondraient pas à notre propre vision de normalité seraient enfermées.
j De nos jours, les prisonniers qui sortent de prison commettent de nouveau les délits pour lesquels ils avaient été enfermés.

4 Travail de recherche : Le Monde des prisons

Lisez **Au fait** :

- représentez, sous forme de diagramme, les chiffres donnés sur la constitution de la population carcérale ;
- cherchez sur l'Internet, dans la bibliothèque, dans le CDI (Centre de Documentation et d'Information) les chiffres comparatifs pour votre pays ou pour le Royaume-Uni ;
- comparez les problèmes que rencontrent les deux systèmes (surpopulation, surcroît d'hommes, d'étrangers, niveau faible d'instruction/illettrisme, etc.;
- quel système est le plus efficace/le moins chargé, à votre avis ?

∩ Jeune conductrice

Fait-divers entendu, sur *France-Inter*, un matin. Voir *Self-study booklet*, page 30.

∩ Rodéo Record

Article de journal. Voir *Self-study booklet*, page 31.

∩ Prononciation, intonation, liaison

Voir *Self-study booklet*, page 31.

∩ Le pas des ballerines

Chanson de Francis Cabrel. Voir *Self-study booklet*, page 31.

Procès à Québec

La poursuite réclame la peine maximale contre l'adolescent qui a mis le feu à son ex-petite amie

Presse Canadienne

QUÉBEC

S'appuyant sur l'opinion de la plupart des experts, la poursuite a réclamé hier la peine maximale de trois ans de mise sous garde en milieu fermé contre l'adolescent de 15 ans qui, en septembre, a mis le feu à son ex-petite amie, dans le quartier de Limoilou, à Québec.

Auparavant, l'avocate du jeune, Me Hélène Roy, avait plutôt plaidé en faveur d'une garde en milieu fermé suivie d'une peine en milieu ouvert, les durées devant correspondre aux besoins de son client.

Au début de la journée, la mère de l'adolescent a pu déposer en présence d'un auditoire restreint comprenant la mère de la victime.

Divorcée et dépressive depuis dix ans, la dame a dit être au courant que son fils touchait à la drogue qu'il achetait d'un vendeur de cocaïne exerçant son commerce dans la cour de l'école.

Dans sa déposition, la psychologue Suzanne Baril, appelée à témoigner par la défense, a déclaré que l'adolescent éprouve des difficultés d'adaptation et qu'il a besoin d'aide. Il s'agit d'un individu extrêmement insécure, introverti, sensible, et qui éprouve des difficultés de contact avec ses émotions profondes. Ses carences affectives sont surtout liées aux lacunes de la présence paternelle.

Facilement influençable, le jeune homme possède une faible capacité d'organisation et de structure. A cause de son manque de confiance en soi, sa colère se tourne davantage vers lui-même.

En conclusion, l'experte s'est prononcée en faveur d'une garde en milieu fermé d'environ un an suivie d'une autre en milieu ouvert de deux ans.

Elle a fait valoir que le jeune n'est pas un délinquant et ne possède aucun antécédent judiciaire. Il s'agit plutôt de l'enfant d'une mère surprotectrice et d'un père absent, alcoolique, brutal et criminalisé.

Répliquant en plaidoirie, le procureur de la Couronne a noté que pour un tel crime un adulte serait passible d'emprisonnement à perpétuité.

Le juge Godbout fera connaître sa décision le 14 février.

Destination épreuves

1 **La langue judiciaire**

Trouvez dans le texte autant de termes judiciaires que possible (au moins 10 !) et traduisez-les en anglais.

Exemples :
la poursuite = *the prosecution*
passible d'emprisonnement = *liable to imprisonment*

2 **A quel titre ?**

Traduisez en anglais le titre de l'article et les paragraphes 5 à 7 («Dans sa déposition… ouvert de deux ans.») (Voir aussi la feuille **14.5** *Le vocabulaire de la justice*.)

3 **La décision**

Relisez l'article ci-dessus. Imaginez que le juge, c'est vous. Quelle sera votre décision ? Essayez d'expliquer le pour et le contre.

Forum : violence, non-violence

Travail écrit. Voir *Self-study booklet*, page 31.

4 **A l'oral**

Faites une présentation orale sur un des thèmes suivants :

«A quoi bon les manifestations non-violentes ?» (Voir **Lectures**, page 211.)

OU

«Le système carcéral en France, ennemi de groupes minoritaires.»

5 **Par écrit**

Ecrivez 300 à 350 mots sur un des thèmes suivants.

«Comment peut-on combattre le problème de la surpopulation des prisons en France ?» (Voir les statistiques, page 181.)

OU

«Le pour et le contre de la peine de mort en France.»

Thèmes	Communiquer	Grammaire	Epreuves
• Devenir adulte • La recherche médicale et scientifique • L'avenir	• Exprimer ses obligations futures • Commenter des images poétiques • Expliquer sa critique littéraire • Demander des précisions	• Révision du subjonctif • La négation • Jusqu'à • Le futur antérieur • L'inversion du sujet	• Compléter des phrases • Expliquer les phrases • Présentation orale • Choix multiple • L'examen oral • Compo créative • Compo discursive • Résumé en anglais

15 Demain déjà ?

← La recherche génétique continuera à faciliter la lutte contre la maladie mais résistera-t-elle à la tentation du clonage humain ? Qu'en pensez-vous ?

Sommaire

■ Personne n'avait anticipé l'arrivée du PC. Ce formidable outil, qui a tellement transformé nos habitudes, était une véritable révolution lorsqu'il est apparu il y a quelques années.

↓ Comment répondriez-vous aux questions du sondage ci-dessous si l'on vous les posait ?

...UJU, MON CHÉRI, IL EST L'HEURE E FAIRE POPO, DE PRENDRE TON BIBI T D'ALLER AU DODO.

QUESTIONS POSÉES A DES JEUNES DE 15-24 ANS		PLUTÔT POUR	PLUTÔT CONTRE	NSP
Etes-vous personnellement plutôt pour ou plutôt contre les applications possibles de certaines recherches médicales telles que...	... dépister à l'avance les enfants anormaux ?	92 %	7 %	1 %
	... pouvoir choisir à l'avance le sexe des enfants ?	21 %	77 %	2 %
	... les mères porteuses (le fait qu'une femme porte l'enfant d'une autre) ?	45 %	47 %	8 %

183

Demain, personnellement...

Quatre jeunes Français ont réfléchi sur leur enfance et ont enregistré leurs pensées

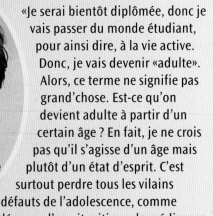

Sandrine, 23 ans

«Je serai bientôt diplômée, donc je vais passer du monde étudiant, pour ainsi dire, à la vie active. Donc, je vais devenir «adulte». Alors, ce terme ne signifie pas grand'chose. Est-ce qu'on devient adulte à partir d'un certain âge ? En fait, je ne crois pas qu'il s'agisse d'un âge mais plutôt d'un état d'esprit. C'est surtout perdre tous les vilains défauts de l'adolescence, comme l'intolérance, l'esprit critique, la médisance. Mais j'ai un peu l'impression que le monde des adultes n'est pas tellement marrant non plus. Je pense que les adultes ont oublié un peu leur sourire. Je sais très bien que les soucis vont changer les gens et les caractères mais j'espère malgré tout rester telle que je suis.»

François, 18 ans

«Devenir adulte, c'est tout d'abord, évidemment, la fin de l'enfance. C'est la fin de l'innocence; c'est un peu aussi la fin des rêves. Quand j'étais petit, je n'avais vraiment pas le sens des responsabilités. Bientôt, il va falloir que je devienne plus indépendant de mes parents, que je trouve un appartement, que je trouve du travail, que je m'organise mieux sur le plan financier, que je prenne plus conscience de mes obligations de citoyen. Je vais certainement affirmer plus vigoureusement mes opinions, et essayer de faire bouger le monde. J'espère au moins construire quelque chose de bien pour ma famille et la société en général.»

---

1 📼 **Qui c'est ?**

Ecoutez ce que les jeunes ont dit. Puis décidez quelle personne correspond à quelle description.

a Cette personne ne semble penser qu'à l'argent.
b Cette personne a déjà pensé à trouver un domicile indépendant des parents.
c Cette personne ne regrette pas d'avoir laissé son adolescence derrière elle.
d Cette personne semble avoir eu une enfance très protégée.
e Cette personne saisira certainement l'occasion à l'avenir d'être active sur le plan politique.
f Cette personne pense que d'être adulte ne garantit pas le bonheur.
g Ces personnes pensent déjà à leur rôle de père ou de mère.

Pour communiquer

Exprimer ses obligations futures

Il va falloir (+ *infinitif*)
Il va falloir que je (+ *subjonctif*)
Il (me) faudra (+ *infinitif*)
Il faudra que je (+ *subjonctif*)
J'aurai à (+ *infinitif*)
Je serai obligé(e) de (+ *infinitif*)
On m'obligera (à + *infinitif*)

2 Responsabilités

A deux, dressez une liste de toutes les responsabilités que vous risquez d'avoir en tant qu'adulte. Pensez, par exemple, aux impôts, aux frais de logement, aux responsabilités envers la personne avec qui vous vivrez. Servez-vous des expressions de **Pour communiquer**.

Ecrivez un court paragraphe (75–100 mots) qui commence par la phrase :

«Pour moi, devenir adulte, ça signifie…»

3 Etudes supérieures ou travail ?

Sur deux grandes feuilles de papier, écrivez les titres et les exemples ci-dessous. Avec un(e) partenaire, discutez les avantages et les inconvénients de chaque possibilité et écrivez vos opinions sous forme de notes.

Poursuivre des études supérieures	
avantages :	inconvénients :
possibilité d'une meilleure carrière	dépendance des parents

Travailler tout de suite	
avantages :	inconvénients :
gagner de l'argent	moins de vacances

Quels sont vos propres projets pour l'avenir ? Ecrivez 100 mots en réponse à cette question. N'oubliez pas d'expliquer les raisons pour les décisions que vous allez prendre.

au sujet de l'avenir. Pour eux, devenir adulte, ça signifie quoi exactement ?

Isabelle, 17 ans

«J'ai passé une enfance très heureuse. Maintenant, devenir adulte, c'est s'envoler hors du cocon familial, rassurant. C'est surmonter ses peurs et se dire que désormais, ses parents ne seront plus là pour donner un coup de main chaque fois qu'on en a besoin. Il faudra que je prenne des décisions importantes : à propos des études supérieures, du travail, du logement, de la nourriture. Je serai également obligée de penser à ma vie éventuelle de mère de famille parce que je voudrais donner à mes enfants la même sécurité que j'ai eue moi-même.»

Patrice, 18 ans

«Ce sera finalement vivre avec un budget moins serré que celui d'un étudiant ! Pouvoir satisfaire à toutes ses petites envies qui sont restées insatisfaites pendant l'adolescence, se payer enfin quelques luxes : une chaîne, une moto, des voyages... Par contre, je sais que la vie d'adulte coûte cher. J'aurai à payer le loyer, les impôts, les cotisations de sécurité sociale, et d'autres dépenses obligatoires.»

Attendez un peu… !

Exercice grammatical : révision du subjonctif. Voir *Self-study booklet*, page 32.

AU FAIT

- En France entre 20 et 24 ans, environ 60 % des hommes et 49 % des femmes vivent encore chez leurs parents.

- Le départ de la maison est souvent progressif. Un jeune sur cinq rentre chez ses parents tous les week-ends, pendant au moins les six premiers mois. 14 % retournent vivre provisoirement chez leurs parents dans les cinq années suivant leur départ, après la fin de leurs études, un échec sentimental ou un problème professionnel.

4 Sondage

Lisez, ci-dessous, les résultats d'un sondage effectué parmi une centaine de jeunes français et puis, par écrit, répondez aux questions.

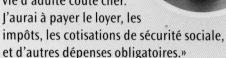

Etes-vous plutôt optimiste ou plutôt pessimiste quand vous pensez à l'avenir ?	Filles %	Garçons %
Plutôt optimiste	48	55
Plutôt pessimiste	35	30
Sans opinion	15	13
Ne se prononcent pas	2	2

a Comment auriez-vous répondu à la question posée dans le sondage ?
b Pourriez-vous suggérer les raisons pour lesquelles les filles interrogées paraissent moins optimistes que les garçons ?
c Si vous êtes «plutôt pessimiste», quelles sont vos préoccupations personnelles pour l'avenir ?
  – ne pas réussir aux examens ?
  – le sida ?
  – le chômage ?
  – la manipulation génétique ?
d Si vous vous considérez «plutôt optimiste», dévoilez les raisons de votre optimisme !

Les raisons d'être optimiste ou pessimiste

Voir *Self-study booklet*, page 32.

Demain, je grandis

Plutôt que d'écrire un paragraphe sur le thème «Devenir adulte»,
Céline a préféré exprimer ses idées sous forme de poésie.

Demain, je grandis
Je grandis
Parce qu'on m'en a donné l'ordre ;
Il va falloir que je jette
Cette adolescence
Qui m'allait si bien,
Que je m'en débarrasse
Comme on enlève un manteau
Trop lourd et tout mouillé,
Que je jette la Clef de mes Rêves
Et que j'abandonne mes Nuits sans Lune.
Demain, je meurs un peu.
J'enlève ce reste d'enfance
Qui n'était qu'un peu de sable
Sur cette peau brune qui est la mienne.
Il va falloir
Apprendre à regarder
L'horizon en face,
Demain plus de bouderies
Ni de regards candides,
Demain j'endosse l'armure
De l'adolescence fusillée,
Age traître que celui-là ;
Montrer que je suis forte,

Bientôt les adultes,
Je suis mal dans mon corps
Et ma tête est lourde ;
Devoir faire face
Et je ne veux pas.
Si je pouvais vivre
Dans une cage
Quelque part dans un autre monde,
Bien loin de chez vous,
Me damner pour garder
Ce qui n'a jamais cessé d'être moi,
Et que je conserverai
Comme un fragile trésor ;
Ce qui pour vous
N'est qu'une heure éphémère,
Moi je sais qu'elle colle à mon ombre ;
Bout d'enfance et
Combats de l'adolescence
Qui s'épluchent sur mes épaules,
Mue qui m'effare et me perd
Comme une vieille peau de serpent.
Suspendre le Temps
Et revenir en arrière...
Plus grandir.

1 Lecture

Au besoin, cherchez le sens des mots suivants dans un dictionnaire.

un reste, des bouderies, l'armure, éplucher, la mue, effarer.

Puis lisez le poème de Céline. Avec un(e) partenaire, lisez le poème encore une fois, à haute voix, prenant tour à tour un vers ou une phrase. Enregistrez-vous pendant que vous lisez.

2 Les sentiments

Lesquels des sentiments exprimés dans la liste suivante Céline laisse-t-elle entrevoir dans son poème ?

a   résistance de quitter l'enfance
b   nostalgie d'adolescence
c   besoin de se défendre
d   peur de l'avenir
e   espoir de rencontrer quelqu'un
f   réalisme devant les possibilités qui l'attendent
g   envie de rester telle qu'elle est
h   désir d'être seule

En faisant face à la vie d'adulte, éprouvez-vous les mêmes sentiments que Céline ?

3 Ce qu'il faudra faire

Complétez les phrases suivantes en remplaçant l'infinitif par une forme correcte du verbe au subjonctif.

Exemple :
Il va falloir jeter cette adolescence.
Il va falloir que je jette cette adolescence.

a   Il faut devenir adulte.
b   Il faudra trouver un appartement.
c   Il va falloir savoir gérer ses propres affaires.
d   Il faudra faire une bonne impression.
e   Il sera nécessaire de prendre des décisions importantes.
f   Il faudra apprendre à vivre indépendamment.
g   Il va falloir être courageux(se).

4 Appréciation littéraire : la poésie

Le poème *Demain, je grandis*, contient plusieurs images poétiques. Pour une note explicative et des exercices d'appréciation littéraire, voir la feuille **15.1** .

Exercice de vocabulaire

Voir *Self-study booklet*, page 32.

Maturité : poème

Voir **Lectures**, page 214 et *Self-study booklet*, page 32.

Point de grammaire

LA NÉGATION

Formation

Pour mettre un verbe à la forme négative, on ajoute une locution adverbiale ou adjective de négation.

Usage

Assurez-vous que vous savez utiliser les locutions négatives. Voir page 25.

Cherchez d'autres exemples dans les pages d'*Au point*.

- Notez l'ordre des locutions dans ces exemples et apprenez-les par cœur.
  Il n'y a jamais personne.
  Je n'irai plus jamais là-bas.
  Je n'en ai jamais rien dit à personne.

- Notez aussi l'usage de l'adjectif indéfini 'aucun / aucune' (*no, not one, not any*).
  Exemples :
  Il n'y a aucun doute.
  Je n'en ai aucune idée.

- Quatre expressions négatives à noter :
  ne... point (*not* – forme emphatique)
  ne... guère (*scarcely, hardly*)
  ne... nullement (*not at all, by no means*)
  ne... ni... ni... (*neither ... nor ...*)

- Le deuxième terme de la locution négative peut parfois se trouver avant 'ne'.
  Attention ! Dans ces cas-là, ne mettez pas 'pas' !
  Exemples :
  Personne ne veut vraiment essayer.
  Aucune autre possibilité ne se présente dans ces cas-là.

- Deux négations équivalent d'ordinaire à une affirmation, parfois atténuée.
  Je ne dis pas non. (= peut-être)

- Notez, aussi, l'usage de 'de' après quelques expressions négatives.
  Je n'ai pas d'argent.
  Il n'y a pas de risque.
  Elle ne mange pas de viande.

EXERCICES GRAMMATICAUX

1 Traduisez ces exemples de locutions négatives, tirés du poème *Demain, je grandis* à la page 186.

a J'enlève ce reste d'enfance qui n'était qu'un peu de sable

b Demain, plus de bouderies ni de regards candides

c Me damner pour garder ce qui n'a jamais cessé d'être moi

d ce qui pour vous n'est qu'une heure éphémère

e Plus grandir

2 Complétez les phrases suivantes en vous servant des mots ci-dessous, selon le sens.

a Les technologies ne remplaceront .... l'homme.

b Le progrès n'est efficace .... si la société en tire avantage.

c .... n'a découvert le vrai remède du cancer.

d Jusqu'à présent, je n'ai .... expérience de vivre seul.

e .... ne justifie l'expérimentation sur les animaux.

f L'idée n'est .... que l'homme s'adapte à la machine, mais que la machine devienne un moyen de mieux vivre.

g Je trouve que mes parents ne sont .... satisfaits.

h Je ne suis .... optimiste .... pessimiste mais réaliste.

i A l'avenir, les gens n'auront .... besoin de travailler à plein temps.

j Ils ne seront .... obligés de travailler jusqu'à l'âge de soixante ans.

| personne | guère | que | ni... ni... | plus | aucune |
| rien | nullement | jamais | non plus | | |

3 Traduisez les phrases suivantes.

a *I don't know what to say any more.*

b *I have never been able to express my idées.*

c *Nobody loves me.*

d *Nothing seems to satisfy me.*

e *I have no friends at all.*

f *I can no longer live like this.*

Au contraire ! La négation

Voir *Self-study booklet*, page 33.

Pratique de la négation : jamais plus rien

Voir *Self-study booklet*, page 33.

Pour plus de pratique : la négation

Voir www.aupoint.nelson.co.uk

La bombe démographique

Le monde riche se meurt faute d'enfants et le monde pauvre n'arrive plus à nourrir les siens.

Les espoirs de voir la population de notre planète se stabiliser sont d'ores et déjà voués à l'échec. Nous sommes 6,4 milliards aujourd'hui à nous partager la planète Terre : nous serons 8,5 milliards en 2025. Le cap des 10 milliards sera franchi vers l'an 2050. Et la croissance démographique est encore programmée pendant une bonne centaine d'années, jusqu'à ce que la population ne commence à décroître pour se stabiliser, dans un siècle et demi, à quelque 11,6 milliards d'individus.

Ces chiffres, impressionnants, ont été dévoilés par le Fonds des Nations Unies pour la population (FNUAP). Cet organisme souligne que les estimations de la croissance démographique doivent à nouveau être révisées à la hausse, malgré des signes encourageants.

L'espoir, les experts le voient dans le désir des femmes de ce temps d'avoir moins d'enfants que toute autre génération avant elles ; reste, cependant, que la fécondité réelle est beaucoup plus élevée que celle «souhaitée», dans de très nombreux pays...

Les pays en voie de développement absorberont, à eux seuls, 97 % de la croissance démographique. Le continent africain s'apprête à passer de 650 à 900 millions d'habitants ; cela «grâce» au plus fort taux de croissance démographique (3 %) jamais enregistré.

L'augmentation numérique la plus importante se produira en Asie du Sud. La population d'Amérique latine et des Caraïbes devrait augmenter, quant à elle, de 100 millions de personnes. La croissance démographique sera, par contre, beaucoup plus faible en

Asie de l'Est qui abrite plus d'un cinquième de la population mondiale. Le Japon a déjà un taux de fécondité inférieur au niveau de renouvellement des générations (2,1 enfants par femme), taux que la Chine, la République de Corée et la Thaïlande atteindront prochainement. L'Europe (Albanie et Turquie exceptées), l'Amérique du Nord, l'Australie et la Nouvelle-Zélande connaissent des taux de croissance inférieurs à 1 %, souvent même plus petits que 0,5 (la Suisse en est à 0,2 %).

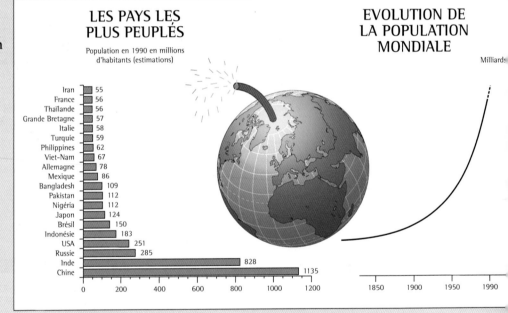

LES PAYS LES PLUS PEUPLÉS

Population en 1990 en millions d'habitants (estimations)

Pays	Population
Iran	55
France	56
Thaïlande	56
Grande Bretagne	57
Italie	58
Turquie	59
Philippines	62
Viet-Nam	67
Allemagne	78
Mexique	86
Bangladesh	109
Pakistan	112
Nigéria	112
Japon	124
Brésil	150
Indonésie	183
USA	251
Russie	285
Inde	828
Chine	1135

EVOLUTION DE LA POPULATION MONDIALE

Milliards

---

1 Expliquez

Expliquez les phrases et expressions suivantes en français, en utilisant le plus possible vos propres mots.

a d'ores et déjà voués à l'échec
b ces chiffres ont été dévoilés
c les pays en voie de développement
d grâce au plus fort taux de croissance
e des taux de croissance inférieurs

2 Phrases complètes

Complétez les phrases suivantes en cherchant les informations nécessaires dans le texte.

a La croissance démographique la plus importante aura lieu dans...
b Il faudra attendre un siècle et demi avant que...
c Les experts espèrent toujours que les femmes...
d Plus d'un cinquième de la population mondiale...
e Au Japon, le taux de mortalité est plus élevé que...
f 2,1 enfants, c'est le taux de fécondité moyen nécessaire pour...

Démographie en France...

L'une des conséquences de la chute de la natalité est la diminution de la part des jeunes dans la population. 15,1 millions de Français avaient moins de 20 ans en 1998. Leur part dans la population ne représente plus que 25,8 % contre 30,6 en 1980. A l'inverse, on observe un accroissement de la part des personnes âgées de 60 ans et plus. 20,4 % en 1998 contre 17,0 % en 1980. A partir de 75 ans, les femmes sont deux fois plus nombreuses que les hommes.

Pour plus de détails sur la population de la France, voir www.aupoint.nelson.co.uk

---

Plus de vieux que de jeunes en 2015

Evolution de la part des moins de 20 ans et des 60 ans et plus dans la population (en %) :

Moins de 20 ans : 34,3 (1900) — 30,1 (1930) — 32,2 (1960) — 25,9 (1997) — 24,2 (2010) — 22,7 (2020)

60 ans et plus : 12,7 (1900) — 14,2 (1930) — 16,7 (1960) — 20,3 (1997) — 22,8 (2010) — 26,8 (2020)

1900 1930 1960 1997 2010 2020

INSEE

La France en retraite

Evolution de la part des personnes de 60 ans et plus dans la population totale, par tranche d'âge (en %) :

60 ans et plus : 12,7 (1900) — 14,2 (1930) — 16,7 (1960) — 20,3 (1997)

65 ans et plus : 8,5 (1900) — 9,5 (1930) — 11,6 (1960) — 15,6 (1997)

75 ans et plus : 2,5 (1900) — 2,9 (1930) — 4,3 (1960) — 6,8 (1997)

1900 1930 1960 1997

INSEE

---

1 Selon vous

Quelles sont :

a les causes du vieillissement de la population en France ?
b les conséquences de ce phénomène ?

Considérez, par exemple, les questions suivantes :

- l'espérance de vie
- le travail
- les services médicaux
- les responsabilités des familles
- la situation des femmes
- les allocations de vieillesse
- la situation économique de l'Etat

2 ▭ Depuis quatre ans, j'espère avoir un enfant

Ecoutez l'extrait d'une émission de radio dans lequel Sara parle de ses espoirs de devenir maman, puis faites les exercices sur la feuille **15.2** .

3 A votre avis !

L'article *La bombe démographique* a clairement exposé le problème de la surpopulation de notre planète. Pourtant, de plus en plus de couples qui ont des difficultés à avoir un enfant ont recours à des méthodes de procréation médicalement assistées.

- Croyez-vous que de tels couples ont le droit de recourir aux traitements scientifiques ou qu'ils devraient accepter leur «destin» de ne pas devenir parents ?

- Que feriez-vous si un jour vous vous trouviez dans la même situation que ces couples ?

Préparez vos arguments individuellement en écrivant les notes et puis discutez en classe vos réponses personnelles à ces questions.

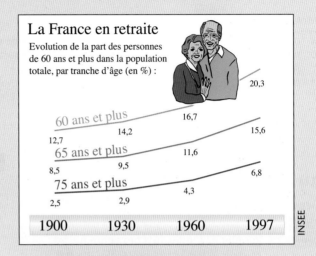

L'image d'une maman heureuse. Sara espère l'être un jour. Grâce à la procréation médicalement assistée, des milliers d'enfants sont nés, dont 25 000 par insémination artificielle et 20 000 par fécondation in vitro.

Point de grammaire

JUSQU'À (*UNTIL/AS FAR AS*)

jusqu'à + un nom ou l'infinitif
Exemples :
jusqu'à l'an dernier
le rapport est allé jusqu'à critiquer le gouvernement

jusqu'au moment/jour où + verbe à l'indicatif
Exemples :
jusqu'au moment où il n'y aura plus d'espace

jusqu'à ce que + verbe au subjonctif
Exemples:
jusqu'à ce que la population ne commence à décroître
Le 'ne' avant le verbe au subjonctif est facultatif.

Pour un peu de pratique
Voir **15.3** et www.aupoint.nelson.co.uk

Demain : un monde sur mesure ?

1 Glossaire génétique

Lisez le texte d'**Au fait** puis mariez les mots suivants à leur définition.

Mots

a gène
b molécule
c A.D.N.
d protéine
e chromosomes

Définitions

1 Eléments constituant le noyau de chacune de nos cellules
2 Morceau de chromosome qui porte l'ensemble des informations nécessaires pour la formation de l'organisme
3 Grosse molécule (on dit macromolécule) qui entre dans la constitution des êtres humains
4 Groupement d'atomes qui représente la plus petite quantité de matière pouvant exister à l'état libre
5 Acide qui forme les chromosomes

AU FAIT

Gènes en stock

Chaque cellule possède dans son noyau le patrimoine génétique complet de l'individu. Chez l'homme, les gènes sont répartis le long de 46 molécules d'A.D.N. Si on les mettait bout à bout, elles atteindraient une longueur de 2 m. Les gènes sont les notices de montage des protéines. Ils sont directement responsables des caractères héréditaires : couleur des yeux, groupes sanguins, etc.

Les maladies génétiques

Un certain nombre de maladies (on en connaît aujourd'hui quelques milliers) sont dues à la déficience d'un gène. A chaque fois, il s'agit d'une erreur quelque part sur l'A.D.N., qui constitue le chromosome, et cette erreur fait que la protéine n'est pas correcte. Dans de nombreux cas, cela n'a aucune importance, on a tous des protéines différentes et on s'en moque; mais, quelquefois, cela intervient juste au mauvais endroit et cela empêche un mécanisme d'avoir lieu, un processus d'aboutir; l'enfant qui va naître peut alors avoir les muscles qui dégénèrent, ou le cerveau qui ne se construit pas. Il y a énormément de maladies génétiques, mais pour certaines, bien qu'elles se soient constituées bien avant la naissance, on peut parvenir à les guérir.

2 📻 Le courrier des auditeurs

Voici cinq extraits du courrier électronique sur le thème des manipulations génétiques qui sont lus au début d'une émission de radio. Ecoutez la cassette et donnez pour chacun des problèmes suivants le nom de l'auteur. Qui a écrit à propos de quoi ? Les extraits sonts présentés dans l'ordre suivant : Aurélie, Yann, Carole, Michèle et, finalement, Yves.

a l'avortement
b la définition de la normalité
c la disparition de la perspective humaine
d la disparition des libertés individuelles
e la dissémination de renseignements personnels et confidentiels
f la multiplication de clones
g la sélection (abusive) de caractères physiques et moraux

3 Faites le choix

Lisez le texte *Quel avenir pour Pierre-Yves* ? à la page 214. Choisissez la phrase qui est correcte.

1 a Pierre-Yves est obligé de passer chaque nuit à l'hôpital.
  b Ce n'est qu'au matin que Pierre-Yves trouve du calme.
  c Pierre-Yves préfère jouer que de se reposer chaque matin.

2 a La maladie génétique de Pierre-Yves l'empêche peu à peu à bouger les membres.
  b Les parents de Pierre-Yves souffraient de la même maladie que leur fils.
  c La maladie de Pierre-Yves a comme effet une respiration plus rapide.

3 a Il a fallu très peu de temps pour analyser correctement les symptômes de cette maladie.
  b Les médecins ont tenté à plusieurs reprises de faire transférer Pierre-Yves dans un établissement à Paris.
  c La recherche médicale n'a pas encore trouvé de moyen de guérir la maladie de Pierre-Yves.

Le clonage humain

*Le matériel pour cloner est simple :
un microscope et un micromanipulateur
chirurgical suffisent.*

1 Elargissez votre vocabulaire

Trouvez dans le texte l'équivalent des termes suivants.

a le problème de choix entre deux possibilités qui
ne sont ni l'une ni l'autre très convénientes
b dupliquer à l'identique
c mouton femelle
d qui a l'objectif de
e la méthode dont on se sert n'est pas importante
f continue

2 Questions d'éthique

Lisez les articles à la page 215. Considérez alors cette citation de
Mark Elbert, avocat américain et partisan du clonage humain :

«L'hystérie qui entoure le clonage disparaîtra quand naîtra le
premier bébé cloné.»

Question aux filles :
Accepteriez-vous de devenir la mère porteuse d'un bébé cloné ?

Question aux garçons :
Accepteriez-vous que votre partenaire devienne une mère
porteuse ?

Question à tous
Le clonage humain pourrait devenir un moyen d'offrir
progéniture et bonheur aux couples stériles. Mais certains
chercheurs voudraient offrir cette possibilité aux célibataires
et aux couples homosexuels. Qu'en pensez-vous ? Ecrivez
100–200 mots.

Pour d'autres lectures ponctuelles, voir
www.aupoint.nelson.co.uk

Le clonage et toutes les perspectives
qu'offrent les techniques de la biologie
de la reproduction et celles de la génétique représentent le dilemme
le plus important que l'humanité ait
connu. La technique du clonage humain,
au moins théoriquement, n'est vraiment
pas compliquée. Les chercheurs
d'Edimbourg avaient réussi en février
1997 à faire la réplique d'un animal –
la célèbre brebis Dolly – en n'utilisant
qu'une de ses cellules. Ils ont, une fois
pour toutes, brisé les lois fondamentales
de la reproduction sexuée qui font que
tout nouveau-né est, en effet, un être
nouveau. La mère de Dolly a donné naissance à une brebis identique à elle-même,
sa jumelle plus jeune d'une génération.

Depuis la naissance de Dolly, la première
question posée était du genre : «Va-t-on
cloner des hommes ?» La réaction immédiate des gouvernements à travers
le monde – à l'exception de la Corée qui
a autorisé l'utilisation du matériel humain
– est d'interdire toute expérimentation
ayant pour but de créer un être humain
génétiquement identique à un autre être
humain vivant ou mort, quelle que soit
la technique utilisée.

Mais pour combien de temps
pourra-t-on résister au développement
et à l'application de cette technologie ?
Malgré les protestations et les déclarations
des comités d'éthique, il est certain que
quelque part dans le monde la recherche
sur les cellules embryonnaires se poursuit
et qu'un jour ou l'autre – pour le meilleur
ou pour le pire – il y aura des enfants nés
par la méthode du clonage. C'est la voie
vers l'immortalité ? Peut-être. Mais c'est
également la voie vers la surpopulation
et des divisions irréparables dans l'espèce
humaine.

Points de grammaire

LE FUTUR ANTÉRIEUR

Voir aussi page 28.

Formation

Le futur simple des auxiliaires 'avoir' ou 'être' suivi du participe passé. Suivez les mêmes règles que pour le passé composé pour le choix de l'auxiliaire et la concordance du participe passé.

Exemple :
A l'aube, Pierre-Yves s'apaisera mais le mal aura empiré.

Usage

- Indique qu'une action sera passée quand une autre interviendra. Souvent précédé d'une conjonction de subordination telle que 'quand', 'dès que' (*immediately*), 'aussitôt que' (*as soon as*).
  Exemple : Quand j'aurai fini mes études, j'irai voyager autour du monde.

- Présente une prédiction
  Exemple : Dans cent ans, des bases permanentes sur Mars auront été installées.

- Formule une hypothèse
  Exemple : Tu auras certainement mal compris.
  (*You must have misunderstood.*)

Voir aussi **Grammaire**, page 244.

L'INVERSION DU SUJET

Normalement, le sujet précède le verbe dans la phrase. Cependant, il y a des cas où le sujet se trouve 'à droite' du verbe.

Les phrases interrogatives

Avez-vous des questions à poser ?
Ne vaudrait-il pas mieux suivre ce chemin-ci ?

Si le sujet du verbe est un nom au lieu d'un pronom, le nom reste devant le verbe et l'inversion se fait en utilisant un pronom personnel.

Exemples :
Les Français n'ont-ils pas gagné la coupe du monde de football en 1998 ?
Jean-Luc travaille-t-il à Paris ?

Notez l'introduction de 't' entre verbe et sujet pour faciliter la prononciation.

Dans le dialogue

Pour indiquer qui parle et comment.
– Tu es vraiment trop difficile, annonça-t-elle.
– Que veux-tu dire par cela ? demanda-t-il.

Pour un effet de style

Pour attirer l'attention du lecteur sur l'importance de la phrase.

Exemple :
Les possibilités qu'offrent les nouvelles technologies sont nombreuses.

Après les adverbes 'peut-être', 'aussi' (*so*), 'ainsi'

Quand ceux-ci sont placés au début d'une phrase :

Exemples :
Peut-être ont-ils raison de s'inquiéter.
François ne vient pas, aussi pouvons-nous partir immédiatement.

EXERCICES GRAMMATICAUX

1 **Remplacez 'et puis' par une conjonction de subordination et mettez le verbe au futur antérieur.**

Exemple :
Je finirai mes devoirs et puis je sortirai au cinéma. (quand)
Quand j'aurai fini mes devoirs, je sortirai au cinéma.

a Mes parents partiront et puis j'inviterai tous mes copains chez moi. (aussitôt)
b Mes amis arriveront et puis je mettrai la musique très fort. (quand)
c Nous mangerons quelque chose et puis nous danserons encore. (quand)
d La boum terminera et puis je devrai nettoyer la maison. (dès que)

2 **Composez des phrases en utilisant chaque élément dans l'ordre logique et en mettant l'infinitif au futur antérieur.**

a une meilleure connaissance – dans 25 ans – d'anticiper certaines maladies génétiques – de l'ADN – <u>permettre</u>
b à des conflits – malheureusement – l'explosion démographique – ethniques et religieux – à l'avenir – <u>conduire</u>
c la durée – dans 500 ans – de vie moyenne – 90 ans - <u>atteindre</u>
d vis-à-vis – la position de la Terre – dans 50 000 ans – le soleil – <u>changer</u>
e épaisse de plusieurs kilomètres – du nord – une couche – sur toute l'Europe – de glace – <u>s'étendre</u>

3 **Faites l'inversion sujet–verbe dans les phrases suivantes.**

a J'ai tort de penser comme ça. (peut-être)
b Les Français utilisent l'Internet. (?)
c Il a toujours aimé discuter de l'actualité ; il est devenu homme politique. (aussi)
d Elle a répondu : «Je viendrai te voir tout de suite.»
e On ne saura jamais résoudre ces problèmes. (peut-être)
f Sylvie avait choisi la filière technique. (pourquoi ?)

📠 **Pour plus de pratique. Voir** www.aupoint.nelson.co.uk

4 **La ponctuation**
Voir la feuille **15.4** .

1 A votre avis

Lisez tous les articles et tableaux sur cette page, puis préparez une présentation orale d'au moins cinq minutes au sujet de l'Internet. Vous pourriez considérer les points suivants :

- les bénéfices
- les dangers
- les effets sur l'individu
- les effets sur la société
- les effets sur la langue française

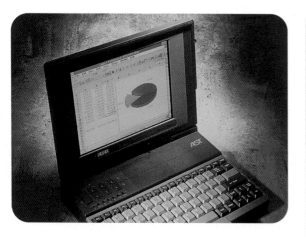

Les mots du cyber

Courrier électronique :	Message échangé entre deux ordinateurs reliés par modem à un réseau de télécommunications comme Internet
Cybermonde ou cyberspace :	Désigne l'univers fictif constitué par les réseaux informatiques
En ligne :	Connecté à un réseau
Internaute :	Usager d'Internet
Internet :	Réseau informatique mondial
Navigateur :	Logiciel permettant aux utilisateurs de «naviguer» de manière conviviale sur Internet

Internet : mode de vie

«Personne ne mesure à quel point l'Internet va bousculer les intermédiaires traditionnels de la communication et du commerce de biens et de services.» Tim Coogle, PDG de la société Yahoo, un des plus célèbres sites portails du Net.

Révolution économique ? Certainement. Révolution de la communication et des médias ? Sans doute. Mais qu'attendre d'Internet en termes d'éducation, de culture, de société ? Rien de plus difficile à dire. Car spéculer sur les retombées sociales permet de dire à peu près tout et son contraire : immense progrès ou déplorable régression ; machine à fabriquer des individualistes ou générateur de lien social ; avènement de la liberté de choix ou domination des puissances marchandes ; superbe instrument d'acculturation ou gigantesque agent de lobotomisation…

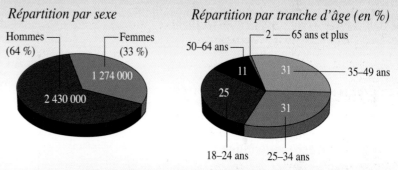

L'Internet français en chiffres

7 internautes français sur 10 sont des hommes aux revenus élevés et ayant une trentaine d'années

Profil des internautes français

Répartition par sexe

Hommes (64 %) — Femmes (33 %)
2 430 000
1 274 000

Répartition par tranche d'âge (en %)

2 — 65 ans et plus
50–64 ans
11
31 — 35–49 ans
25
31
18–24 ans
25–34 ans

Taux de pénétration d'Internet dans les ménages (en %)

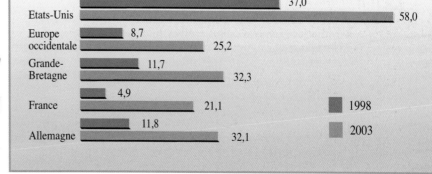

	1998	2003
Etats-Unis	37,0	58,0
Europe occidentale	8,7	25,2
Grande-Bretagne	11,7	32,3
France	4,9	21,1
Allemagne	11,8	32,1

LES PUCES

SITÔT QUE J'AI ENTENDU PARLER DE PSYCHANALYSE SUR INTERNET, J'AI VOULU VOUS CONSULTER, DOCTEUR !

PERSONNELLEMENT, CE QUI ME MANQUE LE PLUS, DANS LA SOLITUDE …

…C'EST LE CONTACT HUMAIN !…

2 Je suis totalement contre le recyclage

Pour d'autres aperçus de l'avenir voir la page 216 et la feuille **15.5**.

🎧 **Prononciation : les adjectifs qui se terminent en -ain**

Voir *Self-study booklet*, page 33.

HIER ET DEMAIN

Il faut s'arrêter et se retourner pour comprendre ce qui a bien pu se passer. Tiens, juste quelques faits. Parce qu'ils frappent l'imagination : cette année-là, il y avait 350 000 chômeurs en France, on était majeur à 21 ans, le divorce existait à peine. Cette année-là, la pilule n'existait pas, ni l'I.V.G. On recensait 250 000 avortements illégaux. L'ordinateur était une armoire qui occupait toute une pièce, de préférence dans les grandes entreprises. Le four à micro-ondes, le congélateur, le fax, le magnétoscope, le baladeur, le téléphone portable, la carte de crédit, l'Audimat n'étaient pas encore nés. Cette année-là, le premier spot de pub passe à la télé. En noir et blanc, sur la première et unique chaîne.

C'était le Moyen Age ? Non, c'était en 1968.

Destination épreuves

1 Travail écrit individuel

Faites, en anglais, un résumé de l'article en 40–50 mots .

2 Travail oral et écrit à deux et en groupe

a Prenez une grande feuille de papier. A deux, notez tous les exemples de progrès technologique ou scientifique que vous avez connus depuis votre petite enfance.

b Présentez votre liste à d'autres étudiants en expliquant pourquoi vous avez considéré importants vos exemples.

Pour communiquer

Demander des précisions

Puis-je vous demander de préciser un peu… ?

Est-ce que vous voulez parler de… au point de vue (biologique/politique/moral, etc.) ?

Qu'est-ce que vous voulez dire par cela exactement ?

Comment entendez-vous (cette phrase/cette question, etc.) ?

Dans quel sens dites-vous cela ?

Si, par cela, vous voulez dire…

Si j'ai bien compris, vous croyez que…

La machine est mon amie

Chanson de Luc de Larochellière. Voir *Self-study booklet*, page 33.

3 A l'examen oral : Demander des précisions

L'examinateur pourrait vous poser des questions plutôt compliquées, même ambiguës. Comment allez-vous réagir ?

Regardez **Pour communiquer** puis dressez une liste de questions qui traitent les thèmes de ce chapitre. En jouant le rôle de l'examinateur, posez les questions à un(e) partenaire. Changez de rôle.

Voici quelques exemples de questions «difficiles» pour commencer...

DEVENIR ADULTE

Comment les devoirs civiques d'un adulte différent-ils de ceux d'un enfant ?

LA RECHERCHE MÉDICALE ET SCIENTIFIQUE

Le clonage à titre 'thérapeutique' sera-t-il jamais rentable selon vous ?

L'AVENIR

Faut-il avoir peur des technologies de demain ?

A l'écoute : réflexions sur le progrès

Faites l'épreuve à la page 33 du *Self-study booklet*.

4 A l'écrit : Compo créative

Lisez les textes à la page 215, puis choisissez entre **a** et **b**.

a Vous êtes journaliste à un magazine français en l'an 2030. Ecrivez un article de 300 mots environ qui décrit la situation actuelle de la même manière et du même style que l'article *Hier et demain* sur cette page.

b Ecrivez un article d'environ 300 mots dans lequel vous faites vos prédictions pour l'avenir. Pensez aux thèmes suivants :

les innovations technologiques, les découvertes médicales, les changements de mœurs, les améliorations possibles et, bien sûr, les problèmes encore à résoudre.

5 A l'écrit : Compo discursive

Choisissez une des citations ci-dessous. Quelle est votre opinion là-dessus ? Ecrivez 300–350 mots.

a «Il ne faut pas priver les hommes du droit de bénéficier des progrès de la science.»

b «La fonction de l'éthique est de retarder le moment où les choses arrivent.»

6 Préparez-vous bien aux techniques d'examen

Les auteurs d'**Au point** vous souhaitent de réussir et vous offrent un guide des petits trucs qui contribuent au succès. Voir la feuille **15.6**. Bonne chance !

Lectures

TABLE DES MATIERES

Testez vos connaissances

1 DANS LES MERS ET DANS LES RIVIÈRES, LORSQUE LES PLANTES SE PROPAGENT ÉNORMÉMENT, C'EST CE QU'ON APPELLE

a) l'euphémisme

b) l'eutrophisation

c) l'euphorie

2 DES PLUIES D'UNE HAUTE TOXICITÉ, C'EST CE QU'ON APPELLE

a) les pluies diluviennes

b) les pluies équatoriales

c) les pluies acides

3 LE CONTINENT ANTARCTIQUE, C'EST UNE RÉGION

a) où il n'y a pas de trou dans l'ozone

b) où les scientifiques n'exploitent point

c) vierge

4 LES GAZ NUISIBLES QUI SE DÉPLACENT DANS LE CIEL SONT

a) les gaz toxiques

b) les nuages

c) les éléments radioactifs

5 CECI A UN LIEN AVEC LES GAZ D'ÉCHAPPEMENT DONC C'EST

a) le refroidissement de la Terre

b) l'amélioration de la qualité de l'air

c) l'effet de serre

6 LES GAZ CFC CRÉENT UN PROBLÈME POUR

a) le milieu sous-marin

b) la couche d'ozone

c) la chasse

7 LA DIMINUTION DES ESPÈCES D'ANIMAUX SUR LA PLANÈTE EST DUE

a) aux intempéries

b) à la dégradation de l'habitat

c) à la domination des prédateurs

8 LA VIE AQUATIQUE SE DÉGRADE À CAUSE DE

a) la pollution par le mercure

b) l'élèvage de gros poissons

c) la pêche

- Etes-vous conscient(e) des problèmes qui guettent votre environnement ? Pour le savoir, faites le test.

RÉSULTATS DU TEST

1 = b 2 = c 3 = c 4 = b 5 = a 6 = b 7 = b 8 = a

0 - 4 Décevant, vous devez prêter plus d'attention à l'environnement

5 - 6 Acceptable, mais vous pouvez faire un mieux dans le domaine de l'écologie

7 - 8 Félicitations, voici quelqu'un qui se montre respectueux de notre planète

Six 6 commandements

Eteindre les lumières ou les veilleuses des appareils

La production d'une tranche de centrale nucléaire, c'est ce que consomment annuellement les veilleuses des téléviseurs, des magnétoscopes, des ordinateurs personnels et des appareils électroménagers de France et de Navarre. En éteignant systématiquement son «poste», on économise 100kW/h par an. Un magnétoscope qu'on laisse en position «veille» vingt-quatre heures sur vingt-quatre, c'est 120 k/W par an, soit vingt – cinq fois plus que l'énergie utilisée pour les enregistrements. Si, en plus, on éteint la lumière en changeant de pièce, la somme de ces bouts de chandelle constitue une considérable économie d'énergie.

Randonneurs, remballez vos emballages !

Soixante-sept mille bouteilles vides ont été dénombrées en mai dernier sur les pentes du seul Himalaya. Chaque année, avant l'arrivée des touristes, ce sont des milliers de tonnes de déchets divers que les communes littorales doivent enlever des plages. Emballages de plastique et gobelets en polystyrène, outre qu'ils polluent les paysages, sont là pour longtemps. Il faut savoir que, si un chewing-gum se dégrade en cinq ans, il en faut dix pour une boîte de bière en aluminium et plusieurs siècles pour une bouteille en plastique.

> ● Est-ce que vous suivez ces six commandements ? Si non, pourquoi pas ?

Ne pas mettre à la poubelle les piles usagées

Près de 95 % des 50 millions de piles boutons – de plus en plus utilisées dans les calculettes et les montres – contenant plusieurs tonnes de mercure atterrissent dans les poubelles, puis filent vers les incinérateurs et s'envolent enfin dans l'atmosphère !

Même fin blâmable pour la plupart des 500 millions de piles alcalines ou salines, qui contiennent également des substances toxiques et même, parfois, un peu de mercure.

Or les inhalations de mercure peuvent affecter les voies respiratoires ou provoquer de graves troubles digestifs.

D'ici à quelques mois, les vendeurs de piles seront tenus de les reprendre après usage. Les piles boutons dans un premier temps, les autres par la suite. Il faut donc les conserver chez soi en attendant ce jour béni. Sinon, les porter dans une déchetterie (s'adresser à la mairie).

S'équiper en appareils les moins énergivores

Réfrigérateur et congélateur représentent, incroyable mais vrai, 35 % de la consommation totale d'électricité d'un foyer ! Choisir ces appareils en fonction de leur consommation, désormais clairement affichée en magasin, c'est assurer des économies futures. Autre possibilité : choisir des lampes fluo-compactes. Plus chères à l'achat, mais d'une durée de vie dix fois supérieure à celle des ampoules classiques à incandescence, elles ont une consommation quatre à cinq fois moindre.

Trier ses ordures à la maison

Un gâchis effroyable : chaque année, les Français jettent 75 milliards d'emballages. Ce qui fait que chacun d'entre nous produit quotidiennement 1,14 kilo de déchets. Soit dix fois plus qu'un Africain, mais deux fois moins qu'un Américain. C'est pour mettre fin à ce gaspillage de matière que près de 10 000 communes françaises, représentant 12 millions de personnes, organisent une collecte sélective. Plusieurs poubelles sont mises à la disposition des habitants, chacune étant destinée à recueillir un ou plusieurs matériaux différents : plastique, carton, déchets organiques, métal… Il faut jouer correctement le jeu, car la moindre erreur (par exemple du métal dans la poubelle pour plastique) peut empêcher le recyclage. Partout où la collecte sélective n'est pas en place, il faut se prendre par la main pour aller déposer le verre et les journaux dans les conteneurs spécialisés disposés dans la rue.

Economiser l'eau : la douche plutôt que le bain

En France, l'eau du robinet est à 40 % de l'eau de la rivière potabilisée par de coûteuses installations et à 60 % de l'eau de la pompe dans les nappes phréatiques, de plus en plus sollicitées et de plus en plus polluées. Certes, l'usage domestique ne représente que 16 % de la consommation totale. Mais toute économie est bonne à prendre. Or, là où un bain utilise 150 litres, 60 suffisent pour se doucher. Et il faut savoir qu'un lave-vaisselle consomme, au bas mot, 40 litres. Quant au lave-linge, il en réclame le double. Enfin, tirer la chasse d'eau consomme 10 litres chaque fois…

La MORT de la PLANÈTE TERRE

Le Petit Prince de Antoine de Saint-Exupéry a inspiré ce chapitre pastiche écrit par un étudiant de langue anglaise en terminale dans un lycée britannique.

L e petit prince s'ennuyait sur sa planète même si son mouton et sa rose lui tenaient compagnie. La rose était vieille et mourante et le mouton ne pensait qu'à son ventre. Finalement la rose fana et mourut, et le petit prince décida de retourner sur Terre pour chercher ses amis, l'aviateur et le renard. Il nettoya ses trois volcans, il dit «au revoir» à son mouton, et il quitta sa petite planète pour la deuxième fois.

Lorsqu'il arriva sur Terre, il se frotta bien les yeux. Autrefois, il y avait des forêts magnifiques et maintenant, il n'y avait plus que des souches carbonisées. Les belles villes étaient maintenant sous un brouillard dense, imprégné de fumée et, dans les lacs et les rivières, flottaient des poissons et des oiseaux morts. Le petit prince fut secoué et troublé, et il commença à pleurer. Il chercha le petit renard brun dans tous les champs et les forêts carbonisées et puis, il entendit une voix faible :

– Bonjour, dit le renard.

– Ah, bonjour ! C'est toi ! s'écria le petit prince. Je t'ai cherché partout. Qu'est-ce qui se passe ici ?

– Ce sont les hommes, répondit le renard.

– Qu'est-ce qu'ils ont fait ? interrogea le petit prince.

– C'est un désastre, une catastrophe. Tu dois vite partir, dit le renard d'une voix étranglée par les sanglots.

– Qu'est-ce qu'ils ont fait ? répéta le petit prince.

– Les hommes sont avides et égoïstes et la Terre a souffert. Ils ont abattu les forêts pour avoir du bois. Ils ont pollué les océans et les rivières avec des déchets industriels et chimiques. La Terre se meurt, pleura le renard.

Le petit prince regarda tout autour et il pensa à l'aviateur.

– Où sont les hommes maintenant ? poursuivit le petit prince.

– La plupart sont morts, annonça le renard. Il y en a un ou deux mille. Parce qu'ils ont abattu les forêts,

il n'y a plus d'oxygène et ils ont suffoqué. Comme moi maintenant.

– Viens avec moi ! dit le petit prince.

– Comment ? demanda le renard.

– Viens avec moi ! répéta-t-il. Viens vivre avec moi et mon mouton. Ma planète est petite mais tu y seras en sécurité.

– Mais je suis faible. Je n'ai pas la force de voyager.

– Je te porterai, proposa le petit prince.

Et puis, il prit le renard dans ses bras, et il quitta la Terre avec son ami.

Lorsqu'ils arrivèrent sur la planète du petit prince, le petit prince déposa le renard sur le sol et il lui donna une caresse. Puis le petit prince lui présenta son mouton.

– Bonjour, dit le renard.

D'abord, le mouton ne répondit pas. Il était jaloux du renard, parce que maintenant le petit prince avait un nouvel ami.

– Bonjour, répondit finalement le mouton.

– J'habite ici maintenant, dit le renard. La planète Terre est morte, soupira-t-il.

Le mouton eut pitié du renard et sa jalousie disparut. Ils bavardèrent longuement tous les trois et au bout d'une semaine, ils étaient les meilleurs amis du monde.

CLAUDIA, 26 ANS, GENDARME :

«J'ai toujours été attirée par l'armée»

Titulaire d'une maîtrise d'administration économique et sociale, elle a choisi d'entrer dans la gendarmerie. Avec 4 % seulement de femmes en poste, elle a dû faire preuve d'acharnement.

Depuis le 1er septembre, Claudia Bergaut est gendarme à la brigade de Combs la Ville, à 70 km de Paris, à mi-chemin entre la banlieue et la province. Bien classée au concours, Claudia a pu choisir son affectation. Son quotidien est loin des séries télévisées. Planton deux fois par semaine, elle assure une permanence de 24 heures, répond aux appels téléphoniques, enregistre les plaintes.

«On constate une recrudescence des coups et blessures entre jeunes à l'intérieur ou à la sortie des etablissements scolaires».

Seule femme gendarme à la brigade, on lui confie volontiers les enquêtes judiciaires à caractère délicat, «on déplore une augmentation des signalements de maltraitance et d'attouchements sexuels sur mineurs». Après l'audition des personnes concernées, elle rédige un rapport de synthèse pour le procureur.

UN SACERDOCE

La gendarmerie est une véritable vocation. Petite déjà, elle s'amusait à se mettre au garde-à-vous avec la casquette de son père facteur. Passionnée d'aéronautique et de parachutisme, à 17 ans, elle passe son brevet de pilote dans son Cantal natal. Elle met tous les atouts de son côté pour réussir. A l'annonce de la fermeture provisoire du concours de gendarme aux femmes pour cause de quotas, elle contourne l'obstacle en signant au service national volontaire (VSN). Après deux mois de "classe", Claudia est affectée à un escadron de gendarmerie mobile.

Cantonnée à des tâches administratives, elle ne se décourage pas. A la fin de son VSN, elle passe enfin le concours sans se soucier des quotas.

L'UNIQUE ECOLE MIXTE

Après douze mois de formation à Montluçon dans l'unique école mixte parmi celles des sous-officiers de la gendarmerie, elle se plie aux entraînements militaires incontournables : «en treillis kaki et des rangers, on apprend à marcher, à manier les armes, on fait des bivouacs, on nous endure», ainsi qu'à une formation au maintien de l'ordre et l'enseignement du droit pénal. Des examens et un stage clôturent cette session annuelle.

Aujourd'hui, huit mois se sont écoulés et n'ont pas entamé son enthousiasme. Régulièrement, Claudia part en patrouille pour des missions de surveillance générale et de prévention : repérer un véhicule abandonné, s'arrêter devant les collèges et les lycées pour s'assurer que tout est normal, contrôler les limitations de vitesse ou le taux d'alcoolémie des automobilistes. Il est très rare de tomber sur un flagrant délit. Les gendarmes sont surtout appelés à la suite d'un cambriolage, pour une bagarre dans un bar «on essaie de calmer le jeu et on relève l'identité et l'adresse des personnes impliquées». Mais ils sont souvent perçus par la population comme des justiciers : «Les gens veulent être aidés et pensent que l'on peut résoudre tous les problèmes mais on est impuissant devant certaines situations».

«ZONE POLICE»

Claudia Bergaut apprécie son métier de gendarme, même si elle préférerait être au coeur de l'action. Sa brigade couvre un secteur nommé "zone police". Ainsi, le commissariat de police est seul compétent pour recevoir les appels du 17 et pour constater les accidents sur la voie publique. «Si nous étions en 'zone gendarmerie' nous interviendrons d'un instant à l'autre à la suite d'un appel au numéro d'urgence.». En attendant, Claudia profite de ses rares soirées libres, cinq tous les quinze jours, pour aller dîner au restaurant avec son ami ou aller au cinéma. Devinez quels sont ses films favoris ! «J'aime bien le cinéma d'action et d'aventure : cela vous étonne ?»

- Write a summary of this article (90–120 words) in English.

Prise entre deux feux

Extraits du Journal de Jamila, publié à Bruxelles en 1986

vendredi 27 janvier, 21 H 15

Si mon père retrouvait du boulot ! Peut-être se comporterait-il différemment, peut-être arrêterait-il de boire ! Au fond, je me demande s'il a encore envie de travailler. Il ne cherche pas, il se contente d'aller pointer et d'aller vider des bières au café en tapant la carte avec ses copains. Il me dégoûte. Je ne comprends pas que quelqu'un puisse si peu s'occuper de sa famille et de sa personne. Au début, il n'était pas comme ça.

Mes cahiers mes livres, j'ai parfois envie de tous les balancer mais je me rends compte qu'ils représentent ma seule chance d'en sortir. Si j'abandonne mes études, mon père m'obligera à prendre un mari et c'en serait fini de ma vie (...)

Les plus malheureux dans l'affaire, c'est peut-être nous, les enfants. Je pense qui si j'avais toujours vécu au Maroc, j'aurais acquiescé aux idées de mes parents mais, en étant ici, ce n'est pas possible. Je vois la liberté des jeunes dans ce pays et je vais dans les mêmes écoles qu'eux, je vois l'avancement de ce pays. Des filles comme moi sont prises entre deux feux : nos parents et notre nouveau pays. Que faire, qu'est-ce que l'avenir nous réserve ? Petit journal, pourrais-tu me donner une ébauche de réponse ?

samedi 24 mars, 12 H 14

Tout à l'heure, dans la file du supermarché, j'ai écouté une conversation entre deux femmes. Le sujet : les immigrés. Elles disaient qu'elles en avaient marre de tous ces étrangers, qu'ils prenaient le travail des autres, qu'ils n'étaient pas propres, enfin toutes les platitudes que l'on entend fréquemment sur nous. (...)

Pourquoi la plupart des gens suivent-ils des meneurs racistes, des politiciens sans humanité ? Pourquoi se laissent-ils embobiner par ces salopards qui profitent des difficultés économiques du moment pour se faire élire sur le dos des immigrés ? Si les immigrés et les autres avaient du travail, il n'y aurait aucun problème. Si la crise n'existait pas, ces politiciens ne pourraient pas ainsi s'acharner sur nous.

● **Interprétation**

a Quelle est l'attitude de Jamila envers son père ?

b Pourquoi Jamila s'efforce-t-elle de poursuivre ses études ?

c Expliquez pourquoi Jamila se sent «prise entre deux feux».

d Selon Jamila, si les immigrés et les autres avaient du travail, il n'y aurait aucun problème. Est-ce si simple que ça ? Discutez.

*Voici deux lettres à propos de deux des thèmes du chapitre 10 :
l'immigration et le racisme.*

«Le racisme est un problème épouvantable, bien réel et bien implanté en France, avec ses représentants comme Monsieur Le Pen entre autres qui poussent à la haine et l'incompréhension de l'autre, l'autre au sens large, c'est-à-dire la personne qui a une peau différente, par exemple, ou un accent différent. Je pense que les actes de racisme se manifestent malheureusement au quotidien. Il y a de plus en plus de crimes racistes en France. On se souvient, par exemple, de choses incroyables comme le jeune garçon qui avait été défenestré d'un train en marche par trois autres garçons de son âge, en fait. Plus récemment, un jeune homme s'est noyé à Paris. Un soir, il rentrait tout seul du cinéma, il était d'origine maghrébine et il s'est fait attaquer et jeter à l'eau – pour rigoler, bien entendu ! Il n'y avait pas de méchanceté, comme s'en défendaient bien ceux qui ont été jugés mais simplement, c'était une petite plaisanterie, paraît-il. Donc, les actes violents et racistes existent, hélas, et se développent, je pense, de plus en plus, mais sans même aller jusqu'à des actes qui ont comme conséquence la mort d'immigrés ou de gens d'origine maghrébine ou d'origine africaine. Il y a aussi tout le temps un racisme latent. Par exemple, le tutoiement systématique de jeunes qui ont déjà atteint l'âge adulte. Il m'est arrivé d'aller à la boulangerie du coin et d'entendre tutoyer une jeune fille noire de vingt-deux ans alors que moi, maintenant, on me dit toujours vous dans les magasins.»

Monique, 18 ans

«Je pense que c'est un problème assez difficile dans la mesure où il y a beaucoup d'immigrés qui sont en situation irrégulière en France. Autrement dit qu'ils n'ont pas de papiers en règle. Donc, les «sans papiers» ne peuvent pas travailler légalement et avoir des couvertures sociales comme les autres citoyens. Je pense que pour ces gens, pour la majorité d'entre eux, il faut considérer d'abord ce qui les a amenés à partir de leur pays. S'ils viennent de pays où il leur est quasiment impossible de vivre, comme par exemple beaucoup d'Algériens qui essaient de fuir le terrorisme chez eux, il faudrait que le gouvernement français prenne cela en compte et que leurs papiers soient régularisés. Mais je crois aussi fermement que nous avons besoin de règles assez strictes parce qu'il ne faut pas, hélas, laisser la porte complètement ouverte à tous pour des raisons tout à fait simples. Il est difficile d'accueillir et d'absorber dans le pays une masse de gens qui, en fait, serait indéfinie et grandissante, peut-être, d'année en année.»

Philippe, 19 ans

- Imaginez que vous êtes Ministre de l'Intérieur dans le gouvernement de votre pays.
- Quelle serait votre politique de l'immigration ?
- Comment voudriez-vous que la Justice traite les gens qui commettent des crimes racistes ?
- Préparez une défense de votre opinion politique pour une conférence de presse.

LE GOUVERNEMENT RÉPOND AUX CRITIQUES DE M. DELORS SUR L'ÉLARGISSEMENT

Mis à jour le jeudi 20 janvier 2000

Berlin

DE NOTRE ENVOYÉ SPÉCIAL

La France ne veut pas jouer « *les petits bras* » sur la réforme des institutions européennes : invité à plancher à Berlin devant les députés allemands de la Commission des affaires européennes du Bundestag, Pierre Moscovici s'est longuement attaché, mercredi 19 janvier, à justifier l'approche prudente du gouvernement français avant la conférence intergouvernementale (CIG) chargée de préparer l'Union aux prochains élargissements, qui a fait l'objet, ces derniers temps, de critiques, notamment de Jacques Delors dans un entretien au *Monde* (mercredi 19 janvier).

C'est sous la présidence de la France, dans la deuxième partie de l'année, que les Quinze devront trouver des compromis sur les changements à apporter aux institutions pour permettre d'assurer leur fonctionnement dans la perspective d'une Union qui pourrait atteindre une trentaine de membres. Devant un auditoire largement acquis à l'idée de ne pas rater une vraie réforme, le ministre français délégué aux affaires européennes a affirmé que c'était faire au gouvernement français un faux procès que de lui prêter une attitude « *restrictive* », que celui-ci était prêt à une certaine souplesse dans le mandat de la CIG, qui doit en priorité résoudre trois grandes questions : la composition de la Commission dans une Union élargie, l'extension du vote à la majorité qualifiée dans les prises de décision du Conseil, et la repondération des voix pour tenir compte du poids des différents pays. Il a insisté cependant sur la nécessité de parvenir dans les délais prévus à un accord, d'ici la fin de l'année 2000, pour ne pas retarder les premiers élargissements, soulignant que ce ne serait pas la fin du processus.

Répondant aux critiques de Jacques Delors, qui avait reproché aux actuels dirigeants européens de ne pas prendre suffisamment au sérieux les conséquences de l'élargissement, Pierre Moscovici a estimé que l'avertissement de l'ancien président de la Commission était justifié sur de nombreux points. « *On ne peut pas continuer*, a-t-il reconnu, *à faire comme si cet élargissement* était un élargissement comme les autres. Il changera la nature de l'Union européenne.* » Pour M. Moscovici, M. Delors a raison en demandant une redéfinition du projet européen, en insistant sur le rôle d'une avant-garde. En revanche le ministre s'est dissocié de l'idée de M. Delors de faire « *un nouveau traité dans le traité* » pour constituer à quelques-uns une « *fédération des Etats-nations* », estimant qu'il n'était pas réaliste d'avoir ainsi une Europe à plusieurs dimensions.

Henri de Bresson

- Quelle est l'attitude du gouvernement français envers l'élargissement de l'Union Européenne ? Et celle de votre gouvernement?

- A votre avis, l'Union Européenne devient une Europe 'à plusieurs dimensions' ? Justifiez votre réponse.

Les Femmes Exclues de la Politique

En Europe, les femmes sont plus nombreuses que les hommes (51,4% de la population) ; elles font de plus en plus d'études, mais pourtant, elles ont encore beaucoup de mal à faire de la politique. C'est dans les pays de l'Europe du Sud, et en Grèce tout particulièrement, qu'elles sont le moins présentes dans les institutions politiques.

- En Italie 14,6% des sénateurs sont des femmes 15,4% en Espagne, 9,5% au Royaume-Uni. En France, la situation n'est guère plus brillante : seulement 6% des députés et 2,5% des sénateurs sont des femmes.

- En revanche, les Danoises ont su bousculer les hommes sur les bancs des institutions politiques. En effet, parmi les ministres, diplomates et députés, on trouve une femme sur trois.

- Les Néerlandaises ont également réussi à obtenir la confiance des électeurs puisque 33,3% des sièges du Tweede Kamer, le Parlement, sont occupés par des femmes...

ELIRE... ET ÊTRE ÉLU(E)

DJIDA TADZAÏT, DÉPUTÉ EUROPÉEN

La France compte quelque 500 élus «beurs». Djida Tadzaït, co-fondatrice du JALB (Jeunes Arabes Lyon-Banlieue), créé en 1985, siège désormais au Parlement de Strasbourg.

Refus des mécanismes traditionnels de la représentation, manifeste dans toute une partie de la jeunesse ? Les campagnes pour qu'ils se fassent inscrire sur les listes électorales n'ont pas, jusqu'à présent, obtenu les résultats espérés, chez les jeunes Français issus de l'immigration ou enfants de rapatriés.

Les femmes, oubliées de la politique

Proportion de femmes députés dans les Parlements des pays de l'Union européenne (en %) :

Pays	%
Suède	41,1
Finlande	33,5
Pays-Bas	33,3
Danemark	32,9
Allemagne	26,3
Autriche	23,5
Luxembourg	16,6
Espagne	15,4
Italie	14,5
Irlande	12,5
Belgique	10,6
Royaume-Uni	9,5
Portugal	8,2
Grèce	6,3
FRANCE	5,9

PLUS DE DEMAGOGIE

ON SE MOQUE DE NOUS!

LIBERTÉ D'ABORD!

MAI AL POTEAU

HALTE AUX ABUS

ON A TROUVE CE GANT

- Quel est le problème principal auquel se heurte Djida ?

- Vérifiez (sur l'Internet) les chiffres actuels des députés-femmes en France et dans votre pays.

- Que pensez-vous de 'l'équilibre' entre les députés hommes et femmes ?

UNE LEÇON D'INSTRUCTION CIVIQUE

Dans son roman, la Guerre des Boutons, *Louis Pergaud (1882–1915) décrit une école de campagne. La Crique est un des élèves de l'école qui apprend toujours bien ses leçons et utilise ses talents de mime pour aider son camarade Camus.*

Le pauvre garçon ignorait totalement les conditions requises pour être électeur. Il sut tout de même, grâce à la mimique de La Crique, qu'il y en avait quatre.

Pour les déterminer, ce fut beaucoup plus dur.

La Crique, le sauveur, s'ingéniait.

D'un coup d'œil expressif il désigna à son camarade la carte de France pendue au mur ; mais Camus, peu au courant, se méprit à ce geste et, au lieu de dire qu'il faut être Français, il répondit à l'ahurissement général qu'il fallait savoir «sa giografie».

Le père Simon lui demanda s'il devenait fou ou s'il se fichait du monde, tandis que La Crique, navré d'être si mal compris, haussait imperceptiblement les épaules.

Camus se ressaisit. Une lueur brilla en lui et il dit :

– Il faut être du pays !

– Quel pays, hargna le maître, furieux d'une réponse aussi imprécise, de la Prusse ou de la Chine ?

– De la France ! reprit l'interpellé : être Français !

– Ah ! tout de même ! nous y sommes ! Et après ?

– Après ? et ses yeux imploraient La Crique.

Celui-ci saisit de sa poche son couteau, l'ouvrit, fit semblant d'égorger Boulot, son voisin, et de le dévaliser, puis il tourna la tête de droite à gauche et de gauche à droite.

Camus saisit qu'il ne fallait pas avoir tué ni volé ; il le proclama immédiatement et les autres généralisèrent la réponse en disant qu'il fallait jouir de ses droits civiques.

Cela n'allait fichtre pas si mal et Camus respirait. Pour la troisième condition, La Crique fut très expressif : il porta la main à son menton pour y caresser une absente

barbiche, effila d'invisibles et longues moustaches, puis il leva simultanément en l'air et deux fois de suite ses deux mains, tous doigts écartés, puis le seul pouce de la dextre, ce qui évidemment signifiait vingt et un. Puis il toussa en faisant «han !» et Camus, victorieux, sortit la troisième condition :

– Avoir vingt et un ans.

– A la quatrième ! maintenant, fit le père Simon.

Les yeux de Camus fixèrent La Crique, puis le plafond, puis le tableau, puis de nouveau La Crique ; ses sourcils se froncèrent comme si sa volonté impuissante brassait les eaux de sa mémoire.

Le souffleur fronça le nez, ouvrit la bouche en serrant les dents, la langue sur les lèvres, et une syllabe parvint aux oreilles du naufragé : – Iste !

En colère le maître d'école s'en prit violemment à Camus qui risquait fort la retenue :

– Enfin vous ! allez-vous me dire la quatrième condition ?

La quatrième condition ne venait pas ! La Crique seul la connaissait... Aussi avec un air plein de bonne volonté et fort innocent répondit-il aux lieu et place de son féal et très vite pour que l'instituteur ne pût lui imposer silence :

– Etre inscrit sur la liste électorale de sa commune !

– Mais qui est-ce qui vous demande quelque chose ? Est-ce que je vous interroge, vous, enfin ? tonna le père Simon, de plus en plus monté, tandis que son meilleur petit écolier prenait un petit air contrit et idiot qui jurait de son ressentiment intérieur.

Ainsi s'acheva la leçon sans autre anicroche.

● Est-ce que la leçon d'instruction civique est une véritable scène de comédie ? Pour quelle réponse La Crique se montre-t-il le plus ingénieux ?

POÈMES DE GUERRE

Oradour

*Jean Tardieu (1903–1995)
dénonce ici une grande tragédie
de la Seconde Guerre mondiale.*

Oradour n'a plus de femmes
Oradour n'a plus un homme
Oradour n'a plus de feuilles
Oradour n'a plus de pierres
Oradour n'a plus d'église
Oradour n'a plus d'enfants

Plus de fumée plus de rires
Plus de toits plus de grenier
Plus de meules plus d'amour
Plus de vin plus de chansons

Oradour j'ai peur d'entendre
Oradour je n'ose pas
Approcher de tes blessures
De ton sang de tes ruines
Je ne peux je ne veux pas
voir ni entendre ton nom

Oradour je crie et hurle
Chaque fois qu'un cœur éclate
Sous les coups des assassins
Une tête épouvantée
Deux yeux larges deux yeux rouges
Deux yeux graves deux yeux grands
Comme la nuit la folie
Deux yeux de petit enfant

Ils ne me quitteront pas
Oradour je n'ose plus
Lire ou prononcer ton nom

Oradour honte des hommes
Oradour honte éternelle
Nos cœurs ne s'apaiseront
Que par la pire vengeance
Haine et honte pour toujours

Oradour n'a plus de forme
Oradour ni femmes ni hommes
Oradour n'a plus d'enfants
Oradour n'a plus de feuilles
Oradour n'a plus d'église
Plus de fumée plus de filles
Plus de soirs ni de matins
Plus de pleurs ni de chansons

Oradour n'est plus qu'un cri
Et c'est bien la pire offense
Au village qui vivait
Et c'est bien la pire honte
Que de n'être plus qu'un cri
Nom de la haine des hommes

Nom de la honte des hommes
Le nom de notre vengeance
Qu'à travers toutes nos terres
On écoute en frissonnant
Une bouche sans personne
Qui hurle pour tous les temps

AU FAIT

Oradour-sur-Glane

Ville située près de Limoges, dans le département
de la Haute-Vienne. La population entière (642) fut
massacrée par les SS le 10 juin 1944. La partie de la
ville endommagée pendant la guerre demeure un
monument à la mémoire des atrocités de la guerre.

Le dormeur du val

*Arthur Rimbaud (1854–1891) écrit
ce poème à l'âge de 14 ans. Il arrêtera
d'écrire à 20 ans et mourra à 37 ans.*

C'est un trou de verdure où chante une rivière
Accrochant follement aux herbes des haillons
D'argent : où le soleil, de la montagne fière,
Luit : c'est un petit val qui mousse de rayons.

Un soldat jeune, la bouche ouverte, tête nue,
Et la nuque baignant dans le frais cresson bleu,
Dort : il est étendu dans l'herbe, sous la nue
Pâle dans son lit vert où la lumière pleut.

Les pieds dans les glaïeuls, il dort. Souriant comme
Sourirait un enfant malade, il fait un somme :
Nature, berce-le chaudement : il a froid.

Les parfums ne font pas frissonner sa narine :
Il dort dans le soleil, la main sur la poitrine
Tranquille. Il a deux trous rouges au côté droit.

- Lequel de ces trois poèmes
  préférez-vous ? Pourquoi ?
  Essayez d'apprendre une strophe
  de votre poème préféré par cœur.

Le déserteur

*Écrit par Boris Vian (1920–
1959), ce poème a été mis en
musique et chanté ; Boris Vian
lui-même et beaucoup d'autres
l'ont chanté.*

Monsieur le Président,
Je vous fais une lettre
Que vous lirez peut-être
Si vous avez le temps.
Je viens de recevoir
Mes papiers militaires
Pour partir à la guerre
Avant mercredi soir.

Monsieur le Président,
Je ne veux pas la faire,
Je ne suis pas sur terre
Pour tuer les pauvres gens.
C'est pas pour vous fâcher,
Il faut que je vous dise
Ma décision est prise,
Je m'en vais déserter.

Depuis que je suis né,
J'ai vu mourir mon père,
J'ai vu partir mes frères
Et pleurer mes enfants.
Ma mère a tant souffert
Qu'elle est dedans sa tombe,
Et se moque des bombes
Et se moque des vers.

Quand j'étais prisonnier,
On m'a volé ma femme,
On m'a volé mon âme
Et tout mon cher passé.
Demain, de bon matin,
Je fermerai la porte
Au nez des années mortes,
J'irai sur les chemins.

Je mendierai ma vie
Sur les routes de France
De Bretagne en Provence,
Et je dirai aux gens :
– Refusez d'obéir,
Refusez de la faire.
N'allez pas à la guerre,
Refusez de partir !

S'il faut donner son sang,
Allez donner le vôtre !
Vous êtes bon apôtre,
Monsieur le Président.
Si vous me poursuivez,
Prévenez vos gendarmes
Que je n'aurai pas d'armes,
Et qu'ils pourront tirer.

PROCLAMATION DE PÉTAIN

(17 JUIN 1940)

Français,

A l'appel de M. le Président de la République, j'assume, à partir d'aujourd'hui, la direction du gouvernement de la France. Sûr de l'affection de notre admirable armée, qui lutte avec un héroïsme digne de ses longues traditions militaires, contre un ennemi supérieur en nombre et en armes ; sûr que par sa magnifique résistance elle a rempli nos devoirs vis-à-vis de nos alliés ; sûr de l'appui des anciens combattants que j'ai eu la fierté de commander ; sûr de la confiance du peuple tout entier, je fais à la France le don de ma personne pour atténuer son malheur.

En ces heures douloureuses, je pense aux malheureux réfugiés qui, dans un dénouement extrême, sillonnent nos routes. Je leur exprime ma compassion et ma sollicitude. C'est le coeur serré que je vous dis aujourd'hui qu'il faut cesser le combat.

Je me suis adressé cette nuit à l'adversaire pour lui demander s'il est prêt à rechercher avec nous, entre soldats, après la lutte et dans l'honneur, les moyens de mettre un terme aux hostilités.

Que tous les Français se groupent autour du gouvernement que je préside pendant ces dures épreuves et fassent taire leur angoisse pour n'écouter que leur foi dans le destin de la Patrie.

APPEL DU GÉNÉRAL DE GAULLE (18 JUIN 1940)

A TOUS LES FRANÇAIS

La France a perdu une bataille !
Mais la France n'a pas perdu la guerre !

Des gouvernants de rencontre ont pu capituler, cédant à la panique, oubliant l'honneur, livrant le pays à la servitude. Cependant, rien n'est perdu !

Rien n'est perdu, parce que cette guerre est une guerre mondiale. Dans l'univers libre, des forces immenses n'ont pas encore donné. Un jour, ces forces écraseront l'ennemi. Il faut que la France, ce jour-là, soit présente à la victoire. Alors, elle retrouvera sa liberté et sa grandeur. Tel est mon but, mon seul but !

Voilà pourquoi je convie tous les Français, où qu'ils se trouvent, à s'unir à moi dans l'action, dans le sacrifice et dans l'espérance.

Notre patrie est en péril de mort. Luttons tous pour la sauver !

VIVE LA FRANCE !

C. de Gaulle

GENERAL DE GAULLE

18 Juin 1940

QUARTIER-GÉNÉRAL,
4, CARLTON GARDENS,
LONDON, S.W.1.

Citations

La guerre est une chose si horrible que je m'étonne comment le seul nom n'en donne pas l'horreur.

Bossuet (1627–1704)

La guerre est un mal qui déshonore le genre humain.

Fénelon (1651–1715)

Il n'est permis de faire la guerre que malgré soi, à la dernière extrémité, pour repousser la violence de l'ennemi.

Fénelon (1651–1715)

Le nombre infini de maladies qui nous tuent est assez grand, et notre vie est assez courte pour qu'on puisse se passer du fléau de la guerre.

Voltaire (1694–1778)

- Y a-t-il une des quatre citations sur la guerre qui corresponde particulièrement à vos idées sur ce thème ?

- Si oui, laquelle et pourquoi ? Si non, écrivez votre propre maxime.

LES ERREURS DE TIRS DES FORCES DE L'OTAN

La Serbie et le Kosovo ont subi des bombardements pendant sept semaines. Il y a déjà eu plus de cent victimes civiles.

On a accidentellement bombardé l'ambassade de Chine à Belgrade, ce qui a créé une tension internationale très sensible. Quatre Chinois sont morts et vingt autres blessés à la suite de trois tirs de missiles.

Une immense colère en Chine s'en est suivie. Pendant plusieurs jours, des milliers d'étudiants outragés ont ciblé l'ambassade à Pékin.

Les discussions engagées depuis plusieurs mois entre Chinois et Occidentaux, concernant les échanges économiques entre les différentes puissances, ne devraient pas être arrêtées.

Le martyre de Vernon 1940-1944

La première partie du drame où la ville aimée connut la suprême douleur, se joua le samedi 8 juin 1940, vers neuf heures et demie du matin. C'était le jour du marché et la population campagnarde des environs commençait à affluer dans la ville.

Après avoir bombardé Gisors, des avions allemands apparurent dans le ciel clair, sinistres oiseaux dont le vrombissement jeta l'effroi dans les âmes.

Le martyre de Vernon commençait : des chapelets de bombes et des rafales de mitrailleuses s'abattirent sur la cité, semant la désolation et la mort.

Le parc d'artillerie reçut les premières bombes. Bilan : 10 victimes civiles et militaires. Place du Vieux-René, dans la boutique d'un coiffeur, l'on compta plusieurs morts. La rue Saint-Lazare fut copieusement arrosée et les enfants des écoles, en sortant des classes, furent miraculeusement épargnés. Place d'Armes, place d'Evreux, rues Sainte-Geneviève et aux Huiliers où, sous les décombres de l'hôtel des Trois-Marchands, l'on dégagea trois morts, partout des victimes et des dégâts matériels. Les secours s'organisèrent et il y eut de nombreux dévouements.

Après une accalmie, une seconde attaque reprit vers 14 heures, par des torpilles lancées sur la ligne du chemin de fer Paris-Le Havre, au passage à niveau de l'avenue des Capucins. La cabine du garde-barrière fut bouleversée et ensevelie sous deux mètres de terre. Tout près, l'usine Wonder, heureusement abandonnée par son personnel, flambait.

Jusqu'à 7 heures du soir, nouvelle accalmie. A ce moment, une vingtaine d'avions parurent dans le ciel et des chapelets de bombes explosives et incendiaires tombèrent en quelques instants. Des foyers d'incendie allumés un peu partout, crépitaient, polluant le ciel noir d'une odeur âcre, irrespirable.

Après le bombardement de 19 heures, l'exode de la population commença, se poursuivant le lendemain et le surlendemain, si bien qu'il ne resta plus en ville que 150 ou 200 personnes environ. Et tout ceci s'accomplit dans une atmosphère de détresse, d'affolement général, quoique d'instinct, cette foule angoissée ait eu conscience de total abandon des autorités d'un régime en déliquescence.

A minuit, quatrième bombardement qui tua deux femmes.

Le dimanche 9, vers 4, 7 et 9 heures Vernon fut de nouveau bombardé.

Une ville en flammes ! Qui n'a jamais vu pareil spectacle ne peut concevoir le frisson d'horreur s'emparant de tous ceux qui en furent les témoins.

Marcel Luquet , témoin

La ville de Vernon avant...

...et après le bombardement

● Ces deux passages relatent la guerre à des époques différentes. Analysez les constantes et les différences entre les deux textes.

Un jour que Saint Martin, monté sur son bon cheval, se promenait dans nos contrées, il se trouve en présence d'un homme roux qui avait une vilaine figure toute velue, des yeux louches, des ongles de buse tout crochus et un habit couleur de suie.

Il gardait des cochons qui avaient la queue coupée au ras du dos. C'était le diable.

Dès qu'il aperçut le saint, il s'écria : «Tourment d'enfer ! Que je suis malheureux ! Aïe ! Aïe !»

«Quel malheur as-tu donc ?» demanda doucement saint Martin.

Satan répondit : «Un homme qui te ressemble me chasse partout ; j'en suis réduit à vivre dans les champs et à élever des porcs. D'ailleurs, les paysans ne m'aiment pas. Ils m'ont coupé les queues à mes cochons.

Saint Martin répliqua avec douceur et gravité : «Si les paysans te détestent, ne viens pas habiter chez eux ; ne trafique plus avec ces gens-là ; laisse-les pour ce qu'ils sont.»

«Ah !» répondit Satan, «tu ne me connais pas ; coûte que coûte, il faut que je fasse mes affaires. Je n'ai pas réussi dans l'élevage des animaux, je vais essayer de cultiver la terre.»

Saint Martin, voulant décourager le Diable pour qu'en s'en allant il débarassât le pays de sa présence, lui dit :

«Puisque tu as l'intention de cultiver la terre, veux-tu que nous fassions ensemble un défrichement dans le bois ? Nous partagerons la récolte.»

Mais Saint Martin ne sema que des raves ; de sorte que le Diable eut les feuilles vertes pour tout potage, tandis que le saint homme, qui ne gardait jamais rien pour lui, distribua aux pauvres de pleins tombereaux de raves. «Satan va se décourager,» pensa Saint Martin, «et s'en ira chez lui, au fond des enfers ; je suis obligé de m'absenter pendant quelques temps pour aller porter plus loin la bonne parole.» Et Saint Martin s'en alla sur son bon cheval.

Le Diable, au lieu de partir, décida de se venger : « Je vais me faire meunier. Je vais voler ces gueux de paysans qui m'ont dupé si souvent : et personne n'en saura rien.»

Pour enlever aux autres meuniers leurs clients habituels, il lui fallait avoir un moulin plus beau, plus complet et plus perfectionné. Alors dans un sabbat nocturne, il ordonna aux Esprits Infernaux de mettre en œuvre toute leur puissance sur les éléments pour accomplir un grand prodige. On était au commencement d'octobre : subitement à la douceur de l'automne succéda un froid terrible ; la rivière se chargea de glaçons.

Et voilà qu'avec ces glaçons Satan bâtit en une nuit un moulin magnifique : les blocs de glace étaient taillés comme des blocs de pierre ; embrasures des portes et des fenêtres, angles des pignons, tout était parfaitement appareillé et maçonné. Par conséquent, les autres meuniers perdirent bientôt tous leurs clients qui affluèrent au moulin du Diable, qui par surcroît de malheur avait pris à son service une nombreuse valetaille de son acabit. On n'entendait chez lui que jurons et blasphèmes ; les gens n'allaient plus à l'église ; ils reniaient Dieu.

Quand arriva la Toussaint, le brave Saint Martin revint au pays, et en voyant ces horreurs il faillit mourir de chagrin. Apercevant le saint rempli de tristesse, Satan s'avance en triomphant : « Eh bien ! compagnon, comment trouves tu mon moulin de «glas» ? J'espère bien que toi aussi tu me donneras ton blé à moudre ?»

En réponse l'homme de Dieu se mit à prier. Ce jour de Toussaint était glacial ; mais à peine le saint fut-il agenouillé que la température s'adoucit ; les nuages se dispersèrent, un clair et tiède soleil se mit à briller. Et pendant que Saint Martin priait, le moulin de glace fondait à vue d'œil.

Il resta onze jours en oraison, et le onzième jour le moulin était fondu jusqu'au dernier glaçon.

Voyant fondre son moulin Satan poussa des hurlements épouvantables et proféra d'affreux blasphèmes, et finalement il disparut en laissant derrière lui une répugnante odeur de soufre.

Depuis ce temps-là chaque année, les meuniers chôment le jour du 11 novembre, fête de leur patron, et depuis ce temps-là aussi, chaque année, il fait un clair et tiède soleil depuis la Toussaint.

Graffiti à faire réfléchir...

Dieu est-il mort ? Non, disent-ils. Pour avoir le droit de mourir, il faut avoir vécu. *(Eugène Pelletan 1813–1884)*

Si on aime Dieu en pensant qu'il n'existe pas, il manifestera son existence. *(Simone Weil 1909–1943)*

Une religion, c'est une secte qui a réussi. *(Ernest Renan 1823–1892)*

Moins on croit en Dieu, plus on comprend que d'autres y croient. *(Jean Rostand 1894–1977)*

Si Dieu n'existait pas il faudrait L'inventer. *(Voltaire 1694–1778)*

Dieu est le seul être qui, pour régner, n'ait pas besoin d'exister. *(Charles Baudelaire 1821–1867)*

L'impossibilité où je suis de prouver que Dieu n'est pas me découvre son existence. *(Jean de la Bruyère 1645–1696)*

Dieu n'est qu'un mot rêvé pour expliquer le monde. *(Alphonse de Lamartine 1790–1869)*

Comme vous avez de la chance de croire en Dieu ! Vous pouvez n'y pas penser. Moi qui n'y crois pas, je suis obligé d'y penser toujours. *(Jean Rostand 1894–1977)*

- Pratiquer une religion, cela présente-t-il des risques ? Lesquels ? Dressez une liste.

La Religion

A Attitude ou doctrine d'une personne qui nie l'existence de Dieu et de la divinité

B Se dit de tout ce qui concerne la vie civile par opposition à la vie religieuse. C'est le principe d'organisation d'une société qui exclut les églises de l'exercice du pouvoir politique

C Le nom de cette religion signifie soumission, obéissance. Il s'agit d'une religion mono-théiste – il existe un seul Dieu (Allah) et il a transmis son message à ses prophètes dans le livre sacré des musulmans, le Coran

D Doctrine philosophique qui déclare l'absolu inaccessible à l'esprit humain et professe une complète ignorance touchant la nature intime, l'origine et la destinée des choses

E C'est la première religion de l'humanité qui affirme l'existence d'un seul Dieu. Son histoire commence avec celle du patriarche Abraham qui est à l'origine du peuple juif

F Plus qu'une religion, celui-ci est plutôt un ensemble d'approches différentes de la réalité sur lesquelles se fonde la vie. Le principe de base est le dharma qui désigne, à la fois, l'ordre cosmique, l'ordre social et l'ensemble des devoirs que chaque individu doit remplir pour tenir sa place dans l'harmonie de l'univers. Les adhérents croient en la réincarnation

G Considéré à ses débuts comme une secte du judaïsme, ceci rassemble toutes les religions fondées sur la personne, la vie et l'enseignement de Jésus-Christ

laïcité
Islam
agnosticisme
athéisme
christianisme
judaïsme
hindouisme

- Si vous ne l'avez pas encore fait (voir page 164), mariez ces termes religieux aux définitions.

Paul Guimard, dans son roman Les choses de la vie *publié en 1967, raconte l'histoire d'un accident de voiture dans lequel le personnage principal meurt. Dans cet extrait, il se rend finalement compte qu'il va bientôt mourir et il pense à l'au-delà...*

Depuis quelques instants... il faudrait pouvoir choisir.

Depuis quelques instants le bruit des sirènes s'amortit. Aveugle et bientôt sourd je me résume à une mécanique intellectuelle, mon dernier lien avec ce monde qu'il va falloir quitter. Comment cela se passe-t-il ? Une brume, sans doute, les mots qui s'esquivent et se refusent, un début d'incohérence, et puis ? Evidemment la tentation de songer à la vie éternelle ! J'ai craint l'enfer pendant longtemps dans le collège de mon adolescence où l'on m'enseignait que les premières chaleurs de la chair risquent de conduire aux fournaises du diable, à l'époque où les expédients solitaires n'atteignent pas encore au plaisir mais sont un péché désespérément nécessaire, honteux, aimable, souhaité, haï. Je redoutais d'avoir un jour à payer le prix exorbitant de mes émotions clandestines puis, un peu plus tard, des gymnastiques élémentaires que m'autorisait au coin des haies une fille dont j'ai oublié le nom. J'ai été damné au fil des jours interminables et malheureux au-delà de mes forces.

Puis j'ai cessé de craindre. Ce qui m'a séparé du Dieu dont on m'apprenait les colères et les rancunes infinies, c'est je crois la répugnance à tenir le remords pour salutaire. J'ai contracté très jeune le ferme propos de ne pas regretter. Je motivais malaisément cette éthique mais je sais aujourd'hui, comme tout le monde, que le remords est une tentative piteuse de « modifier le passé ».

Pourtant comment ne pas espérer en une survie quelconque ? Mais laquelle ?

L'enfer serait de retrouver je ne sais dans quels verts pâturages la troupe hétéroclite de tous ceux qui, de près ou de loin, ont traversé ma vie. Mais la peur du vide invite à imaginer une compagnie. Il faudrait pouvoir choisir.

s'amortir	devenir moins fort
un lien	ce qui relie, unit
une brume	brouillard léger
s'esquiver	se retirer, s'en aller
honteux	qui choque la dignité humaine
la troupe hétéroclite	la foule bizarre
piteux	pauvre, dérisoire
quelconque	de quelque sorte

- A votre avis, y a-t-il dans le texte une phrase qui le résume ? Laquelle ? Si vous n'en trouvez pas, inventez-en une.

Thérèse Raquin

Extrait du roman Thérèse Raquin *d'Emile Zola (1840–1902). Thérèse et son amant, Laurent, ont tué Camille, le mari de celle-là. Mais la «présence» du mort semble toujours intervenir dans leurs rapports.*

– Embrasse-moi, lui dit-il en tendant le cou. Thérèse s'était levée, toute pâle dans sa toilette de nuit ; elle se renversait à demi, le coude posé sur le marbre de la cheminée. Elle regarda le cou de Laurent. Sur la blancheur de la peau, elle venait d'apercevoir une tache rose. Le flot de sang qui montait agrandit cette tache, qui devint d'un rouge ardent.

– Embrasse-moi, embrasse-moi, répétait Laurent, le visage et le cou en feu.

La jeune femme renversa la tête davantage, pour éviter un baiser, et, appuyant le bout de son doigt sur la morsure de Camille, elle demanda à son mari :

– Qu'as-tu là ? je ne te connaissais pas cette blessure.

Il sembla à Laurent que le doigt de Thérèse lui trouait la gorge. Au contact de ce doigt, il eut un brusque mouvement de recul, en poussant un léger cri de douleur.

– Ça, dit-il en balbutiant, ça…

Il hésita, mais il ne put mentir, il dit la vérité malgré lui.

– C'est Camille qui m'a mordu, tu sais, dans la barque. Ce n'est rien, c'est guéri… Embrasse-moi, embrasse-moi.

Et le misérable tendait son cou qui le brûlait. Il désirait que Thérèse le baisât sur la cicatrice, il comptait que le baiser de cette femme apaiserait les mille piqûres qui lui déchiraient la chair. Le menton levé, le cou en avant, il s'offrait. Thérèse, presque couchée sur le marbre de la cheminée, fit un geste de suprême dégoût et s'écria d'une voix suppliante :

– Oh ! non, pas là… Il y a du sang.

Elle retomba sur la chaise basse, frémissante, le front entre les mains. Laurent resta stupide. Il abaissa le menton, il regarda vaguement Thérèse. Puis, tout d'un coup, avec une étreinte de bête fauve, il lui prit la tête dans ses larges mains, et, de force, lui appliqua les lèvres sur son cou, sur la morsure de Camille. Il garda, il écrasa un instant cette tête de femme contre sa peau. Thérèse s'était abandonnée, elle poussait des plaintes sourdes, elle étouffait sur le cou de Laurent. Quand elle se fut dégagée de ses doigts, elle s'essuya violemment la bouche, elle cracha dans le foyer. Elle n'avait pas prononcé une parole.

Laurent, honteux de sa brutalité, se mit à marcher lentement, allant du lit à la fenêtre. La souffrance seule, l'horrible cuisson lui avait fait exiger un baiser de Thérèse, et, quand les lèvres de Thérèse s'étaient trouvées froides sur la cicatrice brûlante, il avait souffert davantage. Ce baiser obtenu par la violence venait de le briser. Pour rien au monde, il n'aurait voulu en recevoir un second, tant le choc avait été douloureux. Et il regardait la femme avec laquelle il devait vivre et qui frissonnait, pliée devant le feu, lui tournant le dos ; il se répétait qu'il n'aimait plus cette femme et que cette femme ne l'aimait plus. Pendant près d'une heure, Thérèse resta affaissée, Laurent se promena de long en large, silencieusement. Tous deux s'avouaient avec terreur que leur passion était morte, qu'ils avaient tué leurs désirs en tuant Camille. Le feu se mourait doucement ; un grand brasier rose luisait sur les cendres. Peu à peu la chaleur était devenue étouffante dans la chambre ; les fleurs se fanaient, alanguissant l'air épais de leurs senteurs lourdes.

Tout à coup Laurent crut avoir une hallucination. Comme il se tournait, revenant de la fenêtre au lit, il vit Camille dans un coin plein d'ombre entre la cheminée et l'armoire à glace. La face de sa victime était verdâtre et convulsionnée, telle qu'il l'avait aperçue sur une dalle de la Morgue. Il demeura cloué sur le tapis, défaillant, s'appuyant contre un meuble. Au râle sourd qu'il poussa, Thérèse leva la tête.

– Là, là, disait Laurent d'une voix terrifiée.

Le bras tendu, il montrait le coin d'ombre dans lequel il apercevait le visage de Camille. Thérèse, gagnée par l'épouvante, vint se serrer contre lui.

– C'est son portrait, murmura-t-elle à voix basse, comme si la figure peinte de son ancien mari eût pu l'entendre.

– Son portrait, répéta Laurent dont les cheveux se dressaient.

– Oui, tu sais la peinture que tu as faite. Ma tante devait le prendre chez elle, à partir d'aujourd'hui. Elle aura oublié de le décrocher.

– Bien sûr, c'est son portrait …

● Comment Zola exprime-t-il l'horreur de la situation ?

La non-violence à travers l'histoire

Gandhi, à partir de 1919 et jusqu'à sa mort en 1948, a utilisé la non-violence à des fins politiques et sociales : libération de l'Inde de la domination anglaise, abolition du système des castes (notamment les intouchables), réconciliation des hindous et des musulmans. Il est mort assassiné par un fanatique.

Martin Luther King organise en 1955 à Montgomery (USA) le boycott des autobus de la ville pour obtenir l'égalité des droits des Noirs dans les transports publics. Jusqu'à sa mort en 1968, à la veille d'une marche non-violente en faveur des éboueurs noirs, King multiplie des actions non-violentes malgré les pressions du Black Power. Il est mort assassiné par un fanatique.

En France, pendant la guerre d'Algérie, des hommes comme Lanza Del Vasto et Jean-Marie Muller ont organisé des défilés silencieux, des grèves de la faim, des occupations de camps de prisonniers algériens en faveur de la paix.

En Sicile, depuis 1952, Danilo Dolci mène des campagnes non-violentes pour sensibiliser l'opinion publique à la misère des bas quartiers de Palerme.

Aux USA, César Chavez organise le boycott national du raisin en provenance des États du Sud, pour obtenir pour les Chicanos, ouvriers agricoles, des droits syndicaux.

Au Brésil, Dom Helder Camara fonde en 1968 une ligue pour la justice et la paix.

En France, les paysans du Larzac renvoient depuis dix ans leur livret militaire et incitent les citoyens français à refuser de payer 3 % de leurs impôts (correspondant au budget de l'armée).

- Rédigez de courts paragraphes rendant compte d'autres exemples de non-violence.

Crimes en trompe l'œil

Frédéric Hoë a gagné le Prix du Quai des Orfèvres en 1991 pour son roman policier **Crimes en trompe l'œil.** *Voici la première page du roman et un extrait du premier chapitre.*

Il n'était pas beaucoup plus de sept heures quand la voiture de police la déposa sur les lieux : la pluie avait presque cessé de tomber, et vers l'est, au-dessus des frondaisons du Bois-Joly, les nuages commençaient à devenir plus clairs. Dans la lueur des lampadaires de l'avenue Salvador-Allende, elle reconnut la camionnette blanche de Police-Secours, la rouge des pompiers, l'ambulance du Samu, et la R5 du docteur Bertsch, médecin légiste. Une voiture de patrouille s'était arrêtée en double file ; des gardiens en étaient descendus pour régler la circulation qui commençait à s'animer et écartaient les rares piétons.

Entourant le corps de la victime, une dizaine de personnes : quatre pompiers, dont l'un était casqué, deux hommes, une femme en blouse blanche sous un imperméable jeté sur ses épaules; puis le docteur Bertsch et l'inspecteur Sanchez, accroupis près du corps, qu'éclairaient deux grosses lampes électriques à batterie placées sur le trottoir. Sanchez se leva en voyant arriver le commissaire. Il avait sur la tête une sorte de capuchon court en plastique transparent qui lui couvrait aussi les épaules ; il l'enleva quand Évelyne Martin s'approcha de lui, comme on retire un chapeau par politesse.

L'homme mort était étendu sur le dos, en travers du trottoir, les pieds vers le caniveau, la jambe gauche repliée sur le côté, la tête à même le gazon du terre-plein.

Évelyne Martin avait eu du mal à s'endurcir face à l'atrocité de certains spectacles. Pour les policiers, comme pour les étudiants en médecine, la première autopsie est une épreuve assez horrible. Puis on s'y fait… Elle finissait par considérer comme de la routine la vue des cadavres éventrés, brûlés, défigurés ou démembrés par les crimes ou les accidents de la route ; et ne s'étonnait plus de l'incroyable quantité de sang qui peut sortir d'un corps. Quand on l'avait prévenue, elle s'était, comme chaque fois, mentalement préparée au choc. Mais, en l'occurrence, le choc, c'était justement l'absence totale de violence de la scène, cette impression de tristesse et de gâchis devant la mort. Elle s'accroupit à son tour auprès du corps,

ramenant sur ses genoux le pan de son imperméable, ayant surpris le regard intéressé du médecin légiste.

L'homme semblait âgé de quarante à cinquante ans. Il reposait, détrempé, aussi paisible qu'un dormeur, un bras sur la poitrine, l'autre étendu sur le trottoir, main ouverte vers le ciel…

DESTINATAIRE	RÉSERVÉ AU PARQUET
RÉPUBLIQUE FRANÇAISE	PROCÈS - VERBAL
———	L'an mil neuf cent… le quinze septembre à six heures trente
MINISTÈRE DE L'INTÉRIEUR	Nous Évelyne Martin, Commissaire de Police
———	Officier de Police Judiciaire, Chef de la Circonscription de Neuilly-sous-Bois……
PRÉFECTURE DE POLICE	…Sommes avisés téléphoniquement à notre domicile que le service de permanence du commissariat vient de recevoir un appel téléphonique anonyme signalant que le corps d'un inconnu apparemment sans connaissance est allongé sur le trottoir de l'Avenue Salvador-Allende, à l'angle de la Rue de l'Écluse, qui longe le canal, à la limite nord de la cité dite Résidences du Parc………
———	
DIRECTION DE LA POLICE JUDICIAIRE	
———	
SERVICE : Commissariat de Police de NEUILLY-SOUS-BOIS	…L'appelant, un homme à l'accent légèrement méridional, a refusé de donner son identité, alléguant n'avoir pas de temps à perdre. Il a indiqué seulement qu'il appelait d'une cabine publique immédiatement après avoir découvert le corps qu'il n'avait pas touché………
AFFAIRE Découverte d'un corps sur la voie publique le 15/09/19.. vers 06 h 00 Victime : Inconnu de sexe masculin.	…Nous faisons aviser à son domicile le Docteur Bertsch, médecin légiste, par le service de permanence du commissariat… …De même suite, nous nous transportons sur les lieux aux fins de constatations et d'enquête.
OBJET Saisine Transport sur les lieux et constatations.	LE COMMISSAIRE DE POLICE Évelyne Martin

● Lisez-vous des romans policiers ? Regardez-vous des séries policières à la télévision ? Selon vous, qu'est-ce qui, dans ce genre d'histoire, attire le lecteur ou le téléspectateur ?

DEUX GRANDES CAUSES

UN ANIMAL SACRÉ ?

Marguerite Yourcenar (1903–1987) est la première femme à entrer à l'Académie française en 1980. Son style et son univers sont jugés «virils et masculins». Dans son roman, Souvenirs pieux, Fernande de C. vient de mettre au monde une petite fille. «Il n'est pas question que Fernande se déforme les seins. L'enfant sera donc nourrie au biberon».

Le lait apaise les cris de la petite fille. Elle a vite appris à tirer presque sauvagement sur la mamelle de caoutchouc ; la sensation du bon liquide coulant en elle est sans doute son premier plaisir. Le riche aliment sort d'une bête nourricière, symbole animal de la terre féconde, qui donne aux hommes non seulement son lait, mais plus tard, quand ses pis se seront définitivement épuisés, sa maigre chair et finalement son cuir, ses tendons et ses os dont on fera de la colle et du noir animal. Elle mourra d'une mort presque toujours atroce, arrachée aux prés habituels, après le long voyage dans le wagon à bestiaux qui la cahotera vers l'abattoir, souvent meurtrie, privée d'eau, effrayée en tout cas par ces secousses et ces bruits nouveaux pour elle. Ou bien, elle sera poussée en plein soleil, le long d'une route, par des hommes qui la piquent de leurs longs aiguillons, la malmènent si elle est rétive ; elle arrivera pantelante au lieu de l'exécution, la corde au cou, parfois l'œil crevé, remise entre les mains de tueurs que brutalise leur dur métier, et qui commenceront peut-être à la dépecer pas tout à fait morte. Son nom même qui devrait être sacré aux hommes qu'elle nourrit, est ridicule en français, et certains lecteurs de ce livre trouveront sans doute cette remarque et celles qui la précèdent également ridicules.

- Ces deux auteurs défendent des causes différentes. A votre avis, réussissent-ils tous les deux à convaincre le lecteur ? Relevez les effets de style qu'ils utilisent et dites lesquels vous semblent les plus efficaces.

CONTRE LA PEINE DE MORT

Victor Hugo (1802–1885) est le chef de file des romantiques en France et l'auteur d'une œuvre immense et variée qui inclut des romans comme Notre-Dame de Paris (1831), Les misérables (1862), des pièces de théâtre et de nombreux recueils de poésie. Quand on demandait à André Gide qui était le plus grand poète français, il répondait : «Hugo, hélas !» Hugo était aussi un artiste graphique : ses dessins révèlent sa puissante imagination. Toute sa vie il a été totalement engagé politiquement. Cet extrait du Dernier jour d'un condamné montre sa verve et son éloquence.

Ceux qui jugent et qui condamnent disent la peine de mort nécessaire. D'abord – parce qu'il importe de retrancher de la communauté sociale un membre qui lui a déjà nui et qui pourrait lui nuire encore. S'il ne s'agissait que de cela, la prison perpétuelle suffirait. A quoi bon la mort ? Vous objectez qu'on peut s'échapper d'une prison ? Faites mieux votre ronde. Si vous ne croyez pas à la solidité des barreaux de fer, comment osez-vous avoir des ménageries ?

Pas de bourreau où le geôlier suffit.

Mais, reprend-on, – il faut que la société se venge, que la société punisse. – Ni l'un, ni l'autre. Se venger est de la société, punir est de Dieu.

La société est entre les deux. Le châtiment est au-dessus d'elle, la vengeance au-dessous. Rien de si grand et de si petit ne lui sied. Elle ne doit pas «punir pour se venger»; elle doit *corriger pour améliorer...*

Reste la troisième et dernière raison, la théorie de l'exemple. Il faut faire des exemples ! Il faut épouvanter par le spectacle du sort réservé aux criminels ceux qui seraient tentés de les imiter !... Eh ! nous nions d'abord qu'il y ait exemple. Nous nions que le spectacle des supplices produise l'effet qu'on attend. Loin d'édifier le peuple, il le démoralise et ruine en lui toute sensibilité, partant toute vertu. Les preuves abondent, et encombreraient notre raisonnement si nous voulions en citer...

Que si malgré l'expérience, vous tenez à votre théorie routinière de l'exemple, alors rendez-nous le seizième siècle, soyez vraiment formidables, rendez-nous le gibet, la roue, le bûcher, l'estrapade, l'essorillement, l'écartèlement, la fosse à enfouir vif, la cuve à bouillir vif... Voilà de la peine de mort bien comprise. Voilà un système de supplice qui a quelque proportion. Voilà qui est horrible, mais qui est terrible...

Mais vous, est-ce bien sérieusement que vous croyez faire un exemple quand vous égorgillez misérablement un pauvre homme dans le recoin le plus désert des boulevards extérieurs ? En Grève, en plein jour, passe encore ; mais à la barrière Saint-Jacques ! mais à huit heures du matin ! Qui est-ce qui passe là ? Qui est-ce qui va là ? Qui est-ce qui sait que vous tuez un homme là ? Un exemple pour qui ? Pour les arbres du boulevard apparemment.

Ne voyez-vous donc pas que vos exécutions publiques se font en tapinois ? Ne voyez-vous donc pas que vous vous cachez ? Que vous avez peur et honte de votre œuvre ? Que vous balbutiez ridiculement votre *discite justiciam moniti* ? Qu'au fond vous êtes ébranlés, interdits, inquiets, peu certains d'avoir raison, gagnés par le doute général, coupant des têtes par routine et sans trop savoir ce que vous faites ? ...

Vous quittez la Grève pour la barrière Saint-Jacques, la foule, la solitude, le jour pour le crépuscule. Vous ne faites plus fermement ce que vous faites. Vous vous cachez, vous dis-je.

Ce poème, écrit en 1966 par Denise Jallais est plein de souvenirs d'enfance.

MATURITÉ

Finie la pulpe douce de l'inconscience
Tout crépite de bon sens
Puis s'éteint an par an

Commencent alors la fumée
Les pas dans le cendre
Et la mesure du temps

Avant
Avant c'était l'herbe
L'eau
Le sel
Le soleil
J'étais tapie dans l'enfance
Ai-je vraiment mangé autre chose
Que du vent
Des framboises
Et le coeur pointu des roses ?

Avant il y avait
La tempête dans les fuchsias
Le goût des petits pois crus
Les lilas de ma grand-mère
La mer comme une barque
A me naviguer sur le coeur

Avant c'était Pâques
Des chapeaux blancs
Des marguerites
De grands jardins acides
Des scarabées dans chaque paume
Avant il y avait des plages
Des marchés
De l'été
Des cris
Des entremets
Et l'ombre des magnolias

Avant
C'était la fête

Mais finie la pulpe douce de l'inconscience
Je suis une grande personne
Qui sait charrier les cadavres
Ceux des mots et ceux des gens
Marcher dans le cendre
Et mesurer le temps

> ∩ Voir *Self-study booklet*, page 32 et
> faites l'exercice. Vous pouvez aussi
> écouter l'enregistrement sur la
> cassette qui l'accompagne.

Quel avenir pour Pierre-Yves ?

Le petit Pierre-Yves va encore hurler cette nuit. Ses parents, terrorisés, vont encore se lever, impuissants. Serrer les dents. Hésiter : filer à l'hôpital ou attendre que ça passe ? A l'aube, Pierre-Yves s'apaisera mais le mal aura empiré.

Pierre-Yves a cinq ans. Ce petit blondinet rigolo, vif-argent, qui adore dessiner des fusées, souffre d'une maladie génétique neuro-musculaire (myosite ossifiante) qui le transforme en pierre. Ses muscles se calcifient par poussées progressives. Ce petit bonhomme au thorax durci, aux mouvements raides que démentent des yeux rieurs, a du mal à porter sa main à sa bouche. Il ne peut plus tourner la tête. Il ne peut plus se baisser. Son état nécessite tous les matins et tous les soirs une rééducation respiratoire. Trois fois par semaine, un kiné tente de freiner la désastreuse évolution, mais le médecin qui, le premier, a diagnostiqué la vraie nature de son mal, après des mois de tâtonnements dans les grands hôpitaux parisiens, n'a pas laissé grand espoir aux parents : «Le traitement de cette affection, écrit-il, n'est pas, dans l'état actuel de la médecine, connu.»

Il pleut sur Saint-Brieuc. Cette nuit encore, d'autres enfants, harnachés d'attelles, vont appeler à l'aide. Ils souffrent et ne peuvent même pas se retourner dans leur lit. Dix fois, quinze fois, d'une voix faible, ils réveilleront leurs parents pour qu'on les change de position. Et la nuit s'écoulera, lourde, lente, dans la terreur de la douleur.

> ● Regardez la page 190 et faites l'exercice *Faites le choix*.

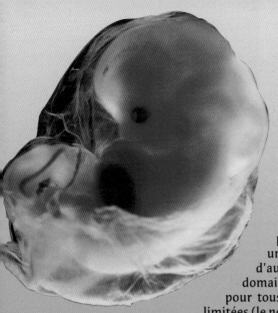

L'EMBRYON,
est-il une personne humaine ?

PAUL RICOEUR, philosophe

C'est une question très embarrassante et nouvelle. Avant, on savait qu'il fallait respecter les personnes et qu'on pouvait manipuler les objets. Et nous voilà devant ce problème très troublant : qu'est-ce qu'un embryon ? Ce n'est pas encore une personne humaine et ce n'est pas non plus un objet. Je réponds, moi, comme le comité d'éthique : c'est une personne humaine potentielle. Mais en tant qu'embryon, il n'a pas d'autonomie. Il n'a pas de capacité à réflexion. Nous sommes là dans un domaine aux frontières incertaines. C'est d'ailleurs le cas, plus généralement, pour tous les problèmes éthiques : ils ne se posent jamais dans les zones bien limitées (le noir, le blanc) mais toujours dans la zone grise.

CLONAGE HUMAIN : Pour les religions, c'est se substituer au créateur

Unanimes, les diverses confessions se rejoignent dans l'opposition à la technique du clonage. Car elle touche à l'essentiel même de l'être.

Ce n'est pas une surprise : les principales religions – catholicisme, protestantisme, islam et judaïsme – sont farouchement opposées au clonage. Toute tentative dans ce sens est unanimement condamnée comme un défi au ciel, une tentation prométhéenne revenant – suprême sacrilège – à se substituer au Créateur lui-même.

Dans son encyclique Evangelium vitae, de 1995, Jean-Paul II énonce que «l'utilisation des embryons et foetus comme objets d'expérimentation constitue un crime contre leur dignité d'êtres humains», proscrivant de fait le clonage.

Inspirateur d'une déclaration des évêques sur «L'essor de la génétique et ses conséquences sur la société», spécialiste d'éthique médicale, le jésuite Patrick Verspieren affirme qu'«avec le clonage, c'est le sens même de l'humanité, de sa liberté qui est en jeu».

Membre du comité national d'éthique, le père Olivier de Dinechin estime que «produire un être à notre image, au lieu de laisser advenir comme une image de Dieu, de ce Dieu on ne fait pas d'image, c'est se heurter au mystère de la vie».

Le protestant Jean-François Collange, professeur d'éthique à la faculté de théologie protestante de l'université de Strasbourg et également membre du Comité national d'éthique, s'élève, lui, contre ce qu'il considère comme «une forme moderne d'anthropophagie», quelque chose de «pire que l'esclavage». Plus souple que les catholiques sur les questions de manipulations génétiques, la Fédération protestante de France déclarait cependant en 1987 que «toute recherche sur l'embryon non implanté, si intéresssante qu'elle puisse être pour une meilleure connaissance des chromosomes et des maladies génétiques graves, ne peut s'engager sans garde-fou», écartant tout intérêt mercantile, eugénique ou compétitif de tels travaux. Le judaïsme, qui estime que l'embryon n'est «animé», «vivant», bref,

humain, qu'au quarantième jour de la grossesse, ne condamne – en théorie – pas systématiquement le recours au clonage à des fins strictement thérapeutiques, considérant néanmoins qu'il ne peut être envisagé sans contrôle stricte. Quant à y songer comme mode de reproduction, il n'en est évidemment pas question : ce processus de reproduction, «purement mécanique», «chosifierait les personnes, contredirait le caractère fondamentalement sacré de la vie humaine», selon le rabbin Josy Eisenberg, également producteur d'émissions religieuses à la télévision.

Ce point de vue est partagé par l'Islam, pour lequel l'existence de l'être humain reste aléatoire jusqu'à sa nidification dans la muqueuse utérine. Selon le théologien Abdelmoti Bayyoumiqim de l'université cairote al-Azhar, «le clonage humain est en contradiction avec le principe de création divine».

MARION FESTRAËTS

- Que vous soyez chrétien ou chrétienne, hindou ou hindoue, juif ou juive, musulman ou musulmane, sikh, bouddhiste, etc., comment votre foi influence-t-elle vos opinions sur la question du clonage humain ?

- Si vous n'avez pas de croyances religieuses ou que vous soyez athée, quel est votre point de vue éthique au sujet du clonage humain ?

- Comment votre établissement scolaire traite-t-il les questions d'éthique ? Comment devrait-il les traiter ? Discutez ces deux questions en classe.

«Prophète de la science», «historien du futur», «chantre de la description du globe rendu intelligible par la Science» sont parmi les portraits célèbres classiques de l'auteur Jules Verne. Né à Nantes en 1828, mort à Amiens en 1905, il est connu surtout par sa création du genre du roman scientifique d'anticipation dont les plus célèbres sont Vingt mille lieues sous les mers *(1870)* et Le tour du monde en quatre-vingts jours *(1873). Les extraits ci-dessous sont, pourtant, tirés de la nouvelle burlesque, peu connue, intitulée* Une fantaisie du Dr. Ox, *publiée en 1872.*

Une Fantaisie du Dr. Ox

Le contexte :
Le conseil municipal de Quiquendone, petite ville endormie, voudrait installer l'éclairage des rues. Le docteur Ox, récemment arrivé dans la ville, propose d'entreprendre le travail à ses frais...

Et maintenant, pourquoi le docteur Ox avait-il soumissionné, et à ses frais, l'éclairage de la ville ? Pourquoi avait-il précisément choisi les paisibles Quiquendoniens, ces Flamands entre tous les Flamands, et voulait-il doter leur cité des bienfaits d'un éclairage hors ligne ? Sous ce prétexte, ne voulait-il pas essayer quelque grande expérience physiologique, en opérant in anima vili ? Enfin qu'allait tenter cet original ?

En apparence, tout au moins, le docteur Ox s'était engagé à éclairer la ville, qui en avait besoin, «la nuit surtout», disait finement le commissaire Passauf. Aussi, une usine pour la production d'un gaz éclairant avait-elle été installée. Les gazomètres étaient prêts à fonctionner, et les tuyaux de conduite, circulant sous le pavé des rues, devaient avant peu s'épanouir sous forme de becs dans les édifices publics et même dans les maisons particulières de certains amis du progrès. (...)

L'éclairage de la ville sera obtenu, non point par la combustion du vulgaire hydrogène carburé que fournit la distillation de la houille, mais bien par l'emploi d'un gaz plus moderne et vingt fois plus brillant, le gaz oxy-hydrique, que produisent l'hydrogène et l'oxygène mélangés. (...)

Il était certain que la cité de Quiquendone gagnerait, à cette généreuse combinaison, un éclairage splendide. Mais c'était là ce dont le docteur Ox et son préparateur se préoccupaient le moins, ainsi qu'on verra par la suite.

Précisément, le lendemain du jour où le commissaire Passauf avait fait cette bruyante apparition dans le parloir du bourgmestre, Gédéon Ygène et le docteur Ox causaient tous les deux dans le cabinet de travail qui leur était commun, au rez-de-chaussée du principal bâtiment de l'usine.

– Eh bien, Ygène, eh bien ! s'écriait le docteur Ox en se frottant les mains. Vous les avez vus, hier, à notre réception, ces bons Quiquendoniens, vous les avez vus, se disputant, se provoquant de la voix et du geste ! Et cela ne fait que commencer ! Attendez-les au moment où nous les traiterons à haute dose ! Ah ! ces flamands ! vous verrez ce que nous en ferons un jour !

– Nous en ferons des ingrats, répondit Gédéon Ygène du ton d'un homme qui estime l'espèce humaine à sa juste valeur.

– Bah ! fit le docteur, peu importe qu'ils nous sachent gré ou non, si notre expérience réussit !

– D'ailleurs, ajouta le préparateur en souriant d'un air malin, n'est-il pas à craindre qu'en produisant une telle excitation dans leur appareil respiratoire, nous ne désorganisions un peu leurs poumons, à ces honnêtes habitants de Quiquendone ?

– Tant pis pour eux, répondit le docteur Ox. C'est dans l'intérêt de la science ! Que diriez-vous si les chiens ou les grenouilles se refusaient aux expériences de vivisection ?

Il est probable que si l'on consultait les grenouilles et les chiens, ces animaux feraient quelques objections aux pratiques des vivisecteurs ; mais le docteur Ox croyait avoir trouvé là un argument irréfutable, car il poussa un vaste soupir de satisfaction. (...)

– Bien, docteur, bien, répondit maître Ygène. L'expérience se fera en grand, et elle sera décisive.

– Et si elle est décisive, ajouta le docteur Ox d'un air triomphant, nous reformerons le monde ! »

par Jules Verne (1828–1905)

Selon le critique Francis Lacassin, dans cette nouvelle de Jules Verne : «La science déréglée est outragée de façon savoureuse.»

- Que comprenez-vous par la phrase «la science déréglée» ?

- Croyez-vous qu'aujourd'hui, on fasse trop «dans l'intérêt de la science» ?

Exam practice

1 Il faut vivre sa vie !

Première partie

> **Courrier du cœur :**
> **«Ma mère ne veut pas tolérer ma meilleure amie»**
>
> Ma mère ne comprend rien. Elle me critique sans cesse et m'interdit de rencontrer ma meilleure amie, Sophie. Sophie est sensass – elle a 12 ans comme moi, mais elle se maquille et s'habille à la mode – en jeans serrés, par exemple – ce que ma mère ne supporte point ! En plus maman dit que Sophie est grossière et insolente et qu'elle va me faire des inquiétudes, mais c'est seulement parce qu'elle ne dit jamais ni «bonjour» ni «merci».
>
> Dois-je choisir entre maman et Sophie ?

Dites si les phrases suivantes sont vraies, fausses ou impossibles à décider d'après ce que vous avez lu dans le «Courrier du cœur» :

a   La mère approuve Sophie, la meilleure amie de sa fille.
b   Sophie ne veut pas avoir l'air adulte.
c   Sophie a beaucoup d'amis.
d   Sophie n'est pas polie.
e   Selon la mère, il y aura des problèmes à cause de Sophie.

(5 points)

Deuxième partie

Imaginez que vous avez un(e) ami(e) français(e) que vos parents n'aiment pas. Décrivez cet(te) ami(e) (30–40 mots).

(8 points)

A votre avis, que faut-il faire quand les parents n'aiment pas les ami(e)s de leurs enfants? Donnez vos opinions (30–40 mots).

(8 points)

Troisième partie

> **Délinquance des jeunes – un policier témoigne :**
>
> A Vaulx-en-Velin, dans la banlieue lyonnaise, il y a beaucoup de jeunes, beaucoup de pauvreté, beaucoup de délinquance... Le cocktail est connu. Un seul commissariat de police, installé près de l'hôtel de ville, essaie de permettre aux 45 000 habitants de la commune de vivre en paix. Il a beaucoup à faire. Avec des bandes d'adolescents, le sentiment d'insécurité est permanent...

Les délinquants sont de plus en plus jeunes – parfois moins de 12 ans – et ils sont prêts à tout, parce qu'ils savent qu'on ne peut pas les punir. Même prendre une arme ne leur fait pas peur.

On a une délinquance qui dépend des horaires scolaires! Les enfants font leurs bêtises à l'heure du déjeuner et à la sortie de l'école. Récemment, on a arrêté deux garçons qui conduisaient une voiture volée avec leur cartable dans le dos. Ils ne devaient pas avoir plus de 12 ans.

Quand vous les interrogez, jamais ils ne donnent leur vrai nom, ni leur vraie date de naissance. Ils apprennent des fausses adresses par coeur. Ils essaient d'échapper à l'identification, même si, avec l'informatique, ça devient plus difficile. Nous avons toujours affaire aux mêmes 300 à 400 «clients» – je les appelle par leur nom !

1   **Dans le texte, trouvez l'équivalent des mots ou des expressions suivants :**

   a   bâtiment où se trouve l'autorité municipale d'une grande ville
   b   quelquefois
   c   depuis peu de temps
   d   éviter, ne pas être touché

(4 points)

2   **Complétez chacune des phrases de a à e selon le sens du texte en choisissant une des phrases de 1 à 10.**

   a   Les policiers travaillent dur...
   b   La commune ne peut pas vivre en paix...
   c   Les jeunes délinquants n'ont pas peur des policiers...
   d   La délinquance est plus marquée à certaines heures...
   e   Il est plus difficile d'échapper à l'identification maintenant...

   1   ... parce que les policiers n'habitent pas la commune.
   2   ... parce qu'elle dépend de la journée scolaire.
   3   ... parce que les policiers se servent de l'informatique.
   4   ... parce que les jeunes regardent la télé tous les jours.
   5   ... parce qu'elle est menacée par des bandes d'adolescents.
   6   ... parce qu'il y a peu de discipline au collège.
   7   ... parce que les délinquants préfèrent les voitures sportives.
   8   ... parce qu'il y a beaucoup à faire.
   9   ... parce que les adolescents sont plus violents.
   10 ... parce qu'ils n'ont pas le droit de les punir.

(5 points)

Quatrième partie

🔊 **Ne soyez pas si prêts à juger la délinquance !**

Ecoutez la cassette. Ce passage parle de la délinquance des mineurs. Choisissez parmi les phrases suivantes les cinq phrases qui sont vraies selon les données du passage et notez les lettres des phrases choisies. Vous pouvez écrire les lettres dans n'importe quel ordre.

a Les mineurs sont responsables de 48 % des vols avec violence.

b L'inégalité sociale peut souvent expliquer la délinquance.

c L'opinion demande des mesures pour combattre la délinquance.

d Le problème de la délinquance est pire dans les grandes villes.

e Les jeunes délinquants sont souvent violents envers les autres.

f On devrait réformer la loi pour réduire le taux de délinquance.

g Les parents des jeunes délinquants doivent donner de l'argent aux victimes de leurs enfants.

h Le gouvernement doit aider les mineurs et leurs parents.

i Les jeunes délinquants sont souvent absents de l'école sans autorisation.

j Il faut essayer de comprendre la délinquance des jeunes.

(5 points)

2 Entre toi et moi

Première partie

«Pères sous haute surveillance»

1 Au «Point Rencontres» de Nanterre se croisent chaque semaine des parents désunis. Par décision de justice, les pères ont droit à quelques heures avec leurs enfants, mais contrôlés dans leurs moindres réactions. Ceux qui s'y rendent un samedi sur deux n'y vont pas de gaieté de cœur. Pourtant, c'est le seul moment où ils verront leurs enfants. Parfois pour à peine deux heures, si le juge en a décidé ainsi. Pour protéger l'enfant des violences et des cris du divorce, il arrive que le juge oblige le parent qui n'a pas la garde à rendre visite à ses enfants sur un terrain neutre.

2 Dans 95 % des cas, ce sont des pères. Souvent parce qu'ils boivent ou qu'ils se sont montrés violents vis-à-vis de leur femme, mais le plus fréquemment il s'agit de contraindre la mère à respecter le droit de visite de son ex-mari. Toutes les catégories sociales sont concernées. La semaine dernière, c'est un milliardaire qui est venu passer deux heures avec son fils. La semaine prochaine, on attend un acteur célèbre...

3 C'est un lieu électrique ...(i)... un drame peut éclater à tout moment. Et pourtant, ici, c'est un peu le paradis de ces «Points Rencontres», qui existent en France ...(ii)... 1984. A Nanterre, ...(iii)... les week-ends et le mercredi, on ouvre pour l'occasion une agréable école maternelle et ...(iv)... grand jardin. Ici les pères ...(v)... sortir jouer jusqu'à la grille. Cela permet de ne pas ...(vi)... sentir en prison.

1 **Pour les premiers deux paragraphes du texte ci-dessus choisissez la phrase qui résume le mieux le sens du paragraphe.**

Paragraphe 1

a Les juges sont souvent sévères envers les pères qui abandonnent leurs enfants.

b La loi a créé des lieux officiels pour aider les parents séparés qui ont droit de visite.

c Le divorce atteint une famille sur deux en France et est parfois violent.

Paragraphe 2

a Les familles désunies souffrent en général de l'exclusion sociale.

b Une minorité des mères divorcées sont alcooliques et violentes.

c Souvent les mères ne veulent pas que leur ex-mari voie leurs enfants.

(2 points)

2 **Pour le troisième paragraphe choisissez dans la liste qui suit les mots qui donnent le mieux le sens de ceux qui manquent dans le texte.**

a ça   b dans   c décident   d depuis
e doit   f lui   g où   h peuvent   i se
j son   k toute   l tous

(6 points)

3 **Expliquez dans le contexte du texte l'expression «Pères sous haute surveillance» en utilisant le plus possible vos propres mots.**

(2 points)

Deborah, 13 ans, entre en 4ᵉ :

Ce que j'aime le plus au collège, c'est ma bande de copains qui ne pensent qu'à la mode et me font hurler de rire. Quand l'un d'entre nous arrive avec un nouveau truc, la semaine d'après, tout le monde l'a – ce qui rend ma mère hystérique... Encore plus marrant : quand une petite de 6ᵉ se promène en robe à smocks dans la cour... Alors, là on se moque ! Evidemment, c'est pas très gentil, mais tous ensemble, on ne peut pas s'en empêcher.

Dites si les phrases suivantes sont vraies, fausses ou impossibles à décider d'après ce que vous avez lu :

a   Deborah a peu d'amis au collège.
b   Deborah a une soeur cadette.
c   Deborah achète les mêmes choses que ses amis.
d   Deborah essaye de respecter les élèves plus jeunes qu'elle au collège.

(4 points)

3   Une école pour la réussite

Première partie

Kevin, 10 ans

Ce que je pense de l'école ? Que c'est un peu casse-pieds, mais ça dépend des jours. La seule chose qui est bien, c'est quand on a de bonnes notes. L'année dernière, j'avais deux maîtresses, l'une pour l'après-midi et l'autre, pour le matin. Celle de l'après-midi, à chaque fois qu'elle venait en classe, était toujours de bonne humeur ! On échappait à toutes les punitions parce qu'elle nous donnait trop de chances. Elle était trop gentille ! L'école, c'est embêtant, mais si elle n'était pas là, on n'aurait rien dans la tête !

Dites si les phrases suivantes sont vraies, fausses ou impossibles à décider d'après ce que vous avez lu :

a   Kevin n'aime jamais l'école.
b   L'année dernière Kevin avait plus d'une maîtresse.
c   Sa matière préférée est l'histoire.
d   Kevin comprend que l'école est utile.

(4 points)

Dirigeants, développez votre punch avec un coach !

Les grands managers ont eux aussi leurs points faibles. Et ils ont de plus en plus recours – aux frais de leur entreprise – aux services d'entraîneurs qui les aident à soigner leur image, à mieux parler en public, à diriger plus efficacement.

Catherine Caillard est consultante en ressources humaines. Dans un lumineux atelier à Paris elle fait du coaching, venu, comme il se doit, des Etats-Unis. Il consiste à aider un responsable en entreprise à se perfectionner, grâce aux conversations en tête-à-tête.

Dans l'entreprise, comme en politique, l'ascension vers le sommet est une suite de confrontations avec des ennemis, de combats à mort. On l'a compris, le coaching s'adresse aux chefs qui nourrissent de grandes ambitions, aux managers, aux dirigeants dans lesquels l'entreprise veut investir, aux «hauts potentiels», comme on dit dans le jargon.

Au cours d'une série de rendez-vous, le coach va aider le dirigeant à surmonter ses éventuelles appréhensions ou faiblesses, lui faire prendre conscience de ce qui peut-être l'empêche de diriger les hommes, d'imposer son autorité.

La demande en coaching croît, constatent les consultants, non seulement pour cause de mode, mais aussi parce que les cadres dirigeants sont soumis à une pression de plus en plus forte. Et encore un problème : en France, beaucoup de cadres arrivent à des postes de management sans avoir été formés à cela. C'est le paradoxe français qui veut que des jeunes formés à prix d'or dans nos grandes écoles pour devenir des ingénieurs de très haut niveau se retrouvent à des postes de dirigeants, métiers auxquels ils n'ont pas du tout été préparés.

1   **Répondez en français aux questions suivantes, en utilisant le plus possible vos propres mots.**

a   Pour quelles raisons les grands managers consultent-ils les coachs ?   (3)
b   Comment se passe un rendez-vous entre coach et dirigeant ?   (2)
c   Après avoir lu le texte, croyez-vous qu'il est facile de faire une carrière dans une entreprise ?   (3)
d   Expliquez l'expression les «hauts potentiels».   (2)
e   Après avoir surmonté ses problèmes avec l'aide d'un coach, quelles sont les choses que le dirigeant peut mieux faire, selon le texte ?   (2)
f   Pour quelles raisons le coaching devient-il plus populaire ?   (2)
g   Selon le texte, le système scolaire en France réussit-il à préparer les cadres dirigeants ? Pourquoi/pourquoi pas ?   (3)

(17 points)

2 Voulez-vous travailler comme «grand manager» en France ? Donnez vos raisons. (30–40 mots).

(8 points)

4 En pleine forme

Première partie

🔊 Méningite – un vaccin contre le fléau infectieux

Dans ce passage, il s'agit d'un nouveau vaccin contre la méningite. Ecrivez les informations nécessaires en français.

a l'âge à partir duquel on pouvait injecter le vieux vaccin *(1)*

b l'âge à partir duquel il sera possible d'injecter le nouveau vaccin *(1)*

c pourquoi les Anglais sont plus concernés *(1)*

d le pourcentage de méningites en France à cause du méningocoque B *(1)*

e combien d'années faut-il attendre avant que les méningites ne soient écartées *(1)*

f la réaction probable des parents *(1)*

(6 points)

Deuxième partie

Un bon repas français pour faire reculer le stress.

Le docteur Ornish, qui enseigne la médecine à l'université de San Francisco, est un drôle de bonhomme. Il a décidé d'allonger la vie des malades cardiaques, sans médicaments ni intervention chirurgicale. Tôt dans sa carrière, Ornish avait été frappé de voir qu'avant 60 ans la plupart de ses patients ne montraient aucun des facteurs de risque cardio-vasculaires traditionnels. Leur point commun, a-t-il compris, était qu'ils vivaient dans un environnement stressant.

Alors, il a élaboré un programme qui insistait surtout sur le contrôle actif du stress basé sur la méditation. Le stress provoque une cascade de réactions destinées à placer l'organisme en alerte, ce qui représente un vrai gaspillage d'énergie. Lorsque le stress se fait chronique, le système immunitaire se dérègle, ce qui rend vulnérable aux infections et peut-être au cancer. Pour couronner le tout, même un peu de stress entraîne aussi une fuite cellulaire de magnésium, un minéral protecteur du système cardio-vasculaire.

Selon les recherches d'Ornish, les Français ont 30 % de maladies cardiaques en moins que les Américains, alors que nous mangeons plutôt gras. Il ne croit pas qu'il y ait quelque chose dans l'alimentation française

qui nous protège. Il est certain que nous devons à notre culture le fait de vivre plus longtemps. Les gens qui partagent un repas sans hâte reçoivent une nourriture spirituelle. Au contraire, la majorité des familles américaines ne prennent pas un seul repas ensemble.

Ornish a des résultats qui prouvent que, par rapport aux traitements traditionnels, son programme divise par deux fois et demie le risque d'accidents cardiaques. Entre-temps, le président américain a fait de lui son médecin personnel.

Answer the following questions in English.

a What surprised Dr. Ornish about his patients under the age of 60? *(2)*

b How does continual stress affect the body? *(2)*

c What did Ornish discover about heart disease in France? *(2)*

d How does he explain these findings? *(1)*

e Has Ornish been successful as a doctor? *(3)*

(10 points)

5 Evasion

Première partie

🔊 La Riviera tunisienne

Dans ce passage il s'agit de la ville d'Hammamet, en Tunisie. Indiquez si les phrases suivantes sont vraies, fausses ou impossibles à décider d'après le passage.

a Hammamet est populaire chez les touristes depuis plus de trente ans.

b On aime rester en moyenne 2 semaines à Hammamet.

c Il est interdit de construire plus d'hôtels dans cette région.

d La construction d'une marina à Hammamet n'a pas été permise par le gouvernement.

(4 points)

Deuxième partie

Régates à Cannes

A l'occasion des Régates royales, du vendredi 24 au lundi 27 septembre, les responsables du tourisme de Cannes proposent un séjour de 3 nuits dans un hôtel 3 étoiles et de nombreuses activités et excursions destinées à vous faire apprécier encore plus la Côte d'Azur.

Au programme au choix : une croisière sur un catamaran, une partie de pétanque avec un dîner au Café Saint-Tropez et une escapade aux îles de Lérins.

Vous avez lu cet article dans un journal qui décrit le séjour que vous avez fait l'année dernière. Ecrivez une lettre en français de 140 à 160 mots au journal. Vous devez :

- raconter comment vous y êtes arrivé(e)
- décrire votre chambre d'hôtel
- raconter une excursion que vous avez choisie et pourquoi
- raconter un problème que vous avez eu
- dire si le séjour vous a fait apprécier encore plus la Côte d'Azur et pourquoi ou pourquoi pas

(40 points)

6 Gagner sa vie

Première partie

Créations d'entreprises en France

This text is a report on job creation in France. Using no more than 60 words of English, list the main points of the passage under the following headings:

- the present state of job creation in France *(2)*
- the successful and unsuccessful sectors *(2)*
- what motivates the different types of job creators : the rebels, the mature, the debutants *(3)*
- how schools are reacting *(1)*

(8 points)

Deuxième partie

Nigéria : la révolte des sans-pétrole

Un jour, le pipeline qui traverse le territoire du village de Jesse, au cœur du Niger, s'est soudain mis à fuir. Au bout de quelques heures la fuite avait donné naissance à une grande mare d'essence, qui ne cessait de grossir. Très vite, la nouvelle s'est répandue dans toute la région. Hommes, femmes et enfants se sont précipités avec leurs bidons dans l'espoir de revendre quelques litres de carburant au marché noir. Le lendemain, ils étaient des milliers à s'activer frénétiquement, du super jusqu'aux genoux, quand l'explosion s'est produite. Bilan : plus de 2000 morts. Six mois après, défigurés par les brûlures, les rescapés ont encore du mal à trouver les mots pour raconter ce qui est arrivé.

Les victimes de la catastrophe de Jesse n'ont pas eu droit à un mot de compassion de la part du gouvernement militaire. Maintenant, sur cette fabuleuse éponge à pétrole que représente le delta du Niger, la révolte gronde. La région donne au Nigéria 80% de son PNB et 95% de ses recettes d'exportation, mais le peuple du delta ne supporte plus de vivre dans une misère absolue, sans eau potable, sans électricité. Se sentant négligés, comme étrangers dans leur propre pays, les habitants se révoltent et réclament leur part du gâteau pétrolier.

Répondez en français aux questions suivantes, en utilisant le plus possible vos propres mots.

a Combien d'essence a fui du pipeline ? *(1)*
b Après la fuite du pipeline, qu'est-ce que les habitants de la région ont fait d'abord ? *(2)*
c Quel a été le résultat de l'explosion ? *(2)*
d Comment le gouvernement militaire a-t-il réagi après la catastrophe ? *(1)*
e Pourquoi le delta du Niger est-il important au Nigéria ? *(2)*
f Les habitants de cette région, sont-ils riches ? *(1)*
g Expliquez en vos propres termes la phrase : ils «réclament leur part du gâteau pétrolier». *(3)*

(12 points)

7 Il faut cultiver notre jardin

Première partie

Interview avec un architecte

Dans cette interview un architecte parle des musées qu'il a construits. Complétez les deux exercices suivants.

1 Répondez aux questions en français.

a L'architecte, que construit-il, à part des musées ? *(3)*
b Combien d'usines ou de magasins construit-il ? *(1)*
c Selon l'architecte, qui a créé le «marché du musée» ? *(2)*
d Qu'est-ce qui est important pour «certaines collectivités locales» ? *(2)*
e Pourquoi dépense-t-on moins aujourd'hui sur les projets architecturaux ? *(1)*
f A votre avis, l'architecte est-il populaire ? *(3)*

(12 points)

2 Répondez en français aux questions suivantes. Vous devez écrire 30–40 mots pour chaque question.

a Décrivez vos impressions pendant une visite au musée en France.

(8 points)

b A votre avis, qu'est-ce qu'on pourrait faire pour améliorer l'architecture des villes modernes en France ? Expliquez votre réponse.

(8 points)

Deuxième partie

Le théâtre, peut-il être populaire ?

Le théâtre est souffrant : 100 000 spectateurs ont déserté les scènes nationales en dix ans. Mais à Saint-Denis, Stanislas Nordey promet de ramener le peuple à un théâtre qui joue des pièces sérieuses au cœur des quartiers difficiles. Un théâtre idéal – impossible ?

Stanislas Nordey y croit et les médias succombent à son enthousiasme, lui consacrant des dizaines d'articles et de reportages. Mais quelques observateurs ricanent dans le chœur des louanges. Le jeune metteur en scène révolutionnaire s'avance sur un terrain connu, sur lequel ses aînés ont déjà combattu et déposé les armes. D'autres, avant lui, ont rêvé que le peuple redécouvre ses poètes. D'autres, avant lui, ont voulu que l'art dramatique échappe à son milieu bourgeois.

Cependant, les chiffres prouvent un succès objectif, car le taux de fréquentation est passé de 55 % à 70 %. L'argument le plus convaincant a été des places à 50 F pour tout le monde. En plus, rencontres avec les abonnés, dimanches au théâtre avec présentation des acteurs, ateliers pour enfants, facilités de transports : tout est fait pour que le centre dramatique quitte enfin sa tour d'ivoire, pour que le public s'y sente à l'aise. Et si la popularité se mesure au nombre de sièges occupés, à la fréquentation des ateliers et à l'assiduité des abonnés, alors Stanislas Nordey a réussi !

Answer the following questions in English.

a Why is the theatre in trouble? *(1)*

b What sort of "ideal" theatre does Stanislas Nordey wish to create? *(2)*

c Why do some observers doubt that he will be successful? *(2)*

d What has been the effect on the public of the various initiatives taken by the theatre? *(3)*

e Do you think that the author of the article considers Nordey successful? *(2)*

(10 points)

8 Au courant

Première partie

🔲 La télé et la publicité

This text is a report on TV advertising in France. Using no more than 60 words of English, list the main points of the passage under the following headings :

- suggestions for limiting advertising on public TV *(2)*
- the reasons why a different suggestion was not adopted *(2)*
- the main advantage of the agreed suggestion *(2)*
- other powers given to the 'Audiovisual Council' by the new legislation *(2)*

(8 points)

Deuxième partie

Société Vacances-Elèves cherche étudiants(tes) ou personnes désirant un emploi temporaire en tant qu'animateur(trice) dans nos camps de vacances. Il faut savoir utiliser et expliquer aux jeunes : multimédia, Internet, PC, jeux électroniques, courrier électronique, etc. Emploi du temps flexible. Rémunération généreuse. Contrat flexible.

Contact : pour plus de renseignements, écrire ou téléphoner à Anne-Marie Leblanc, 55 avenue de Bruxelles, Nantes.

Vous avez lu cette annonce dans un journal et vous voulez poser votre candidature. Ecrivez une lettre en français de 140–160 mots à Anne-Marie Leblanc. Vous devez :

- décrire ce que vous étudiez et où, ou bien ce que vous faites en ce moment
- dire pourquoi vous posez votre candidature
- donner des détails concernant votre connaissance de l'informatique
- expliquer pourquoi vous vous croyez apte à faire ce travail
- expliquer comment elle pourra vous contacter si nécessaire

(40 points)

Troisième partie

> **Les médias – un vieux journaliste parle**
>
> 1 Dans quelle mesure les médias constituent-ils un miroir fidèle du monde ? Depuis que les nouvelles technologies ont bouleversé le journalisme, cette question devient plus pertinente que jamais.
>
> 2 La grande révolution des nouvelles technologies est un phénomène récent, mais sa première conséquence importante a été un changement radical dans l'univers du journalisme. Depuis, tout a changé. La quête d'informations est devenue une occupation pratiquée, dans chaque pays, par des milliers de personnes. Les journalistes idéalistes, ces doux rêveurs en quête de vérité qui dirigeaient auparavant les journaux, ont été souvent remplacés, à la tête des entreprises de presse, par les hommes d'affaires.
>
> 3 Les écoles de journalisme se sont multipliées, formant année après année des nouveaux venus dans la profession. Autrefois, le journalisme était une mission pour une minorité, pas une carrière pour tous. Cependant, pour certains aujourd'hui, ce n'est plus qu'une sorte de hobby, qu'ils peuvent abandonner à tout moment pour faire autre chose.
>
> 4 Les technologies de pointe ont provoqué une multiplication des médias. Quelles en sont les conséquences ? La principale, c'est la découverte que l'information est une marchandise dont la vente et la diffusion peuvent rapporter d'importants profits. Le prix d'une information ne dépend plus de sa véracité, mais de la demande – une information sera jugée sans valeur si elle n'est pas en mesure d'intéresser un large public.

1 **Pour les quatre paragraphes du texte ci-dessus, choisissez la phrase qui résume le mieux le sens du paragraphe.**

   a La télévision a dépassé la radio en tant que moyen de diffusion de l'information.

   b Les médias bénéficient énormément des informations populaires.

   c Peut-être que les médias ne reflètent-ils pas bien la réalité.

   d Les journaux coûtent plus cher aux entreprises de presse à cause de la nouvelle technologie.

   e Le journalisme n'est plus toujours une occupation pour toute la vie.

   f Le journalisme s'est transformé en raison du progrès technique.

   (4 points)

2 Lisez les mots et expressions suivantes et écrivez le mot ou l'expression dans l'extrait qui a le même sens :

   a d'une justesse sans précédent

   b partout dans le monde

   c gérant des organisations de production

   d une profession universelle

   e ce que cela a provoqué

   f ne vaut rien

   (6 points)

---

9 Terre, où est ton avenir ?

Première partie

📻 La pollution et la voiture

Ecoutez une interview sur la pollution et la voiture en France. Répondez aux questions suivantes en français.

   a Que sont prêts à faire 79 % des Français, selon un sondage récent ? *(2)*

   b Combien de Français favorisent des mesures 'radicales' ? *(1)*

   c Que fait Alain Picard dans l'association 'Jour de la Terre' ? *(1)*

   d Pourquoi l'interviewer s'étonne-t-elle des récents 'pics de pollution' ? *(2)*

   e Quelle est l'explication de M. Picard ? *(3)*

   f Pourquoi croyait-on auparavant que la pollution n'existait pas dans les villes de province ? *(1)*

   g M. Picard croit que 'le problème de la pollution est un problème politique'. Expliquez en vos propres termes le sens de cette phrase. *(2)*

   h Selon M. Picard, pourquoi les pouvoirs publics n'alertent-ils pas la population lors d'un pic de pollution ? *(2)*

   i Picard, le croyez-vous optimiste concernant la pollution en France, vu son opinion des 'grosses industries' ? Pourquoi ? / Pourquoi pas ? *(3)*

   (17 + 5 points)

Deuxième partie

TASK-BASED ASSIGNMENT

SITUATION

As a French speaker, you have been invited to address an international youth conference on the environment in Nice on behalf of your school or college's delegation. As part of your preparation for the conference, you find an article on the French nuclear industry.

DATA

The article on the French nuclear industry:

Déchets nucléaires : la grande inconnue

La construction de deux laboratoires souterrains destinés à étudier le comportement et l'évolution de petites quantités de déchets nucléaires enfouis à grande profondeur a commencé. Le stockage en France des déchets radioactifs issus des centrales électronucléaires, des matériels militaires, de l'industrie et des centres de recherche n'a pas fini de susciter la discussion. A ceux qui prétendent que le stockage à grande profondeur est la meilleure solution compte tenu de la protection qu'offre la superposition des couches sédimentaires, les opposants à la poursuite du programme nucléaire objectent qu'il serait inconscient d'engager ainsi dans le long terme les générations futures alors qu'on ignore tout de la viabilité d'un tel projet.

Tout le monde est d'accord sur un point : les substances radioactives à vie longue vont poser problème d'ici très peu de temps. La solution la plus rationnelle est peut-être de les conserver sur le lieu de leur production ou de les acheminer vers des centres de retraitement spécialement aménagés, toujours à proximité d'un cours d'eau. Mais après ? Même les programmes de recherche nucléaire les plus ambitieux sont impuissants à décrire sans risque d'erreur quel lendemain nous attend.

La France a pris sa décision : pas question de stockage pour l'instant, mais simplement de centre d'expérimentation.

TASK

Your delegation subsequently discusses the article and all members are hostile in their reaction to it.

Write your speech in French (225 words) to be delivered at the conference in which you:

a outline the views put forward by your delegation.
b suggest at least two ways in which, in your view, the French nuclear industry might be able to present its public image more positively, taking your delegation's negative views into account.

(45 points)

Troisième partie

Répondez en français aux questions suivantes. Ecrivez environ 250 mots pour chaque question. Donnez des exemples de pays francophones dans votre (vos) réponse(s).

1 «Les activités humaines continuent de mettre en péril non seulement l'environnement français, mais aussi l'environnement global, et on ne peut rien faire !» Que pensez-vous de cette affirmation ?

2 «Aujourd'hui, les décisions écologiques semblent respecter davantage les forces politiques que la santé publique». Etes-vous d'accord ? Donnez vos raisons.

3 Imaginez que vous habitez près d'une usine en France que vous croyez responsable de la pollution de votre région. Vous allez parler avec l'ingénieur principal de l'usine. Ecrivez le dialogue.

4 Vous travaillez en France comme journaliste. Vous allez envoyer un rapport d'un incident sous le gros titre suivant :

«Manifestation contre la pollution : hommes, femmes et enfants aux mille masques.»

(45 points)

10 Sur un pied d'égalité

Première partie

Vive les femmes qui travaillent !

Le Premier ministre vient de recevoir un rapport officiel qui fait le point sur l'égalité entre les femmes et les hommes d'un strict point de vue économique. L'étude conseille une réforme de la politique familiale pour faciliter le travail des femmes, qu'elle considère comme un facteur de croissance économique.

D'après le rapport, le travail des femmes n'a pas contribué à l'augmentation du chômage depuis les années 70. La démonstration est convaincante. Les pays qui comptent le moins des chômeurs sont aussi ceux où les femmes travaillent le plus. Les femmes qui travaillent ont plus d'argent à dépenser, notamment dans des domaines très créateurs d'emplois.

L'activité féminine est donc une garantie de croissance économique. Mais sur le terrain, les inégalités persistent. Les femmes sont encore trop souvent cantonnées à des emplois peu qualifiés, mal payés, sans grandes responsabilités et à temps partiel. La véritable inégalité découle en fait d'un problème de temps qui interdit trop souvent aux femmes qui travaillent une bonne carrière accompagnée d'une vraie vie familiale.

La politique familiale actuelle ne fait rien pour les aider à concilier ces deux objectifs. Le rapport recommande de remplacer les aides actuelles par un système de chèque emploi familial et d'explorer énergiquement d'autres pistes, comme le «compte épargne temps», qui permet d'accumuler des jours de congé au besoin.

1 Lisez le passage, puis répondez aux questions en français, en utilisant le plus possible vos propres mots.

a Quand le Premier ministre a-t-il reçu le rapport officiel ? *(1)*

b Expliquez le sens de l'expression «une réforme de la politique familiale» dans ce contexte. *(3)*

c Selon ce rapport, quelle sera la conséquence si plus de femmes travaillent et pourquoi ? *(3)*

d Pourquoi les femmes obtiennent-elles trop souvent les pires emplois ? *(2)*

e Comment le «compte épargne temps» peut-il aider les femmes qui travaillent ? *(1)*

(10 points)

2 Translate the following passage into French.

Present government policy aims finally to end the inequality between men and women that still exists in some areas of the national economy. The industries which have the most unemployed are also sadly those which employ women the least. Women must not be restricted to jobs in which they have to choose between their family and career. It is possible for working women to contribute to economic growth, which creates more jobs and allows all workers to be better paid.

(15 points)

Deuxième partie

Répondez en français aux questions suivantes. Ecrivez environ 250 mots pour chaque question. Donnez des exemples de pays francophones dans votre (vos) réponse(s).

1 Les Français et les Françaises, sont-ils égaux face à la douleur ?

2 «Les pays francophones – unis et enrichis par une seule langue!» Que pensez-vous de cette affirmation ?

3 Vous travaillez en France comme journaliste. Vous allez envoyer un rapport d'un incident sous le gros titre suivant :

«Les hooligans de l'extrême droite continuent de dominer les stades de football.»

4 Interview – écrivez le dialogue entre un immigré récent et un journaliste français.

(45 points)

11 Citoyen, citoyenne

Première partie

🔲 **L'Europe et ses élections**

Ecoutez cet extrait qui parle des élections européennes en France.

Summarise the extract in 80–100 words of English in continuous prose, addressing the points below. Remember that quality of language will be taken into account in the marking of your answer.

- why 1999 was a significant year for the European Community
- what attitude the French have to the forthcoming European elections
- what the elections will mean for the political parties in France
- the speaker's view of the prospects for Europe

(8 points)

Deuxième partie

Répondez en français aux questions suivantes. Ecrivez environ 250 mots pour chaque question. Donnez des exemples de pays francophones dans votre (vos) réponse(s).

1 Continuez, sous forme de dialogue, cette conversation entre des parents et leurs enfants aux sujet des élections européennes.

> **La mère :** Eh bien, les enfants, vous allez voter après-demain ?
>
> **La fille :** Pourquoi ? Ça n'en vaut pas la peine.
>
> **Le fils :** Qu'est-ce que tu dis ? Bien sûr que ça en vaut la peine ! Et en particulier aux élections européennes. Pour nous, l'Europe est plus importante que la France.
>
> **Le père :** Pas vrai. Personne ne nous écoute à Bruxelles…

2 Regardez cette image. C'est à vous d'imaginer l'origine de cette situation et la suite. Ces gens, qui sont-ils ? Pourquoi se tiennent-ils ainsi ? Que pensent-ils ? Que se passera-t-il ?

Racontez l'histoire. Commencez-la deux heures avant que la photo ait été prise.

3 Vous travaillez en France comme journaliste. Vous allez envoyer un rapport d'un incident sous le gros titre suivant :

«Le tunnel sous la Manche bloqué par les routiers anglais»

4 «Travailler ou vivre en Europe n'est plus intéressant pour les Français. Il faut aller plus loin pour découvrir quelque chose de différent.» Etes-vous d'accord ?

(45 points)

12 La guerre et la paix

Première partie

Explosion au Port-Royal

Soudain, le monde s'est rappelé au plus atroce souvenir des Français. Nous étions là, tout à nos vrais et nos faux problèmes, et nous avions presque fini par oublier qu'il existait un monde extérieur. Puis, un mardi en fin d'après-midi, à l'heure où l'on commence à sortir des bureaux et finit de sortir des lycées, une bombe explose métro Port-Royal.

On a mal. On a peur. Pourquoi ne pas le dire ? La première leçon de cet attentat est que nous ne pouvons pas faire comme si nous n'avions pas de présence extérieure, d'influence que nous exerçons et affirmons sur tous les continents, et qui nous vaut autant de rancœurs que de sympathies. Quand on compte au dehors, on est exposé, qu'on le veuille ou non, à ce terrorisme qui tue des citoyens pour triompher de leur gouvernement. C'est pour intimider la France qu'on a tué au métro Port-Royal.

La chose est claire, mais faut-il pour autant, devant le désespoir des familles, nous retirer derrière nos frontières, baisser les bras ? Tout conduit d'abord, spontanément, à …(1)… «oui», mais ce n'est pas la bonne réponse. Nous ne résoudrons pas …(2)… problèmes, en effet, sans jouer pleinement notre rôle dans ce village planétaire qu'…(3)… devenu le monde. C'est à l'extérieur que nous résoudrons nos difficultés intérieures.

---

1 **Lisez le passage ci-dessus, puis répondez aux questions en français, en utilisant le plus possible vos propres mots.**

1 Décrivez l'humeur générale des Français avant que la bombe n'explose. *(2)*

2 Selon l'article, pourquoi la France est-elle exposée à de tels actes de terrorisme ? *(2)*

3 Pour le dernier paragraphe, choisissez dans la liste qui suit les mots qui donnent le mieux le sens de ceux qui manquent dans le texte. *(3)*

a demander **b** difficiles **c** a **d** notre
e est **f** soit **g** nos **h** répondre

4 Expliquez le sens, dans ce contexte, de la dernière phrase «C'est à l'extérieur que nous résoudrons nos difficultés intérieures». *(3)*

(10 points)

2 Translate the following passage into French.

> Whether we like it or not, France must remember the role we have to play in the outside world. We will end up by creating difficulties for ourselves if we ignore other countries, as if what happens abroad is nothing to do with us. On the other hand, in places where we do have influence, but use it badly, a feeling of injustice against us could lead to terrorist acts within our own borders. Why not admit it? We are open to such attacks.

(15 points)

Deuxième partie

Répondez en français aux questions suivantes. Ecrivez environ 250 mots. Donnez des exemples de pays francophones dans votre (vos) réponse(s).

1 Le nouvel ordre mondial – si on a gagné la guerre, va-t-on gagner la paix ?

2 «Un pays occupé, comme la France pendant la deuxième guerre mondiale, souffre bien plus qu'un pays qui reste libre pendant une guerre.» Etes-vous d'accord ?

3 Vous travaillez en France comme journaliste. Vous allez envoyer un rapport d'un incident sous le gros titre suivant :
«Manifestations contre les réfugiés»

(45 points)

---

13 Ce que je crois

Première partie

🔲 La communauté de Taizé

Ecoutez un reportage sur la communauté religieuse de Taizé. Répondez aux questions suivantes en français.

a Quand la communauté de Taizé a-t-elle été créée ? *(1)*

b Pourquoi les jeunes chrétiens viennent-ils à Taizé ? *(2)*

c Quelle est l'opinion générale de l'expérience menée à Taizé ? *(4)*

d Qu'est-ce qu'on remarque d'étonnant en voyant Taizé pour la première fois ? *(2)*

e Expliquez en vos propres termes la description du personnage de Roger Schutz. *(3)*

f Quel processus a été achevé par la visite à Taizé du pape en 1986 ? *(2)*

g Après avoir quitté la communauté, quel avenir peut-on prédire pour Taizé ? *(3)*

(17 + 5 points)

Deuxième partie

Répondez en français aux questions suivantes. Ecrivez environ 250 mots pour chaque question. Donnez des exemples de pays francophones dans votre (vos) réponse(s).

1 «La religion doit rester strictement privée et n'a aucun rôle à jouer en France dans les affaires publiques !» Que pensez-vous de cette affirmation ?

2 «L'œcuménisme est un rêve impossible à atteindre même pour les chrétiens français, sans parler d'un rapprochement avec les autres religions.» Etes-vous d'accord ? Donnez vos raisons.

3 Continuez sous forme de dialogue cette conversation entre des amis au sujet d'un raccourci à travers un cimetière :

> **Marie :** Que je suis fatiguée et il commence à pleuvoir ! Prenons un raccourci.
>
> **Henri :** Bonne idée ! Moi aussi, j'en ai marre. Et jamais de bus quand on en a besoin !
>
> **Marie :** Tu sais, si on va à travers le cimetière...
>
> **Henri :** Pas question que je fasse ça !

4 Vous travaillez en France comme journaliste. Vous allez envoyer un rapport sous le gros titre suivant : «La veille de la Toussaint – encore une tradition menacée par Bruxelles ?»

(45 points)

---

14 Qui juge ?

Première partie

TASK-BASED ASSIGNMENT

SITUATION

You are working for the firm Anglia Enterprise plc which has just received the letter on page 228. The letter is passed to you : first you must read it, then you must carry out a task.

DATA

a The letter from the French company, Multimac :

Multimac,

Zone industrielle
de Verroux,
France.
tél : 03 26 73 51 88

Vos réf : FG/DE 3512
Nos réf : GG 763
Objet : **déclaration de sinistre**

Anglia Enterprise
Commercial Way,
Hereford.

le 6 juin 2000

Messieurs,

Nous vous remercions de votre télécopie du 3 mai et regrettons de ne pas avoir répondu jusqu'ici en raison d'un excès de commandes récentes.

Vous nous avez écrit à propos des dégâts concernant votre camion lors d'un vol avec effraction sur notre propriété le 30 avril. Nous tenons à vous signaler que même si votre camion avait été garé sur notre propriété avec sanction, nous ne pouvions pas en garantir la sécurité. Donc, nous regrettons de devoir vous signaler que nous ne pouvons accepter aucune responsabilité pour les dommages commis par des tiers non-identifiés.

Nous vous invitons à récupérer dans les plus brefs délais possibles, le camion qui se trouve encore sur notre propriété à Verroux. Quand vous l'aurez récupéré et réparé, il nous semble très probable que vous pourrez faire une déclaration de sinistre à votre propre société d'assurance.

Nous sommes au regret de ne pouvoir vous satisfaire à propos de ce problème, mais nous vous serions reconnaissants de prendre des mesures d'urgence pour le résoudre vous-même.

En espérant rester en relation avec vous, nous vous prions d'agréer, Messieurs, l'assurance de nos sentiments respectueux.

Le Directeur commercial,

Alain Girard

---

b Relevant facts :

- Anglia Enterpise is a small, family-owned company;
- it has insurance cover, but this does not apply when lorries are parked overnight at another firm's premises;
- the lorry was delayed because Multimac were unable to take delivery at the agreed time;
- a copy of the police report and a covering letter from Multimac are essential.

TASK

The managing director of Anglia Enterprise wants the situation resolved as quickly as possible, but at no further expense to the firm. Taking this and all other relevant factors into account (including all those in b and any others which seem relevant, possibly some of the points mentioned in the letter), draft a reply to Multimac, trying to secure the best possible arrangement for the company in the circumstances.

(45 points)

Deuxième partie

La violence des villes et banlieues se propagerait-elle petit à petit dans la France rurale ? En trois jours, cinq policiers du Lot-et-Garonne se sont sérieusement fait tabasser. Le premier d'entre eux, tandis qu'il rentrait tranquillement à son domicile, le service fini, accompagné de son épouse, a reçu, à la sortie d'un bureau de tabac d'Agen, une canette vide à l'arrière de la tête. Alors qu'il tentait de rattraper le «lanceur», trois autres jeunes se sont jetés sur lui et l'ont roué de coups.

Le lendemain, des policiers intervenant dans une rixe ont été reçus à coups de battes de base-ball. Le surlendemain, un autre policier a été attaqué et battu sans pitié par un groupe d'adolescents. Dans cette région typique de la France profonde, les actes de violence ont augmenté de 15 % pendant les 6 derniers mois.

Aux Etats-Unis, pendant ce temps, c'est une véritable guerre contre la criminalité qui a été engagée sans merci. Pour la première fois, le ministre de l'Intérieur français a envoyé un haut fonctionnaire de police et un magistrat à la tête d'une mission chargée d'étudier les moyens qui ont permis d'y faire chuter spectaculairement la délinquance. Un commencement ?

Translate the following passage into French.

At the same time as the police war on crime has caused the juvenile delinquency rate to fall little by little in major French towns during the last year, the level of violence outside the cities has increased. In a recent scuffle between groups of youths deep in the French countryside several had to be taken to hospital after being mercilessly punched and kicked. How can senior police officers calmly allow this situation to continue? Police officers too are often victims, being regularly attacked at work and off duty.

(15 points)

15 Demain déjà ?

Première partie

INTERPRETING

You and your sister, Jane, visit an IT exhibition while on holiday in France. Your sister is interested in pursuing a career in programming after leaving university and is keen to find out whether there might be any openings for her in France. She wants to discuss this possibility with M. Gilbert, who is manning a stand at the exhibition. You have to interpret from French into English and vice versa as neither speaks the other's language.

(45 points)

Jane: Excuse me, might I have a word with you, please? / I am sorry, but I do not speak French very well / so my (brother or sister) will have to interpret.

M.Gilbert: Mais bien sûr, mademoiselle. Comment puis-je vous aider? / Vous vous intéressez aux ordinateurs ou aux applications multimédia? / C'est une de nos spécialités.

Jane: I am a final year student at university in England, studying IT / and I was wondering whether your company employed any graduates? / I will be looking for a job in about a year.

M.Gilbert: Nous avons un assez grand nombre de diplômés. / Nous avons en ce moment une dizaine d'applications multimédia / à différents stades d'avancement / et nous avons grand besoin de spécialistes de toutes sortes. / Que préférez-vous, les bases de données, l'animation, ou autre chose?

Jane: My particular interest is the development of Internet shopping. / That is the subject of my dissertation this year. / Is your company doing any development work of that kind?

M.Gilbert: Vous savez, face à Internet, les Français hésitent en ce moment. / Je ne sais pas pourquoi – peut-être parce que nos écoles ne sont pas encore connectées / ou parce que la plupart des sites sont en anglais? / Les Français ne se familiarisent que lentement avec le monde virtuel, / mais nous y viendrons sous peu.

Jane: That is surprising to hear, because I thought France was technically very advanced. / Perhaps I had better think of America or England / as better places to look for openings in IT?

M.Gilbert: Mais non, mademoiselle, vous ne comprenez pas ce que je voulais dire. / Je suis certain que le moment est arrivé où on doit expérimenter / et ouvrir une boutique sur le Web. / La France y est prête! / Nous avons assez d'internautes français.

Jane: It would be very interesting to work on a site / for your company and use the Internet to increase profits / and improve customer service at the same time. / But my lack of French is a problem!

M.Gilbert: Certes, votre mauvaise connaissance du français ne vous aidera pas. / Mais vous pouvez apprendre. / Internet promet l'avènement d'un nouveau mode de communication / qui dépasse le multimédia et les frontières nationales. / C'est une nouvelle révolution.

Jane: Well, I'm not sure about that. / You might be exaggerating a little, / but it would be exciting to try all the same. / I shall send you an e-mail when I get back to England / and we can talk some more.

M.Gilbert: Enchanté d'avoir fait votre connaissance, mademoiselle. / Vous voyez notre adresse ici. / Je vais attendre votre message électronique avec intérêt. / Au revoir.

Deuxième partie

Répondez en français aux questions suivantes. Ecrivez environ 250 mots pour chaque question. Donnez des exemples de pays francophones dans votre (vos) réponse(s).

1 Bienvenue dans le cyberespace ! Les Français, doivent-ils être contents d'y avoir été invités ?

2 «Le génie génétique ne présente aucune menace pour la France. La menace vient de la part de ceux qui en ont peur !» Etes-vous d'accord ? Donnez vos raisons.

3 Vous travaillez en France comme journaliste. Vous allez envoyer un rapport sous le gros titre suivant : «Manque d'étudiants dans les facs des Sciences – nouvelle crise pour les universités !»

(45 points)

Grammaire

TABLE DES MATIERES

PUNCTUATION

MAIN PUNCTUATION MARKS

1 The comma [,] (*la virgule*) serves to indicate a short pause, a breath-mark in a sentence. It can act as a link between words and phrases. It can also help to separate words and phrases, for stylistic emphasis:
   – *Ses parents, terrorisés, vont encore se lever, impuissants.*
   – *Et la nuit s'écoulera, lourde, lente, …*

2 The full-stop [.] (*le point*) signals a more significant break in the text. It marks the end of one idea and the beginning of another. It is also used in abbreviations:
   – *l'O.N.U. ; la S.N.C.F. ; un T.G.V.*

3 The colon [:] (*deux points*) is generally used to introduce a quotation, an enumeration or an explanation:
   – *Exemples de thèmes : pluies acides, forêts tropicales, déchets nucléaires, …* (enumeration)
   – *Le médecin n'a pas laissé grand espoir aux parents :*
   «*Le traitement aura lieu…*» (quotation)

4 The semi-colon [;] (*point-virgule*) is used to break up longer sentences, separating ideas or the stages of development of complicated thoughts. Its use is not common in modern French.

5 Quotation or speech marks [« »] (*les guillemets*). These symbols are placed at either end of a quotation contained within a text. They are sometimes used around titles or names of, for example, organisations. They can also be used for ironic effect:
   – *Fondée en 1970, l'assocation «Les Amis de la Terre» fait partie de…*
   – *C'est, en effet, en 1492 que Christophe Colomb «découvrit» l'Amérique.*

   Note:
   In the middle of a speech, when you wish to indicate how the direct speech was delivered, inversion of the verb – subject takes place.

   – «*Tout va bien, dit Marcelle à son frère, je n'ai pas besoin de toi.*»

6 The dash [–] (*le tiret*) announces, at the beginning of a line, a change of speaker in a dialogue.

7 Brackets ( ) (*les parenthèses*) are used to contain a comment or clarification within a sentence:
   – *… plus de dix milliards d'hommes (14 milliards dans l'hypothèse la plus pessimiste).*
   – *Il souffre d'une maladie génétique (myosite ossifiante) qui le transforme en pierre.*

ARTICLES

THE DEFINITE ARTICLE (*LE, LA, L', LES*)

Literally translated, the definite article means 'the'. However, in French it is often required where 'the' is not used in English. Remember especially the following uses:

1 Before abstract nouns or nouns used to generalise:
   – *L'argent donne la liberté.*

2 Before names of continents, countries, regions and languages:
   – *La France vieillit.*
   – *Le français n'est pas trop difficile.*

   But note that no definite article is required:
   a after *en* and *de* with feminine names only:
      – *Cette année, nous allons en Normandie.*
      – *Elle revient de Norvège.*
   b with languages placed immediately after the verb *parler*:
      – *Ici, on parle japonais.*

3 Before arts, sciences, school subjects, sports, illnesses:
   – *La physique nous permet de mieux comprendre l'univers.*
   – *Le sida nous fait bien peur.*

4 Before parts of the body:
   – *Pliez les genoux.*
   – *Il s'est cassé la jambe dans un accident de moto.*

5 Before substances, meals and drinks:
   – *Greenpeace estime que le plutonium est dangereux à transporter.*
   – *Le petit déjeuner est servi à partir de sept heures.*

6 Before fractions:
   – *Les trois quarts de l'électorat sont indifférents.*

7 Before titles or names preceded by an adjective:
   – *Le Président Chirac*
   – *Le petit Jean*

THE INDEFINITE ARTICLE (*UN, UNE, DES*)

In the singular form, the indefinite article means 'a' or 'an'. But *un* or *une* is not needed in the following situations:

1 When stating a person's occupation:
   – *Ma mère est chef d'entreprise et mon père est professeur.*

2 After *quel; comme; en; en tant que; sans; ni*:
   – *Quel frimeur!* (What a show off !)
   – *Je vous parle en tant que professeur.* (In my capacity as a …)
   – *Mais, dis donc : tu n'as ni crayon ni stylo ?*
   – *Ils sont sans domicile.*
   – *Vous cherchez quoi, comme travail ?*

3 In a list:
   – *Etudiants, ouvriers, cadres – tous étaient à la manif.*

4 Before a noun in apposition (i.e. explaining a noun or phrase just used):
   – *Et au micro aujourd'hui : Francis Cabrel, chanteur-compositeur.*

In the plural form the indefinite article means 'some' or 'any'.

THE PARTITIVE ARTICLE (*DU, DE LA, DE L'*)

The partitive article also means 'some' or 'any' and therefore describes an unspecified quantity:

– *Je voudrais du beurre, s'il vous plaît.*

All these forms are modified to *de* in the following situations:

1 After a negative verb (this also applies to the indefinite article *un* and *une*):
   – *Les diplomates n'offrent pas d'espoir.*
   – *Il ne me reste plus de cassettes.*

But note that there is no change after *ne… que* or *ne… pas que*:
   – *Il ne mange que du poisson.*
   – *Je ne bois pas que du vin.* (I don't only drink wine.)

2 In expressions of quantity:
   – *Il faut beaucoup de courage.*
   – *Ça cause trop de pollution.*

3 With plural nouns preceded by an adjective:
   – *Voilà de beaux sentiments !*
   – *On fait de gros efforts pour rassurer la population.*

4 In numerous set expressions, such as:
   – *bordé de*   lined with
   – *couvert de*   covered with
   – *entouré de*   surrounded by
   – *plein de*   full of
   – *rempli de*   filled with

NOUNS

GENDER OF NOUNS (Chapter 1, page 10)

Knowing the gender of a French noun is largely a question of careful learning, but there are guidelines to help you. The following general rules apply. But beware! For many of these there are notable exceptions.

MASCULINE NOUNS

Meanings

Names of males, days, months, seasons, trees, fruits, substances, colours, languages, flowers not ending in *-e* and most countries not ending in *-e*.

Endings

Note the following patterns with examples and some exceptions:

Ending	Examples	Exceptions
-acle	un obstacle, un spectacle	
-age	le courage, le jardinage	une cage, une image, une page, une plage, la rage
-al	un animal, le total	
-ail	un portail, le rail	
-amme	un diagramme, un programme	la gamme
	(words of two syllables or more)	
-eau	un oiseau, un écriteau	
-ème	un thème, un système, un problème	
-er	un verger, le fer	la mer
-et	un livret, le billet	
-isme	le réalisme, le tabagisme	
-ment	élément, le commencement	une jument
-oir	un miroir, un séchoir	

FEMININE NOUNS

Meanings

Names of females, continents, most countries and rivers ending in *-e*, most fruits and shrubs ending in *-e*.

Endings

Note the following patterns with examples and some exceptions:

Ending	Examples	Exceptions
-ance	une tendance, l'indépendance	
-anse	la danse	
-ée	une journée, une soirée	un lycée, un musée
-ence	la prudence, la conscience	le silence
-ense	la défense	
-esse	la jeunesse, une promesse	
	(abstract nouns)	
-eur	la douceur, la peur	le bonheur, le malheur, l'honneur
-ie	une partie, la philosophie, la vie	le génie
-ière	une matière, une chaudière	un cimetière
-ise	une bêtise, une valise	
-sion	une mission, une expression	
-tié	l'amitié, la pitié	
-té	la bonté, la santé	un côté, le pâté, un traité, un comité
-tion	une nation, une fonction	un bastion
-ure	la nature, une mesure	

MASCULINE NOUNS WITH MODIFIED FEMININE FORM

The feminine equivalent of many masculine forms is formed simply by adding an extra *-e*:

– *un commerçant* → une commerçante

Further changes are, however, common with masculine noun endings as follows:

Ending masc.		fem.	Noun masc.	fem.
-ain	→	-aine	un américain	une américaine
-eur	→	-euse	un chanteur	une chanteuse
		-rice	un instituteur	une institutrice
-eau	→	-elle	un jumeau	une jumelle
-er	→	-ère	un boulanger	une boulangère
-ien	→	-ienne	un Italien	une Italienne
-on	→	-onne	un Breton	une Bretonne
-f	→	-ve	un veuf	une veuve
-x	→	-se	un époux	une épouse

Some nouns have different meanings according to gender. Here are some common ones. Watch out for others!

Noun	Masculine meaning	Feminine meaning
crêpe	crepe	pancake
critique	critic	criticism
livre	book	pound sterling
manche	handle	sleeve
Manche		English Channel
mémoire	thesis	memory
mode	method, (mood of verb)	fashion
moule	mould	mussel
œuvre	complete works	work (e.g. a book)
pendule	pendulum	clock
physique	physique	physics
poêle	stove	frying-pan
poste	post, job	post-office
tour	turn, trick, tour	tower
voile	veil	sail, sailing

SINGLE GENDER NOUNS

The nouns shown below retain the same gender, irrespective of the person described.

Nouns always masculine

un amateur, un auteur, un bébé, un écrivain, un ingénieur, un médecin, un peintre, un professeur, un sculpteur, un témoin
It is sometimes possible to create a feminine form of these nouns by making a compound with the word *femme*, e.g. *une femme-médecin*.

Nouns always feminine

une connaissance, une personne, une recrue, une sentinelle, une vedette, une victime

PLURAL OF NOUNS

The plural of a noun is normally formed by adding an *-s*:
un livre → des livres

The following patterns should, however, be noted:

1. *-al → -aux : un animal – des animaux*

    Exceptions: *un bal – des bals;*
    un festival – des festivals

2. *-ail →* normally add *-s*:
    un détail – des détails

    But often the ending is *-aux*:
    un travail – des travaux
    un vitrail – des vitraux

3. *-au ; -eau ; -eu →* add *-x*:
    un bateau – des bateaux
    un jeu – des jeux

    Exception: *un pneu – des pneus*

4. *-ou →* normally add *-s*, but the following end in *-oux* in the plural:

un bijou	*des bijoux*
un caillou	*des cailloux* (pebbles)
un chou	*des choux*

un genou	*des genoux*
un hibou	*des hiboux* (owls)
un joujou	*des joujoux* (playthings)
un pou	*des poux* (lice)

5. *-s; -x; -z →* no change:

un fils	*des fils*
une voix	*des voix*
un gaz	*des gaz*

6. Special cases:

le ciel	*des cieux*
un œil	*des yeux*
madame	*mesdames*
mademoiselle	*mesdemoiselles*
monsieur	*messieurs*

PRONOUNS

PERSONAL PRONOUNS

Subject pronouns

je	=	I
tu	=	you
il	=	he
elle	=	she
on	=	one, you
nous	=	we
vous	=	you (plur. or polite sing.)
ils	=	they (m.)
elles	=	they (f.)

These are the familiar pronouns which are learnt with verbs.

Use of *on* (Chapter 5, page 45)

1. Meaning 'one', 'you' or 'someone'
    – *On ne sait jamais !* (You never know!)
    – *On t'attend dehors.* (Someone's waiting for you outside.)

2. As an alternative to *nous*, provided people are involved in the action:
    – *On a bien rigolé ce soir-là.* (We had a good laugh that evening.)

3. As an alternative to the passive:
    – *Je crois qu'on nous suit.* (I think we're being followed.)

Object pronouns

Direct object pronouns

me	=	me
te	=	you
le (l')	=	him; it
la (l')	=	her; it
nous	=	us
vous	=	you (plur. or polite sing.)
les	=	them

Indirect object pronouns

me	=	to me
te	=	to you
lui	=	to him, to her
nous	=	to us
vous	=	to you (plur. or polite sing.)
leur	=	to them

Reflexive pronouns

me	=	myself
te	=	yourself
se	=	himself, herself, oneself
nous	=	ourselves
vous	=	yourselves (plur.), yourself (polite sing.)
se	=	themselves

Y

The pronoun *y* has two uses :

1 Meaning '(to) there', replacing a place already mentioned:
   On y va ? (Shall we go (there)?)

2 Replacing a noun (not a person) or a verb introduced by *à*:
   – *As-tu pensé aux conséquences? – Non, je n'y ai pas pensé.*

En

The pronoun *en* also has two uses:

1 Meaning 'from (out of) there':
   – *Il a mis la main dans sa poche. Il en a sorti un billet de 100 francs.*

2 Replacing a noun (not a person) or a verb introduced by *de*:
   – *Marie, que penses-tu de ton cadeau ? – J'en suis ravie.*
   – *Pourquoi n'a-t-il pas protesté ? – Parce que les pouvoirs publics l'en ont empêché (… de protester).*

   Often, in this case, *en* means 'some', 'any', 'of it', 'about it', 'of them', etc:
   – *Tu n'as pas de l'argent à me prêter ? – Attends… si, j'en ai. En voilà.*

Position of personal pronouns

The normal position for both direct and indirect pronouns is immediately before the verb:
– *Je t'aime, tu sais. – Non, ce n'est pas vrai. Tu ne m'aimes pas !*
– *Ils ont vendu leur maison ? – Non, ils ne l'ont pas encore vendue.*

Notes:
When the verb is an affirmative imperative (a command to do something), object pronouns follow the verb. Note the hyphen.
– *Ecris-moi bien !*

me and *te* change to *moi* and *toi* when placed after the verb, except when followed by *en*.
– *Ecoute-moi bien ! –Léve-toi! Va-t-en !*

With a negative imperative (a command not to do something), object pronouns adopt their normal form and their usual position, before the verb.
– *Ne m'oublie pas, je t'en prie !*
– *Michèle est malade. Ne lui faites pas de bêtises !*

Order of pronouns

The sequence of pronouns before the verb is as follows:

me te se nous vous	le la les	lui leur	y	en

– *Il m'en a déjà parlé.*
– *Il ne comprend pas encore la blague. Il faut la lui expliquer après tout.*

After the verb, object pronouns normally occur in the same order as in English, but note the hyphens:
– *Donnez-le-moi !*

Stressed pronouns (emphatic pronouns)

moi	=	me
toi	=	you
lui	=	him
elle	=	her
soi	=	oneself (used with *on*)
nous	=	us
vous	=	you
eux	=	them (m.)
elles	=	them (f.)

Stressed pronouns, which always refer to people, are used:

1 For emphasis:
   – *Moi, je ne suis pas d'accord*
   – *C'est lui qui devrait céder, pas elle.*

2 Before -*même(s)*, meaning '-self, -selves':
   – *Il l'a construit lui-même.*

3 After prepositions:
   – *Tu vas rentrer directement chez toi ?*
   – *Chacun pour soi !*

4 After certain verbs followed by prepositions:
   Verb + *à* (i.e. instead of an indirect pronoun)

   e.g. *avoir affaire à ; faire appel à ; faire attention à ; penser à ; s'adresser à ; s'intéresser à*
   – *Elle pense toujours à lui.*
   – *Il faut faire attention à eux.*

   Verb + *de*
   e.g. *dépendre de ; penser de ; profiter de ; s'approcher de*
   – *Qu'est-ce qu'elle pense de moi ?*
   – *Elle s'est approchée de lui.*

DEMONSTRATIVE PRONOUNS (Chapter 10, page 127)
Celui, celle, ceux, celles

These pronouns replace clearly identifiable nouns:

	singular	plural
masculine	*celui*	*ceux*
feminine	*celle*	*celles*

The literal meaning of these pronouns is 'the one', 'the ones'. They cannot stand on their own, but are used in combination:

1 with a relative pronoun (*qui, que, dont*):
   – *Quelle moto préfères-tu ? – Celle que j'ai vue hier.*
   – *Jean-Marie, qui est-ce ? – Tu le connais. C'est celui qui porte toujours un blouson noir.*

2 with *de* expressing possession:
   – *C'est la petite amie de Robert ? – Mais non, imbécile ! C'est celle de son frère.*

3 with *-ci* or *-là* meaning 'this one', 'that one', 'these', 'those'.
  – *Quel guide veux-tu acheter ? – Celui-ci.*

> **Note:**
> *celui-ci, celle-là*, etc. can also mean 'the latter' and 'the former':
> – *La femme du président parlait à la Reine. Celle-là* (the former – the President's wife) *avait l'air mal à l'aise.*

Cela (ça) = that, this

Unlike *celui* etc., *cela* (*ça* generally in conversation only) represents an idea rather than an individual noun. It is therefore invariable:
– *Ça ne m'intéresse pas du tout !*

Ceci = this

Used only to introduce an idea, and rather rare in modern French having been replaced by *cela* or *ça*.
– *Je vous dirai ceci – le marché libre ne résoudra pas tous nos problèmes.*

Ce = that (this) + *être.*

Ce is often used as an alternative to *cela* (*ça*) when the following verb is *être, devoir être* or *pouvoir être*.
– *Ce n'est pas vrai !* (**That's** not true!)
– *C'est une honte !* (**This** is a disgrace!)
– *Ce doit être sa dernière tentative.* (**This** must be his last attempt.)

PERSONAL OR DEMONSTRATIVE *IL EST* OR *C'EST* ?

C'est + adjective

This always refers back to an idea already mentioned:
– *Bien communiquer avec ses parents ? – Mais, c'est essentiel.*

In spoken French, it is also common to use *c'est* when referring to particular nouns already mentioned:
– *Comment trouves-tu le service ? – C'est excellent.*
– *Tu aimes la salade niçoise ? – Oui, c'est délicieux.*

> **Note:**
> Adjectives are always in the masculine after *c'est*.

Il est + adjective

This construction is required when the adjective introduces a verb:
– *Il est difficile de comprendre cette règle grammaticale.*

In spoken French, however, you will also find, increasingly, *c'est* + adjective + *à* or *de* + verb:
– *C'est dur à couper, cette viande.*

Il est, elle est, ils sont, elles sont are required, strictly speaking, when particular, clearly identifiable nouns are being described:
– *Comment est ta maison ? Elle est assez petite…*
– *Pouah ! Ne mange pas ces pommes-là. Elles ne sont pas mûres.*

'he is', 'she is', 'they are' + adjective

With people, and sometimes animals, personal pronouns are used in the normal way:
– *Tu connais Jules ? Il est très riche.*

'it is' or 'he/she is', 'they are' + noun

For all these combinations use *c'est* or *ce sont* + noun:
– *C'est une belle chanson.*
– *Ce sont des élèves très intelligents.*

Exception: simple statements of a person's occupation or profession:
– *Il est instituteur. Elle est actrice. Ils sont médecins.*

But if more information is added use *c'est* or *ce sont*:

– *C'est un instituteur doué. C'est une actrice qui est bien connue en France.*

RELATIVE PRONOUNS (Chapter 8, page 78)

Qui (subject pronoun)

qui = who, which, that

Que (object pronoun)

que or *qu'* (before a vowel) = who(m), which, that
Both *qui* and *que* may refer to people or things, singular and plural:
– *Michelle, ma belle, sont des mots qui vont très bien ensemble.*
– *C'est cette jupe que tu as choisie ?*

> **Note:**
> After *que* the subject – verb order may be reversed, especially when the subject is a noun as opposed to a pronoun:
> – *Les histoires qu'ils racontent sont peu polies.*
> – *Les histoires que racontent les vieilles personnes sont passionnantes.*

Dont

dont = 'of which', 'of whom' (replacing *de* + noun), or 'whose', indicating possession:
– *Voilà le château dont j'ai parlé tout à l'heure.*
– *Voilà Jérôme, dont la petite amie s'appelle Alissa.*

Remember the following principal differences from English:

1 The definite article required after *dont*:
  – whose girlfriend = *dont la petite amie…*

2 If the following noun is the direct object, it is placed after the verb:
  – *Je te présente mon cousin Alphonse, dont tu connais la sœur, n'est-ce pas ?*

3 After a preposition followed by a noun, *de qui* replaces *dont*:
  – *Elle a remercié ses profs sans l'aide de qui elle n'aurait jamais réussi.*

Ce qui, ce que

ce qui – subject; *ce que* – object = what

These are reported forms of the direct questions *Qui ?* or *Qu'est-ce qui ?* and *Que ?* or *Qu'est-ce que ?*
– *Qu'est-ce qui intéresse ces jeunes ? – Moi, je ne sais pas ce qui les intéresse.*
– *Que fera le Président ? – On ignore ce qu'il a l'intention de faire.*

ce qui, ce que = which

Referring to an idea rather than to a particular noun or pronoun:
– *Il ne parle que rarement, ce qui me paraît bizarre.*
– *On m'a sauvé la vie, ce que je n'oublierai jamais.*

Ce dont = what

Used with verb constructions followed by *de*, e.g. *s'agir de, être question de, se souvenir de*:
– *Ils n'ont jamais compris ce dont il s'agissait.* (… what it was about.)

Preposition + *qui*

preposition + *qui* = preposition + who(m)
– *Tu sors avec qui ce soir ?*
– *C'était la jeune fille à qui tu as donné l'adresse ?*

Lequel, laquelle, lesquels, lesquelles

	singular	plural
masculine	*lequel*	*lesquels*
feminine	*laquelle*	*lesquelles*

preposition + *lequel* = preposition + which
– *J'ai perdu la clé, sans laquelle je ne pourrai pas ouvrir la porte.*
– *Voici le lac dans lequel ils ont jeté les armes.*

Note:
Lequel? Laquelle? etc., is also an interrogative pronoun, having the same number and gender as the nouns for which it stands:
– *Il nous reste trois gîtes. Lequel voulez-vous ?*
– *Une de ces clés ouvre la porte principale. Mais laquelle ?*

à and *de* combine with *lequel* as follows:

	singular		plural	
masculine	*auquel*	**duquel*	*auxquels*	**desquels*
feminine	*à laquelle*	**de laquelle*	*auxquelles*	**desquelles*

– *C'est bien le film auquel je pensais.*
– *Voilà la gare à côté de laquelle vous trouverez un parking.*

*duquel, de laquelle, etc., are used exclusively with compound prepositions, e.g. *près de, à côté de*. They are not interchangeable with *dont*.

A common alternative to *dans lequel* etc. is *où* which can have a meaning of space or time:
– *La région où (dans laquelle) je passe la plupart de mes vacances.*
– *Le jour où l'accident a eu lieu.*

POSSESSIVE PRONOUNS

	masc. sing.	fem. sing.	masc. plur.	fem. plur.
mine	*le mien*	*la mienne*	*les miens*	*les miennes*
yours	*le tien*	*la tienne*	*les tiens*	*les tiennes*
his, hers, one's	*le sien*	*la sienne*	*les siens*	*les siennes*
ours	*le nôtre*	*la nôtre*	*les nôtres*	*les nôtres*
yours	*le vôtre*	*la vôtre*	*les vôtres*	*les vôtres*
theirs	*le leur*	*la leur*	*les leurs*	*les leurs*

The number and gender of possessive pronouns are determined by those of the noun(s) which they replace:
– *As-tu ta montre ? J'ai oublié la mienne.*

Possession can also be expressed by *à* + emphatic pronoun.
To express the idea: 'This wallet is mine.'
Literal translation: *Ce portefeuille est le mien.*
More common version: *Ce portefeuille est à moi.*

ADJECTIVES
QUALIFICATIVE ADJECTIVES (ORDINARY ADJECTIVES)
Adjective endings
In French, an adjective must, through its ending, indicate the number and gender of the noun it qualifies. This is called adjectival agreement.

Regular adjective endings

	singular	plural
masculine	- *un grand succès*	-s *les petits enfants*
feminine	-e *la haute saison*	-es *de jolies robes*

Notes:

1 Adjectives ending in *-e* do not take an extra *e* in the feminine forms.

2 Adjectives ending in *-s* or *-x* do not add an *s* in the masculine plural.

3 An adjective qualifying two (or more) nouns of different genders takes the masculine plural endings:
   – *Est-ce que ta mère et ton père sont contents maintenant?*

Irregular adjective endings (Chapter 3, page 27)
The following patterns may help you produce the correct forms of endings.

Feminine forms

1 *-s*, double the *-s*, e.g. *bas – basse*.

2 *-eil, -el, -en, -on*, double the consonant, e.g. *pareil – pareille; traditionnel – traditionnelle; ancien – ancienne; bon – bonne.*

3 *-x*, generally becomes *-se*, e.g. *heureux – heureuse*.
   Exceptions: *faux – fausse; roux – rousse; doux – douce.*

4 *-er* becomes *-ère; -ier* becomes *-ière*, e.g. *léger – légère; premier – première.*

5 *-f*, generally becomes *-ve*, e.g. *naïf – naïve.*
   Exception: *bref – brève.*

6 *-et*, generally becomes *-ète*, e.g. *inquiet – inquiète.*
   Exceptions: *net – nette; coquet – coquette.*

7 *-c*, generally becomes *-che* or *-que*, e.g. *blanc – blanche; public – publique.*
   Exceptions: *grec – grecque; sec – sèche.*

8 *-eur*, generally becomes *-eure*, e.g. *inférieur – inférieure.*
   Exception: *rêveur – rêveuse.*

9 *-teur*, becomes *-trice*, e.g. *conservateur – conservatrice.*

10 some adjectives have irregularities of their own:
   e.g. *aigu – aiguë; favori – favorite; frais – fraîche; long – longue; malin – maligne.*

Irregular masculine singular forms

Some adjectives have a special form before a masculine word beginning with a vowel or mute *h*:
beau – bel; nouveau – nouvel; vieux – vieil; fou – fol; mou – mol
– *Mon nouvel ami. Un vieil hôpital. Un fol amour.*

Irregular masculine plural forms

-al generally becomes *-aux*, e.g. *égal – égaux*
Exceptions: *fatal – fatals; final – finals; natal – natals; naval – navals.*

Invariable adjectives

Adjectives endings never change with:

1   compounds, that is adjectives made up of more than one word:
    des souliers bleu foncé; des livres bon marché

2   colours, where a noun is used as an adjective:
    des yeux marron

Position of adjectives

1   Most adjectives are placed **after** the noun they qualify:
    – *une cérémonie religieuse; un sentiment bizarre; du vin rouge*

2   Several common adjectives are, however, normally placed
    in front of the noun they qualify:

beau	*mauvais*
bon	*méchant*
grand	*nouveau*
gros	*petit*
haut	*premier*
jeune	*vaste*
joli	*vieux*
long	*vilain*

    Note:
    prochain (next) normally precedes the noun
    e.g. *la prochaine fois*
    But it is placed after: *an; année; mois; semaine*

Variation on normal position

A change in the 'normal' position of an adjective can come about
for three main reasons.

1   Emphasis: *C'est une excellente idée !*

2   Usage: In set expressions such as *le moyen âge* (the Middle Ages).

3   Change of meaning: some adjectives have different meanings
    according to their position.

The most common are as follows:

adjective	meaning when before noun	meaning when after noun
ancien	former	old (ancient)
brave	good	brave
certain	some	undeniable
cher	dear (cherished)	expensive
dernier	last (latest in series)	last, previous
grand	great, famous	tall, big
même	same	very
pauvre	unfortunate	poor (not rich)
propre	own	clean
pur	pure (sheer)	pure (perfect)
seul	sole, only	alone
simple	mere	plain, simple
vrai	real	true

Adjectives as nouns

1   Masculine singular adjectives can be used as abstract nouns:
    – *L'important est de faire un effort.*
    – *Le plus difficile, c'est de sauver les forêts tropicales.*

2   Adjectives can be used as nouns where in English we would
    add the word 'one':
    – *Je ne connais pas cette route, mais je crois que c'est la
    bonne.* (the right one)

Negative forms of adjectives

Many French adjectives have a negative form with a prefix.
Here are some common ones:

content	→	*mécontent*
croyable	→	*incroyable*
heureux	→	*malheureux*
possible	→	*impossible*
rationnel	→	*irrationnel*

Where no such form exists, it is common to find the words
peu/pas très being used to give a negative meaning:
– *un personnage peu intéressant*

Adjectives after certain expressions (Chapter 2, page 12)

Note the used of *de* to introduce an adjective after the following
expressions:
quelqu'un; quelque chose; personne; rien
– *Il n'y a rien d'étrange en tout cela.*

DEMONSTRATIVE ADJECTIVES
(this/that; these/those + noun)

	singular	plural
masculine	ce (cet)	ces
feminine	cette	ces

As with all other adjectives in French, the demonstrative
adjectives must agree in number and gender with the noun
to which they are attached.

Notes:

1   *Cet* is used before a masculine singular word beginning with
    a vowel or mute *h*: *cet avion, cet hôtel.*

2   In order to distinguish more precisely between 'this/these'
    and 'that/those', add *-ci* or *-là* to the noun.
    – *Ces chemises-là* (those) *sont assez chères, mais ces pulls-ci*
    (these) *sont bon marché.*

POSSESSIVE ADJECTIVES

	masculine	feminine	plural
my	mon	ma (mon*)	mes
your	ton	ta (ton*)	tes
his, her, its, ones	son	sa (son*)	ses
our	notre	notre	nos
your	votre	votre	vos
their	leur	leur	leurs

Notes:

1 Possessive adjectives are singular, plural, masculine or feminine depending on the noun they qualify, NOT the gender or number of the person(s) referred to.
son frère aîné = his or her older brother (the context with indicate the appropriate meaning)

2 *In the feminine singular form *mon, ton,* and *son* replace *ma, ta* and *sa* if the following word begins with a vowel or mute h, e.g. *mon amie Joséphine; ton attitude sceptique.*

COMPARISON OF ADJECTIVES (Chapter 13, page 163)

Comparative

plus + adj. + *que* = more … than
aussi + adj. + *que* = as … as
moins + adj. + *que* = less … than

– *Le meurtre est plus grave que le vol.*
– *Notre économie est aussi forte que celle de l'Allemagne.*
– *Ce système de gouvernement est moins démocratique que le nôtre.*

Note:

If a comparative adjective introduces a relative clause with *que, ne* is used before the verb. In this case, *ne* has no negative value:
– *Ce traitement est plus cher qu'on ne le pensait.*

Superlative

le/la/les plus + adj. = the most
le/la/les moins + adj. = the least
– *C'est le problème le plus difficile à résoudre.*
– *Ce sont les quartiers les moins privilégiés de* la ville.*
*After a superlative adjective, use *de* to express 'in'.

Irregular comparatives and superlatives

	comparative	superlative
bon	meilleur	le/la/les meilleur(e/s/es)
mauvais	pire	le/la/les pire(s)
	*plus mauvais	*le/la/les plus mauvais(e/es)

*These regular forms are increasingly used in preference to *pire* which is more formal and literary.

ADVERBS

ORDINARY ADVERBS

Adverbs provide further information about the word they qualify, usually a verb, but also an adjective or another adverb. An adverb will usually answer one of the following questions:

How? How much? To what extent? When? Where? Whether or not?

Formation of adverbs

Adverbs formed from adjectives

Take the feminine singular form and add *-ment*:
e.g. '*heureux : heureuse* → *heureusement* (happily, luckily)

Do not add *-e* to adjectives ending in a vowel: e.g. *vrai – vraiment*

Learn the following common exceptions:
bref → *brièvement*
gai → *gaiement*
gentil → *gentiment*
constant → *constamment*
(and other adjectives ending in *-ant*)

évident → *évidemment*
(and others adjectives ending in *-ent*)

A number of adverbs end in *-ément*:
e.g. *aveugle* → *aveuglément*

Other adverbs in this group:
communément   *obscurément*
confusément   *précisément*
énormément   *profondément*

Note:

bon → *bien*
mauvais → *mal*

Adjectives used as adverbs

These are invariable and tend to be found in set expressions:
parler bas   *s'arrêter court*   *travailler dur*
sentir bon   *voir clair*   *sentir mauvais*
coûter cher   *marcher droit*   *frapper juste*

An adjective is, however, used sometimes where the English equivalent involves an adverb. In these cases it will agree with the noun it qualifies.
– *Les experts, unanimes, condamnent la publicité pour le tabac.*
 (The experts unanimously condemn…)

Adverbs formed from prepositions

preposition	adverb
dans	dedans
sur	dessus
sous	dessous

Usage: contrast between English and French

The one word adverb ending in '-ly' is common in English. In French, there are many more alternative adverbial phrases available. For example, in expressions of manner – describing HOW something happened – the choice is:

Adverb from adjective

– *Elle parle clairement.*

Adjective used after phrases

de façon, d'une façon, de manière, d'une manière, d'un air, d'un ton, d'une voix, etc.

– *Elle s'est exprimée d'une voix claire.*

(The adjective must agree with the noun *voix, façon, air,* etc.)

Noun used after the prepositions *avec, sans, par*, etc.
– *Elle s'est exprimée avec clarté.*

Position of adverbs

With adjective or another adverb
As in English, adverbs are placed before the adjective or adverb they qualify:
– *quelques mots bien placés*
– *celui-là va trop vite*

With verb
The adverb is normally placed after the verb it qualifies and, unlike in English, never between subject and verb:
– *Il oublie souvent.* (He often forgets.)

In compound tenses and verb + infinitive constructions, the following guidelines usually apply:

1   Imprecise, and most short adverbs (e.g. *souvent, déjà, bien, bientôt*) generally come before the past participle or infinitive:
– *Vous avez bien joué.*
– *Je vais souvent jouer au foot.*

2   Short adverbs with more precise meanings (e.g. *ici, hier*) and most adverbs ending in *-ment* (the majority) come after the past participle or infinitive:
– *Les ouvriers veulent participer directement à la gestion.*
– *On va assister au concert demain.*

3   When an adverb expresses a personal feeling or judgement, it may be placed almost anywhere in the sentence, but especially at the beginning. In formal language, you may find in these cases that the subject – verb order is inverted:
– *Certes, ces programmes de réhabilitation ne sont pas toujours efficaces.*
– *Peut-être le végétarisme offre-t-il certains avantages.*

Comparison of adverbs

Comparative
plus + adverb + *que* = more … than
aussi + adverb + *que* = as … as
pas aussi + adverb + *que* = not as … as
moins + adverb + *que* = less … than

– *Lui, il court moins vite que son fils.*

Superlative
le plus (invariable) + adverb
– *C'est le groupe minoritaire qu'on néglige le plus souvent.*

Irregular forms	Comparative	Superlative
bien (well) *mal* (badly)	*mieux* (better) *plus mal* *pis (worse)	*le mieux* (best) *le plus mal* *le pis (worst)

*These are formal, literary forms.

Other expressions of comparison
de plus en plus = more and more
de moins en moins = less and less
de mieux en mieux = better and better

Expressions of compared quantity
plus de = more
moins de = less
autant de = as much/many
tant de = so much/many

Note:
au moins = at least (minimum):
– *Ça vous coûtera au moins mille francs.*

du moins = at least (some reservations):
– *Du moins, je l'espère.*

d'autant plus… que = all the more (so) … because;
– *La situation est d'autant plus dangereuse que les deux armées manquent de discipline.*

INDEFINITE ADVERBS

comme	*Comme c'est joli!*	How pretty it is!
	Il s'est arrêté comme pour me parler.	…as if to speak to me
	Comme par miracle…	As if by miracle
comment	*Comment se fait-il que…?*	How is it that …?
	Comment ? Vous partez déjà ?	What? You're off already?
combien	*combien de fois*	how many times
	combien de temps	how long
	Combien je regrette que…	how (much) I regret that…
même	*L'équipe n'a même pas essayé.*	The team didn't even try.
	quand même/tout de même	all the same, even so.
n'importe	*n'importe qui*	anybody
	n'importe où	anywhere
	n'importe comment	anyhow, however you like
	de n'importe quelle façon	any way at all
	n'importe quand	any time, whenever
	n'importe quoi	anything
	n'importe lequel/ laquelle, etc.	anyone, of any sort
peu	*peu de gens*	few people
	un peu d'argent	a little money
	peu à peu	little by little
quelque	*les quelque 300 mille estivants*	(invariable) the 300,000 or so holidaymakers
tout	*Le pneu est tout dégonflé.*	…completely deflated
	Elle est toute prête.	…completely/quite ready
	des recherches toutes récentes	very recent research

Agreement with *tout* occurs only before a feminine adjective (sing. or plur.) beginning with a consonant. It is the unique example of adverbial agreement in French.

THE NEGATIVE (Chapter 9, page 115; Chapter 15, page 187)

List 1

ne … pas	not
ne … point	not at all
ne … nullement	not in the slightest
ne … plus	no longer
ne … guère	hardly
ne … jamais	never
ne … rien	nothing

List 2

ne … personne	nobody
ne … que	only
ne … aucun(e)	not any
ne … nulle part	nowhere
ne … ni … ni …	neither … nor

Position

ne is placed before the verb (and any object pronouns preceding the verb):

In simple one word tenses:
pas, plus, rien, etc., is placed immediately after the verb:
– *Je ne comprends pas.*

In compound tenses:
words in List 1 come **before** the past participle:
– *Il n'a jamais visité le Canada.*

But words in List 2 come after the past participle:
– *Nous ne l'avons vu nulle part.*

Ne… que is a special case because *que* must always come immediately before the idea it qualifies:
– *Je n'ai lu ce roman qu'une seule fois.*

If the idea 'only' applies to the verb itself, use *ne faire que* + infinitive:
– *Tu ne fais que regarder la télévision.*
You only watch the telly. (All you do is …)

With infinitives, the negative elements generally precede the infinitive together:
– *On a décidé de ne rien faire.*
– *Il a promis de ne jamais mentir.*

In combination, negative expressions are placed in the order in which they appear in lists 1 and 2:
– *On n'a jamais rien dit à personne.*

Negatives as subject

If a negative is the subject of the verb, note the word order:
– *Personne ne me l'a expliqué.*
– *Rien ne lui fait peur.*

Without a verb

When negative adverbs stand alone, no *ne* is used:
– *Qu'est-ce que tu as appris ? Rien !*
– *Tu vas au théâtre quelquefois ? Non, jamais.*

In modern colloquial usage, you will find that the *ne* is frequently dropped.
– *Ils trouvent pas leur rythme.*
– *Je sais pas…* or even: *'Chaispas !'*

QUESTIONS

QUESTIONS FOR YES/NO ANSWERS (Chapter 14, page 175)

There are three ways of asking questions which can be answered by 'yes' or 'no'.

1 Speech only – by raising the pitch of the voice approaching the question mark (*le point d'interrogation*):
   – *Tu aimes ce programme ?*

2 Using *Est-ce que (qu')* :
   – *Est-ce que tu aimes ce programme ?*

3 By inverting subject and verb (formal language):
   – *Aimes-tu ce programme ?*

   Notes:

   1 Add *-t-* in the 3rd person singular:
      – *Aime-t-il ce programme ?*

   2 In compound tenses, the participle is not included in the inversion:
      – *Avez-vous bien dormi ?*
      – *N'a-t-il rien dit avant de partir ?*

   3 When the subject is a noun, an extra pronoun is required:
      – *Les jeunes, n'ont-ils pas le droit de faire ça ?*

'WHO?' AND 'WHAT?'

As the subject of the verb
Who…? = *Qui?* or *Qui est-ce qui… ?*
What…? = *Que?* or *Qu'est-ce qui… ?*

As the object of the verb
Who(m)…? = *Qui?* or *Qui est-ce qu (qu')… ?*
What…? = *Qu'est-ce que (qu')… ?*

Preposition + who(m)?
– *Pour qui l'achètes-tu ?*
– *De qui parlent-ils ?*

Preposition + what?
– *Avec quoi va-t-on le payer ?*
– *A quoi tu penses ?*

INTERROGATIVE ADJECTIVES (Chapter 14, page 175)

	singular	plural
masculine	quel…?	quels…?
feminine	quelle…?	quelles…?

Like all adjectives, *quel, quelle*, etc., must agree with the noun it qualifies.
– *Quels sports préférez-vous ?*

FORMATION AND USE OF TENSES

PRESENT TENSE (*LE PRÉSENT*) (Chapter 1, page 5)

Formation

Regular

Most verbs have a regular present tense and belong in one of three main groups (or conjugations). In each case the stem is found in the infinitive of the verb. Use your dictionary to check up the meanings of those you do not know and learn them!

-er verbs	-ir verbs	-re verbs
e.g. *parler*	e.g. *finir*	e.g. *vendre*
je parle	*je finis*	*je vends*
tu parles	*tu finis*	*tu vends*
il/elle/on parle	*il/elle/on finit*	*il/elle/on vend*
nous parlons	*nous finissons*	*nous vendons*
vous parlez	*vous finissez*	*vous vendez*
ils/elles parlent	*ils/elles finissent*	*ils/elles vendent*

Remember, the -*s* on the *tu* form ending is never pronounced, nor is the -*ent* on the 3rd person plural (*ils/elles*).

Semi-irregular -er verbs

Some verbs have regular endings but slightly irregular patterns in their stem. In the first four categories, the irregularity occurs in the 1st, 2nd and 3rd person singular of the present tense (*je, tu, il/elle/on*) and in the 3rd person plural (*ils/elles*).

1   Consonant doubles:
    jeter   → *jette, jettes, jette, jetons, jetez, jettent*

    Other verbs in this group: *(r)appeler, épeler, étinceler, feuilleter, rejeter, renouveler*. This irregularity also applies in all persons of the future and conditional tense.

2   Accent changes *é* → *è*:
    espérer   → *espère, espères, espère, espérons, espérez, espèrent*

    Other verbs in the same group: *céder, compléter, délibérer, exagérer, excéder, (s')inquiéter, libérer, posséder, préférer, protéger, refléter, répéter, sécher, suggérer, tolérer*.

    With these verbs, there is no accent change in the future and the conditional. e.g. *je préférerais*.

3   Grave accent (*è*) added:
    mener → *mène, mènes, mène, menons, menez, mènent*

    Other verbs in the same group: *amener, emmener, (se) promener, ramener; acheter, achever, crever, geler, peser*.

    The accent change is also found in the future and conditional: e.g. *j'achèterai*.

4   *y* changes to *i* in verbs ending in -*oyer*, -*uyer* and -*ayer*:
    envoyer → *envoie, envoies, envoie, envoyons, envoyez, envoient*

    Other verbs in this group: *coudoyer, employer, nettoyer, (se) noyer, tutoyer, vouvoyer, (s')ennuyer, (s')essuyer; payer, essayer* (although *je paye* and *j'essaye* are also acceptable).

5   *ç* or *e* added to *nous* form (to keep the same pronunciation throughout):

    Verbs ending in -*cer*: e.g. *avancer: j'avance* but *nous avançons* (also applies to *commencer, forcer, lancer*)

    Verbs ending in -*ger*: e.g. *manger : je mange* but *nous mangeons* (also applies to *bouger, partager, protéger, voyager*)

-ir verbs with -er endings

A small, but common group of verbs end in -*ir* but take -*er* endings in the present tense:
offrir   →   *offre, offres, offre, offrons, offrez, offrent*

Other verbs in this category: *(r)ouvrir, (dé)couvrir, souffrir, cueillir, accueillir*.

Irregular verbs

Many common verbs are irregular in the present. A useful, but not exhaustive list is provided in the verb tables.

Present tense meaning and uses

1   There is only one form of the present tense in French whereas English has three:
    L'étudiant travaille dur = The student works hard.
                                   The student is working hard.
                                   The student does work hard.

2   *être en train de* + infinitive
    This expression conveys the idea of 'to be in the process of…'
    – *Le comité est en train de considérer votre proposition.*

3   The present can also be used in story-telling to convey past meaning to make the events more immediate:
    – *Huit heures ce matin, un automobiliste ivre fait deux morts et six blessés…*

4   Note also the use of the present in the following special constructions:
    – *J'apprends le français depuis sept ans…*
      (I have been learning… [and still am])
    – *Il y a trois ans que l'équipe olympique se prépare…*
      (The team has been preparing… [and still is])
    – *Nous venons d'apprendre la triste nouvelle.*
      (We have just heard…)

PERFECT TENSE (LE PASSÉ COMPOSÉ)
(Chapter 2, page 16)

Formation

The perfect tense is a compound tense consisting of the present tense of the auxiliary verb *avoir* or *être* (see page 243) plus the past participle of the required verb.
– *Tu as trouvé du pain ?*
– *Je suis né(e) il y a 18 ans.*
– *Elle s'est bien amusée hier soir.*

The past participle (*le participe passé*) of regular verbs is formed as follows:

Verbs ending in -*er*	Verbs ending in -*ir*	Verbs ending in -*re*
trouver → trouvé	finir → fini	vendre → vendu

Many common verbs have irregular past participles:

avoir – eu	*mourir – mort*
boire – bu	*naître – né*
connaître – connu	*ouvrir – ouvert*
courir – couru	*pouvoir – pu*
devoir – dû	*prendre – pris*
dire – dit	*recevoir – reçu*
écrire – écrit	*savoir – su*
être – été	*venir – venu*
faire – fait	*vivre – vécu*
lire – lu	*voir – vu*
mettre – mis	*vouloir – voulu*

Auxiliary: *Avoir* or *être*

The auxiliary verb (*l'auxiliaire*) in compound tenses may be either *avoir* or *être*. Transitive verbs (those capable of having a direct object) use *avoir*. This is the vast majority of verbs. Verbs requiring the use of *être* are:

1   Reflexive verbs: *je me suis levé, elle s'est dépêchée*

2   Verbs in the following list, usually known as 'verbs of motion':

aller, arriver, *descendre, devenir, entrer, *monter, mourir, naître, partir, *passer, *rentrer, rester, retourner, *sortir, tomber, venir

Verbs marked * are capable of transitive use and will take *avoir* when used in this way:
– *On a monté la tente.*
– *As-tu rentré ton vélo, Philippe ?*

Perfect tense use

The perfect tense is used when referring to a completed action in the past. It can translate the simple past tense in English, e.g. 'saw', 'went', 'worked', and the idea 'have seen', 'have gone', 'have worked'. In appropriate contexts, it can also convey the idea 'have been doing':
– *Cette semaine, on a travaillé sur nos projets.*
   (This week we have been working on our projects.)

Was and were? Imperfect or Perfect?
– *Ma sœur était institutrice à Lille.*
– *J'étais très content de vous voir.*
(Presented as a state of affairs or state of mind, lasting some time in the past without reference to the present.)

– *Ma sœur a été institutrice à Lille (pendant sept ans).*
– *J'ai été très content (en vous voyant).*
(Presented as a completed action at a specific time or period in the past.)

PLUPERFECT TENSE (*LE PLUS-QUE-PARFAIT*)
(Chapter 5, page 48)
Formation

This is a compound past tense consisting of the imperfect tense of the auxiliary verb *avoir* or *être* (see above) plus the past participle of the required verb.
– *j'avais donné*, – *elle était rentrée*, – *nous nous étions amusé(e)s*

Pluperfect tense use

As in English, the pluperfect tense expresses the idea 'had done'. Its use in the two languages is identical.

1   To describe what had happened before another action in the past:
– *J'avais fait mon service militaire avant de me lancer dans le journalisme.*

2   As a reported form of the perfect tense:
– *Le gendarme a compris que l'automobiliste n'avait pas vu le feu rouge.*

IMPERFECT TENSE (*L'IMPARFAIT*)
(Chapter 4, page 35)
Formation

To the stem of the *nous* form of the present tense, simply add the imperfect endings:

je	-ais
tu	-ais
il/elle/on	-ait
nous	-ions
vous	-iez
ils/elles	-aient

faire → (*nous*) *fais(ons)* → *je faisais, tu faisais, il/elle/on faisait, nous faisions, vous faisiez, ils/elles faisaient*

The only exception is the verb *être*:
j'étais, tu étais, il/elle/on était, nous étions, vous étiez, ils/elles étaient

With *-cer* verbs, no cedilla is needed in the *nous* and *vous* forms:
je commençais but *nous commencions*

With *-ger* verbs, no extra *e* is needed in the *nous* and *vous* forms:
je mangeais but *vous mangiez*

Imperfect tense use

This tense describes:

1   a state of affairs or a state of mind in the past (how things were at the time):
– *La mer était agitée. Il se sentait tellement triste.*

2   an action presented as background to another event in the past (was/were doing):
– *Pendant que tu dormais, je suis allée me baigner.*

3   an habitual action in the past (used to do):
– *Quand elle habitait à Strasbourg, elle faisait souvent ses courses en Allemagne.*

Further uses of the imperfect tense

1   In the expression *être en train de* + infinitive:
– *J'étais en train de me laver quand on a sonné à la porte.*

2   With *depuis* meaning 'had been doing':
– *Ils attendaient depuis une heure quand le train est finalement arrivé.*

3   With *venir de* + infinitive to express the idea 'had just':
– *Nous venions d'arriver lorsqu'il a cessé de pleuvoir.*

4   After *si* when the main verb is in the conditional tense:
– *Si j'avais assez d'argent, je passerais mes vacances au Sénégal.*

5   After *si* when making a suggestion:
Si on sortait ce soir ? (What if we went out…)

FUTURE TENSE (*LE FUTUR*) (Chapter 3, page 28)

Formation

Regular verbs form the future tense by adding the following endings to the *-r* of the infinitive ending:

je	*-ai*
tu	*-as*
il/elle/on	*-a*
nous	*-ons*
vous	*-ez*
ils/elles	*-ont*

donner	→	*je donnerai, tu donneras* etc.
finir	→	*je finirai, tu finiras* etc.
vendre	→	*je vendrai, tu vendras* etc.

Irregular verbs have an irregular stem (always ending in -r) but regular endings throughout. The verb tables include verbs with common irregular future stems.

Future tense use

As in English, *le futur* describes what will happen in the future:
– *Demain matin, je partirai de bonne heure.*

Note that after *quand, lorsque, dès que, aussitôt que*, the future is used in French even when it is only implied in English.

– *Dès que le camp sera prêt, on accueillera les réfugiés.*
  (As soon as the camp is ready…)

The **immediate future** is expressed by means of:

1 present tense of aller + infinitive:
   – *Je vais en parler à mes parents.* (I am going to talk about it…)

2 *être sur le point de* + infinitive:
   – *Elle est sur le point de sortir.* (She is just about to go out.)

FUTURE PERFECT TENSE (*LE FUTUR ANTÉRIEUR*) (Chapter 15, page 192)

Formation

The future perfect is a compound tense consisting of the future tense of *avoir* or *être* plus the past participle of the required verb. The past participle rules for compound tenses apply.

– *j'aurai fait* (I will had made)
– *elle sera partie* (she will have left)
– *ils se seront couchés* (they will have gone to bed)

Future perfect tense use

The rules affecting tense usage after prepositions of time (*quand, dès que*, etc.) also apply to the future perfect.
– *Téléphone-moi dès que tu auras trouvé une maison convenable.*
  (… when you have found a suitable house …)

CONDITIONAL MOOD (*LE CONDITIONNEL*) (Chapter 6, page 53)

Formation

The conditional is formed by combining the future stem with the imperfect endings. A secure knowledge of the irregular future stem is, therefore, essential:

donner	→	*je donnerais* etc.
choisir	→	*je choisirais* etc.
être	→	*je serais* etc.
vendre	→	*je vendrais* etc.
vouloir	→	*je voudrais* etc.

Conditional mood use

The tense conveys the meaning of 'would do'. It is used in the following situations:

1 In combination with *si* + imperfect tense:
   – *Je t'écrirais plus souvent si j'avais moins de travail.*

2 When reporting speech that was originally in the future tense:
   – *Mon copain a dit qu'il vendrait sa mobylette à la fin du mois.*

3 When making a polite request:
   – *Pourriez-vous m'aider ?*

4 When attributing reports or opinions to someone else:
   – *Selon le porte-parole des Nations-Unies, la situation serait de plus en plus grave.* (… the situation would appear to be getting worse and worse.)

CONDITIONAL PERFECT MOOD (*LE CONDITIONNEL PASSÉ*)

Formation

This is a compound tense consisting of the conditional mood of *avoir* or *être* and the past participle of the required verb. The past participle rules for compound tenses apply.

venir	→	*je serais venu(e)*
prendre	→	*ils auraient pris*
vouloir	→	*on aurait voulu*
s'amuser	→	*elle se serait amusée*

Conditional perfect mood use

As in English the conditional perfect conveys the idea of 'would have done'. It is used in the following situations:

1 In combination with *si* + pluperfect:
   – *Je t'aurais écrit plus souvent si j'avais eu moins de travail.*

2 With *devoir*, to express 'ought to have'/'should have':
   – *Ils auraient dû être plus honnêtes.*

3 With *pouvoir*, to express 'could have'/'might have':
   – *Mais tu aurais pu nous le dire.*

4 When attributing reports of past events to someone else:
   – *Un général inconnu aurait saisi le pouvoir.*
     (It would appear that an unknown general has seized power.)

PAST HISTORIC TENSE (*LE PASSÉ SIMPLE*)
(Chapter 12, page 151)

Formation

The stem of the past historic of regular verbs is the *nous* stem of the present tense. To this the following endings are added:

-er verbs:

je	*-ai*	*nous*	*-âmes*
tu	*-as*	*vous*	*-âtes*
il/elle/on	*-a*	*ils/elles*	*-èrent*

-ir and *-re* verbs may have endings with *-i* being the key letter:

je	*-is*	*nous*	*-îmes*
tu	*-is*	*vous*	*-îtes*
il/elle/on	*-it*	*ils/elles*	*-irent*

e.g. *je saisis; nous battîmes; elles dormirent*

Some verbs (mostly with infinitives ending in *-re* and *-oir*) have endings in which *u* is the dominant letter:

je	*-us*	*nous*	*-ûmes*
tu	*-us*	*vous*	*-ûtes*
il/elle/on	*-ut*	*ils/elles*	*-urent*

e.g. *vivre – elle vécut; falloir – il fallut; courir – je courus*

For irregular verbs consult the verb tables.

Past historic tense use

This tense is reserved exclusively for written French to describe single, completed actions in the past. It is commonly found in novels, history books, newspapers, etc. You need to learn the endings and the most common irregular verbs.

THE PRESENT PARTICIPLE (*LE PARTICIPE PRÉSENT*)

Formation

To the stem of the *nous* form of the present tense (also the imperfect tense stem) add the ending *-ant*, the equivalent of '-ing' in English.

trouver	→	*trouvant*
choisir	→	*choisissant*
prendre	→	*prenant*
boire	→	*buvant*

There are only three exceptions:

avoir	→	*ayant*
être	→	*étant*
savoir	→	*sachant*

Present participle use

1   By itself, usually at the beginning of a sentence, to express the idea 'because' or 'since':
    – *Croyant qu'il s'était trompé de chemin, il a fait demi-tour.*
      (Thinking = Because he thought…)

2   After the preposition *en*:
    – *Il s'est cassé la jambe en faisant du ski.*

    Notes:
    1   French idiom often requires this construction when verb + preposition may be found in English:
        – The firefighters ran into the building.
          Les pompiers sont entrés dans le bâtiment en courant.

    2   To emphasize simultaneous actions, *tout* may be added:
        – *Tout en mangeant son sandwich, il se précipita vers la gare.*

Beware! There are several situations where a present participle may be used in English but the French idiom requires another form of the verb:
– I found them sitting by the tree.
  Je les ai trouvés assis près d'un arbre.
– We watched them leaving.
  On les a vus partir.
– Lying is not acceptable.
  Mentir est inacceptable.

THE PAST PARTICIPLE (*LE PARTICIPE PASSÉ*)

Past participle use

The most frequent use of the past participle is in compound tenses. The following rules apply for the agreement of the past participle:

1   Verbs requiring *être* as auxiliary verb – past participle agrees with subject of the verb.
    – *Elle est déjà partie.*
    – *Ils sont morts dans l'incendie.*

2   Verbs requiring *avoir* and reflexive verbs – past participle agrees with the preceding direct object pronoun (if there is one):
    – *J'ai vu mes copains en ville.* BUT: *Je les ai vus en ville.*
    – *C'est la voiture qu'il a choisie.*
    – *Ils se sont réveillés tard.*

    Notes:

    1   In compound tenses of the *faire faire* construction (literally to make/get someone to do something), no agreement takes place:
        – *On les a fait sortir.*

    2   Special care is needed with reflexive pronouns, because the reflexive pronoun is not always the **direct** object of the verb. In the following examples it is the **indirect** object and therefore there is no agreement of the past participle:
        – *Elle s'est lavé les mains.*
        – *Ils ne se sont pas rendu compte que j'étais parti.*

THE INFINITIVE (*L'INFINITIF*)

This is the form of the verb found in dictionaries and vocabulary lists, and it usually translates as 'to …'.

Verbs + infinitive

In French, when one verb introduces another, the second one is always in the infinitive.

The way in which the two verbs are linked varies as follows:

1 Verbs followed by the infinitive with no preposition between.

aimer	to like to
aimer mieux	to prefer
avouer	to admit to
compter	to intend to
croire	to believe
désirer	to desire to
devoir	to have to
espérer	to hope to
faire	to make, to get to do
falloir	to be necessary
(*il faut* etc.)	
laisser	to let
oser	to dare
paraître	to appear to
penser	to intend to
pouvoir	to be able to
préférer	to prefer to
prétendre	to claim to
savoir	to know how to
sembler	to seem to
souhaiter	to wish to
valoir mieux	to be better to
(*il vaut mieux* etc.)	
vouloir	to want to

Notes:

1 Verbs of movement and perception (the senses) are also followed by another verb without a preposition:
   – *J'ai couru le chercher.*

2 With a negative infinitive, both negative words are placed before the verb:
   – *Je préfère ne pas le savoir.*

3 In using the construction *faire* + infinitive, note carefully what happens when the infinitive after *faire* is followed by its own direct object:
   – *On l'a fait partir. BUT: On lui a fait signer la confession.*
   (Indirect object pronoun in use)

2 Verbs followed by *à* + infinitive.
Here are some useful verbs following this pattern:

aider à	to help to
s'amuser à	to enjoy oneself
apprendre à	to learn to
arriver à	to manage to
s'attendre à	to expect
avoir à	to have (something) to do,
avoir du mal à	to have difficulty in
chercher à	to try to
commencer à	to begin to
consister à	to consist in
continuer à	to continue to
se débrouiller à	to cope with
se décider à	to make up one's mind to

s'habituer à	to get used to
hésiter à	to hesitate to
se mettre à	to start to
passer son temps à	to spend one's time in
penser à	to think of
perdre son temps à	to waste one's time in
se préparer à	to prepare oneself to
réussir à	to succeed in
servir à	to be used for
songer à	to think, to dream of
tenir à	to be keen to

3 Verbs followed by *de* + infinitive.
Here are some useful verbs following this pattern:

accepter de	to agree to
(s') arrêter de	to stop
avoir envie de	to feel like
avoir peur de	to be afraid to
cesser de	to stop
choisir de	to choose to
décider de	to decide to
s'efforcer de	to make an effort to
essayer de	to try to
éviter de	to avoid
faire semblant de	to pretend to
finir de	to finish
manquer de	to fail to
oublier de	to forget to
refuser de	to refuse to
regretter de	to regret
rêver de	to dream of
risquer de	to risk, to be likely to
se souvenir de	to remember to
tenter de	to attempt to
venir de	to have just

4 *à* + person, *de* + infinitive
A number of verbs followed by *de* + infinitive require an indirect object (*à* + person). They are generally verbs describing some kind of inter-personal communication:
– *J'ai conseillé à mon frère de laisser tomber l'affaire.*

Here are some of the common verbs which operate like this:

dé(conseiller)	to advise (not to)
défendre	to forbid
demander	to ask
dire	to tell
interdire	to forbid
offrir	to offer
ordonner	to order
pardonner	to forgive
permettre	to allow
persuader	to persuade
promettre	to promise
proposer	to propose
reprocher	to reproach

Prepositions + infinitive

When a preposition introduces a verb, the infinitive form is required in French while in English the present participle is often preferred:
– *Elle est partie sans dire au revoir.* (… without saying goodbye.)
– *Il a fini par parler.* (He ended up by speaking.)

Prepositions requiring infinitive:

au lieu de	instead of
afin de	so as to
avant de	before
de crainte de	
de peur de ⎫	for fear that
en train de ⎭	in the process of
par	by
pour	to/in order to
sans	without
sur le point de	about to

The only exception is *en* which is followed by the present participle.
– *Elle est partie en courant.*

Adjective + infinitive

Adjective + *à* + infinitive

*difficile à	difficult to
disposé à	willing to
enclin à	inclined to
*facile à	easy to
*impossible à	impossible to
lent à	slow to
lourd à	heavy to
*possible à	possible to
prêt à	ready to
propre à	good to
le premier/la première à	the first to
le/la seul(e) à	the only to

– *Tu es la seule à le savoir.*
– *La théorie est facile à comprendre.*

*But note the use of *de* after the construction:
il est + adjective + *de* + infinitive:
– *Il est facile de critiquer.*

Adjective + *de* + infinitive

heureux de	happy to
capable de	able to
certain de	sure to
content de	happy to
obligé de	obliged to
ravi de	delighted to
sûr de	sure to

– *Je suis sûr de ne pas l'avoir vu aujourd'hui.*

Noun + infinitive

Normally, nouns are linked to a following infinitive with *de*.

Examples:

le besoin de	the need to
la bonté de	the kindness to
le désir de	the desire to
le devoir de	the duty to
le droit de	the right to
l'envie de	the longing to
l'honneur de	the honour to
l'obligeance de	the kindness to
l'occasion de	the opportunity to
le plaisir de	the pleasure to

– *Vous n'avez pas le droit de me traiter comme ça.*

Quantity + infinitive

The following expressions of quantity are linked to the infinitive by *à*:

beaucoup à
énormément à
moins à
plus à
quelque chose à
rien à
suffisamment à
trop à

– *Si tu as quelque chose à me dire, dis-le-moi vite !*

THE PAST INFINITIVE (*L'INFINITIF PASSÉ*)

The past infinitive means 'to have done' and is formed with the infinitive of *avoir* or *être* (as appropriate to the required verb) + past participle. The normal rules about past participle agreement apply.

– *J'espère avoir fini bientôt.*
– *Ils nous a pardonnés d'être partis sans rien dire.*
– *Après m'être habillé(e), je suis descendu(e) à la cuisine.*

THE IMPERATIVE (*L'IMPÉRATIF*)

The imperative is the form of the verb with which 'commands' are given. It is formed from the present tense as shown:

	Present tense	Imperative
tu	*tu prends*	*Prends !* (Take!)
nous	*nous prenons*	*Prenons !* (Let's take!)
vous	*vous prenez*	*Prenez !* (Take!)

Notes:

1. In -*er* verbs , the final *s* is removed from the *tu* form:
   – *tu regardes → regarde!*

2. The following verbs have irregular imperative forms:

avoir	→	*Aie ! Ayons ! Ayez !*
être	→	*Sois ! Soyons ! Soyez !*
savoir	→	*Sache ! Sachons ! Sachez !*
vouloir	→	*Veuille ! Veuillons ! Veuillez !*

The *tu* form of *aller* is *va !* except in the expression *vas-y* (go on!) where the *s* is pronounced like a '*z*'.

3. Reflexive verbs always require the extra reflexive pronoun:

se dépêcher to hurry (up)		
	affirmative	negative
tu	*dépêche-toi !*	*ne te dépêche pas !*
nous	*dépêchons-nous !*	*ne nous dépêchons pas !*
vous	*dépêchez-vous !*	*ne vous dépêchez pas !*

4. The infinitive can be used as an alternative to the imperative in written formal language such as notices and instructions, e.g. *Secouer avant d'ouvrir.*

THE SUBJUNCTIVE

LE SUBJONCTIF (Chapter 6, page 57; Chapter 13, page 169)

The subjunctive is, strictly speaking, what is known as a 'mood'. The indicative mood comprising the various tenses detailed above (*le présent, le passé, composé*, etc.) is used mainly to express facts. *L'impératif*, also a mood, is used to make commands. However, *le subjonctif* is used largely when statements are not to be taken as pure fact, but more as a matter of judgement or attitude.

There are four tenses in the subjunctive – present, perfect, imperfect and pluperfect – but only the present tense of the subjunctive is used with any frequency in modern French and even its use is dying away, especially in day-to-day speech.

Formation of tenses

Present subjunctive

For most verbs, the endings *-e, -es, -e, -ions, -iez, -ent*, are added to the stem of the third person plural (*ils/elles* form) of the present indicative.

e.g. *finir* present indicative → *ils/elles* (finiss**ent**)
present subjunctive → *je finisse, tu finisses, il/elle/on finisse, nous finissions, vous finissiez, ils/elles finissent*

Notes:

1 The *nous* and *vous* forms are the same as the imperfect indicative.

2 Irregular forms worth learning are:

aller	→	*aille, ailles, aille, allions, alliez, aillent*
avoir	→	*aie, aies, ait, ayons, ayez, aient*
être	→	*sois, sois, soit, soyons, soyez, soient*
faire	→	*fasse, fasses, fasse, fassions, fassiez, fassent*
falloir	→	*il faille*
pouvoir	→	*puisse, puisses, puisse, puissions, puissiez, puissent*
savoir	→	*sache, saches, sache, sachions, sachiez, sachent*
valoir	→	*il vaille*
vouloir	→	*veuille, veuilles, veuille, voulions, vouliez, veuillent*

Imperfect subjunctive

This little used tense is based on the second person singular (*tu* form) of the past historic. A few examples will be enough for you to recognise it in use:

donner	→	*je donnasse*
vendre	→	*tu vendisses*
recevoir	→	*elle reçût*
aller	→	*nous allassions*
avoir	→	*vous eussiez*
être	→	*ils fussent*

Perfect subjunctive

A rarely used compound tense consisting of present subjunctive of *avoir* or *être*, plus the past participle of the required verb. The rules about agreement of past participles apply:

– *qu'elle soit arrivée, qu'ils se soient levés*

Pluperfect subjunctive

A very rarely used compound tense consisting of imperfect subjunctive of *avoir* or *être*, plus the past participle of required verb. The rules about agreement of past participles apply:

– *qu'elle fût arrivée, qu'ils se fussent levés*

Use of the Subjunctive

The tenses of the subjunctive are virtually always introduced by *que* or *qu'* (+ vowel) sometimes as part of a conjunction, sometimes in combination with a verb or verbal expression. The subjunctive is used in subordinate clauses (the clause following *que*) when the subject of the verb following is **different** from the subject of the main verb.

The subjunctive is used in the following types of subordinate clause:

1 After conjunctions of time including:

avant que	before
après que	after
jusqu'à ce que	until

– *L'enquête continuera jusqu'à ce qu'on sache la vérité.*

2 After conjunctions indicating concession including:

bien que	
quoique	} although

– *Bien qu'on y aille assez souvent, j'ai oublié le chemin.*

3 After conjunctions indicating purpose including:

afin que	
pour que	} so that/in order that
de façon à ce que	
de manière à ce que	} in such a way that

– *Le gouvernement a pris des mesures pour que l'air devienne plus pur.*

4 After conjunctions of condition including:

à condition que	on condition that
à moins que	unless
pourvu que	provided that
supposé que	assuming that
Que... (at beginning of sentence)	Whether...

– *Qu'il parte ou non, ça m'est égal.*

5 After conjunctions indicating fear including:

de peur que + ne	
de crainte que + ne	} for fear that/lest

– *Elle avait caché son argent de peur que son neveu ne le lui prenne.*

6 After negative conjunctions and expressions such as:

sans que	without
non que	not that
ce n'est pas que	it is not that
cela ne veut pas dire que	this does not mean that

– *Ce n'est pas qu'il faille un à tout prix, mais...*

7 After expressions of necessity such as:

il faut que	
il est nécessaire que	} it is necessary that

– *Il faut que j'y aille.*

8 After expressions of possibility such as:
il arrive que   it happens that
il est impossible que   it is impossible that
il se peut que ⎫
il est possible que ⎭   it is possible that

   – *Il se peut qu'elle parte de bonne heure.*

9 After verbs of wishing and wanting such as:
aimer que   to like
désirer que   to wish that
préférer que   to prefer that
souhaiter que   to wish that
vouloir que   to want

   – *Claire préfère que son père ne vienne pas à la réunion.*

10 After verbs of asking, allowing or forbidding such as:
consentir à ce que   to agree that
défendre que   to forbid that
demander que   to ask that
empêcher que   to prevent
exiger que   to demand that
insister que   to insist that
interdire que   to forbid that
ordonner que   to order that
permettre que   to allow

11 After verbs expressing emotions such as:
avoir honte que   to be ashamed that
*avoir peur que   to be afraid that
*craindre   to fear that
être content (etc.) *que*   to be pleased that
être surpris/étonné (etc.) *que*   to be surprised that
regretter que   to regret that

   Je crains qu'il **ne soit trop tard.* (Note use of **ne**)

12 After verbs of doubt, denial or uncertainty such as:
douter que   to doubt that
il est douteux que   it is doubtful whether
nier que   to deny that
*il semble que   it seems that

   – *Il semble que le pétrole ait pollué tout le littoral.*

*BUT when *il semble* is combined with *me, te, lui*, etc., the indicative is used:

– *Il me semble que cette doctrine est inadmissible.*

The negative and question forms of certain expressions are also followed by the subjunctive since doubt or uncertainty is being expressed:

– *Croyez-vous vraiment que les experts aient raison ?*
– *Il n'est pas sûr qu'elle puisse venir.*

13 After impersonal constructions (except those of certainty or probability), including:
il vaut mieux que   it is better that
il est temps que   it is time that
c'est dommage que   it is a pity that
il est préférable que   it is preferable that
il est important que   it is important that
il est honteux que   it is a scandal that

14 The subjunctive is also needed in relative clauses after a negative:
   – *Je ne dirai rien qui puisse l'offenser.*

and after a superlative:
   – *C'est le meilleur film que j'aie jamais vu.*

and after *premier, dernier, seul, unique*:
   – *C'est la seule région de France que je connaisse vraiment.*

THE PASSIVE FORM

LE PASSIF (Chapter 9, page 117)

Study these two sentences:
a I beat them all.
b I was beaten by them all.

a illustrates the ACTIVE use of the verb 'to beat'. (I was actively involved in the beating!)
b illustrates the PASSIVE use of the same verb. (I was on the receiving end of the beating!)

To express the passive in French, several options are available.

1 The passive 'proper' (much rarer in French than in English):
   – *Le chanteur a été chaudement applaudi.*
   – *Les tableaux seront exposés à Paris.*

2 Use of *on* + active verb:
   – *On ne les trouvera jamais.* (They will never be found.)

Note:
This construction must be used if the required verb is normally followed by *à* + person (i.e. indirect person).
Verbs such as:
défendre à, demander à, dire à, donner à, envoyer à, offrir à, téléphoner à.
   – *On me demande toujours de parler.* (I am always being asked to speak.)

3 Reflexive verb
   – *Ça se fait très couramment.* (It's commonly done.)
   – *Ce vin se vend un peu partout.* (This wine is sold virtually everywhere.)

REFLEXIVE VERBS

LES VERBES PRONOMINAUX

Tenses and other parts of reflexive verbs are formed in the same way as with other types of verbs, except that the 'extra' pronoun (the reflexive pronoun) is always present. The auxiliary verb for compound tenses is always *être*.

Note the position of the reflexive pronoun in the following sentences:

– *Dépêchez-vous !*
– *Je ne me dépêche pas ce matin.*
– *Un jour, en me baignant, j'ai failli me noyer.*

Table des verbes

REGULAR VERBS

Many common verbs are regular. That means that all parts can be derived from the application of fixed rules governing the formation of tenses.

TABLE A: REGULAR VERBS

Each verb shown illustrates one of the three regular verb groups or conjugations (*-er, -ir, -re*).

Infinitive (and meaning)	pronoun	present	imperative	future	past historic	present subjunctive	present participle	past participle
porter (*to carry, to wear*)	je	porte		porterai	portai	porte	portant	porté
	tu	portes	porte !	porteras	portas	portes		
	il/elle/on	porte		portera	porta	porte		
	nous	portons	portons !	porterons	portâmes	portions		
	vous	portez	portez !	porterez	portâtes	portiez		
	ils/elles	portent		porteront	portèrent	portent		
finir (*to finish*)	je	finis		finirai	finis	finisse	finissant	fini
	tu	finis	finis !	finiras	finis	finisses		
	il/elle/on	finit		finira	finit	finisse		
	nous	finissons	finissons !	finirons	finîmes	finissions		
	vous	finissez	finissez !	finirez	finîtes	finissiez		
	ils/elles	finissent		finiront	finirent	finissent		
vendre (*to sell*)	je	vends		vendrai	vendis	vende	vendant	vendu
	tu	vends	vends !	vendras	vendis	vendes		
	il/elle/on	vend		vendra	vendit	vende		
	nous	vendons	vendons !	vendrez	vendîmes	vendions		
	vous	vendez	vendez !	vendrons	vendîtes	vendiez		
	ils/elles	vendent		vendront	vendirent	vendent		

IRREGULAR VERBS

Irregular verbs will show their irregularities in one or more of the following:

present tense (indicative and subjunctive)
future tense
past participle
past historic

Such irregularities must, of course, be learnt but once this is done, all other parts of the verbs can be constructed using the normal rules for the formation of tenses.

The following verbs have an irregular present participle:

avoir	→	*ayant*
être	→	*étant*
savoir	→	*sachant*

The same three verbs have an irregular imperative:

avoir	→	*aie ! ayons ! ayez !*
être	→	*sois ! soyons ! soyez !*
savoir	→	*sache ! sachons ! sachez !*

The *tu* form of the imperative of *aller* is *va !* – except in the expression *vas-y !*.

TABLE B: IRREGULAR VERBS

How to use the list: you need to learn (preferably by heart) all parts of irregular verbs shown on this list. A blank column opposite a verb indicates that this particular part is regular and, therefore, does not require special attention. All other parts not shown (e.g. conditional tense, pluperfect tense and imperative) can be derived from the parts given, using the normal rules of formation.

Infinitive (meaning)	pronoun	present indicative	future	past historic	present subjunctive	past participle	other similar verbs
avoir (*to have*)	j'	ai	aurai	eus	aie	eu	
	tu	as	auras	eus	aies		
	il/elle/on	a	aura	eut	ait		
	nous	avons	aurons	eûmes	ayons		
	vous	avez	aurez	eûtes	ayez		
	ils/elles	ont	auront	eurent	aient		
être (*to be*)	je	suis	serai	fus	sois	été	
	tu	es	seras	fus	sois		
	il/elle/on	est	sera	fut	soit		
	nous	sommes	serons	fûmes	soyons		
	vous	êtes	serez	fûtes	soyez		
	ils/elles	sont	seront	furent	soient		
acquérir (*to acquire*)	j'	acquiers	acquerrai	acquis	acquière	acquis	conquérir (*to conquer*);
	tu	acquiers	acquerras	acquis	acquières		s'enquérir (*to enquire*);
	il/elle/on	acquiert	acquerra	acquit	acquière		requérir (*to require*)
	nous	acquérons	acquerrons	acquîmes	acquérions		
	vous	acquérez	acquerrez	acquîtes	acquériez		
	ils/elles	acquièrent	acquerront	acquirent	acquièrent		
aller (*to go*)	je/j'	vais	irai	assis	aille		
	tu	vas	iras	assis	ailles		
	il/elle/on	va	ira	assit	aille		
	nous	allons	irons	assîmes	allions		
	vous	allez	irez	assîtes	alliez		
	ils/elles	vont	iront	assirent	aillent		
s'asseoir (*to sit down*)	je	m'assieds	assiérai	assis	asseye	assis	
	tu	t'assieds	assiéras	assis	asseyes		
	il/elle/on	s'assied	assiéra	assit	asseye		
	nous	nous asseyons	assiérons	assîmes	asseyions		
	vous	vous asseyez	assiérez	assîtes	asseyiez		
	ils/elles	s'asseyent	assiéront	assirent	asseyent		
	or						
	je	m'assois	assoirai		assoie	assis	
	tu	t'assoit	assoiras		assoies		
	il/elle/on	nous assoyons	assoira		assoie		
	nous	vous assoyez	assoirons		assoyions		
	vous	s'assoient	assoirez		assoyiez		
	ils/elles		assoiront		assoient		
battre (*to beat*)	je	bats					abattre (*to knock down*);
	tu	bats					combattre (*to fight*);
	il/elle/on	bat					débattre (*to debate*)
	nous	battons					
	vous	battez					
	ils/elles	battent					

infinitive (meaning)	pronoun	present indicative	future	past historic	present subjunctive	past participle	other similar verbs
boire (*to drink*)	je	bois		bus	boive	bu	
	tu	bois		but	boives		
	il/elle/on	boit		but	boive		
	nous	buvons		bûmes	buvions		
	vous	buvez		bûtes	buviez		
	ils/elles	boivent		burent	boivent		
conclure (*to conclude*)	je	conclus		conclus		conclus	inclure (*to include*): exclure (*to exclude*)
	tu	conclus		conclus			
	il/elle/on	conclut		conclut			
	nous	concluons		conclûmes			
	vous	concluez		conclûtes			
	ils/elles	concluent		conclurent			
conduire (*to lead, to drive*)	je	conduis		conduisis	conduise	conduit	*most verbs ending in* -uire e.g. construire (*to construct*) introduire (*to introduce*); produire (*to produce*)
	tu	conduis		conduisis	conduises		
	il/elle/on	conduit		conduisit	conduise		
	nous	conduisons		conduisîmes	conduisions		
	vous	conduisez		conduisîtes	conduisiez		
	ils/elles	conduisent		conduisirent	conduisent		
connaître (*to know*)	je	connais		connus		connu	(ap)paraître (*to appear*); disparaître (*to disappear*); reconnaître (*to recognise*)
	tu	connais		connus			
	il/elle/on	connaît		connut			
	nous	connaissons		connûmes			
	vous	connaissez		connûtes			
	ils/elles	connaissent		connurent			
courir (*to run*)	je	cours	courrai	courus		couru	accourir (*to run up*); recourir à (*to have recourse to*)
	tu	cours	courras	courus			
	il/elle/on	court	courra	courut			
	nous	courons	courrons	courûmes			
	vous	courez	courrez	courûtes			
	ils/elles	courent	courront	coururent			
craindre (*to fear*)	je	crains		craignis	craigne	craint	*all verbs ending in* -aindre, *e.g.* plaindre (*to pity*); -eindre *e.g.* peindre (*to paint*); -oindre *e.g.* joindre (*to join*)
	tu	crains		craignis	craignes		
	il/elle/on	craint		craignit	craigne		
	nous	craignons		craignîmes	craignions		
	vous	craignez		craignîtes	craigniez		
	ils/elles	craignent		craignirent	craignent		
croire (*to believe*)	je	crois		crus	croie	cru	
	tu	crois		crus	croies		
	il/elle/on	croit		crut	croie		
	nous	croyons		crûmes	croyions		
	vous	croyez		crûtes	croyiez		
	ils/elles	croient		crurent	croient		

infinitive (meaning)	pronoun	present indicative	future	past historic	present subjunctive	past participle	other similar verbs
croître (*to grow*)	je	croîs		crûs	croisse	crû (fem. crue)	s'accroître (*to increase*); décroître (*to decrease*)
	tu	croîs		crûs	croisses		
	il/elle/on	croît		crût	croisse		
	nous	croissons		crûmes	croissions		
	vous	croissez		crûtes	croissiez		
	ils/elles	croissent		crûrent	croissent		
cueillir (*to pick*)	je	cueille	cueillerai				accueillir (*to welcome*); recueillir (*to collect*)
	tu	cueilles	cueilleras				
	il/elle/on	cueille	cueillera				
	nous	cueillons	cueillerons				
	vous	cueillez	cueillerez				
	ils/elles	cueillent	cueilleront				
devoir (*to have to, to owe*)	je	dois	devrai	dus	doive	dû (fem. due)	
	tu	dois	devras	dus	doives		
	il/elle/on	doit	devra	dut	doive		
	nous	devons	devrons	dûmes	devions		
	vous	devez	devrez	dûtes	deviez		
	ils/elles	doivent	devront	durent	doivent		
dire (*to say, to tell*)	je	dis		dis		dit	*Compounds e.g.* contredire (*to contradict*); interdire (*to forbid*); prédire (*to predict*)
	tu	dis		dis			
	il/elle/on	dit		dit			
	nous	disons		dîmes			
	vous	dites		dîtes			
	ils/elles	disent		dirent			
écrire (*to write*)	j'	écris		écrivis	écrive	écrit	*verbs ending in -crire e.g.* décrire (*to describe*); -scrire *e.g.* inscrire (*to note down*)
	tu	écris		écrivis	écrives		
	il/elle/on	écrit		écrivit	écrive		
	nous	écrivons		écrivîmes	écrivions		
	vous	écrivez		écrivîtes	écriviez		
	ils/elles	écrivent		écrivirent	écrivent		
envoyer (*to send*)	j'	envoie	enverrai		envoie		renvoyer (*to send back*)
	tu	envoies	enverras		envoies		
	il/elle/on	envoie	enverra		envoie		
	nous	envoyons	enverrons		envoyions		
	vous	envoyez	enverrez		envoiez		
	ils/elles	envoient	enverront		envoient		
faire (*to do, to make*)	je	fais	ferai	fis	fasse	fait	*Compounds e.g.* défaire (*to undo*); refaire (*to do again*)
	tu	fais	feras	fis	fasses		
	il/elle/on	fait	fera	fit	fasse		
	nous	faisons	ferons	fîmes	fassions		
	vous	faites	ferez	fîtes	fassiez		
	ils/elles	font	feront	firent	fassent		
falloir (*to be necessary – impersonal verb*)						fallu	
	il	faut	faudra	fallut	faille		

infinitive (meaning)	pronoun	present indicative	future	past historic	present subjunctive	past participle	other similar verbs
fuir (*to flee*)	je	fuis	fuirai	fuis	fuie	fui	s'enfuir (*to flee*)
	tu	fuis	fuiras	fuis	fuies		
	il/elle/on	fuit	fuira	fuit	fuie		
	nous	fuyons	fuirons	fuîmes	fuyions		
	vous	fuyez	fuirez	fuîtes	fuyiez		
	ils/elles	fuient	fuiront	fuirent	fuient		
lire (*to read*)	je	lis		lus		lu	relire (*to re-read*) (r)élire (*to (re)elect*)
	tu	lis		lus			
	il/elle/on	lit		lut			
	nous	lisons		lûmes			
	vous	lisez		lûtes			
	ils/elles	lisent		lurent			
mettre (*to put*)	je	mets		mis		mis	*Compounds e.g.* remettre (*to put back*); permettre (*to allow*) promettre; (*to promise*)
	tu	mets		mis			
	il/elle/on	met		mit			
	nous	mettons		mîmes			
	vous	mettez		mîtes			
	ils/elles	mettent		mirent			
mourir (*to die*)	je	meurs	mourrai	mourus	meure	mort	
	tu	meurs	mourras	mourus	meures		
	il/elle/on	meurt	mourra	mourut	meure		
	nous	mourons	mourrons	mourûmes	mourions		
	vous	mourez	mourrez	mourûtes	mouriez		
	ils/elles	meurent	mourront	moururent	meurent		
mouvoir (*to drive, to propel a machine*)	je	meus	mouvrai	mus	meuve	mû (*fem.* mue)	émouvoir (*to move – emotionally*) *past. part.* = ému; promouvoir (*to promote*) *past. part.* = promu
	tu	meus	mouvras	mus	meuves		
	il/elle/on	meut	mouvra	mut	meuve		
	nous	mouvons	mouvrons	mûmes	mouvions		
	vous	mouvez	mouvrez	mûtes	mouviez		
	ils/elles	meuvent	mouvront	murent	meuvent		
naître (*to be born*)	je	nais		naquis		né	renaître (*to be reborn*)
	tu	nais		naquis			
	il/elle/on	naît		naquit			
	nous	naissons		naquîmes			
	vous	naissez		naquîtes			
	ils/elles	naissent		naquirent			
ouvrir (*to open*)	j'	ouvre				ouvert	couvrir (*to cover*); decouvrir (*to discover*); offrir (*to offer*); rouvrir (*to re-open*); souffrir (*to suffer*)
	tu	ouvres					
	il/elle/on	ouvre					
	nous	ouvrons					
	vous	ourez					
	ils/elles	ouvrent					
partir (*to depart, to leave*)	je	pars					dormir (*to sleep*); mentir (*to tell a lie*); se repentir (*to repent*); (se) sentir (*to feel*); servir (*to serve*); sortir (*to go out*)
	tu	pars					
	il/elle/on	part					
	nous	partons					
	vous	partez					
	ils/elles	partent					

infinitive (meaning)	pronoun	present indicative	future	past historic	present subjunctive	past participle	other similar verbs
plaire (*to please*)	je	plais		plus		plu	déplaire (*to displease*)
	tu	plais		plus			
	il/elle/on	plaît		plut			
	nous	plaisons		plûmes			
	vous	plaisez		plûtes			
	ils/elles	plaisent		plurent			
pleuvoir (*to rain – impersonal verb*)	il	pleut	pleuvra	plut	pleuve	plu	
pouvoir (*to be able to*)	je	peux (puis-je?)	pourrai	pus	puisse	pu	
	tu	peux	pourras	pus	puisses		
	il/elle/on	peut	pourra	put	puisse		
	nous	pouvons	pourrons	pûmes	puissions		
	vous	pouvez	pourrez	pûtes	puissiez		
	ils/elles	peuvent	pourront	purent	puissent		
prendre (*to take*)	je	prends		pris	prenne	pris	*Compounds e.g.:* méprendre (*to mistake*); reprendre (*to take again*); surprendre (*to surprise*)
	tu	prends		pris	prennes		
	il/elle/on	prend		prit	prenne		
	nous	prenons		prîmes	prenions		
	vous	prenez		prîtes	preniez		
	ils/elles	prennent		prirent	prennent		
recevoir (*to receive*)	je	reçois	recevrai	reçus	reçoive	reçu	(s')apercevoir (*to notice*); concevoir (*to conceive*); décevoir (*to deceive*); percevoir (*to perceive, to collect taxes*)
	tu	reçois	recevras	reçus	reçoives		
	il/elle/on	reçoit	recevra	reçut	reçoive		
	nous	recevons	recevrons	reçûmes	recevions		
	vous	recevez	recevrez	reçûtes	receviez		
	ils/elles	reçoivent	recevront	reçurent	reçoivent		
résoudre (*to resolve*)	je	résous		résolus		résolu	
	tu	résous		résolus			
	il/elle/on	résout		résolut			
	nous	résolvons		résolûmes			
	vous	résolvez		résolûtes			
	ils/elles	résolvent		résolurent			
rire (*to laugh*)	je	ris				ri	sourire (*to smile*)
	tu	ris					
	il/elle/on	rit					
	nous	rions					
	vous	riez					
	ils/elles	rient					
rompre (*to break*)	je	romps					corrompre (*to corrupt*); interrompre (*to interrupt*)
	tu	romps					
	il/elle/on	rompt					
	nous	rompons					
	vous	rompez					
	ils/elles	rompent					

infinitive (meaning)	pronoun	present indicative	future	past historic	present subjunctive	past participle	other similar verbs
savoir (*to know*)	je	sais	saurai	sus	sache	su	
	tu	sais	sauras	sus	saches		
	il/elle/on	sait	saura	sut	sache		
	nous	savons	saurons	sûmes	sachions		
	vous	savez	saurez	sûtes	sachiez		
	ils/elles	savent	sauront	surent	sachent		
suffire (*to be enough, to suffice*)	je	suffis				suffi	
	tu	suffis					
	il/elle/on	suffit					
	nous	suffisons					
	vous	suffisez					
	ils/elles	suffisent					
suivre (*to follow*)	je	suis				suivi	poursuivre (*to pursue*)
	tu	suis					
	il/elle/on	suit					
	nous	suivons					
	vous	suivez					
	ils/elles	suivent					
taire (*to say nothing about*)	je	tais		tus		tu	se taire (*to be silent*)
	tu	tais		tus			
	il/elle/on	tait		tut			
	nous	taisons		tûmes			
	vous	taisez		tûtes			
	ils/elles	taisent		turent			
tenir (*to hold*)	je	tiens	tiendrai	tins	tienne	tenu	*Compounds e.g.* maintenir (*to maintain*); venir (*to come*); se souvenir (*to remember*)
	tu	tiens	tiendras	tins	tiennes		
	il/elle/on	tient	tiendra	tint	tienne		
	nous	tenons	tiendrons	tînmes	tenions		
	vous	tenez	tiendrez	tîntes	teniez		
	ils/elles	tiennent	tiendront	tinrent	tiennent		
vaincre (*to conquer*)	je	vaincs		vainquis	vainque	vaincu	convaincre (*to convince*)
	tu	vaincs		vainquis	vainques		
	il/elle/on	vainc		vainquit	vainque		
	nous	vainquons		vainquîmes	vainquions		
	vous	vainquez		vainquîtes	vainquiez		
	ils/elles	vainquent		vainquirent	vainquent		
valoir (*to be worth*)	je	vaux	vaudrai	valus	vaille	valu	*Compounds e.g.* revaloir (*to get one's own back*)
	tu	vaux	vaudras	valus	vailles		
	il/elle/on	vaut	vaudra	valut	vaille		
	nous	valons	vaudrons	valûmes	valions		
	vous	valez	vaudrez	valûtes	valiez		
	ils/elles	valent	vaudront	valurent	vaillent		
vêtir (*to dress*)	je	vêts				vêtu	*Compounds e.g.* dévêtir (*to undress*); revêtir (*to clothe, to dress*)
	tu	vêts					
	il/elle/on	vêt					
	nous	vêtons					
	vous	vêtez					
	ils/elles	vêtent					

infinitive (meaning)	pronoun	present indicative	future	past historic	present subjunctive	past participle	other similar verbs
vivre (*to live*)	je	vis		vécus		vécu	*Compounds e.g.*
	tu	vis		vécus			survivre
	il/elle/on	vit		vécut			(*to survive*)
	nous	vivons		vécûmes			
	vous	vivez		vécûtes			
	ils/elles	vivent		vécurent			
voir (*to see*)	je	vois	verrai	vis	voie	vu	*Compounds e.g.*
	tu	vois	verras	vis	voies		pourvoir
	il/elle/on	voit	verra	vit	voie		(*to provide*);
	nous	voyons	verrons	vîmes	voyions		revoir
	vous	voyez	verrez	vîtes	voyiez		(*to see again*)
	ils/elles	voient	verront	virent	voient		
vouloir (*to want*)	je	veux	voudrai	voulus	veuille	voulu	
	tu	veux	voudras	voulus	veuilles		
	il/elle/on	veut	voudra	voulut	veuille		
	nous	voulons	voudrons	voulûmes	voulions		
	vous	voulez	voudrez	voulûtes	vouliez		
	ils/elles	veulent	voudront	voulurent	veuillent		

Acknowledgements

The authors and publishers wish to thank the following for use of copyright material:

1 Il faut vivre sa vie !

'Ne traîne pas au lit!' by Wolinski, from *Marie France* 11/97; 'Réponses à Manu', from *Phosphore*, No. 124, Bayard Presse; 'Pour nos enfants, nous sommes casse-pieds' from *Famille Magazine* No. 128; *Fais pas ci, fais pas ça*, authors Jacques Lanzmann and Anne Segalen, composer Jacques Dutronc, 1964, Editions Musicales Alpha (administered by Windswept Music Ltd, London); 'Au Fait' from *Francoscopie* 1997, Gérard Mermet, Larousse, Paris; 'La mode est aux rayures…' by Rémi Malingrëy and 'Faut-il mettre les ados délinquants…?' from *Phosphore* 9/98, Bayard Presse

Lectures

'Comment vous voyez-vous?' from *OK* No. 804; 'Les chroniques de Yann…' from *L'expression lycéenne*, CNDP; *Les petits enfants du siècle* by Christiane Rochefort, Editions Bernard Grasset

Exam practice

'Délinquance des jeunes …from *Le Nouvel Observateur* No. 1744; 'Ne soyez pas si prêts à…!' from *Le Nouvel Observateur* No. 1753

2 Entre toi et moi

'Mariage' by Odile Amblard from *Phosphore* No. 123, Bayard Presse; *Ami cherche ami*, Francis Cabrel, Warner Chapell; 'Mais vous vous êtes remis à fumer?' from '*Lucky Luke : Le Pont sur le Mississipi*', Morris, 1994; 'Etes-vous influençable' by Didier Lévy from *Okapi* No. 615, Bayard Presse; 'Au fait : Concubins, concubines' from *Francoscopie* 1997, Gérard Mermet, Larousse, Paris; 'Les enfants parlent' and 'Les parents parlent' by Dorothée Werner from *Elle* No. 2730

Lectures

'Couplets de la rue Saint-Martin' from *Etat de Veille* in *Destinée Arbitraire* by Robert Desnos, Editions Gallimard; 'L'amour à la carte' from *Femme Actuelle* No. 411; 'L'amour en France' from *Télé-7 Jours*, 18/7/92; 'Mon père' from *La tête sur les épaules* by Henri Troyat, Librairie Plon

Exam practice

'Deborah, 13 ans, entre en 4ᵉ' by Valérie Colin-Simard from *Elle* No. 2799

3 Une école pour la réussite ?

'Dépense moyenne annuelle…' from *Le guide de la rentrée* 1998, L'US (SNES); 'Taux de chômage des jeunes', INSEE; 'La femme au travail' by Véronique Mahé from *Quo* No. 21; 'Les femmes payent le prix' from *Réponse à tout!*, hors-série '*Ce qu'ils ont vraiment gagné en 1997*'; 'Population active', INSEE; *La leçon buissonnière*, Guy Thomas-Jean Ferrat, 1972, Productions Alléluia/Disques Temey, Paris

Lectures

'L'école' from *La flûte au verger* by Maurice Carême, Fondation Maurice Carême; 'De l'eau pour les élèves de Djiélibougou' from *Le Nouveau Fécampois*, 25/6/85; 'Koudougou' from *Croissance* No. 342, Malesherbes Publications; 'Parler une langue vivante…' from *Le guide de la rentrée* 1998, L'US (SNES); 'C'est aujourd'hui' by Schulz © United Media – dist. by Dargaud; 'L'âge d'or du cadre est fini' from *Réponse à tout!* hors-série '*Ce qu'ils ont vraiment gagné en 1997*'; *La civilisation, ma mère!…* by Driss Chraïbi, Editions Denoël, 1972; *Le nègre et l'amiral* by Raphaël Confiant, Editions Bernard Grasset

Exam practice

'Kevin, 10 ans' by Valérie Colin-Simard from *Elle* No. 2799; 'Dirigeants, développez votre punch…' from *Le Nouvel Observateur* No. 1792

4 En pleine forme

'Le diététicien' and 'Au Fait' from *Francoscopie* 1997, Gérard Mermet, Larousse, Paris; 'Victime de la boulimie' from *Phosphore* No. 115, Bayard Presse; *Volet fermé*, Dick Annegarn, Warner Chappell; 'Josée face à la cible' from *Le mutualiste de Bretagne*; 'Comment arrêter de fumer?' from *Sciences et Santé* No. 13; 'La fête en danger' from *Sciences et Santé* No. 13 and *Libération* No. 5390 bis; 'Le cannabis, moins dangereux que le tabac?' from *Libération* No. 5390 bis

Lectures

'Les remèdes de bonne femme' from *Rose Noël* by Huguette Bouchardeau, Editions Seghers, Paris, 1990; 'La pub tue' from *Viva* No. 55; 'Jeunes et médecins…' and results of surveys from *Impact Médecin* No.77; 'La relaxation jusqu'au bout des doigts' from *Réponse à tout!* No.16

Exam practice

'Méningite – un vaccin contre le fléau infectieux' by Marie-Catherine de la Roche from *Elle* No. 2799; 'Un bon repas français pour faire reculer le stress' from *Le Nouvel Observateur* No. 1792

5 Evasion

L'Autostop, Maxime Le Forestier-Don Burke, Editions Coïncidences; 'Le tourisme en chiffres' from *Francoscopie* 1997, Gérard Mermet, Larousse, Paris; 'Barbâtre : porte de l'île de Noirmoutier', M. Henri Poignant; ADV logo, Action Directe aux Villageois; 'Togo banlieue' from *L'aventure utile*, UNAREC; 'Les loisirs des français' from *Francoscopie* 1997 and 1999, Gérard Mermet, Larousse, Paris

Lectures

'Vacances ratées' from *OK* No. 498; 'Mon île' by Bernadette Gallais; 'Les parasites de la route' by Jean-François Mailloux; 'Le temps d'un voyage' from *La goutte d'or* by Michel Tournier, Editions Gallimard

Exam practice

'La Riviera tunisienne' from *L'Express* No 2512; 'Régates à Cannes' from *Madame Figaro* No. 783

6 Gagner sa vie

'S'ils étaient milliardaires…' and 'Argent, temps libre…' from *Le Nouvel Observateur* 29/10/98; 'Une belle affaire' from *La géographie de la France*, Editions Nathan; 'France Télécom : politique de recrutement' from www.francetelecom.fr; 'Le mal de la fin du siècle' from *Francoscopie* 1997, Gérard Mermet, Larousse, Paris; 'Les SDF – sans domicile fixe' and 'Six clichés sur les SDF…' from *Le Nouvel Observateur* No. 1778; 'Toi, tu manges où?' from Jeunesse Quart Monde/Fourth World Youth Movement 1/92; *La chanson des restos du cœur*, Les Restaurants du Cœur; 'France d'outre mer' from *Phosphore* No. 132, Bayard Presse

Lectures

Les choses by Georges Perec, Editions Julliard; *La Chronique des Pasquier* from *Vue de la terre promise* by Georges Duhamel, Mercure de France, 1934; 'Faim d'été pour les SDF parisiens' from *L'Express* No. 2458; 'Ils ont gagné…' from *Télé-Loisirs* No. 631; 'Le parcours d'un habitué' from *Cobayes Humains* by Aline Richard and Sophie Veyret, Editions La Découverte & Syros; 'Je préfère braquer maman…' from *Actualquarto* No. 462

Exam practice

'Créations d'entreprises en France' from *Le Monde Economie* 31/8/99; 'Nigéria : la révolte des sans-pétrole' from *Le Nouvel Observateur* No. 1792

7 Il faut cultiver notre jardin

'La culture classique…?' from *Francoscopie* 1997, Gérard Mermet, Larousse, Paris; 'Le cinéma en danger de mort' by D. Roth-Bettoni from *Phosphore* 6/93, Bayard Presse; 'L'impressionnisme' from *La peinture*, Editions Nathan; 'Naissance : vie et mort d'un monument' by Patrick Sourd from *GEO* No. 235, Prisma Presse

Lectures

'Jeu-test : êtes-vous musicien?' from *Le Monde de l'Education* No. 189; 'Québec : troubles du langage', from *Le Point* No. 1082

Exam practice

'Interview avec un architecte' from *Le Monde* 31/8/99; 'Le théâtre, peut-il être populaire?' from *Marianne* No. 98

8 Au courant

'Journalistes' by Philippe Mouche from *Phosphore* No. 135, Bayard Presse; 'Demandez les dernières rumeurs' from *La Vie* 22/8/91; 'Titres et nombre de lecteurs…' from *Francoscopie* 1997, Gérard Mermet, Larousse, Paris; 'Les problèmes de la presse écrite', *Le Soir*, 29/4/92; Newspaper headlines from www.le-petit-bouquet.com, *Libération*, *Le Figaro* and *France-Soir*; 'Faites-vous confiance aux médias?' and 'Faut-il brûler les journalistes?' by Jean-François Kahn from *Marianne* 10/8/98; 'La télé numérique' by Ch. de Metter, 'L'audiovisuel…' by S. Frezel, and image of man and remote control by H. Fresnel from *Phosphore*, No. 194, Bayard Presse; *Animale-moi*, by Psy, Editions BMG; 'Vivre sans télévision' from *Phosphore* No. 122, Bayard Presse; 'Passif ou interactif : de la télé au Web' from *Francoscopie* 1997, Gérard Mermet, Larousse, Paris; 'Les français sous l'influence' from *Francoscopie* 1997, Gérard Mermet, Larousse, Paris ; 'Préservatif : tu prends les devants…', Lee Cooper; Radio advertisements, American Express, Givenchy, Voyages Wasteel, Monoïque Tahiti, Microsoft; 'Bien-être vital…', Roche Claire; 'Un jeu d'enfant' from *Francoscopie* 1989, Gérard Mermet, Larousse, Paris; 'Titanic…', Canal+ and EURO-RSCG-BETC

Lectures

'Créer' from *L'expression lycéenne*, CNDP; *Le désert de Bièvres* by Georges Duhamel, Mercure de France, 1937; *Dans les couloirs du métropolitain* from *Instantanés* by Alain Robbe-Grillet, Editions de Minuit; *L'Etranger* by Albert Camus, Editions Gallimard

Exam practice

'La télé et la publicité' from *Le Figaro Economie* 13/3/99; 'Les médias – un vieux journaliste parle' from *Le Monde Diplomatique* 8/99

9 Terre, où est ton avenir ?

'Pollution!…Pollution!…' from *Dossier-Presse Actualquarto* No. 72; 'Les risques majeurs' from *Merci la Terre* by Alain Hervé, Editions Jean-Claude Lattès, 1989; 'Non, c'est pas mes chaussettes…' from *Dossier-Presse Actualquarto* No. 72; 'Toute la France suffoque' from *France-Soir* 11/8/98; Pastille verte, Ministère de l'Aménagement du Territoire et de l'Environnement; 'Brésil : massacres en direct' and 'C'est décidé : je ne skie plus' from *Phosphore* No. 118, Bayard Presse; 'Le parc naturel régional' from www.parcs-naturels-regionaux.tm.fr; 'Que fait le gouvernement?' from *Dossier-Presse Actualquarto* No. 72; 'La politique énergétique française' from *Le nucléaire : progrès ou danger?* by Dominique Armand, Editions Milan, 1996; 'Vingt millions d'années!…' by Pierre Kohler from *Phosphore* 11/92, Bayard Presse; 'Les déchets' from www.syctom-paris.fr; 'Un jour, mon fils…' from *Actualquarto Junior* 17/9/92; Map of world climate changes, Aladdin Books Ltd, London

Lectures

'Six commandements' from *Le Point* No. 1348

Exam practice

'La pollution et la voiture en France' from *L'Evènement du Jeudi* No. 720; 'Déchets nucléaires : la grande inconnue' from www.marianne-en-ligne.fr 24/12/98

10 Sur un pied d'égalité ?

'Au Fait' and 'Avantages d'être une femme…' from 'Les nouveaux comportements hommes-femmes' by Véronique Mahé, *Quo* No. 21; 'L'orientation a un sexe?' from *Châtelaine* Vol. 33, No. 9; 'Le chemin de l'égalité sera long' by Catherine Cayrol from *Ouest-France* 18/3/93; 'Je suis un Français typique' from *Globe* No. 17; 'C'est à deux pas de…' from *Dossier-Presse Actualquarto* No. 87; 'Au Fait : Etrangers et immigrés' from *Francoscopie* 1999, Gérard Mermet, Larousse, Paris; *Banlieue*, Karim Kacel, Cézame Argile, Paris; 'L'extrême droite' from *Francoscopie* 1997, Gérard Mermet, Larousse, Paris, 'Front Féodal' from *Dossier-Presse Actualquarto* No. 87

Lectures

'J'ai toujours été attirée par l'armée' from *Devenir Fonctionnaire* No. 1; 'Prise entre deux feux' from *Dossier-Presse Actualquarto* No.87

Exam practice

'Vive les femmes qui travaillent!' from *Le Nouvel Observateur* No. 1792

11 Citoyen, citoyenne

'La gauche voulait nationaliser le bonheur…' by Wolinski; *L'opportuniste*, Jacques Dutronc, Windswept Pacific*; 'Tu te rends compte…' from *L'Evènement du Jeudi* 18/3/93; 'Ils sont nuls!…' by Wolinski; Extracts from leaflets, Le Parti Socialiste, Le Front National and L'Entente des Ecologistes; 'Si on ferme des usines en Europe…' from *Phosphore* 5/97, Bayard Presse

Lectures

'Le gouvernement répond aux critiques…' from Le Monde 20/1/00; 'Elire…et être élu(e)' from *Textes et documents pour la classe* No. 582, CNDP; 'Les femmes, oubliées de la politique' from *Francoscopie* 1997, Gérard Mermet, Larousse, Paris; 'Les femmes exclues de la politique' from *Réponse à tout!*, hiver 93; 'On a trouvé ce gant' by Sempé from *Tout se complique*, Editions Denoël, 1963

12 La guerre et la paix

'Nombre d'hommes des forces armées…' by Philippe Mouche and 'Le nouveau service national' by Camille Levite from *Phosphore* hors-série 98/9, Bayard Presse; 'Au Fait : Après la victoire allemande' from *La Seconde Guerre Mondiale* by Annette Wieviorka and Michel Pierre, Editions Casterman; *Le chant des partisans*, performed by Yves Montand (original poem by Maurice Druon and Joseph Kessel), music by Anna Marly, © Editions Breton; 'Attentats : le FLNC revendique…' from www.yahoo.fr/actualite, © 1998–99 Reuters Ltd; 'Histoires d'exode et de survie' by Claude-Marie Vadrot from *Le Journal du Dimanche* 11/4/99

Lectures

'Oradour' by Jean Tardieu, Editions Seghers; 'Le déserteur' by Boris Vian, Editions Fayard

Exam practice

'Explosion au Port-Royal' from *Le Nouvel Observateur* No. 1674

13 Ce que je crois

'Croyances' from *Francoscopie* 1997, Gérard Mermet, Larousse, Paris; 'Au Fait' from *Femme Actuelle* No. 253; 'Deux jeunes parlent de leur foi' from *Badge* No. 47; 'Evolution de la pratique religieuse…', from *Francoscopie* 1997, Gérard Mermet, Larousse, Paris; *Qu'y a-t-il après*, words and music Yves Duteil, Les Editions de l'Ecritoire, 1985; 'Musulmans… et républicains' from *Le Nouvel Observateur* No. 1732; 'Sommes-nous seuls dans l'univers?' by B. Garrigues from *Phosphore* No. 195, Bayard Presse

Lectures

Les choses de la vie by Paul Guimard, Editions Denoël, 1967

Exam practice

'La communauté de Taizé' from *L'Express* No. 2512

14 Qui juge ?

'C'est Citroën en premier…', Automobiles Citroën and EURO-RSCG WORKS; Extracts from leaflets, Société Nationale pour la Défense des Animaux; 'La route de la misère' from www.pmaf.org; 'La misère nourrit la servitude…' by Philippe Boudin from www.ccem-antislavery.org and *GEO*, Prisma Presse; 'Trafic d'enfants…?' from www.le-petit-bouquet.com/ No. 578; 'Mon portefeuille…' from *Dossier-Presse Actualquarto* No. 73; 'Rodéo record' from *Marianne* 14/9/98; *Le pas des ballerines*, Francis Cabrel, Chandelle Productions, Paris; 'La poursuite…' from *Le Soleil* 11/1/92

Lectures

'Ma femme m'a quitté' by Wolinski, from *Paris-Match* No. 2297; '…Ce qu'il nous faudrait…', 'Ton baladeur…', and 'La non-violence…' from *Dossier-Presse Actualquarto* No. 73; *Crimes en trompe l'œil* by Frédéric Hoë, Librairie Arthème Fayard,1990; *Souvenirs pieux* by Marguerite Yourcenar, Editions Gallimard

Exam practice

'La violence des villes et banlieues' from *Marianne* No. 98 and *Le Point* No. 1327

15 Demain déjà ?

'Juju, mon chéri… from *Dossier-Presse Actualquarto* No. 82; 'Questions posées à des jeunes …' from *Impact Médecin* No. 77; 'Au Fait : En France entre 20 et 24 ans…' from *Francoscopie* 1999, Gérard Mermet, Larousse, Paris; 'Demain, je grandis' from *L'Etudiant* No. 142; 'Maturité' by Denise Jallais, Librairie St Germain des Prés; 'La bombe démographique' from *La Tribune de Genève* 14/5/91; 'Démographie en France', 'Plus de vieux que de jeunes en 2015' and 'La France en retraite' from *Francoscopie* 1999, Gérard Mermet, Larousse, Paris; 'Les mots du cyber' and 'Internet : mode de vie' from *Le Nouvel Observateur* No. 1793; 'Profil des internautes français', Baromètre Internet 24 000/Médiamétrie-ISL/4ème trimestre 99; 'Taux de pénétration d'Internet…', Gartner Group Inc.; 'Les Puces' by Jean Mulatier from *Sciences et Avenir* 1/99; *La machine est mon amie*, de Larochellière/Perusse, 1991, by kind permission of Universal Music Publishing Ltd

Lectures

'Maturité' by Denise Jallais, Librairie St Germain des Prés; 'Quel avenir pour Pierre-Yves?' by Jean-Claude Raspiengeas from *Télérama* No. 2238; 'L'embryon, est-il une personne humaine?' by Paul Ricœur, *Phosphore* No. 119, Bayard Presse; 'Pour les religions, c'est se substituer au créateur' by Marion Festraëts, *L'Express*, 25/2/99

* as advised by Société des Auteurs, Compositeurs, et Editeurs de Musique (SACEM)

PHOTOGRAPHS

(b-bottom, t-top, r-right, l-left, c-centre)

Cordelia Molloy/Science Photo Library p. 31; Agence France Presse pp. 38, 39; Bernd Krug/Comité Departemental de la Vendée p. 44; Régine Rosenthal/Arcachon pp. 44, 46, 47; Thouvenin/Explorer p. 46; Jean Lesage/Comité Departemental du Tourisme de la Vendée p. 46; Thouvenin/Explorer p.47; Brian Vikander/Corbis UK Ltd p. 49; Magnum p. 56; Adam Woolfitt/Corbis UK Ltd p. 59; Robert Galbraith/ SIPA/Rex Features p. 61l; Yann Arthus-Bertrand/Corbis UK Ltd p.61r; Yann Arthus-Bertrand/Corbis UK Ltd p.62; Corbis UK Ltd p. 64; Ronald Grant Archive p. 66; Ronald Grant Archive p. 67; Australian Picture Library/ET Archive p. 68; Bob Krist/Corbis UK Ltd p. 70; Carl Purcell/Corbis UK Ltd p. 70/71; T. Mamberti/Rex Features p. 71; Thierry Orban/Corbis Sygma p. 103; Agence France Presse p. 104t; Dean Conger/Corbis UK Ltd p. 104b; Robert Holmes/Corbis UK Ltd p. 106t; Robert Galbraith/SIPA/Rex Features p. 106b; Bettmann/Corbis UK Ltd p. 110; Alex Bartel/Powerstock Zefa Picture Library p. 111tl; Charles Lenars/Corbis UK Ltd p. 111tr; F4/ Ricardo Azoury/Rex Features p. 111br; Jean Dufresne/Fédération des Parcs Naturels Régionaux de France p. 116; Roger Ressmeyer/Corbis UK Ltd p. 118; Richard T. Nowitz/Corbis UK Ltd p.123bl; Joseph Sohm/Corbis UK Ltd p. 123bc; Dave G. Houser/Corbis UK Ltd p. 123br; Rex Features p.123c; David Parker/Science Photo Library p. 125; Rex Features p. 126; Marc Garanger/Corbis UK Ltd p. 132; Sheldan Collins/Corbis UK Ltd p. 133; Mike Southern/Corbis UK Ltd p. 138t; Owen Franken/Corbis UK Ltd p. 138c; Owen Franken/Corbis UK Ltd p. 138b; Paul Almasy/Corbis UK Ltd p. 139; Alaux/Rex Features p. 141l; Kessler/Rex Features p.141r; Thierry Charlier/Rex Features p. 143; Corbis UK Ltd p. 147tl; Corbis UK Ltd p. 147tc; Olivier Sanchez/ SIPA Press/Rex Features p. 147bc; Tech. Sgt. Hans H. Deffner/Corbis UK Ltd p. 147tr; Tim Sealy Powerstock/Zefa Picture Library p. 147b; Roger-Viollet p. 148; Bettmann/Corbis UK Ltd p. 150t; Corbis UK Ltd p. 150c; Bettmann/Corbis UK Ltd p. 150b; Luc Delahaye/Rex Features p. 154; Agence France Presse p. 155; Michael Busselle/Corbis UK Ltd p. 156t; Paul Almasy/Corbis UK Ltd p. 156c; Michael Busselle/Corbis UK Ltd p. 156b; Corbis UK Ltd p. 158t; Howard Davies/Corbis UK Ltd p. 158b; Massimo Listri/Corbis UK Ltd p. 159; D. Clement/Explorer p. 162; Agence France Presse p. 163t; R. Mattes/Explorer p. 163b; Gillian Darley/Corbis UK Ltd p. 166; Agence France Presse p. 168; Dylan Garcia/Still Pictures p. 171; US Press/Rex Features p. 172; Rex Features p. 173; Greg Williams/Rex Features p. 175; Marie Dorigny/SIPA Press pp. 176, 177; Fievez/Rex Features p. 180; H.G. Rossi/Powerstock Zefa Picture Library p. 183t; Howard Grey/Stone p. 183b; Jenny Woodcock/Corbis UK Ltd p. 189; Hank Morgan/Science Photo Library p. 191; Powerstock Zefa Picture Library p. 193; Brayet/Rex Features p. 199; P. Marnef/Rex Features p. 202; Halarick/Frank Spooner Pictures p. 205; Roger-Viollet p. 206; AFP/Corbis UK Ltd p. 207t; Roger-Viollet p. 207c; Hulton Getty Picture Collection Ltd p. 207b; David Spears/Corbis UK Ltd p. 214; Bettmann/Corbis UK Ltd p. 216 All other photographs by David Alexander Simson/Das Photo.

ILLUSTRATIONS

Arena: Carla Daly p. 159; Bernard Thornton Artists: John Bennett p. 89, 98, 198, George Fryer pp. 31, 101, Tony Gibbons p. 20, Terry Hadler p. 170, Douglas Pledger pp. 86, 200, Clive Spong p. 99, Laurie Taylor pp. 53, 60; Clive Goodyer pp. 6–7, 11, 104, 112, 121, 125, 142, 144, 197; Tracy Hawkett p. 51; Pennant: Julian Mosedale p. 178; David Shenton pp. v, 5, 50, 61, 87, 95, 105, 161, 179 The authors and publishers would also like to thank France-Inter and l'Institut National de l'Audiovisuel for permission to use recordings and transcripts.

Every effort has been made to trace all copyright holders, but where this has not been possible the publisher will be pleased to make the necessary arrangements at the first opportunity.